## Satzarten unterscheiden

**Aussage**satz, **Ausrufe**satz,
**Frage**satz ▸ S. 239–244

## Satzglieder erkennen

Welche Wörter gehören
zu einem **Satzglied?**
**Umstellprobe** ▸ S. 226, 233, 238

Welche Art von
**Satzglied** ist das?
▸ S. 226–238, 245–246

Welche Satzglieder lassen sich durch andere
ersetzen? **Ersatzprobe?** ▸ S. 234, 238

## Wortarten bestimmen

Wortart **Nomen** ▸ S. 200–205, 214, 222

Wortart **Artikel** ▸ S. 206, 214, 222

Wortart **Adjektiv** ▸ S. 210–211, 214, 222

Wortart **Pronomen** ▸ S. 207–209, 222

Wortart **Verb** ▸ S. 215–222

## Rechtschreibstrategien

Wörter **schwingen** ▸ S. 248–251, 256

Wörter **verlängern** ▸ S. 252–253, 256

Wörter **zerlegen** ▸ S. 254, 256

Wörter **ableiten** ▸ S. 255, 256

Nomen **erkennen** ▸ S. 258–260

Nachschlagen im **Wörterbuch**
▸ S. 261–262

## Rechtschreibregeln

Wörter mit **doppeltem
Konsonanten**
▸ S. 265–267, 275

Wörter mit *i* oder *ie?*
▸ S. 268–270, 275

Wörter mit *ß* oder *ss?*
▸ S. 271–275

Baden-Württemberg

# Deutschbuch

## Differenzierende Ausgabe

## Sprach- und Lesebuch

**1**

Herausgegeben von
Christa Becker-Binder und Christian Weißenburger

Erarbeitet von:
Sylvia Birner (Karlsruhe), Annette Brosi (Wildberg),
Carmen Collini (Karlsbad), Steffen Dinter (Gernsbach),
Dorothea Fogt (Mannheim), Agnes Fulde (Gütersloh),
Andreas Glas (Stuttgart), Peter Heil (Freiburg),
Angelika von Hochmeister (Pfullendorf),
Bettina Hofmann (Stuttgart), Marianne Kuhn (Karlsruhe),
Isabelle Kunst (Freiburg), Monika Mohr-Mühleisen (Alfdorf),
Yvonne Scherle (Rastatt), Tanja Seidelmann (Ottersweier),
Ina Trog (Karlsruhe) und Christian Weißenburger (Ludwigsburg)

# Euer Deutschbuch auf einen Blick

Das Buch ist in **vier Kompetenzbereiche** aufgeteilt.
Ihr erkennt sie an den Farben:

**IIIIIIIIII** Schreiben, sprechen und zuhören
**IIIIIIIIII** Texte und Medien
**IIIIIIIIII** Sprachgebrauch und Sprachreflexion
**IIIIIIIIII** Arbeitstechniken und Methoden

Jedes **Kapitel** besteht aus **drei Teilen:**

### 1 Hauptkompetenzbereich

Hier wird das Thema des Kapitels erarbeitet, z. B. in Kapitel 4
„Nach Vorgaben erzählen".

 4.1 Genau betrachtet – Zu Bildern erzählen

### 2 Verknüpfung mit einem zweiten Kompetenzbereich

Das Kapitelthema wird mit einem anderen Kompetenzbereich verbunden und
vertiefend geübt, z. B.:

 4.2 Reizwörter und Erzählkern – Texte überarbeiten

### 3 Fit in …? oder Projekt

Hier überprüft ihr das Gelernte anhand einer Übungsklassenarbeit und einer
Checkliste oder ihr erhaltet Anregungen für ein Projekt, z. B.:

 4.3 Fit in …? – Nach Vorgaben erzählen

Folgende Kennzeichnungen werdet ihr im Buch entdecken:
- ●○○ Diese Aufgabe ist eher leicht.
- ●●○ Diese Aufgabe ist schon etwas kniffliger.
- ●●● Diese Aufgabe ist etwas für Profis.
  Ihr könnt das Niveau der Aufgabe selbst wählen. Wenn euch eine Aufgabe sehr leicht
  gefallen ist, probiert euch an einem höheren Niveau. Braucht ihr noch mehr Unterstützung,
  dann greift auf das nächst tiefere Niveau zurück.
- **4** Zusatzaufgabe
- 👥 Partnerarbeit
- 👥👥 Gruppenarbeit
- 🎭 Rollenspiel
- 🖥 Arbeit mit dem Computer

▶ Der Pfeil sagt euch, auf welcher Seite ihr etwas nachschlagen könnt.

**Information** Das Orientierungswissen erkennt ihr an diesem Symbol. Am Ende des Buchs ist das
Orientierungswissen aller Kapitel übersichtlich zusammengefasst (▶ S. 293 ff.).

**Stärken stärken** Hilfen zu diesen Aufgaben findet ihr direkt darunter oder auf der nachfolgenden Seite.

# Inhaltsverzeichnis

## Ein Tag voller Erlebnisse – Spannend erzählen   43

**inhaltsbezogen**
- gesprochene und geschriebene Sprache unterscheiden
- Wortwahl und Sprachebenen prüfen
- Kommunikationssituationen unterscheiden
- Tempora richtig anwenden
- den eignen Lernweg dokumentieren
- Textinhalte herausarbeiten
- mit Fachbegriffen Texte beschreiben
- die innere Handlung beschreiben
- Deutungsansätze entwickeln
- Textverständnis produktions-orientiert herausarbeiten
- bildliche Ausdrucksweisen anwenden
- Fehlersensibilität entwickeln

**prozessbezogen**
- anschaulich erzählen
- mündliche und schriftliche Sprache unterscheiden
- Schreibplan erstellen
- Stoffsammlung erstellen
- strukturiert formulieren
- differenzierten Wortschatz verwenden
- Texte überarbeiten

**zentrale Schreibformen**
erzählend (z. B. anschaulich erzählen)

## Hinter allem steckt eine Geschichte – Nach Vorgaben erzählen   61

**inhaltsbezogen**
- Texte zu Bildern gestalten
- Text-Bild-Zusammenhänge benennen
- verbale und nonverbale Ausdrucksmittel unterscheiden
- Satzzeichen bei der direkten Rede verwenden
- Wörter in Wortfeldern abgrenzen
- Umstell-, Ersatz-, Weglassprobe anwenden
- Fehlersensibilität entwickeln

**prozessbezogen**
• anschaulich erzählen
• Erzähltechniken anwenden
• nach Impulsen schreiben
• Schreibanforderungen erfüllen
• Schreibplan erstellen
• strukturiert formulieren
• differenzierten Wortschatz
  verwenden
• Texte überarbeiten
• sprachliche Richtigkeit prüfen

**zentrale Schreibformen**
erzählend (z. B. Geschichten zu
Bildern und anderen Impulsen
schreiben)

Texte und Medien

## 5 Jugendbücher – Aussuchen, lesen und vorstellen 79

**inhaltsbezogen**
• Leseeindrücke erläutern
• Texte erschließen
• Textinhalte herausarbeiten
• Deutungsansätze entwickeln
• literarische Figuren beschreiben
• eigene Position zu Texten
  erklären
• Lebenswelten vergleichen
• Textverständnis produktions-
  orientiert herausarbeiten
• Bilder zu Texten gestalten

**prozessbezogen**
• freie Redebeiträge leisten
• Lesestrategien anwenden
• Texte vorlesen
• Inhalte von Texten wiedergeben
• literarische Sachverhalte
  darstellen
• Leseerwartungen formulieren
• Lesehaltungen unterscheiden
• Lebenswelten in Texten
  hinterfragen
• außerschulische Lernorte nutzen

prozessbezogen
- Lesetechniken anwenden
- flüssig vorlesen
- Texte sinngestaltend vorlesen
- verstehend zuhören
- nacherzählen
- Schreibplan erstellen
- Textinhalte wiedergeben
- präzise formulieren
- sprachliche Richtigkeit prüfen

zentrale Schreibformen
erzählend (z. B. Nacherzählung)

## 8 Texte und Medien
## Hast du Töne? – Gedichte vortragen und gestalten 141

inhaltsbezogen
- Leseeindrücke und Textverständnis erläutern
- mit Fachbegriffen Texte beschreiben
- Gedichte nach Gattungsmerkmalen bestimmen
- Deutungsansätze formulieren
- Texte produktionsorientiert erschließen
- Textverarbeitungsprogramme anwenden
- Bilder zu Texten gestalten
- bildliche Ausdrucksweisen benennen
- Vortragstechniken anwenden

prozessbezogen
- flüssig und sinnbezogen vorlesen
- Texte frei vortragen
- Texte szenisch gestalten
- Textverarbeitungsprogramme nutzen
- sprachliche Mittel gezielt einsetzen
- nach Mustern schreiben
- Gestaltungsmittel erkennen
- Texte vergleichen
- Texte szenisch erschließen

zentrale Schreibformen
beschreibend (z. B. Textbeschreibung)

**9** **Vorhang auf! – Wir spielen Theater  155**

inhaltsbezogen
• Probleme durch Gespräche lösen
• gelingende Kommunikation erkennen
• verbale und nonverbale Ausdrucksmittel verbinden
• Sprechhandlungen Situationen anpassen
• Vortragstechniken anwenden
• sich zu einem Text positionieren
• Texte szenisch umsetzen
• mit Fachbegriffen Texte beschreiben

prozessbezogen
• Sprechsituationen gestalten
• Texte szenisch gestalten
• aktiv zuhören
• Emotionen ausdrücken
• Gestaltungsmittel erkennen
• Inhalte strukturiert formulieren
• Texte frei vortragen
• außerschulische Lernorte aufsuchen

**10** **Fernsehen, Radio, Internet – Medien bewusst nutzen  167**

inhaltsbezogen
• Medien beschreiben
• Medien gezielt nutzen
• Funktionen von Medien unterscheiden
• eigenes Medienverhalten beschreiben
• Textfunktionen unterscheiden
• Informationsquellen nutzen
• Inhalte von Sachtexten herausarbeiten
• nicht lineare Texte auswerten
• Gestaltungsmittel von Texten beschreiben
• Texte vergleichen
• Lernwege dokumentieren
• eigene Beiträge medienkonform umsetzen
• filmische Gestaltungsmittel beschreiben
• Vortragstechniken anwenden

prozessbezogen
• Gesprächsformen anwenden
• gezielt Informationen erfragen
• informieren
• aktiv zuhören
• Texte adressatengerecht gestalten
• Informationen aus Texten darstellen
• sachlich formulieren

# 11 Tiere beobachten – Mit Sachtexten umgehen   181

**inhaltsbezogen**
• Texte erschließen
• Textinformationen in
  Alltagswissen einordnen
• Vorwissen für Textverständnis
  aktivieren
• Inhalte von Texten wiedergeben
• Medien gezielt nutzen
• Texte zu Bildern und umgekehrt
  gestalten
• Wortarten nach Funktionen
  verwenden

**prozessbezogen**
• Lesetechniken anwenden
• Leseerwartungen formulieren
• Methoden der Texterschließung
  anwenden
• nicht lineare Texte auswerten
• informieren: Tiere beschreiben
• Texte adressatengerecht
  gestalten
• Informationen kohärent
  darstellen
• formalisierte Texte verfassen
• sachlich formulieren
• Texte überarbeiten

**zentrale Schreibformen**
beschreibend (z. B. Tierbeschreibung)

## Sprachgebrauch und Sprachreflexion

# 12 Grammatiktraining – Wörter und Wortarten   199

**inhaltsbezogen**
• Textverständnis formulieren
• Wortarten entsprechend ihrer
  Funktion anwenden
• Wortbestandteile unterscheiden
• Konjugationsformen bilden
• Tempusformen gezielt
  verwenden
• Genus und Numerus korrekt
  verwenden
• Komparationsformen bilden
• Wörter in Wortfamilien
  abgrenzen

**prozessbezogen**
• sprachliche Richtigkeit prüfen
• sprachliche Gestaltungsmittel
  und ihre Wirkung erkennen
• Schreibanforderungen erfüllen

## 13 Sprachgebrauch und Sprachreflexion
## Grammatiktraining – Sätze und Satzglieder 225

**inhaltsbezogen**
- Texte erschließen
- Textinhalte wiedergeben
- Bedeutung des Prädikats benennen
- adverbiale Bestimmungen erläutern
- Sätze nach dem Feldermodell strukturieren
- Satzarten unterscheiden
- Stellung des Verbs im Satz bestimmen
- Nebensätze als Satzglieder erkennen
- Gleich- und Unterordnung von Sätzen unterscheiden
- Formen der Textkohärenz verwenden
- Satzschlusszeichen erläutern
- Satzzeichen verwenden
- Fehlersensibilität entwickeln
- Umstell- und Ersatzprobe anwenden

**prozessbezogen**
- sprachliche Richtigkeit prüfen
- Texte sprachlich überarbeiten

**inhaltsbezogen**
- Textinhalte wiedergeben
- Textverständnis formulieren
- Schärfung und Dehnung, Schreibung des S-Lauts
- Groß- und Kleinschreibung normgerecht anwenden
- Rechtschreibstrategien und -regeln anwenden
- Fehlersensibilität entwickeln

**prozessbezogen**
- Texte sinngebend vorlesen
- Texte frei vortragen
- Rechtschreibprüfung strategisch anwenden
- Texte sprachlich überarbeiten
- Schreibanforderungen erfüllen
- aktiv zuhören

# 15

## Lernen mit Methode  279

**inhaltsbezogen**
• Texte erschließen
• Textinhalte herausarbeiten
• Textinformationen strukturiert
  darstellen
• Verstehensschwierigkeiten
  benennen
• Textverarbeitungsprogramme
  anwenden
• Texte zu Bildern und umgekehrt
  gestalten
• Vortragstechniken anwenden
• Rechtschreibhilfen am PC
  anwenden

**prozessbezogen**
• Stoffsammlung erstellen
• Textverarbeitungsprogramm
  nutzen
• formalisierte nicht lineare Texte
  verfassen
• Informationen kohärent
  darstellen
• sprachliche Richtigkeit prüfen
• Lesestrategien anwenden
• Methoden der Texterschließung
  anwenden

## Orientierungswissen  293

# 1 In unserer neuen Schule –
## Sich und andere informieren

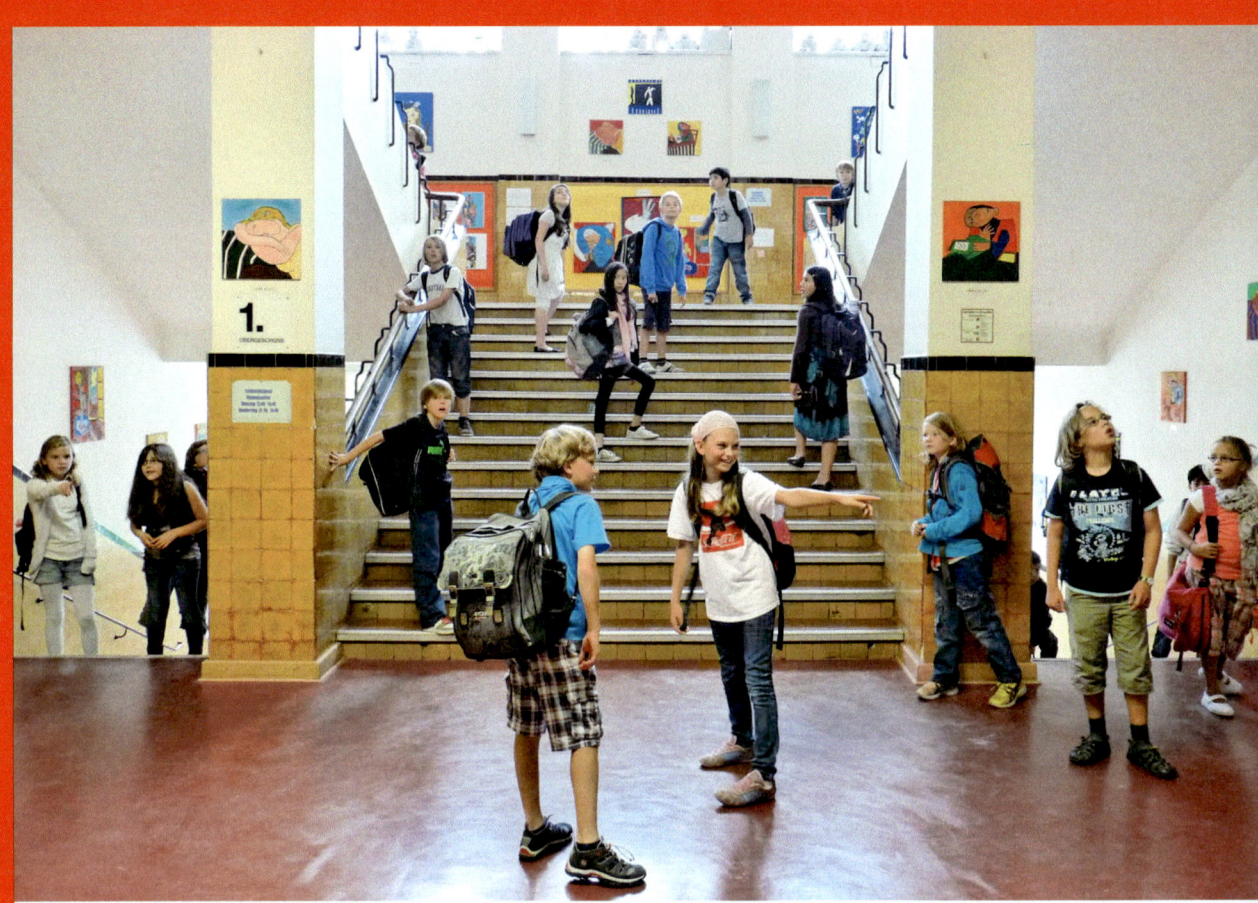

**1** Wie erleben die Schülerinnen und Schüler auf dem Bild ihre Ankunft in der neuen Schule? Tauscht euch darüber aus.

**Tipp:** Achtet auf Gestik und Mimik, also auf die Körpersprache der Schülerinnen und Schüler.

**2**
**a** Sammelt eure ersten Eindrücke von eurer neuen Schule gemeinsam mit dem Tischnachbarn / der Tischnachbarin.
**b** Berichtet euren Klassenkameraden von euren Eindrücken.
*Toll fand ich, dass ...*
*Es war schon komisch, dass ...*
*Ich wollte herausfinden, wo ...*

### In diesem Kapitel ...

– stellt ihr euch einander vor und informiert euch über eure neue Schule,
– erzählt ihr in einem persönlichen Brief von euren Erlebnissen und Eindrücken,
– lest ihr Geschichten rund um das Thema „Schule".

# 1.1 Wir lernen uns und unsere neue Schule kennen – Steckbriefe und Wegbeschreibungen

## Wir machen uns miteinander bekannt

**1** Sicher gibt es in eurer Klasse viele neue Mitschüler, die ihr gerne kennen lernen möchtet.
Mit Hilfe der folgenden Kennenlernspiele könnt ihr euch gegenseitig „unter die Lupe nehmen".

**a** „Viereckenspiel"
– Findet heraus, was ihr mit den anderen gemeinsam habt. Bildet dazu zunächst einen Kreis in der Mitte des Klassenzimmers.
– Bestimmt einen Spielleiter oder eine Spielleiterin. Diese oder dieser ruft: „Ich bin heute Morgen mit dem Auto/Bus/Fahrrad/zu Fuß in die Schule gekommen."
– Nun geht ihr in vier Gruppen in die Zimmerecken und tauscht euch kurz darüber aus, wie ihr in die Schule gekommen seid.
  Setzt das Spiel mit eigenen Beispielen fort: *Ich esse am liebsten ...; Ich habe als Haustier ...*

**b** „Personenbeschreibung"
– Sucht euch einen Spielpartner, den ihr noch nicht kennt, und setzt euch gegenüber.
– Schaut euch genau an. Auf ein Signal hin dreht ihr euch mit dem Rücken zueinander.
– Nun stellt ihr dem anderen Fragen zu eurem Aussehen. Ihr könnt abwechselnd fragen, z. B.: *Welche Haarfarbe habe ich? Trage ich eine Brille?*

**2** Entwerft Steckbriefe, mit denen ihr euch in der Klasse vorstellen könnt. Wählt Aufgabe a, b oder c.

**a** Toms Steckbrief enthält alle wichtigen Informationen, ist aber etwas zu ausführlich und unübersichtlich. Überlegt, wie ihr die Informationen übersichtlicher gestalten könnt, und entwerft dann einen Steckbrief von euch.

> *Hallo, mein Name ist Tom,*
> *ich bin am 16. März 2006 geboren. Ich wohne mit meinen Eltern und meiner Schwester Lina in der Schillerstraße 19 in Ludwigsburg. Mein liebstes Hobby ist der Sport. Ich spiele mit meinen Freunden Fußball im Verein. Und ich lese gerne. Am tollsten finde ich Gruselgeschichten, die sind so schön spannend. Wir haben einen Hund: Leo. Hier in der neuen Schule habe ich schon Freunde gefunden: Max und Melis kenne ich noch aus der Grundschule und Simon ist mein Banknachbar.*

**b** Schreibt einen **stichwortartigen** Steckbrief von euch. Überlegt, welche Informationen wichtig sind und welche Informationen eure Mitschüler interessieren könnten, z. B.: *Name: ... / Geburtstag: ...*
**Hinweis:** Toms Steckbrief enthält alle wesentlichen Informationen.

**c** Entwerft nach dem Vorbild von Cosimas Steckbrief übersichtliche Steckbriefe von euch.

| | | | |
|---|---|---|---|
| *Name:* | *Cosima* | *Hobbys:* | *Tanzen, Musik, Computer* |
| *Geburtstag:* | *12. Juli* | *Haustier:* | *zwei Meerschweinchen* |
| *Adresse:* | *Veilchenweg 3, Ludwigsburg* | *Freunde:* | *Annalena, Mona, Joshua* |

**3** **a** Übertragt eure Steckbriefe in möglichst viele Sprachen und lest sie euch gegenseitig vor.
**b** Vergleicht die Wörter:
– Was fällt euch auf?
– Gibt es Gemeinsamkeiten zwischen den Sprachen?

| name: | ... | nom: | ... |
| birthday: | ... | anniversaire: | ... |
| address: | ... | adresse: | ... |
| phone: | ... | téléphone: | ... |
| hobbies: | ... | loisirs: | ... |
| pet: | ... | animal domestique: | ... |

**4** **„Ein Partnerinterview führen"**
**a** Bringt ein Bild aus eurer Grundschule mit und interviewt euch gegenseitig. Geht so vor:
– Bildet Paare: Lasst dabei den Zufall entscheiden. Legt z. B. Memory-Karten auf einem Tisch aus und deckt sie nacheinander auf. Die Schüler, die das gleiche Bild haben, bilden ein Paar.
– Stellt euch gegenseitig Fragen und notiert die Antworten, z. B.:
*Warum hast du dieses Foto mitgebracht?*
*Was wünschst du dir in der neuen Schule?*
*Welche Fächer sind deine Lieblingsfächer?*
**b** Stellt eure Mitschülerin oder euren Mitschüler in der Klasse vor. Anschließend könnt ihr ein schönes Blatt gestalten, das über eure Interviewpartnerin/euren Interviewpartner informiert.

**5** Ihr habt viel über andere erfahren, aber auch über euch selbst.
**a** Notiert, welche Eigenschaften eurer Meinung nach die neuen Klassenkameraden an euch schätzen werden.
**b** Tauscht euch darüber mit dem Banknachbarn/der Banknachbarin aus.

**6** Gestaltet mit den Materialien, die ihr erarbeitet habt, eine **Klassenwandzeitung.**
Ihr habt verschiedene Präsentationsmöglichkeiten:

**Plakat:** Schreibt die Texte sorgfältig mit der Hand oder mit dem Computer. Verwendet unterschiedliche Schriftarten. Klebt die Steckbriefe und Interviewergebnisse auf das Plakat. Fotos oder passende Zeichnungen setzen einen Blickfang.

**Wäscheleine:** Gestaltet eure Textblätter als T-Shirts (entsprechend ausschneiden!) und hängt sie mit Wäscheklammern an einer quer durchs Klassenzimmer gespannten Wäscheleine auf.

**Hand in Hand:** Klebt die Texte auf ausgeschnittene Figuren. Die Figuren werden dann an den Händen zusammengefügt. So entsteht eine lange Schülerkette, die ihr an der Wand entlang aufhängen könnt.

# Wir erkunden unsere Schule – Wege beschreiben

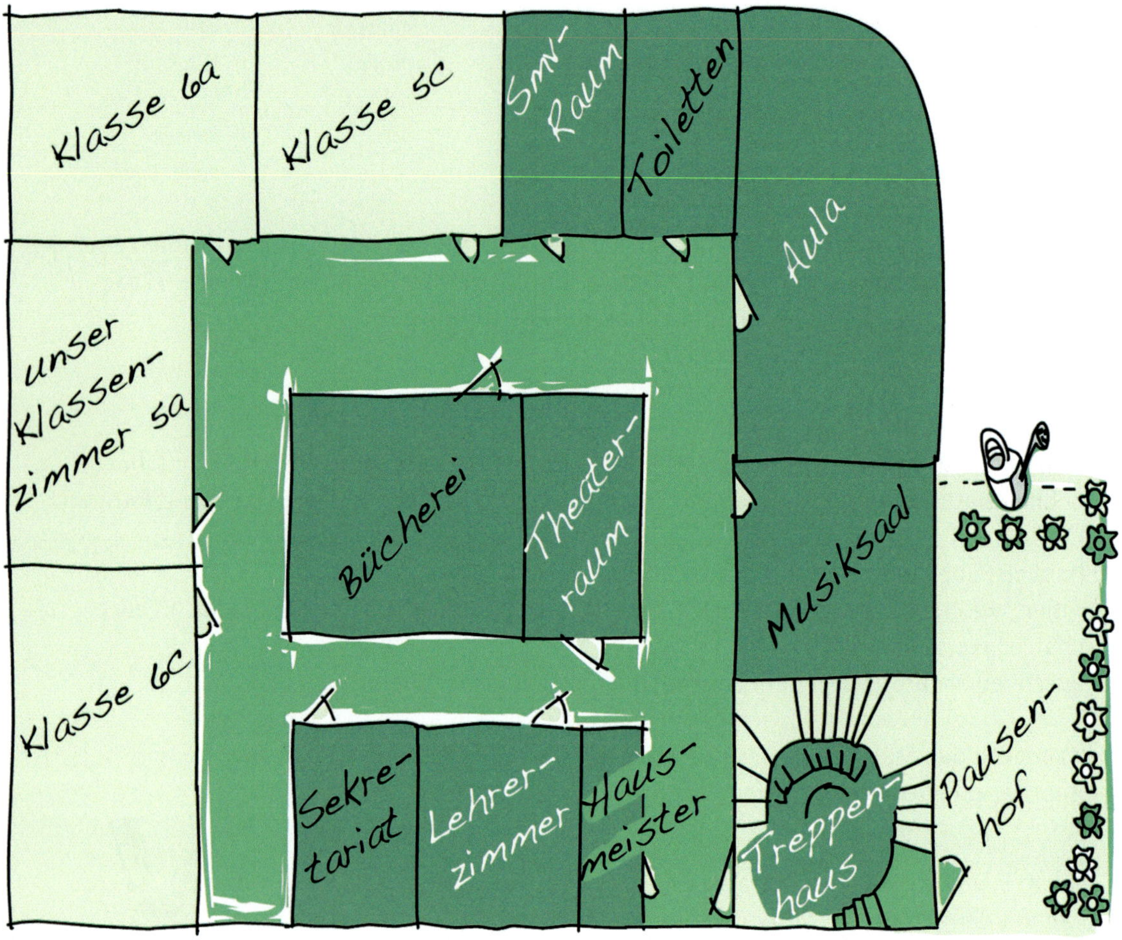

**1** Oben seht ihr den Grundriss eines Schulgebäudes. Alle abgebildeten Räume sind auf der zweiten Etage.
Nur der Pausenhof, den ihr durch das Treppenhaus erreicht, befindet sich zu ebener Erde.
Versucht euch mit Hilfe des Grundrisses zu orientieren.

**a** Sucht den kürzesten Weg vom Klassenzimmer zur Toilette, zum Lehrerzimmer, zum Sekretariat,
zur Aula, zum Pausenhof ...

**b** Beschreibt eurem Tischnachbarn / eurer Tischnachbarin die Wege.
Ihr könnt dabei die folgenden Wörter nutzen:

> rechts • links • quer • linkerhand • rechterhand • zuerst • dann • schließlich • zuletzt •
> gehen • hinuntergehen • vorbeigehen • durchqueren • sich wenden • abbiegen

**2** Zeichnet einen Grundriss eurer Klassen-Etage. Beschriftet die Zeichnung.

**3** Formuliert in der Gruppe Wegbeschreibungen als Rätsel und lasst die anderen das Ziel raten.
Beispiel: *In welchen Raum kommst du, wenn du aus dem Klassenzimmer nach links gehst, ...?*

**4** Stefan und Hannes haben sich in der ersten Schulwoche kennen gelernt. Nun möchte Stefan seinen neuen Schulfreund einladen. Wählt a, b oder c und beschreibt Hannes den Weg.

**a** Schreibt die Wegbeschreibung.
Geht so vor:
– Überlegt, welche Informationen auf der Karte für Hannes hilfreich sind.
– Plant eure Wegbeschreibung im Kopf: Womit beginnt ihr? Wie geht ihr dann weiter vor?
– Verwendet geeignete Richtungsangaben und geeignete Verben. Schreibt im Präsens.

**b** Lest zuerst die Information „Wegbeschreibung" und notiert, worauf ihr achten müsst.
Verfasst dann die Wegbeschreibung mit Hilfe des Wortspeichers aus Aufgabe 1.

**c** Ergänzt die folgende Wegbeschreibung. Nutzt dazu die Angebote aus dem Wortspeicher
(Aufgabe 1) und achtet darauf, dass ihr sachlich formuliert und im Präsens schreibt.
*Du gehst linkerhand die Parkstraße hinunter, überquerst die Kreuzung und gehst am Park vorbei.*
*Hinter dem Park biegst ...*

**5** Vergleicht und verbessert eure Wegbeschreibungen aus Aufgabe 4.
**Tipp:** Ihr könnt die Information „Wegbeschreibung" zur Kontrolle nutzen.

**6** Vielleicht geht es euch genauso: Ihr habt einen neuen Freund, eine neue Freundin gefunden,
der oder die noch nicht weiß, wo ihr wohnt.
**a** Beschreibt dem Freund / der Freundin den Weg zu eurer Wohnung. Als Ausgangspunkt könnt ihr
eine zentrale Stelle wählen: das Rathaus, die Bushaltestelle, die Kirche ...
**b** Zeichnet zur Verdeutlichung eine Karte.
**c** Kontrolliert eure Wegbeschreibung in Partnerarbeit.

| Information | Wegbeschreibung |

Wege beschreiben wir für jemanden, der den Weg nicht kennt, ihn aber leicht finden soll.
Beschreibt deshalb den Weg **in der Reihenfolge, in der man ihn geht:**
Beginnt am Ausgangspunkt und listet Schritt für Schritt den weiteren Weg genau auf. Denkt
daran, auf markante, auffällige Stellen hinzuweisen, z. B.: Kreuzungen, besondere Gebäude
oder Bäume. Diese markanten Stellen müssen unbeweglich sein, also: *der Parkplatz vor dem*
*Supermarkt,* nicht *der große rote Lieferwagen,* denn der Lastwagen ist vielleicht schon längst
weggefahren.
Schreibt knapp, sachlich und im Präsens.

# Menschen an der Schule interviewen

**1** Bestimmt habt ihr an eurer Schule schon einige Personen kennen gelernt:
Schulleiter/-in, Sekretär/-in, Hausmeister/-in, Schulsprecher/-in, Streitschlichter/-in.

  **a** Schreibt ihre Namen auf ein Plakat
und tragt zusammen, was ihr über sie
schon wisst.

  **b** Über wen möchtet ihr noch mehr erfahren?

**2** Bereitet Fragen für die Interviews vor:

  **a** Bildet Gruppen und sucht euch jeweils eine
der oben aufgeführten Personen aus, die ihr
befragen möchtet.

  **b** Nutzt Informationsquellen wie beispiels-
weise die Schulordnung, um Fragen vorzu-
bereiten.

  **c** Notiert euch Fragen, die ihr stellen wollt. Ihr
könnt folgende Formulierungen verwenden:
*Welche Aufgaben haben Sie?*
*Seit wann üben Sie die Tätigkeit aus?*
*Warum wollten Sie … werden?*

> Achtet beim Aufschreiben der Fragen und
> des Interviews auf die korrekte Schreibung
> der Höflichkeitsanrede, z. B.:
> *Worüber ärgern <u>Sie</u> sich am meisten?*
> *Was gefällt <u>Ihnen</u> am besten an <u>Ihrem</u> Beruf?*

  **d** Ordnet eure Fragen in einer sinnvollen Reihenfolge.

**3** Überlegt, wie ihr vorgehen wollt. Bedenkt, dass die Personen nicht immer erreichbar sind.

  **a** Wie sprecht ihr die Person an?

  **b** Wie haltet ihr das Interview fest (Notizen, Aufnahmegerät)?

  **c** Probt die Interviews zunächst in der Klasse.

**4**  **a** Jetzt geht's los. Führt das Interview durch.

  **b** Berichtet der Klasse, was ihr im Interview über eure Gesprächspartner erfahren habt.

---

| **Methode** | **Fragen für ein Interview formulieren** |
|---|---|

Achtet in Interviews stets darauf, dass eure **Fragen offen formuliert** sind, damit euer Interview-
partner möglichst viel erzählt. Beispiel:
*„Warum wollten Sie Lehrer werden?"* → *„Weil mir die Arbeit mit Kindern große Freude bereitet."*
Wenn ihr überwiegend **geschlossene Fragen** stellt, bekommt ihr nur knappe Antworten und das
Interview wird sehr kurz und eintönig. Beispiel: *„Wollten Sie schon immer Lehrer werden?"* → *„Ja."*

# Testet euch!

## Wege beschreiben

**1** Yasmin war in der ersten Schulwoche krank. Nun findet sie sich im Schulhaus nicht zurecht.
Einige Mitschülerinnen und Mitschüler wollen ihr helfen. Aber nicht alle wissen gut Bescheid.

**a** Lest die drei Wegbeschreibungen und überprüft jeweils anhand der Skizze, ob sie stimmen oder falsch sind.

**b** Verbessert die falschen Wegbeschreibungen und schreibt sie richtig in euer Heft.

Alina:

> *Wenn du vom Klassenzimmer zur Toilette musst,*
> *dann gehst du aus dem Zimmer nach links, den Gang*
> *hinunter und biegst rechts ab. Nun*
> *musst du zur letzten Tür auf der linken*
> *Seite – vor der Aula.*

Timo:

> *Wenn du das Lehrerzimmer suchst, dann musst*
> *du vor dem Klassenzimmer nach rechts gehen,*
> *und gleich links den Gang hinunterlaufen. Auf der*
> *linken Seite hinter der zweiten Tür liegt das*
> *Lehrerzimmer.*

Mona:

> *Den Musiksaal findest du, wenn du aus dem*
> *Klassenzimmer nach links gehst, den Gang ent-*
> *lang. Dann biegst du rechts in den langen Gang*
> *und läufst immer geradeaus. Die Tür direkt vor*
> *dir ist der Eingang zum Musiksaal.*

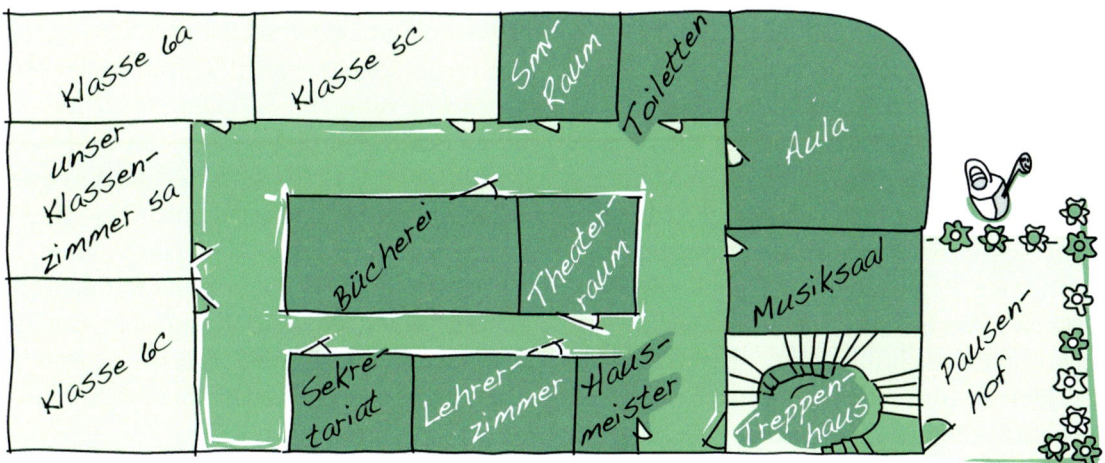

**2** Erklärt Yasmin den Weg zum SMV-Raum, zur Bücherei und zum Hausmeisterraum.
Schreibt dazu die entsprechenden Wegbeschreibungen in euer Heft.

## 1.2 Schule hier und anderswo – Briefe schreiben

Iris Lemanczyk

### Keine Stühle in der Schule

Heute muss ich Vater fragen, ist Wenhus erster Gedanke, als er wach wird. Wenhus Vater muss Geld bezahlen, wenn sein Sohn zur Schule geht. Sieben Mark[1] kostet die Schule für ein
5 halbes Jahr, das sind 35 Yuan. Für eine europäische Familie wäre das ein Klacks, aber nicht für Wenhus Eltern. Sie leben als arme Bauern in den Bergen und 35 Yuan sind für die Familie viel Geld. Der Zehnjährige weiß: Die Chancen
10 stehen schlecht, dass er wieder zur Schule gehen kann. Es ist nämlich kein Geld da.
Allmählich kommt die Sonne hinter den Berggipfeln hervor. Schon wird es ein bisschen wärmer. Wenhu blickt immer noch hinunter zum
15 Dorf. Natürlich muss er den Schulweg zu Fuß zurücklegen, jeden Tag. Aber das kennt er ja, es würde ihm nichts ausmachen.
Wenhu seufzt und geht zurück in die Hütte. Die Mutter ist inzwischen auch aufgestanden.
20 Sie reicht Wenhu eine Schüssel mit gesalzenem Wasser und eingeweichtem Möhrenkraut. Das ist sein Frühstück. Wenhus Mutter weiß, was ihren Sohn bedrückt. Gern möchte sie ihm helfen, aber sie weiß auch: Es ist kein Geld da.
25 Auch Wenhus Vater ist aufgestanden. Jetzt, jetzt muss ich ihn fragen, denkt Wenhu und atmet tief durch. „Vater, darf ich dieses Jahr wieder zur Schule gehen?", fragt er mit zitternder Stimme. Sein Puls rast. Voller Spannung
30 wartet er auf die Antwort. Der Vater schüttelt traurig den Kopf. „Nein, Wenhu. Es ist kein Geld da", sagt er nur. „Aber Vater, letztes Jahr ging es doch auch. Bitte, bitte. Ich möchte lesen können und rechnen und schreiben. Ich
35 möchte zur Schule gehen. Bitte." Wenhu weint verzweifelt, der Vater wendet sich ab. Er schämt sich. Er selber war nie in der Schule, er kann nicht einmal seinen Namen schreiben. Auch

sein Vater hatte zu wenig Geld und damals hat er seinen Vater dafür gehasst. Jetzt ist er der 40 Vater. Plötzlich entdeckt Wenhu einen Skorpion auf dem großen Stein neben sich. Das Tier sonnt sich. Es ist fast durchsichtig. Fasziniert starrt Wenhu den Skorpion an, der nicht größer ist als eine Eidechse. Mit seinen acht 45 Beinen klettert das Tier gemächlich auf den nächsten Stein. Dabei wippt der Stachel am Schwanzende gefährlich. Wenhu weiß, dass das Gift eines Skorpions ein Kind töten kann. Trotzdem gefällt ihm das Tier mit den langen 50 Scheren. Während er den Skorpion beobachtet, hat er eine Idee. „Das ist es!", ruft er. „Ich werde Skorpione fangen." Die Medizinfabrik unten im Tal kauft Skorpione, ist ihm eingefallen. Von dem Geld könnte er die Schulkosten 55 bezahlen. Wenhu ist begeistert von seiner Idee. Sofort macht er sich ans Werk. Er sammelt und sammelt, bis er zwei Lederbeutel voll hat. Es wird wahr! „Übermorgen kann ich zur Schule!" Er umarmt seinen Vater, küsst seine Mut- 60 ter und springt ins Bett. Mit einem seligen Lächeln auf den Lippen schläft er ein.
Am ersten Schultag steht Wenhu in der Morgendämmerung auf. Sorgfältig streicht er die Geldscheine glatt und steckt sie in die Hosen- 65 tasche. Sein Frühstück isst er ganz schnell. Dann ist er bereit. „Musst du nicht den Hocker mitnehmen wie im letzten Jahr?", fragt die Mutter. „Ach ja, es gibt ja keine Stühle in der Schule." Also schultert Wenhu den einzigen 70 Klapphocker der Familie und macht sich auf seinen langen Schulweg hinab ins Dorf. [...]

---

1 sieben Mark entsprechen etwa 4 Euro

**1** Beantwortet die folgenden Fragen zum Text jeweils in einem Satz.
- Welches Problem beschäftigt Wenhu zu Beginn der Geschichte?
- Wenhus Eltern verstehen seine Sorgen. Warum können sie ihm dennoch nicht helfen?
- Wie löst Wenhu das Problem?

**2** Klärt, in welchem Land die Geschichte spielt. Achtet auf die Namen und auf die Währung.

**3** Stellt euch vor, ihr schreibt einer Freundin oder einem Freund einen Brief, in dem ihr von Wenhu erzählt und seine Situation mit eurer vergleicht.

---

*Liebe ... / Lieber ...,*                                    *Tübingen, den 15. April 2016*

*wir haben in Deutsch gerade einen Geschichte gelesen, die mir mal wieder klargemacht hat, dass es mir gar nicht so schlecht geht. Die Geschichte erzählt von Wenhu, einem zehnjährigen Jungen, der in den chinesischen Bergen lebt. Seine Eltern sind so arm, dass sie sich das Schulgeld nicht leisten können. Dabei geht es nur um 3 oder 4 Euro für das Halbjahr. Kannst du dir das vorstellen?*
*Wenhu will aber unbedingt in die Schule. Als er zufällig einen Skorpion entdeckt, hat er ...*

*Liebe Grüße,*

*deine ... / dein ...*

---

**a** Notiert, welche festen Bestandteile eines Briefs ihr bereits kennt. Überprüft dann, ob der Brief über Wenhu alle geforderten Bestandteile enthält.
**Hinweis:** Kontrolliert eure Ergebnisse mit Hilfe der Methode „Einen Brief schreiben".
**b** Schreibt auf, woran ihr erkennt, dass es sich um einen Brief an eine Freundin oder einen Freund handelt.
**●●● c** Schreibt den Brief zu Ende. Sprecht dabei euren Adressaten noch einmal direkt an.

---

**Methode**    **Einen Brief schreiben**

Briefe werden an **ganz bestimmte Adressaten** geschickt.
Danach richten sich Inhalt und Form des Schreibens:
Der Brief an den Freund / die Freundin sieht anders
aus als der an eine Lehrerin / einen Lehrer!
- Denkt an den Briefkopf:     →     *Heidenheim, den 12.09.2016*
- Vergesst nicht Anrede und Komma:   →   *Liebe Frau Pelz,    Lieber Tom,*
- Schreibt die Anredepronomen groß, wenn ihr jemanden siezt. Sonst könnt ihr sie kleinschreiben: → *Sie, Ihr, Ihnen    du, dir, dein, euer*
- Schließt mit einem passenden Gruß:   →   *Herzliche Grüße    Lieben Gruß*
- Vergesst eure Unterschrift nicht:   →   *Ihre Justine    dein Alex*

## Schule weltweit

**Äthiopien**
Bruke Mekonen Kebed, 12 Jahre,
5. Klasse, Bonga Elementary School;
mehr als 2 000 Schüler (Klassen 1–8)

Bonga, den 10. September 2016

Lieber Till,

ich erzähle dir heute von meiner Schule, die im Süd-
westen von Äthiopien liegt. Allein von den siebten
Klassen gibt es in unserer Schule zehn. Die meisten
meiner 68 Mitschüler sind älter als ich; einige sogar
schon 18 Jahre, denn bei uns werden manche Kinder
erst spät eingeschult. Äthiopien ist ein armes Land,
da müssen wir hart arbeiten, um weiterzukommen.
Auch unsere Schule hat nicht genug Geld und viel
zu wenige Klassenräume. Deshalb werden wir abwechselnd unterrichtet: eine Woche vormittags, die
nächste nachmittags. Für die ganze Klasse haben wir
nur drei Englischbücher. Trotzdem sind wir gern in
Bonga. Alles ist grün, und bei uns leben noch wilde
Tiere. Kannst du dir das vorstellen?

Viele Grüße ins kalte Deutschland

dein Bruke

ChitaChaka, den 13. März 2016

Hallo Lisa!

Du hast mich gefragt, wie der Schulunterricht bei mir
abläuft, und ich möchte dir noch schnell antworten,
bevor ich losmuss. Der Unterricht in unserer Schule
fängt morgens um halb acht an, aber ich muss schon
um fünf Uhr aufstehen, weil ich vorher die Tiere füt-
tere. So früh ist es noch dunkel und kalt, denn unser
Bauernhof liegt auf fast 4000 Metern Höhe in den
Anden. Ungefähr eine Stunde brauche ich bis zur Schule.
Unsere Schule liegt in einer Schlucht, der Berg hinter
ihr steigt steil nach oben an, der Berg vor ihr auch,
und du wirst sagen: „Was? Da musst du hoch?" Aber
das ist doch normal! Unsere Eltern haben die Schule
selbst gebaut, vor zehn Jahren. Groß ist unsere
Schule wirklich nicht! Sie hat nur zwei Räume. In
einem sitzen wir, die 25 Schüler. Jede Stuhlreihe ist
eine Klasse. So, jetzt muss ich aber wirklich los.

Liebe Grüße,

deine Margoth

**Ecuador**
Margoth Titumaita, 12 Jahre,
6. Klasse, Escuela Particular, Comunidad
ChitaChaka; 25 Schüler (Klassen 1–6),
1 Lehrer

**Finnland**
Hanna Linderoos, 11 Jahre,
5. Klasse, Gesamtschule Pohjanlammen
koulu, Jyväskylä;
520 Schüler (Klassen 1–9),
ein Lehrer betreut ca. 15 Schüler

Jyväskylä, den 11 Juni 2016
Liebe/Lieber ...,

wirst du mir glauben, wenn ich dir sage, dass wir
unsere Prüfungen mit dem Bleistift schreiben, in der
Schule Hausschuhe anziehen und unsere Lehrer duzen?
Meistens sprechen wir sie mit „ope", das heißt                                    5
Lehrer. Manche sagen auch: „Petri, kannst du mal
kommen?" Petri Tiihonen ist unser Klassenlehrer, er
unterrichtet fast alles. Von der siebten Klasse an haben wir dann mehr Fachlehrer. Englisch lernen die
meisten schon ab der dritten Klasse. Dabei helfen na-                            10
türlich die englischsprachigen Spielfilme im Fernsehen
mit finnischen Untertiteln. In meine Klasse gehen 28
Kinder, aber wir haben oft Unterricht in kleinen
Gruppen. Manchmal ist auch ein zweiter Lehrer da-
bei. Er geht an die Tische und hilft Schülern, die et-                            15
was nicht so gut können. Außerdem gibt es Einzel-
stunden für Schüler, die nicht gleich alles verstanden
haben. Niemand bleibt sitzen, und die ersten vier
Jahre gibt es keine Noten. Man muss sich selber be-                              20
urteilen und spricht mit den Lehrern und Eltern über
die Selbsteinschätzung.
Jetzt bin ich gespannt, was du mir von deinem
Schulalltag in Deutschland erzählen kannst.
Schreib bitte recht bald!                                                         25

Mit ziemlich ungeduldigen, aber lieben Grüßen

Hanna

---

**1** Lest die Briefe von Bruke, Margoth und Hanna, in denen sie ihre Schule beschreiben.
**a** Was erfahrt ihr über die Schule in Äthiopien, Ecuador und Finnland?
Sammelt die Informationen an der Tafel.
**b** Worin unterscheidet sich der Alltag von Schulkindern in anderen Ländern
von eurem Schulalltag?

**2** Vielleicht habt auch ihr in eurer Klasse Mitschülerinnen oder Mitschüler, die schon in anderen
Ländern zur Schule gegangen sind?
Befragt sie nach ihren Erfahrungen.

**3** Sucht Äthiopien, Ecuador und Finnland im Atlas, in einem Lexikon oder im Internet.
**a** Tragt Interessantes und Wissenswertes zusammen.
**b** Berichtet in der Klasse darüber.

# Stärken stärken: Einen Brief schreiben

**1** Schreibt den Antwortbrief, auf den Hanna (▶ S. 23) so dringend wartet.
  **a** Überlegt, was alles zu einem Brief gehört.
  **b** Plant den Inhalt eures Briefs.
  **c** Verfasst den Brief.
  **d** Überarbeitet euren Brief. Nutzt dabei die Methode „Einen Brief schreiben" (▶ S. 21) als Checkliste.

●○○    **Hilfe zu Aufgabe 1a:**
Beachtet, dass jeder Brief die folgenden festen Bestandteile hat. Ergänzt die Bestandteile dann jeweils.
  – Ort, Datum: …
  – Anrede: Lieber/Liebe …
  – Anlass für den Brief: Du hast mich gefragt, wie die Schule …
  – Abschiedsgruß: Liebe Grüße, deine/dein …

●○○    **Hilfe zu Aufgabe 1b:**
Überlegt, welche Informationen für jemanden, der eure Schule und euren Schulalltag nicht kennt, wichtig und interessant sind. Lest dazu noch einmal Hannas Brief.
  – Wo befindet sich die Schule?
  – Was ist das Besondere an der Schule?
  – Wie läuft eine Unterrichtsstunde ab?
Sammelt eure Ideen in einem Cluster.

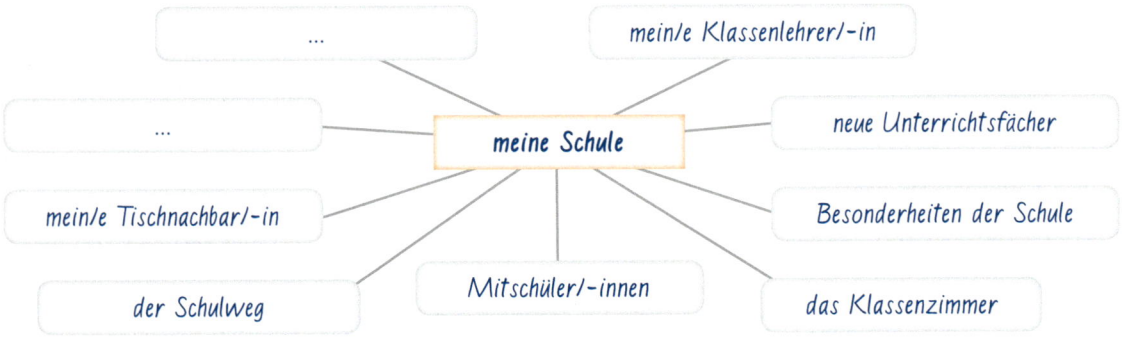

●○○    **Hilfe zu Aufgabe 1c:**
Verfasst den Brief. Ihr könnt dabei den folgenden Anfang nutzen.

---

Liebe Hanna,            Stuttgart, den 22. Juni 2016

vielen Dank für deinen Brief. Du hast Recht, vieles von dem, was du erzählst, klingt in meinen Ohren komisch. Ich kann mir zum Beispiel gar nicht vorstellen, meine Lehrerin zu duzen.
Aber jetzt will ich dir von meinem Schulalltag erzählen …

Viele Grüße

deine/dein …

---

# 1.3 Projekt: Wir informieren über unsere Klasse

In eurer Klasse kennt ihr euch nun schon ziemlich gut. Eine Schulgemeinschaft besteht aber meist aus mehreren Parallelklassen in unterschiedlichen Altersstufen. Überlegt euch, welche Klasse ihr näher kennen lernen möchtet: Interessiert ihr euch für die ersten Erfahrungen eurer Mitschüler aus der Parallelklasse? Vielleicht können Schüler der jetzigen sechsten Klasse euch wichtige Tipps geben und eure „Paten" an der neuen Schule werden?

Entscheidet euch und ladet eine Klasse zu einer Klassenvorstellung ein.

Wenn ihr die anderen über eure Klasse informieren wollt, müsst ihr euer Vorgehen planen.

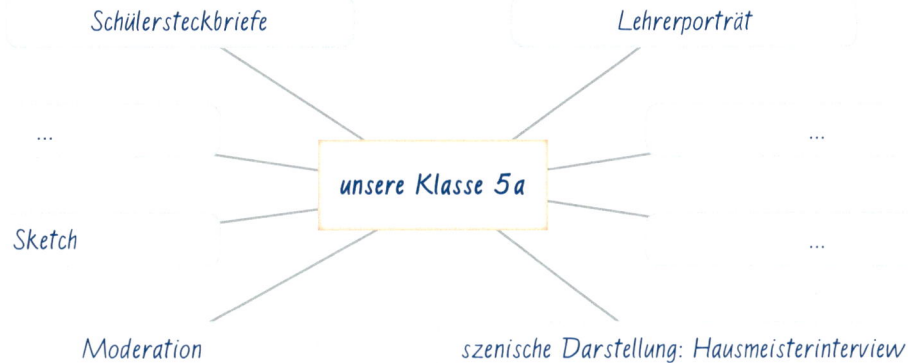

**1** Schaut euch den Cluster mit Vorschlägen zu einer Klassenvorstellung an.
**a** Ergänzt den Cluster (▶ S. 286) an der Tafel.
**b** Wählt geeignete Vorschläge für eure Veranstaltung aus.

**2** Ordnet eure Vorschläge und legt einen sinnvollen Ablauf fest.
So kommt ein (vorläufiges) Programm zu Stande.

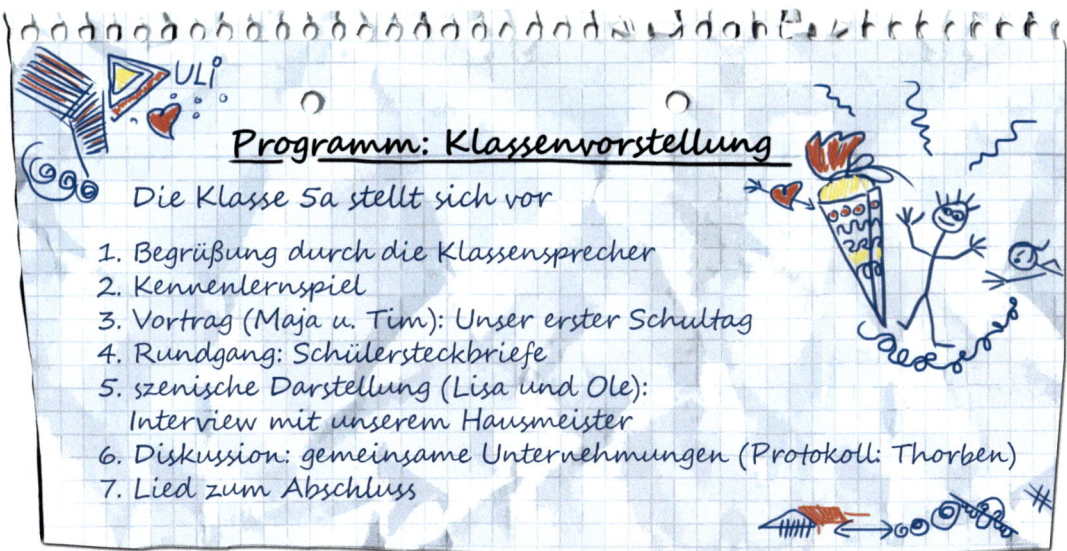

**3** Wenn das Programm für den Nachmittag feststeht, gilt es, einen Ablaufplan für die Vorbereitung aufzustellen.

a Wählt dazu eine Mitschülerin oder einen Mitschüler, die oder der die Einhaltung des Plans überwacht.

b Teilt euch in kleine Gruppen auf und organisiert euch so, dass jede Gruppe für einen Veranstaltungspunkt verantwortlich ist.

c Legt für jeden einzelnen Punkt einen Termin fest, an dem er umgesetzt sein muss.

> – Einladung zur Klassenvorstellung am PC (► S. 154) gestalten
> – Einladungen verteilen (mindestens zwei Wochen vorher)
> – Getränke und Knabberzeug organisieren
> – Lieder einstudieren.
> – Vorträge und Sketche üben
> – Generalprobe durchführen

**EINLADUNG**
**DAS SIND WIR!**

Liebe Schülerinnen und Schüler der 6 a, wir laden euch ganz herzlich zu unserem Kennenlernnachmittag am 27. September um 14.00 in unseren Klassenraum ein!

Fürs leibliche Wohl ist gesorgt und auch an Unterhaltung wird es nicht mangeln.
Lasst euch überraschen!
Wir freuen uns auf euch!!
Bis bald!
Eure 5 a

**Kennenlernspiel:**
→ Christian, André, Patrick

**Moderation** (Überleitung zwischen den Programmpunkten):
→ Hanna, Luisa, Felix, Lukas

**Lehrerporträts:**
→ Lena, Anna, Ferhat, Max

**4** a Erarbeitet dann euren jeweiligen Programmpunkt in der Gruppe.
b Stellt eure Ergebnisse der Klasse vor.

**5** Bereitet gemeinsam den Klassenraum vor. Schmückt ihn festlich, hängt gegebenenfalls eine Wandzeitung auf, präsentiert eure Steckbriefe (Plakat, Wäscheleine etc.)

**6** Bestimmt ein Team, das den Ablauf des Nachmittags überwacht.

| Wörterliste | | | | ► S. 284 |
|---|---|---|---|---|
| Schulweg | Klassenlehrer | Fahrrad | Sportunterricht | Aula |
| Schultasche | Klassenzimmer | Fahrkarte | Sportplatz | Schulgebäude |
| Schuljahr | Klassensprecherin | Fahrerin | Sportunfall | Computerraum |

# 2 Miteinander sprechen –
## Gesprächsverhalten unter der Lupe

**1** Sollen wir nicht mal was gemeinsam machen?

**2** Tolle Idee! Vielleicht können wir ja nächste Woche in die Eissporthalle gehen?

**3** Mir gefällt der Vorschlag!

**4** Langweilig!

**5** Oder wir gehen ins Kino. Das macht bestimmt Spaß!

**6** Nee, keine Lust, finde ich blöd!

**1** Schaut euch das Foto an und lest die Gesprächsbeiträge der Reihe nach.
   **a** Setzt das Gespräch der Kinder fort.
   **b** Diskutiert: Was würdet ihr gern mit eurer Klasse unternehmen?

**2** Lest noch einmal die Aussagen. Welche ermutigen andere beim Sprechen, welche blockieren das Gespräch? Begründet eure Entscheidung.

**3** Sprecht über weitere Themen in der Klasse. Sammelt sie auf einem Plakat, hängt es auf und nutzt es als Themenspeicher.

### In diesem Kapitel ...

– entwickelt ihr Gesprächsregeln, die euch helfen, mit unterschiedlichen Meinungen und Streitsituationen umzugehen,
– lernt ihr Methoden kennen, mit denen ihr in einem Gespräch zu einem Ergebnis kommt,
– lest ihr Geschichten, die vom Streiten, vom Einmischen und vom Mutigsein handeln.

# 2.1 Deinen Vorschlag finde ich prima! – Klassengespräche führen

## Erst mal zuhören – Gesprächsregeln erarbeiten

*Um sich besser kennen zu lernen, möchte die Klasse 5a bald schon einen Klassenausflug machen. Ein paar Mitschülerinnen und Mitschüler diskutieren in der Pause angeregt.*

**Philipp:** Ich bin für einen Wandertag! Wir könnten dann auf einer Wiese grillen und auch zusammen spielen.

**Kevin:** Das ist super! Ich bringe meinen Fuß-
5 ball mit!

**Behran:** Wenn Kevin seinen Ball mitbringt, können wir sogar ein Turnier ausrichten.

**Lea:** Das finde ich aber doof!

**Zehra:** Wie wäre es, wenn wir verschiedene
10 Spiele anbieten, denn ...

**Lea:** Ich will aber nicht Fußball spielen!

**Kevin:** Lass doch Zehra mal ausreden!

**Zehra:** Na ja, wenn wir verschiedene Spiele anbieten, ist doch bestimmt für alle etwas da-
15 bei.

**Sabine:** Da bin ich auch dafür. Wir sollten eine Liste machen, auf der wir die Spielideen sammeln.

**Lea:** Ich würde gleich auf die Wiese fahren und
20 gar nicht erst wandern gehen.

**Philipp:** Ja genau, wandern muss ich schon mit meinen Eltern am Sonntag.

**Behran:** Ich auch. Das letzte Mal musste ich fünf Kilometer durchhalten und wir hatten noch nicht mal was zu trinken dabei. 25

**Kevin:** Bleib doch mal beim Thema. Es geht um unseren Ausflug.

**Sabine:** Wir können doch Frau Werner fragen, ob sie einen schönen Grillplatz kennt, der nicht so weit weg ist. 30

**Lea:** Prima Idee! Gleich in der nächsten Stunde fragen wir sie. Wir müssen ja sowieso noch klären, was die anderen von unserem Vorschlag halten.

 **1** Lest das Gespräch mit verteilten Rollen.

**2** Untersucht das Gespräch. Entscheidet euch für Aufgabe a, b oder c.
 **a** Beurteilt die Gesprächsbeiträge. Worin unterscheiden sie sich?
 **b** Welche Gesprächsbeiträge bringen das Gespräch voran, welche hemmen es eher? Nennt Beispiele aus dem Text.
 **c** Lest den Text noch einmal Satz für Satz. Ordnet dann der Tabelle zu: Welche Äußerungen bringen das Gespräch voran, welche blockieren es?

| **Gesprächsmotor** (bringt das Gespräch voran) | **Gesprächsbremse** (hemmt das Gespräch) |
| --- | --- |
| *Eine gute Idee!* | *Das ist doch Quatsch!* |

**3** Ihr habt bei der 5a unterschiedliches Gesprächsverhalten beobachtet. Leitet daraus Regeln ab, wie ihr in eurer Klasse Gespräche führen wollt. Nutzt dazu die Placemat-Methode.

**Methode**      **Mit einer Placemat** (engl. für Platzdeckchen) **zu einem Ergebnis kommen**

Eine Möglichkeit, gemeinsam zu guten Ergebnissen zu kommen, ist das Placemat-Verfahren. Bildet zunächst Dreier- oder Vierergruppen.

- Legt auf jeden Gruppentisch eine Placemat, d. h. ein großes Stück Papier, das ihr wie auf der Skizze unterteilt.

- Jedes Gruppenmitglied schreibt seine Vorschläge in sein Feld. Das mittlere Feld bleibt zunächst frei. Dabei wird nicht gesprochen.
- Stellt euch eure Felder anschließend in der Gruppe vor. Fragt nach, wenn ihr etwas nicht versteht.
- Besprecht anschließend eure Vorschläge dazu, welche Gesprächsregeln ihr wichtig findet, in der Gruppe. Einigt euch auf fünf Regeln, die am häufigsten genannt wurden.
- Schreibt das Ergebnis, das ihr in eurer Gruppe erzielt habt, in das mittlere Feld.
- Schneidet das mittlere Feld aus und stellt der Klasse eure wichtigsten Regeln vor.

Hört zu, wenn jemand spricht!      Wir hören alle zu, wenn jemand spricht!

Zuhören, wenn jemand spricht!      Ich höre zu, wenn jemand spricht!

**4** Haltet eure gemeinsam erarbeiteten Gesprächsregeln auf einem Plakat fest (▶ S. 289).
  a Einigt euch zunächst auf die Formulierung. Vergleicht dazu die verschiedenen Möglichkeiten.
  b Schreibt eure Gesprächsregeln auf. Achtet darauf, dass ihr einheitlich formuliert.
  c Gestaltet ein Plakat mit euren Regeln und hängt es im Klassenzimmer gut sichtbar für alle auf.

# Anliegen in der Klasse klären – Der Klassenrat

Ich fasse Vorschlag 1 zusammen: Wir haben bis jetzt folgende Gründe für den Vorschlag von Diana gefunden: …

Wir wollen jetzt abstimmen. Wer für den Vorschlag 1 ist, hebt bitte die Hand.

Diana erhält das Wort und stellt den zweiten Vorschlag vor.

**1** Die Kinder auf dem Foto besprechen Themen, die für ihre Klasse wichtig sind, in einem Klassenrat. Wählt Aufgabe a, b oder c.

●●● **a** Beschreibt die Aufgabe der Moderatorin in der Diskussion.

●●○ **b** Lest die Sprechblasen und leitet aus ihnen ab, was die Moderatorin zu tun hat.

●○○ **c** Überlegt bei jeder Sprechblase, was die Moderatorin gerade tut. Wählt aus dem Wortspeicher aus:

> sie lobt • sie organisiert • sie kommentiert • sie bewertet • sie schimpft •
> sie fasst zusammen • sie leitet zu einem neuen Thema über.

| Methode | Der Klassenrat |
| --- | --- |

In einem Klassenrat in der Klassenleiterstunde könnt ihr Vorschläge oder Probleme diskutieren und Konflikte besprechen. Sammelt zuvor schon wichtige Themen.

- Bildet einen Stuhlkreis, sodass sich alle sehen können.
- Bestimmt einen Moderator, der die einzelnen Wünsche und Probleme vorliest und die anschließende Diskussion leitet. Am besten ist das am Anfang die Lehrerin oder der Lehrer.
- Beachtet bei der Diskussion die Gesprächsregeln.
- Die Beschlüsse, die ihr im Klassenrat fasst, gelten für alle in der Klasse. Ein Klassenrat darf aber keine Strafen über Mitschülerinnen/Mitschüler verhängen.

**2** Bringt bei eurer nächsten Diskussion das Echo-Spiel zum Einsatz:
Jeder Gesprächsteilnehmer muss, bevor er mit seinen Ideen an der Reihe ist, zuerst möglichst genau wiederholen, was das Kind vor ihm gesagt hat.
So kann man feststellen, ob man aufgepasst hat, was der andere zum Gespräch beigetragen hat.
Erst danach darf eine eigene Meinung geäußert werden.

# Gespräche auswerten – Beobachtungsbogen

Aus dem Klassenrat der 5a:

**Inga:** In letzter Zeit arbeiten wir so oft in Gruppen. Immer dieses Umräumen der Tische. Das nervt!

**Lehrerin:** Was ist genau dein Problem? Das
5 Umräumen oder die Gruppenarbeit?

**Inga:** Das Umräumen! Können wir nicht immer an Gruppentischen sitzen, dann sparen wir uns das Umbauen.

**Tobias:** Das wäre toll!

10 **Philipp:** Auf keinen Fall! Ich kann mich so schon nicht konzentrieren. Ich möchte am liebsten allein sitzen, denn da hat man seine Ruhe. Und wer will denn schon neben den ganz Lauten sitzen!

15 **Anne:** Ist doch klar, die, die leise sind.

**Inga:** Das ist unfair! Störer gibt es doch überall! Ich will gern neben Merle und Tobias sitzen, denn wir können gut zusammen lernen.

**Lehrerin:** Ich fasse zusammen, wie ich euch
20 bisher verstanden habe: Ihr wollt in Gruppen arbeiten, aber nicht mehr so viel umbauen. Ist das richtig?

**Philipp:** Ja. Die Sitzordnung muss aber auch so sein, dass man ruhig arbeiten kann.

**Lehrerin:** Dann sollten wir uns erst einmal 25 über die Vor- und Nachteile der Sitzordnungen klarwerden. Denkt dabei an die Klasse, aber auch an mich. Ich möchte auch gut mit euch arbeiten können.

**Anne:** Wieso? Ist das für Lehrer nicht egal, wie 30 Schüler sitzen?

**1** Lest den Dialog mit verteilten Rollen.

**2** Benennt das Problem, das die Kinder im Klassenrat ansprechen.

**3** Welche Schülerinnen und Schüler begründen ihre Meinung überzeugend?
Wählt Aufgabe a, b oder c.

●●● **a** Sucht entsprechende Textstellen heraus und begründet eure Wahl.

●●○ **b** Nennt die Begründungen und erklärt: Wie sind diese aufgebaut?
**Hinweis:** Verwendet die Begriffe „Hauptsatz" und „Verknüpfungswort" in eurer Antwort.
Lest auch im Merkwissen auf Seite 33 nach.

●○○ **c** Untersucht die markierten Textstellen. Ordnet dazu die Satzteile den Tabellenspalten zu.

| Meinung | Begründung |
| --- | --- |
| *Können wir nicht immer an Gruppentischen sitzen, ...* | *dann ...* |
| *...* | *...* |

**4** Welche Erfahrungen mit verschiedenen Sitzordnungen habt ihr bereits in der Grundschule gemacht? Ordnet Vor- und Nachteile der oben vorgestellten Sitzordnungen in eine Tabelle wie unten abgebildet in eurem Heft ein.

| Sitzordnung | Vorteile | Nachteile |
|---|---|---|
| *Reihen* | ... | ... |
| ... | ... | ... |

**5** Sprecht jetzt im **Gesprächskreis** darüber, welche Sitzordnung für eure Klasse geeignet wäre. Teilt euch dazu in zwei Gruppen auf: eine, die diskutiert, und eine, die beobachtet.

Setzt euch für Klassengespräche in einen Gesprächskreis. So könnt ihr euch alle ansehen und auch das Zuhören fällt leichter.

# Weil, denn, da – Meinungen begründen

Das Thema „Sitzordnung" wird in der Klasse häufig heiß diskutiert. Dazu gibt es viele unterschiedliche Meinungen.

Ich bin für Gruppentische.

Da bin ich dagegen.

Ich bin dagegen, weil ich finde, dass an Gruppentischen zu viel geschwätzt wird.

Ich bin für Gruppentische, da spart man sich nämlich das Umstellen für die Gruppenarbeit.

**1** Vergleicht die Gesprächsausschnitte.
  **a** Was ist ähnlich? Worin unterscheiden sie sich?
  **b** Welche Beiträge findet ihr besser? Begründet.

**2** Wie würdet ihr gern in eurer Klasse sitzen? Wählt Aufgabe a, b oder c.
  **a** Formuliert eure Meinung und begründet sie.
    Beispiel: *Ich mag lieber allein sitzen, weil ich viel Platz benötige.*
  **b** *Denn* oder *weil*? Entscheidet euch bei der Begründung eurer Meinung für die passende Konjunktion (Bindewort).
  **c** Verbindet je einen Satz aus der linken Tabellenspalte mit einem Satz aus der rechten Spalte.
    Beispiel: *Gruppentische sind praktisch, denn ...*

| Hauptsatz | Neben- und Hauptsatz |
|---|---|
| *Gruppentische finde ich praktisch,* | *weil man alle im Blick hat.* |
| *Die Hufeisenform ist sinnvoll,* | *weil alle Blicke nur nach vorn gerichtet sind.* |
| *Tischreihen sind langweilig,* | *denn man kommt gut miteinander ins Gespräch.* |

**Information**  **Meinungen begründen**

Gut ist es, wenn man seine Meinung klar und sachlich äußert: *Ich finde das richtig!*
Besser ist es aber, seine **Meinung auch zu begründen:** *Ich bin dagegen, weil ...*
**Sprachlich** drückt man diese Begründung oft in einem Nebensatz (▶ S. 242) aus, der mit einem Verknüpfungswort wie *weil* oder *da* eingeleitet wird.
- Die Personalform des Verbs muss im Nebensatz am Ende des Satzes stehen:
  *Ich finde Gruppentische besser, <u>weil</u> man so besser arbeiten <u>kann</u>.*
- Wenn man statt *weil* das Verknüpfungswort *denn* verwendet, ist der zweite Teil des Satzes kein Nebensatz, sondern ebenfalls ein Hauptsatz. Deshalb steht die Personalform des Verbs nicht am Ende des Satzes: *Ich finde Gruppentische besser, <u>denn</u> man <u>kann</u> so besser arbeiten.*

**3** Nutzt als Beobachter den **Beobachtungsbogen.**

Mit dem Bogen könnt ihr euren Klassenkameraden Rückmeldungen geben, wie sie sich während der Diskussion verhalten haben.

**a** Lest vor Beginn des Gesprächs den Beobachtungsbogen gut durch, damit ihr wisst, worauf ihr achten sollt.

Am besten teilt ihr die einzelnen Beobachtungspunkte unter euch auf.

**b** Notiert im Heft, ob der Gesprächsteilnehmer ein Verhalten nie, manchmal, oft oder immer zeigt. Für „nie" gebt ihr 0 Punkte, für „manchmal" 1 Punkt, für „oft" 2 Punkte, für „immer" 3 Punkte.

**4** Wertet anschließend eure Diskussionsergebnisse aus.

**a** Für welche Sitzordnung habt ihr euch entschieden?

**b** Wie haben sich die Gesprächsteilnehmer verhalten: Haben sie sich immer, oft, manchmal oder nie an die Regeln gehalten?

# Beobachtungsbogen zur Diskussion

Mit dem Bogen könnt ihr euren Klassenkameraden Rückmeldungen geben, wie sie – oder die Figuren, in deren Rollen sie geschlüpft sind – sich während einer Diskussion verhalten haben.

| Der diskutierende Mitschüler / Die diskutierende Mitschülerin ... | Punkte |
|---|---|
| ... hört aufmerksam zu und schaut den/die Sprechende/n an. | ... |
| ... meldet sich zu Wort. | ... |
| ... spricht gut und verständlich. | ... |
| ... vermeidet Umgangssprache und Schimpfwörter. | ... |
| ... äußert sich ausführlich zum Thema. | ... |
| ... bleibt beim Thema. | ... |
| ... stellt seine/ihre Meinung klar und sachlich dar. | ... |
| ... lässt andere ausreden. | ... |
| ... geht auf die Meinung der anderen ein. | |
| ... ist bereit, seine/ihre eigene Meinung zu überdenken. | |
| ... kommt zu einem Ergebnis. | |

**nie** = 0 Punkte
**manchmal** = 1 Punkt
**oft** = 2 Punkte
**immer** = 3 Punkte

# Testet euch!

## Gespräche führen

**1** Ordnet die folgenden Wörter, Satzteile und Teilsätze einander zu. Ihr formuliert dadurch Gesprächsregeln. Schreibt sie in euer Heft und nutzt sie als Checkliste für gute Gespräche.

| | |
|---|---|
| Ich wende mich beim Sprechen | meine Meinung. |
| Ich bleibe | melde ich mich. |
| Meine Mitschüler/-innen | höflich. |
| Ich achte | beim Thema. |
| Ich bleibe | meinen Mitschüler/-innen zu. |
| Ich spreche stets | die Meinung anderer. |
| Bevor ich rede | laut und deutlich. |
| Ich begründe | lasse ich ausreden. |

**2** Formt folgende „Gesprächsbremsen" so um, dass sie den Gesprächspartner nicht verletzen und
das Gespräch gleichzeitig voranbringen.

So ein Blödsinn, wir reden doch von etwas ganz anderem! • Kannst du lauter sprechen? •
Du störst, merk dir das! • Quatsch doch nicht immer dazwischen! • Bis du mal was kapierst!

**3** Begründet die folgenden Aussagen sprachlich richtig. Entscheidet, ob ihr dies mit einem Nebensatz
(Verknüpfungswörter *weil, da*) oder einem zweiten Hauptsatz (Verknüpfungswort *denn*) tun wollt.

## 2.2 Sich streiten und sich verständigen – Rollenspiele zu Streitgeschichten

Paul Maar

### In der neuen Klasse

Nun ist Robert schon drei Wochen in der neuen Klasse. Aber Freunde hat er immer noch nicht. Manche aus seiner Klasse kann er gut leiden. Aber die haben schon alle einen Freund.

5 Am besten gefällt ihm die Simone aus der zweiten Bank. Simone hat kurze, dunkle Haare. Wenn Simone lacht, werden ihre Augen ganz schmal. Wie bei einer Eskimofrau. Simone lacht oft. Das gefällt Robert so gut an ihr.

10 Ihm hat sie auch schon einmal zugelacht. Aber Simone ist ausgerechnet mit Frank befreundet. Und den kann Robert überhaupt nicht leiden. Frank ist der Stärkste aus der Klasse. Das will er jeden Tag beweisen. Außerdem ist er ein

15 Angeber.

Robert kann gar nicht verstehen, was Simone an Frank findet.

In der großen Pause, als Frank gerade mit Jürgen rauft, geht Robert zu Simone. Sie steht am

20 Zaun und isst ihr Pausenbrot.

„Was meinst du, wer gewinnt?", fragt Robert. „Frank oder Jürgen?"

„Das ist mir doch egal", sagt Simone.

„Das ist dir egal?", fragt Robert erstaunt. „Frank ist doch dein Freund. Willst du nicht, dass er 25 gewinnt?"

„Wer sagt denn, dass Frank mein Freund ist? Außerdem kann ich Schlägereien sowieso nicht leiden."

„Ach so", sagt Robert. Er kramt in seiner Ja- 30 ckentasche und holt eine Dose heraus. Er öffnet sie. Sie ist bis an den Rand gefüllt mit lauter weißen Kügelchen. „Magst du ein Bonbon?", fragt Robert und hält Simone die Dose hin. 35

„Das sind Bonbons? Die sehen aus wie Kopfschmerztabletten", sagt Simone. „Das sind Pfefferminzbonbons. Probier doch mal! Sie schmecken gut", sagt Robert.

Als Simone gerade in die Dose greifen will, 40 kommt Frank zurück.

Er schlägt von unten gegen die Dose. Alle Bonbons fliegen heraus und liegen auf dem Schulhof.

45 „Schaut mal: ein Wunder! Es hat geschneit!", ruft Frank. „In diesem Jahr kommt der Winter schon im September. Eine Sensation! Das müssen wir gleich dem Fernsehen melden!" Alle, die herumstehen, lachen. Sogar Simone 50 muss unwillkürlich lachen. Dabei will sie es eigentlich gar nicht. Aber die weißen Bonbons auf dem Boden sehen wirklich wie Schnee aus. Robert könnte heulen vor Wut. Er steckt die leere Dose in die Tasche und geht.

55 Die Bonbons lässt er liegen. Er geht ganz schnell. Die anderen sollen nicht sehen, dass ihm die Tränen in die Augen steigen. Sogar Simone hat gelacht über ihn! So eine Gemeinheit. „Die sind alle gemein", murmelt Robert 60 vor sich hin. „Ich will keinen von denen als Freund. Ich spiele nur noch mit Trebor!"

Simone schaut hinter Robert her. „Jetzt ist er beleidigt", sagt sie zu Frank. „Du bist schuld daran!"

„Na und?", sagt Frank und lacht. „Was kann ich 65 dafür, wenn er so schnell beleidigt ist und keinen Spaß versteht?"

„Ich finde es trotzdem doof von dir, dass du die Bonbons ausgeschüttet hast", sagt Simone.

„Du findest mich doof? Sag das noch einmal!", 70 sagt Frank drohend.

„Ja, ich finde dich doof!", sagt Simone mutig und dreht Frank den Rücken zu. Aber das hat Robert nicht gehört, weil er ja so schnell weggegangen ist. 75

---

**1** Robert, Frank und Simone geraten in einen Konflikt. Wählt Aufgabe a, b oder c.

● ● ●  **a** Untersucht, wie sich der Konflikt zwischen den dreien aufschaukelt.

● ● ○  **b** Beschreibt den Verlauf des Streits mit Hilfe der Grafik.

| Robert spricht mit Simone | → | Simone sagt Robert, dass … | → | Robert bietet … | → | Frank kommt dazu. |

● ○ ○  **c** Stellt dar, wie sich der Streit entwickelt. Ordnet dazu die einzelnen Handlungsschritte.

Simone sagt, dass sie nicht Franks Freundin ist • Frank kommt dazu •
Robert mag Simone • alle lachen, auch Simone • Robert spricht mit Simone •
Frank sagt, Robert verstehe keinen Spaß • Robert bietet Simone ein Bonbon an •
Simone sagt Frank, dass sie ihn doof findet • Die Bonbons fliegen Robert aus der Hand

---

**2** Besprecht in der Klasse, ob und wie der Konflikt zwischen Robert und Frank hätte vermieden werden können.

---

**3** Zuhören und seine Meinung begründen sind wichtige Regeln für ein erfolgreiches Gespräch, in dem ein Konflikt gelöst werden soll.

**a** Lest noch einmal den Dialog zwischen Simone und Frank (▶ Z. 62–73):
Nennt die Textstellen, in denen sich die beiden nicht an diese Regeln halten.

**b** Spielt den Streit zwischen Robert, Frank und Simone in einem Rollenspiel (▶ S. 38).
Versucht, dabei zu einem anderen Ergebnis zu kommen.

---

**4** Wen meint Robert wohl, wenn er sagt: „Ich spiele nur noch mit Trebor!" (▶ Z. 61)?
Stellt Vermutungen an.
**Hinweis:** Schaut euch den Namen „Robert" „von allen Seiten" an.

**Methode**      **Ein Rollenspiel planen und durchführen**

- Beschreibt die Situation und die Figuren (Personen) des Rollenspiels möglichst genau.
- Fertigt zu den Figuren **Rollenkarten** an. So könnt ihr euch klarmachen, wer die Figuren sind und wie sie sich fühlen.

### Rollenkarte Robert

- fühlt sich fremd in der Klasse
- versucht, mit Simone Kontakt aufzunehmen
- …

### Rollenkarte Simone

- steht zwischen Frank und Robert
- freut sich, als Robert ihr die Bonbons anbietet
- …

### Rollenkarte Frank

- gibt in der Klasse den Ton an
- will immer beweisen, dass er der Stärkste ist
- will verhindern, dass sich Robert und Simone anfreunden
- …

- Wenn ihr die Szene übt, könnt ihr auch den Text eurer Figur auf der Karte ergänzen.
- Ihr könnt die Szene auch mehrmals spielen und die Rollen immer wieder neu besetzen. Vergleicht dabei genau, wie sich die Figuren verhalten und zu welchem Ergebnis sie kommen.

**5** Stellt euch vor, Robert, Frank und Simone gehen zu den Streitschlichtern. Spielt auch diese Situation im Rollenspiel nach.

**Methode**      **Einen Streit schlichten**

- Sucht eine Person, die nicht selbst am Streit beteiligt ist und die von allen Streitenden als **Vermittler** akzeptiert wird. (An manchen Schulen gibt es Schüler/-innen, die als **Streitschlichter** geschult sind.)
  Fragen an die Streitenden:
  - Was werft ihr einander vor?
  - Wie kam es zu dem Streit?
  - Warum hast du dich so … und so verhalten?
  - Welchen Vorschlag habt ihr, wie ihr euren Konflikt anders hättet lösen können?
- Jeder muss zu Wort kommen und gehört werden.
- Jeder stellt den Streit aus Sicht seines Gegners dar.
- Streitschlichter und Streitende beraten gemeinsam, welche Lösung möglich ist.
- Wie wird die Lösung „besiegelt"?
  Reicht ein Händeschütteln oder ist es besser, einen „Vertrag" aufzusetzen?

Irmela Wendt

## Uli und ich

Quer durch meine Schrift ging ein Strich und deswegen bekam ich keine Zwei. Zu Hause haben sie gesagt, ich brauchte es mir nicht gefallen zu lassen. „Ich will nicht mehr neben Uli
5 sitzen", habe ich zu meiner Lehrerin gesagt. „Wo willst du denn sitzen, Petra?", hat sie gefragt. „Neben Peter", habe ich gesagt.
Ich habe meine Sachen vom Tisch genommen und bin einfach gegangen und habe kein Wort
10 zu Uli gesagt. Und Uli hat auch nichts gesagt. Er ist dagestanden und hat geguckt und hat ganz nasse Augen gehabt.
Dann hat Rolf sich zu Uli gesetzt und ich habe gedacht, wie lange das wohl gut geht. Gleich
15 am nächsten Tag hat Rolf gepetzt, dass Uli mit dem Stuhl wackelt, dass Uli an den Füller stößt, dass Uli den Radiergummi nimmt, dass Uli abguckt. Um jede Kleinigkeit hat Rolf aufgezeigt und es hat mich ganz nervös ge-
20 macht.
Jörg ist wieder da; er war lange krank. Er hat sonst neben Peter gesessen und es ist selbstverständlich, dass er seinen Platz wieder nimmt. In unserer Klasse sind vierzig Plätze,
25 acht Plätze bleiben immer frei, weil wir nur zweiunddreißig sind. Ich gucke mich um. Ich sehe, der Platz neben Uli ist auch frei; Rolf

fehlt. Ich weiß selbst nicht, weshalb ich mich wieder an meinen alten Platz setze. Ich will meine Sachen auspacken, da sagt Uli: „Ich fin-
30 de, man kann nicht einfach wiederkommen, wenn man einmal weggegangen ist."
Ich habe nicht erwartet, dass Uli so was sagt. Ich weiß nicht, was ich tun soll. Ich denke daran, dass er geweint hat, als ich weggegangen
35 bin. Da fragt meine Lehrerin: „Was sagst denn du dazu, Petra?" Ich bringe kein Wort heraus. Da fragt sie noch mal. Ich sage: „Uli hat recht." – „Ja, und?", fragt die Lehrerin.
„Heute bleibe ich hier sitzen. Morgen kann ich
40 mich ja woanders hinsetzen", sage ich.
Keiner hat weiter ein Wort dazu gesagt. Auch nicht am nächsten Tag. Und nicht die anderen Tage. Ich weiß nicht, wie lange ich schon wieder neben Uli sitze. Manchmal stößt er mich
45 an und verschrieben habe ich mich seinetwegen auch. Aber man kann sich auch was gefallen lassen, finde ich. Und so unruhig wie früher ist er gar nicht mehr.

**1**  Wer erzählt hier? Belegt eure Meinung am Text.

**2**  Petra setzt sich von Uli weg. Schreibt einen Brief, in dem Uli Petra seine Gedanken und Gefühle mitteilt. Wählt Aufgabe a, b oder c.

●●●  **a**  Versetzt euch in Uli und schreibt diesen Brief.

●●○  **b**  Lest im Text noch einmal nach, wie Uli darauf reagiert (▶ Z. 11 f.) und schreibt den Brief.

●○○  **c**  Im Text steht, Uli „hat ganz nasse Augen gehabt" (▶ Z. 11 f.). Schreibt aus dieser Gefühlslage den Brief an Petra. Lest auf S. 21 noch einmal nach, was ihr bei einem persönlichen Brief beachten müsst.

**3**  „Ich finde, man kann nicht einfach wiederkommen, wenn man einmal weggegangen ist." (▶ Z. 30 ff.) Diskutiert Ulis Meinung. Begründet eure Auffassung. (▶ S. 31)

**4**  „Keiner hat weiter ein Wort dazu gesagt." (▶ Z. 42) Was könnten sich Uli und Petra nun sagen? Führt im Rollenspiel ein Gespräch.

# Stärken stärken: Sich in einer E-Mail erklären

„Ich … bin einfach gegangen und habe kein Wort zu Uli gesagt. Und Uli hat auch nichts gesagt." (▶ Z. 9 f.)

**1** Am Nachmittag hat Petra ein schlechtes Gewissen, dass sie sich einfach wortlos von Uli weggesetzt hat. Sie möchte ihm jetzt doch die Gründe für ihr Handeln erklären. Versetzt euch in Petras Situation und schreibt in einer E-Mail an Uli ihre Gedanken und Gefühle auf.

**a** Lest die Geschichte „Uli und ich" von Irmela Wendt noch einmal. Macht euch klar, was genau passiert.

**b** Überlegt, was in Petra vorgeht. Weshalb will sie sich umsetzen? Warum tut es ihr hinterher leid?

**c** Geht in eurer E-Mail auch auf Uli ein. Was hat er sich gedacht? Wie hat er sich gefühlt, als Petra sich von ihm wegsetzte?

**d** Schreibt nun die E-Mail an Uli.

●○○ **Hilfe zu Aufgabe 1a:**

Um genau zu verstehen, was passiert, hilft es beim nochmaligen Durchlesen der Geschichte, die einzelnen Handlungsschritte festzuhalten:

> 1. Petras Schrift leidet, weil sie neben Uli sitzt und der sie manchmal anstößt.
> 2. Ihre Eltern ermutigen sie, sich zu wehren.
> 3. Petra bittet die Lehrerin, sich umsetzen zu dürfen.
> 4. …
> 5. …

●○○ **Hilfe zu Aufgabe 1b:**

Versetzt euch in eurer E-Mail in Petras Lage. Warum ist sie wütend? Beschreibt ihre Gefühle und versucht, diese zu begründen. Schreibt in der 1. Person Singular:
*Heute früh war ich sehr wütend auf dich, weil …*

●○○ **Hilfe zu Aufgabe 1c:**

Im Text findet ihr deutliche Hinweise, wie sich Uli fühlt („… hat ganz nasse Augen gehabt"; ▶ Z. 12 f.). Geht darauf ein und formuliert Sätze, in denen sich Petra Gedanken über Uli macht, z. B.:
*Ich kann mir vorstellen, dass ich dich mit meinem Verhalten verletzt habe.*

> Formuliert in Ich-Botschaften eure Gedanken und Gefühle.
> Der/die andere kann euch dann verstehen, ohne sich angegriffen zu fühlen.

# 2.3 Konflikte lösen – Einen Dialog gestalten

Gina Ruck-Pauquèt

## Mutter sagt immer nein

*Nie würde ihre Mutter das erlauben,*
*Franka trug die Sporttasche unter den Arm geklemmt.*
*Der Riemen war schon wieder abgerissen.*
*Nie würde ihre Mutter erlauben, dass sie die Radtour mitmachte.*
5 *Nie. Aber Franka war nicht gewillt, so leicht aufzugeben.*

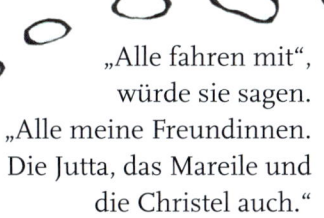

„Alle fahren mit",
würde sie sagen.
„Alle meine Freundinnen.
Die Jutta, das Mareile und
die Christel auch."      10

„Das ist mir ganz gleichgültig",
würde die Mutter sagen.
„Du fährst trotzdem nicht!"

„Warum nicht?",
würde Franka fragen.      15

„Weil es zu gefährlich ist",
würde die Mutter antworten.

„Aber wir sind doch
keine kleinen Kinder mehr",
würde Franka ihr entgegenhalten.      20
„Du sagst doch selber,
dass man lernen muss,
sich in der Welt zurechtzufinden."

„Ja", würde die Mutter sagen.
25      „Aber langsam und vorsichtig.
Nach und nach."

„Warum dürfen denn die anderen?",
würde Franka wieder anfangen.

„Das weiß ich nicht",
30      würde die Mutter sagen.
„Und das ist mir auch ganz egal."

*An dieser Stelle spätestens würde Franka anfangen zu heulen.*

„Lass mich doch mit!",
würde sie betteln.

35 Und die Mutter würde sagen
„Nein!" und „basta".

*Als Franka in ihren Gedanken so weit gekommen war,*
*stand sie vor der Wohnungstür.*
*Sie war so angespannt wie jemand,*
40 *der losspringen will.*

„Na", sagte ihre Mutter.
„Da bist du ja."

Und jetzt fängt es an,
dachte Franka.
„Die anderen machen eine Radtour 45
an den Steinsee", sagte sie.
„Darf ich mitfahren?"

**1** Beschreibt das Besondere an diesem Text.

**2** Habt ihr ähnliche Situationen schon einmal erlebt? Berichtet.

**3** Überlegt, wie das Gespräch zwischen Franka und ihrer Mutter tatsächlich ablaufen könnte.
Entscheidet euch für Aufgabe a, b oder c.

**a** Schreibt den Dialog. Am Ende sollen aber beide zufrieden sein. Das nennt man „einen
Kompromiss schließen".

**b** Stellt euch vor, das Gespräch zwischen Franka und ihrer Mutter läuft in Wirklichkeit genauso ab, wie
Franka sich das vorgestellt hat. Übertragt dafür alle würde-Formen (Konjunktive) durch reale Aussagen.
Beispiel: *„Alle fahren mit", würde sie sagen"* (Z. 6–7) → *„Alle fahren mit", teilte Franka ihrer Mutter mit.*

**c** Der tatsächliche Dialog zwischen Franka und ihrer Mutter beginnt in Zeile 41. Schreibt ihn weiter.
Denkt dabei daran, die Verben in der Wirklichkeitsform (Indikativ) zu verwenden.
*Mutter: Na, da bist du ja!*
*Franka: …*
*Mutter: …*

**4** Bereitet euren Dialog zum Vorlesen in der Klasse vor.
**a** Teilt die Rollen auf.
**b** Probiert zunächst aus, wie die Personen sprechen sollen: Spielt mit dem Tempo, der Lautstärke,
sprecht ruhig, wütend oder traurig …
**c** Einigt euch darauf, wie der Dialog klingen soll. Übt den Lesevortrag mehrmals.

| Wörterliste | | ▶ S. 284 |
|---|---|---|
| Kompromisse schließen | etwas entgegnen | sich erkundigen |
| aufmerksam zuhören | jemandem widersprechen | verschiedener Meinung sein |
| Meinungen begründen | zustimmen | einwenden |

# 3 Ein Tag voller Erlebnisse –
## Spannend erzählen

**1** Schaut euch die Gesichter und die Körperhaltung der Kinder auf dem Foto genau an. Überlegt dann, was der Junge links wohl erzählen könnte.

**2** Unterhaltet euch in Zweiergruppen über eure Erfahrungen mit dem Erzählen und dem Zuhören:
**a** Wem hört ihr gerne zu und warum?
**b** Wie könnt ihr die Aufmerksamkeit eurer Zuhörer gewinnen? Schreibt eure Ideen auf ein großes Plakat.

### In diesem Kapitel ...

– lernt ihr, eine Erzählung spannend aufzubauen,
– erzählt ihr so spannend und anschaulich, dass andere euch aufmerksam zuhören,
– schreibt ihr eine Erzählung.

# 3.1 Der Geldbeutel ist weg! – Mündlich und schriftlich erzählen

## Ein Erlebnis – Zwei Erzählweisen

> Robin, mir ist was echt Krasses passiert. Ich bin mit meiner Mutter in die Stadt zum Shoppen gefahren. Aber es ist so wahnsinnig heiß gewesen, dass wir schon bald in ein Eiscafé gegangen sind. Wir haben Eis gegessen und uns etwas abgekühlt. Dann hat meine Mutter den Kellner gerufen und wie verrückt in ihrer Handtasche gewühlt. Nichts! Der Geldbeutel war weg. Geklaut! Einfach so und keiner hat was gemerkt. Stell' dir das mal vor!

> *Lieber Finn,*             *Tübingen, den …*
>
> *am letzten Freitag fuhr ich mit meiner Mutter in die Stadt, um zu bummeln und Einkäufe zu erledigen. Es war aber so heiß, dass wir uns schon bald in das kühle Eiscafé, das am Marktplatz liegt, flüchteten. Als meine Mutter bezahlen wollte, musste sie jedoch erschreckt feststellen, dass ihr Geldbeutel gestohlen worden war. Du kannst dir sicher vorstellen, dass auch ich einen riesigen Schreck bekam.*
> *Jetzt hoffen wir natürlich auf die Polizei.*
>
> *Viele Grüße*
>
> *dein Josua*

**1** Auf dem Pausenhof erzählt Josua seinem Freund Robin von dem Diebstahl. Eine Woche später erzählt er seinem Brieffreund Finn von demselben Erlebnis.

**a** Vergleicht die beiden Erzählweisen miteinander. Achtet auf:
- die Wortwahl, z. B.: *ist was echt Krasses passiert*, …
- den Satzbau und die Satzlänge
- die Zeitformen der Verben, z. B.: *bin gefahren – fuhr*, …

**b** Haltet die Unterschiede zwischen mündlichem und schriftlichem Erzählen in einer Tabelle fest.

| mündliches Erzählen | schriftliches Erzählen |
|---|---|
| *Jugendsprache* | *Schriftsprache* |

**c** Ergänzt eure Tabelle aus Aufgabe b mit Hilfe des folgenden Informationskastens.

> **Information**    **Mündliches und schriftliches Erzählen**
>
> Beim **schriftlichen Erzählen** ist der **Satzbau vollständig** und **abwechslungsreich.** Die Sprache entspricht auch in der Wortwahl den Regeln der **Schriftsprache.** Eure Formulierungen sollten eindeutig und **verständlich sein.** Die **Erzählzeit ist** meist **das Präteritum** (▶ S. 47).
> **Mündliches Erzählen** bezieht den Zuhörer mit ein, in dem es ihn z. B. direkt anspricht. Die Sprache ist insgesamt **einfacher:** die **Sätze sind kürzer** und in die **Wortwahl** können auch **jugend- oder umgangssprachliche Wendungen** einfließen. Die **Erzählzeit ist meist das Perfekt.**

# Der Reihe nach! – Aufbau und Inhalt einer Erlebniserzählung

**1** Plant eine spannende Erlebniserzählung. Ihr könnt dabei auf ein eigenes Erlebnis zurückgreifen oder auch etwas erfinden.

**a** Sammelt eure Ideen in einem Cluster (▶ S. 286). Schreibt in die Mitte, um **was** es geht, z. B. um einen Diebstahl. Notiert um die Mitte herum Stichworte zu weiteren W-Fragen, z. B.:
*Wer war beteiligt? Wie ist der Diebstahl vor sich gegangen? Wo ...? Wann ...? ...*

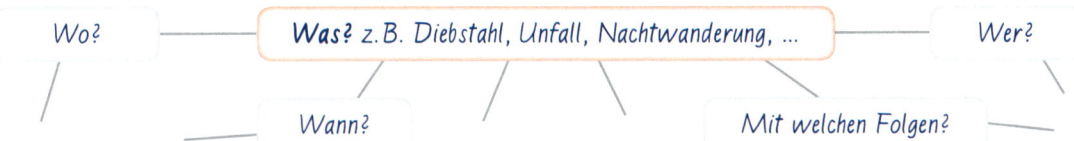

**b** Entwickelt nun auf der Grundlage eures Clusters einen **Erzählplan,** indem ihr den Ablauf der Geschichte in drei oder vier Erzählschritten kurz festhaltet, z. B.:

| | |
|---|---|
| **Was** geschah? | *Geldbeutel verschwunden* |
| **Wer** spielte in der Geschichte eine Rolle? | *ich ...* |
| **Wo** geschah es? | *Stadt, Eiscafé, Kino* |
| **Wann** geschah es? | *letzte Ferienwoche* |
| **Wie** geschah es? | *mit Bus in die Stadt, Verabredung im Eiscafé, ...* |

**c** Übertragt die Spannungskurve in euer Heft und tragt eure Stichwörter und Erzählschritte ein. Was gehört in Einleitung, Hauptteil und Schluss? Worin besteht der Höhepunkt?

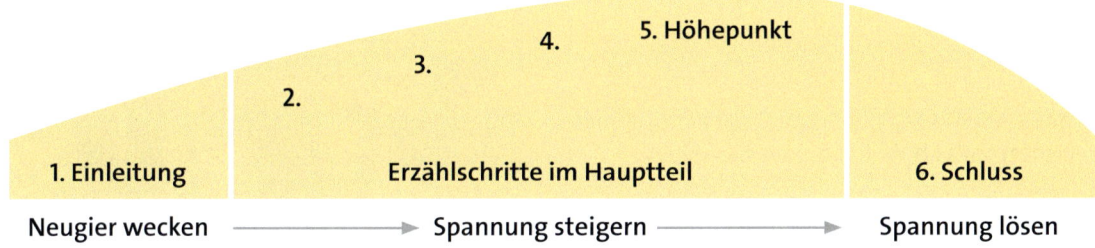

**2** Erzählt nun mündlich und so spannend wie möglich von eurem Erlebnis.
Nutzt dazu eure Vorarbeiten aus Aufgabe 1 und den folgenden Methodenkasten.

| **Methode** | **Spannend erzählen** |
|---|---|

Wenn ihr von einem Erlebnis erzählt, müsst ihr eure Zuhörer **gut unterhalten.**
- Gestaltet die spannendste Stelle, den Höhepunkt, eurer Geschichte lebendig aus.
- Erzählt in unterschiedlichen Geschwindigkeiten, lasst Pausen, um Spannung zu erzeugen.
- Schaut eure Zuhörer an und bezieht sie durch Fragen ein:
  *... und ratet mal, was dann passiert ist!*
- Verratet nicht zu viel auf einmal.
- Erzählt, welche Gefühle ihr dabei hattet.

**3** Verfasst mit Hilfe von Aufgabe 1 eine Erlebniserzählung. Wählt Aufgabe a, b oder c.

●●● **a** Schreibt Schritt für Schritt eine fesselnde Erlebniserzählung. Eure Notizen in der Spannungskurve helfen euch dabei.

●●○ **b** Schreibt auf Grundlage eures Erzählplans und des folgenden Schaubilds eine spannende Erzählung.

_Einleitung_
_Wer? Wann? Wo?_  →  _Hauptteil_
_drei oder vier Erzählschritte_  →  _Schluss_
_Abrundung der Geschichte_

●○○ **c** Schreibt eure Erlebniserzählung mit Hilfe eurer Vorarbeiten. Geht so vor:

– Schreibt eine Einleitung, die Antworten auf die W-Fragen _Wer? Wann?_ und _Wo?_ gibt, z. B.:

_In der letzten Ferienwoche verabredete ich mich mit Anne, um in die Stadt zu fahren. ..._

       Wann?                     Wer?       Wo?

– Legt am Ende eurer Einleitung einen Köder aus, der eure Geschichte spannend macht, z. B.:
_Noch hatte ich keine Ahnung, wie aufregend dieser Tag werden sollte ..._

– Erzählt eure Geschichte so spannend wie möglich. Ihr könnt z. B. auf eure Gedanken und Gefühle eingehen: _Mir stockte der Atem. / „Das gibt es doch nicht!", dachte ich mir._

– Rundet eure Geschichte zum Schluss ab, z. B.:
_Wir hatten nicht mehr daran geglaubt, aber nach zwei Wochen rief tatsächlich das Fundbüro an ..._

**4** Nutzt den folgenden Informationskasten als Checkliste und kontrolliert eure schriftlichen Erlebniserzählungen gegenseitig. Habt ihr alles beachtet? Was habt ihr gut gemacht? Wo könnt ihr noch etwas verbessern?

---

**Information**  **Aufbau einer spannenden Erlebniserzählung**

Eine gute schriftliche Erzählung besteht aus Einleitung, Hauptteil und Schluss.
Die **Einleitung** führt in das Erlebnis ein und gibt Antworten auf die wichtigsten **W-Fragen:**
**Was** ist passiert? **Wer** sind die Hauptfiguren? **Wann** ereignet sich das Geschehen? **Wo** spielt es?
Ein ausgelegter **Köder** macht neugierig auf den Hauptteil.

Der **Hauptteil** besteht aus mindestens drei oder vier Erzählschritten, die logisch aufeinander aufbauen. (**Wie** ist es geschehen und **warum?**) Besonders interessant wird eure Erzählung, wenn sie einen anschaulich ausgestalteten **Höhepunkt** hat.

Der **Schluss** rundet die Geschichte ab. Hier kann man noch einmal auf den Anfang der Geschichte zurückkommen oder eine Frage offenlassen.

# Schnupperstunde – Das richtige Tempus verwenden

**1** Schreibt den folgenden Ausschnitt aus einer Erlebniserzählung in eure Hefte und setzt die passenden Verben aus dem Wortspeicher ein. Verwendet das Präteritum (1. Vergangenheit).

Meine Freundin Emma und ich *besuchten* gemeinsam eine Schnupperstunde in der Ballettschule. Die Lehrerin **?** uns eine Position, die wir eifrig **?** . So schnell **?** noch nie eine Stunde. Danach **?** und **?** zur Bushaltestelle. Endlich **?** der Bus und wir **?** . Doch auf einmal **?** Emma ihre Tasche mit den ausgeliehenen, teuren Ballettschuhen …

~~besuchen~~ • zeigen • vergehen • vermissen • sich umziehen • laufen • üben • kommen • einsteigen

**2** In den folgenden Sätzen steht das Präteritum auch an Stellen, an denen es nicht richtig ist.
**a** In jedem der Sätze kommen zwei Ereignisse vor. Macht euch ihre zeitliche Abfolge klar:
Erst: Gewinn der Gutscheine → später: Besuch der Schnupperstunde.
**b** Klärt, welche Zeitform die Abfolge der Ereignisse besser zum Ausdruck bringt als das Präteritum, und schreibt die Sätze überarbeitet in euer Heft (▶ Merkkasten unten).

**VORSICHT FEHLER!**

– *Wir durften zur Schnupperstunde, da wir in der Woche zuvor einen Gutschein dafür gewannen.*
– *Nachdem uns die Lehrerin begrüßte, erklärte sie uns die wichtigsten Begriffe.*
– *Bevor die erste Stunde zu Ende ging, lernten wir schon eine wichtige Grundposition.*

**3** Bei manchen Verben ändert sich der Stammvokal, wenn man sie vom Infinitiv ins Präteritum und ins Perfekt setzt, z. B.: *gr**a**ben – ich gr**u**b – ich habe gegr**a**ben.*
Setzt die Reihe in eurem Heft mit den folgenden Verben fort:

graben • schreiben • gießen • lesen • schreien • laufen • sehen • bleiben • essen • werfen • reiten • schneiden • schwimmen • sinken • waschen • wachsen • trinken

| Information | Die Tempusformen beim Erzählen |
|---|---|

Beim schriftlichen Erzählen wird in der Regel das **Präteritum** (1. Vergangenheit) verwendet:
*Emma und ich __fuhren__ zusammen zur Ballettschule.*
Wenn wir deutlich machen wollen, dass ein Ereignis bereits vor dem erzählten Geschehen stattgefunden hat, verwenden wir das **Plusquamperfekt** (3. Vergangenheit):
*Weil sie ihre Tasche __vergessen hatte__, verpassten wir den Bus.*

# Kreidebleich kramte sie in der Tasche – Anschaulich erzählen

*Gerade war die Straßenbahntür hinter mir zugegangen. Da merkte ich schon, dass etwas nicht stimmte. Ich überlegte, ob ich meinen Geldbeutel mitgenommen hatte. Ich hatte mit meinem Schüler-ausweis bei den anderen angeben wollen ...*

**1** Wie wirkt dieser Anfang einer Geschichte auf euch? Wie könnte er noch interessanter werden? Tauscht euch darüber aus.

**2** In Geschichten sind die Verben häufig zu ausdruckslos.
   **a** Sucht im Erzählanfang solche ausdruckslosen Verben.
   **b** Ersetzt die ausdruckslosen Verben durch Verben, die die Fantasie des Lesers mehr beschäftigen.
   **c** Tragt euren Erzählanfang mit den neuen Verben vor. Wie hat sich die Wirkung verändert?

| Statt zugehen | besser | schließen |
| --- | --- | --- |
| | | zuklappen |
| Statt überlegen | besser | scharf nachdenken |
| | | versuchen, sich zu erinnern |

**3** Auch Adjektive (Eigenschaftswörter) machen einen Text anschaulich.
   **a** Fügt die nebenstehenden Adjektive an geeigneten Stellen und in der richtigen Form in den Text ein.

   fieberhaft • laut • brandneu

   **b** Lest den Text erneut laut vor. Ist er spannender geworden?

**4** Mit Formulierungen, die Spannung erzeugen, fesselt man die Aufmerksamkeit seiner Leser.
   **a** Findet drei weitere Formulierungen, die ebenfalls verraten, dass es jetzt spannend wird.

   plötzlich • Ich zuckte zusammen. • Ich erstarrte zu Eis. • aus heiterem Himmel • ...

   **b** Verwendet mindestens eine spannungssteigernde Formulierung in dem Erzählanfang.

**5** Ergänzt in dem Erzählanfang Gedanken, Gefühle und Wahrnehmungen der Figur. Auf diese Weise erfahren die Leser, was in der Figur vorgeht und wie sie die Situation genau erlebt.

   ich spürte den kalten Luftzug ... • es war einfach nicht zu glauben, ich hatte doch tatsächlich ...

**6** Erzählt die Fortsetzung der Geschichte spannend und anschaulich. Wählt dafür a, b oder c.

> *... Ich suchte in meinen Taschen. Dann fiel es mir wieder ein. Der Geldbeutel lag in der Straßenbahn. Ich hatte ihn dort liegen lassen. Ich habe mich sehr über mich geärgert.*

●●● **a** Verbessert das Ende der Geschichte, indem ihr ausdrucksstarke Verben, anschauliche Adjektive und spannende Formulierungen einbaut.
Geht auch auf die Gefühle, Gedanken und Wahrnehmungen der Figur ein.
**Hinweis:** Wenn ihr Hilfe braucht, lest euch die Aufgaben 1 bis 5 auf Seite 48 noch einmal durch.

●●○ **b** Erzählt die Geschichte anschaulich, indem ihr geeignete Verben, Adjektive und mindestens eine Formulierung verwendet, die die Spannung steigert. Nutzt einige der folgenden Adjektive.

> planlos • nervös • zittrig • eiskalt • nagelneu • maßlos • schrecklich • riesig

**Hinweis:** Wenn ihr Hilfe braucht, lest den Lückentext in Aufgabe c.

●○○ **c** Erzählt die Geschichte so anschaulich wie möglich. Übertragt dafür den Lückentext in euer Heft und setzt an den passenden Stellen die folgenden Wörter ein.
**Achtung:** Ihr müsst die Wörter in der richtigen grammatikalischen Form und in der richtigen Groß- und Kleinschreibung einsetzen.

> plötzlich • schmutzig • riesig • vergessen • planlos • ~~wühlen~~ • nagelneue

> *Ich wühlte* ? *in meinen Taschen.* ? *fiel es mir wie Schuppen von den Augen. Der* ? *Geldbeutel lag auf dem* ? *Sitz der Straßenbahn. Das darf doch nicht wahr sein, schoss es mir durch den Kopf. Ich hatte ihn tatsächlich dort* ? *. Ich habe mich* ? *über mich geärgert.*

**7** Prüft eure Ergebnisse aus Aufgabe 6 mit Hilfe des Methodenkastens „Anschaulich erzählen".

Auf der Suche nach treffenden, lebendigen Wörtern kann euch die PC-Textverarbeitung unter **Extras** helfen.
Thesaurus

---

| **Methode** | **Anschaulich erzählen** |
|---|---|

- Verwendet **abwechslungsreiche Verben:** nicht *sagte*, sondern *jammerte*.
- Sucht **treffende Adjektive.** Oft sind zusammengesetzte Adjektive ausdrucksstark: nicht *kalt*, sondern *eiskalt*.
- Achtet auf **unterschiedliche Satzanfänge:** nicht *dann ... dann, als ... als* verwenden.
- Denkt daran, auch **Sinneseindrücke der Beteiligten** wiederzugeben: Was sahen, hörten, rochen, schmeckten oder fühlten sie?
- Ihr könnt in der **Ich-Form** schreiben. So gelingt es euch leichter, euch in die Geschichte hineinzuversetzen. Bei der **Er- oder Sie-Form** habt ihr die Möglichkeit, die Gefühle mehrerer Personen zu schildern.

# Testet euch!

## Lerntagebuch: Erzählen

---

*Mein Lerntagebuch*

*Datum: 18.9.2016*                                             *Fach: Deutsch*
*Thema:   spannend erzählen*

*1  Das habe ich heute gelernt:*
  *– Eine Erlebniserzählung soll spannend sein und einem bestimmten Aufbau folgen.*
  *– ...*

*2  So habe ich es gelernt:*
  *– nicht gleich zu viel verraten, Überraschendes bringt Spannung*
  *– ...*

*3  Das habe ich nicht verstanden:*
  *– Wie fange ich an, um schon zu Beginn Neugier zu wecken?*
  *– ...*

*4  Das nehme ich mir vor:*
  *Ich möchte möglichst viele spannende Erzählanfänge sammeln und ausprobieren.*

*5  Was möchte ich noch wissen?*
  *Wie kann ich treffendere Wörter finden, wenn mir keine einfallen?*

---

**1** Untersucht die Seite aus einem Lerntagebuch. Was wird festgehalten?
Wozu solltet ihr ein Lerntagebuch führen?

**2** **a** Schreibt einen eigenen Lerntagebucheintrag
zum Thema „Erlebniserzählung".
**b** Besprecht eure Einträge in Partnerarbeit.
Helft euch gegenseitig bei Fragen und
Verständnisschwierigkeiten.

> Euer Lerntagebuch könnt ihr natürlich auch
> am Computer schreiben. Vor einem Test oder
> einer Klassenarbeit stellt ihr dann schnell fest,
> was ihr schon könnt und was ihr noch wieder-
> holen solltet.

| **Information** | **Lerntagebuch** |
| --- | --- |

Das Lerntagebuch schreibt ihr für euch selbst. Es wird nicht bewertet, sondern hilft euch, euer
Lernen zu beobachten. Nutzt ihr es regelmäßig, könnt ihr sehen, welche Fortschritte ihr macht.
Dabei steht es euch frei, mit Lehrern oder Mitschülern darüber zu sprechen.
Angst, euch zu blamieren, braucht ihr keine zu haben. Seht es als Möglichkeit, euch darüber
auszutauschen, wie ihr lernt, was euch leicht- und was euch schwerfällt.

# 3.2 Erzählungen zwischen Tag und Traum – Von Texten ausgehend erzählen

## Eine Sekunde nicht aufgepasst – Den Text untersuchen und beschreiben

Ian McEwan

### Der Tagträumer

Kurz nach seinem zehnten Geburtstag wurde Peter mit der Aufgabe betraut, seine siebenjährige Schwester zur Schule zu bringen. Peter und Tina gingen auf dieselbe Schule. Zu Fuß
5 war man in einer Viertelstunde dort oder aber man fuhr eine kurze Strecke mit dem Bus. Früher liefen sie gemeinsam mit dem Vater, der sie auf dem Weg zur Arbeit dort ablieferte. Doch von nun an sollten sie allein mit dem Bus
10 zur Schule fahren und Peter trug die Verantwortung.
Man brauchte nur zwei Haltestellen weit zu fahren, doch seine Eltern machten ein Getue, als müsste Peter Tina zum Nordpol bringen.
15 Am Vorabend erhielt er genaue Anweisungen. Als er aufwachte, musste er sich alles noch einmal von vorn anhören. Dann wiederholten seine Eltern das Ganze abermals am Frühstückstisch. Als die Kinder schon zur Tür hinaus
20 waren, ging seine Mutter die Verhaltensregeln ein letztes Mal durch. Die denken wohl alle, ich bin blöd, dachte Peter. Vielleicht bin ich's ja auch. Er sollte Tina die ganze Zeit über an die Hand nehmen. Im Doppeldecker sollten
25 sie sich unten hinsetzen, Tina ans Fenster. Unter keinen Umständen durften sie sich auf Gespräche mit Verrückten oder bösen Onkeln einlassen. Peter sollte dem Schaffner mit lauter Stimme die Haltestelle nennen, ohne zu
30 vergessen, „bitte" zu sagen. Auch sollte er sich die Fahrstrecke einprägen.
Peter musste seiner Mutter die Vorschriften noch einmal wiederholen, dann brach er mit

seiner Schwester zur Bushaltestelle auf. Die ganze Zeit über hielten sie sich bei der Hand.
35 Dagegen hatte er eigentlich nichts einzuwenden, denn, um die Wahrheit zu sagen, er mochte seine Schwester gern. Er hoffte bloß, dass ihn keiner von seinen Freunden dabei ertappte, wie er mit einem Mädchen Hand in Hand
40 ging. Dann kam auch schon der Bus. Sie stiegen ein und setzten sich unten hin. Es war lächerlich, sich weiter an den Händen zu halten und weil auch einige Jungen von seiner Schule im Bus saßen, ließen sie sich los.
45 Peter war stolz. Er würde überall auf seine Schwester aufpassen. Sie konnte sich auf ihn verlassen. Angenommen, sie befänden sich allein auf einem Bergpass und sähen sich einem Rudel ausgehungerter Wölfe gegenüber – er
50 wüsste genau, was zu tun wäre. Er würde darauf achten, dass sie keine plötzliche Bewegung machten, und mit Tina zurückweichen, bis sie mit dem Rücken gegen einen großen Felsen standen. So konnten die Wölfe sie nicht ein-
55 kreisen.
Dann nimmt er aus der Hosentasche zwei wichtige Gegenstände, die er vorsorglich mitgebracht hat: sein Jagdmesser und eine Streich-

60 holzschachtel. Er zieht das Messer aus der Scheide und legt es ins Gras, für den Fall, dass die Wölfe sie angreifen. Schon schleichen sie näher heran. Sie sind so ausgehungert, dass sie geifern und knurren und heulen. Tina 65 schluchzt, aber er kann sie jetzt nicht trösten. Er weiß, dass er sich auf seinen Plan konzentrieren muss. Zu seinen Füßen liegen ein paar trockene Blätter und Zweige. Rasch und geschickt formt er sie zu einem kleinen Häuf-70 chen. Die Wölfe rücken näher. Er muss es schaffen. In der Schachtel befindet sich nur noch ein Zündholz. Sie können den Atem der Wölfe riechen – ein schrecklicher Gestank nach fauligem Fleisch. Er bückt sich und ver-75 sucht das Streichholz hinter vorgehaltener Hand anzuzünden. Ein Windstoß, die Flamme flackert, doch Peter hält sie dicht an den Haufen, ein Blatt fängt Feuer, dann ein zweites, dann das Ende eines Zweigs, und bald brennt 80 der ganze Haufen lichterloh. Er schichtet noch

mehr Laub, Zweige und größere Äste aufeinander. Tina begreift und hilft ihm. Die Wölfe ziehen sich zurück. Wilde Tiere fürchten sich vor Feuer. Die Flammen züngeln höher und der Wind treibt den Rauch genau auf ihre 85 sabbernden Rachen zu. Da greift Peter nach seinem Jagdmesser und ...

Lächerlich! Solche Tagträume waren schuld daran, dass er seine Haltestelle verpasste, wenn er nicht Acht gab. Der Bus hatte angehalten. 90 Die anderen Schulkinder stiegen schon aus. Peter sprang auf und konnte gerade noch auf den Bürgersteig hüpfen, als der Bus auch schon wieder anrollte. Er war bereits mehr als fünfzig Meter die Straße hinuntergelaufen, als 95 er merkte, dass er etwas vergessen hatte. War es sein Ranzen? Nein! Es war seine Schwester! Er hatte sie vor den Wölfen gerettet, aber im Bus sitzen lassen. Einen Augenblick lang stand er wie angewurzelt da. Stand da und sah zu, 100 wie der Bus die Straße hinauffuhr.

**1** Sammelt eure Eindrücke, Fragen und Vermutungen zu dieser Geschichte.

**2** Erklärt in einem Satz, warum Peter seine Schwester im Bus vergisst.
**Hinweis:** Achtet auf den Titel der Geschichte.

**3** Stellt fest, was in dieser Geschichte zur Wirklichkeit gehört und was ins Reich der Fantasie.
Übertragt dafür die folgende Tabelle in euer Heft und notiert weitere Stichpunkte.

| Wirklichkeit | Fantasie |
| --- | --- |
| *Z. 1–Z. 10: Peter ist zehn und soll erstmals ...;* | *Z. 63–Z. ...: auf Bergpass von Wölfen bedroht;* |
| ... | ... |

**4** Werft jetzt einen Blick darauf, wie die Geschichte geschrieben ist.
  **a** Die Geschichte enthält keine wörtliche Rede, sondern gibt z. B. die Gespräche zwischen Peter und seinen Eltern nur indirekt wieder. Könnt ihr euch erklären, warum?
  *Ich vermute, der Autor möchte diese Stellen nicht zu ausführlich erzählen, sondern ...*
  **b** In welcher Zeitform stehen die Verben in Peters Tagraum (ab Zeile 57)? Warum erzählt der Autor jetzt nicht mehr im Präteritum?
  *Die Verben in Peters Tagtraum stehen im ... Ich erkläre mir das so: Der Autor möchte die Spannung ...*
  **c** Der Absatz 5 (▶ Z. 57–87) enthält viele anschauliche Verben. Schreibt sie in euer Heft.

**5** Erzählt eine eigene Tagtraum-Geschichte. Kontrolliert anschließend mit der Textlupe (▶ S. 57)

# So kann man sich täuschen – Einen Text fortsetzen

Dagmar Geisler

## Der Höllenhund, das Monsterkind und ich

Ich sitze im Zug und fahre zu Tante Isabel. Allein. Ich wollte das eigentlich nicht. Viel lieber wäre ich mit Papa, Mama und Paulchen im Auto gefahren. Aber Paulchen musste natürlich pünktlich zur Abreise die Grippe kriegen und Papa anstecken. „Dann fährst du eben allein, Magdalena!", hat Mama gesagt.

Jetzt sitze ich hier im lCE in einem dieser riesigen Sitze. Großraumwagen, Fensterplatz. Der Schaffner schwatzt mit einem Kollegen. Wann fährt der Zug eigentlich ab? Ich bin viel zu früh eingestiegen, glaube ich.

Langsam füllt sich der Wagen. Jetzt sind nur noch der Sitz neben mir und der Viererplatz mit dem Tisch hinter mir frei. Drei Frauen kommen, mit Taschen beladen, den Gang entlanggehastet. Die mittlere kenne ich. Es ist Frau Saworski. Sie wohnt bei uns im Nachbarhaus. Komisch eigentlich! Sie wohnt jetzt schon ein Jahr nebenan und ich weiß fast nichts über sie. Bei Frau Saworski hat man immer den Eindruck, sie ist gar nicht richtig da. Am Anfang habe ich ein paarmal versucht, sie zu grüßen, wenn ich sie auf der Straße gesehen habe. Aber es war immer so, als ob sie gar nichts hört, und ihre Augen waren meistens auf einen Punkt irgendwo in der Ferne gerichtet. Keine Ahnung, ob sie einen überhaupt sieht. Wahrscheinlich ist sie Dichterin und deshalb immer mit ihren Gedanken woanders oder sie ist eine Opernsängerin mit dem Kopf voller Arien. Auch jetzt sieht Frau Saworski mich nicht, als sie mit ihren Freundinnen an meinem Sitz vorbeigeht. Die drei setzen sich auf die freien Plätze hinter mir. Ausgerechnet! Witziger Zufall! Ob ich aufstehen und „Hallo" sagen soll? Aber ich lasse es. Wahrscheinlich erkennt mich Frau Saworski nicht mal. Schade!

Ich glaube, sie ist eigentlich ganz nett. Sie hat so eine lustige Frisur. Ganz kurz geschnitten und irgendwie möhrenfarben. Und außerdem hat sie eine süße kleine Katze. Lydia! Lydia hat braune, schwarze und weiße Flecken. Manchmal kommt sie in unseren Garten und spielt mit Paulchen. Am Anfang habe ich ihr ab und zu Milch in einem Schälchen gegeben, aber Mama hat gesagt, dass kleine Katzen keine frische Milch vertragen und dass die Katzenbesitzer es meistens nicht mögen, wenn ihr Liebling woanders gefüttert wird. Da hab ich es gelassen.

Der Zug ruckt an und in dem Moment kommt noch eine Frau den Gang herauf. Ich rutsche in meinem Sitz tief nach unten. Die Frau, die da beinahe über die eleganten Schuhe des Rasierwasserdufters neben mir stolpert, ist Frau Schmidt. Frau Schmidt wohnt auch in unserer Straße und ich kann sie nicht leiden. Absolut nicht! Sie guckt immer so finster, als wolle sie einen fressen. Paulchen hat sogar Angst vor ihr.

Und ich ehrlich gesagt auch. Vor Frau Schmidts Haus stehen hohe, dunkle Bäume. Tannen
65 oder so was Ähnliches. Wenn man am Zaun entlanggeht, bellt immer ein großer schwarzer Hund. Er springt am Zaun hoch, fletscht die Zähne und guckt einen mit blutunterlaufenen Augen an. Meine Freundin Bea denkt, dass
70 Frau Schmidt in ihrem Keller Schlangen, Krokodile oder wenigstens schleimige Kröten hält. Ob sie recht hat? Keine Ahnung! Aber das Haus sieht genauso aus.

Einmal, als wir mitgekriegt haben, dass Frau
75 Schmidt mit ihrem Höllenhund zum Tierarzt gefahren ist, haben wir uns durch den Garten angeschlichen. Bea wollte unbedingt ins Kellerfenster gucken, um die Krokodile zu sehen. Wir sind über den Zaun geklettert. Das war
80 schwierig, weil der Zaun oben rostige Eisenspitzen hat. Bea hat sich die Hose aufgerissen. Dann sind wir hinten durch den Garten gerobbt. Es hat modrig gerochen. Unter den Bäumen sind seltsame Pilze gewachsen und
85 die Steinplatten ums Haus waren grün und glitschig. „Bestimmt ist sie eine Hexe!", hat Bea geflüstert. „Eine Hexe, die Frau Schmidt heißt?", habe ich gefragt. Bea hat vielsagend genickt. „Wahrscheinlich ein Tarnname", habe
90 ich leise geraunt. „In wirklich heißt sie garantiert Grusnelda, Blutnilde oder so ähnlich." Vor Angst habe ich mir fast in die Hose gemacht. Am liebsten wäre ich schnell wieder abgehauen, aber Bea wollte unbedingt noch durchs
95 Kellerfenster gucken. „Nun komm schon!", hat sie gesagt. „So eine Gelegenheit kriegen wir nie wieder". „Bea!", hab ich geflüstert. „Lass uns gehen …" Und genau in dem Moment haben wir Frau Schmidts Auto über den Kies in
100 der Einfahrt fahren hören. Bea ist aufgesprungen. Wir sind zusammengerumpelt, hingefallen, haben uns wieder aufgerappelt und sind mit riesigen Sprüngen zum Zaun gehetzt. Der schwarze Hund hat gekläfft. Ich habe mir die
105 Haut an den Eisenspitzen aufgeritzt. (Die Narbe sieht man heute noch.) Aber wir haben es geschafft. Bevor der Höllenhund uns schnappen konnte, sind wir auf und davon gewesen.

Seitdem machen wir immer einen Bogen um
110 das Haus von Frau Schmidt. Und wenn es dunkel wird, gehen wir sogar lieber den großen Umweg durch die Schlehenstraße.

Frau Schmidt hat sich zu den drei Frauen hinter mir gesetzt. Wenn ich zwischen den
115 Lehnen der Sitze hindurchspähe, kann ich sie sehen. Sie guckt genauso unfreundlich wie immer. Ob ich mir einen anderen Platz suchen soll? Darf man das? Mama hat ja genau diesen Platz für mich reservieren lassen. Die vier
120 Frauen hinter mir packen jede Menge Proviant aus. Dem Geraschel nach zu urteilen, müsste der ganze Tisch voll stehen. Ich lese noch ein paar Zeilen, dann gucke ich aus dem Fenster. Die Frauen unterhalten sich so laut, dass ihre
125 Worte nicht zu überhören sind. Sie reden über Mode, über Filmstars, über eine neue Diät, mit der man garantiert abnimmt, und dann kommen sie auf die Jugend von heute zu sprechen. Alle reden durcheinander. Nur Frau Schmidt
130 hat noch gar nichts gesagt. Zum Glück!

Die Frau neben ihr, die mit den braunen Locken, sagt: „Ganz so schlimm sind die Kinder von heute vielleicht doch nicht!" Und da fängt Frau Saworski an zu erzählen. „Ha!", ruft
135 sie. „Ich kann euch Sachen erzählen!" Sie ist so aufgeregt, dass sie die Stimmen der anderen übertönt. Die haben keine Chance mehr dazwischenzuquasseln und hören Frau Saworski zu. Die erzählt von einem grässlichen Kind,
140 das sie kennt. Ihre Stimme ist ein kleines bisschen schrill. Opernsängerin ist sie wohl doch nicht. Dieses Kind muss wirklich schlimm sein. Frau Saworski kann froh sein, dass sie jetzt in unserer Straße wohnt. Das Kind hat
145 Frau Saworski noch nie gegrüßt. Nie! Und es ist furchtbar laut. Wegen diesem Kind konnte Frau Saworski ihren wirklich wichtigen Mittagschlaf nicht mehr machen. Denn jedes Mal wenn sie sich gerade hingelegt hat, fing dieses
150 Kind mit kreischender Stimme an zu lachen. Frau Saworski macht den Ton nach. Es hört sich wirklich scheußlich an. Ich halte mir die Ohren zu. Frau Schmidt guckt böse unter ihren dunklen Augenbrauen hervor. Dieses Kind

155 kann echt froh sein, dass Grusnelda – oder wie
sie sonst heißen mag – Schmidt es noch nicht
in die Finger gekriegt hat.

Frau Saworski erzählt weiter, dass das Kind es
natürlich auch auf ihre Katze abgesehen hat.
160 Nicht auszudenken, was passiert, wenn dieses
Monsterkind die kleine Katze eines Tages erwischt und entführt.

Offensichtlich ist sie mit ihrer Erzählung noch
lange nicht fertig. Sie holt tief Luft und erzählt,
165 dass das Kind noch nicht mal vor Einbruch zu-
rückschreckt. Sie hat es genau gesehen. Ganz
zufällig ist sie eines Tages früher von der Arbeit
zurückgekommen und hat beobachtet, wie das
Kind am helllichten Tag mit seinen Komplizen
170 bei ihrer Freundin Eleonore eingebrochen ist.
„Nein!“, quietschen ihre zwei Freundinnen wie
aus einem Mund. Frau Schmidt sagt immer
noch nichts. „Doch!“, ruft Frau Saworski.
„Wenn ich es euch sage. Und jetzt stellt euch
175 vor, dass ich an dem Tag nur ganz zufällig da
vorbeigekommen bin. Man kann also davon
ausgehen, dass es mit Sicherheit nicht das
einzige Mal war“, Frau Saworski macht eine
kleine Pause und ruft dann noch mal mit et-
180 was schrillerer Stimme als vorher: „Mit Sicherheit nicht!“ Jetzt reden sie von der Zeit, als
sie selbst noch Kinder waren und als alles
noch gaaanz anders gewesen ist. „Das liegt
doch bloß an den laschen Erziehungsmetho-
185 den heutzutage!“, sagt die Frau, die gegenüber
von Frau Schmidt sitzt. Jetzt ist Frau Saworski
wieder in ihrem Element. Sie erzählt, was die
Eltern des Monsterkindes alles falsch machen.
„Ich sage euch!“, ruft sie. „Diese Magdalena
190 bräuchte wirklich eine harte Hand, und ihr
kleiner Bruder, das Paulchen, auch!“ Mein
Buch fällt mir aus der Hand. Ich hebe es nicht
wieder auf. Mir ist plötzlich kalt und mein Magen fühlt sich an wie ein Felsbrocken. Frau Sa-
195 worski hat die ganze Zeit von mir gesprochen.
Ich bin das Monsterkind! Das darf nicht wahr
sein! So bin ich nicht! Und eingebrochen habe
ich auch noch nirgends. Oder doch? Mir fällt
der Tag in Frau Schmidts Garten ein. War das
200 ein Einbruch?

Ich höre, wie die Frauen sich immer noch auf-
regen. Am lautesten ist nach wie vor Frau Saworski. Jetzt meldet sich zum ersten Mal Frau
Schmidt zu Wort. Ihre Stimme klingt genauso
böse, wie ich sie mir immer vorgestellt habe. 205
„Nun halt mal die Luft an, Marieluise!“, sagt
sie. „Die Wiesners sind eine sehr nette Familie
und Magdalena und Paulchen sind ganz normale Kinder. Kinder sind manchmal laut und
Kinder lassen Spielzeug herumliegen. Das war 210
zu unserer Zeit auch nicht anders“. „Ach!“,
sagt Frau Saworski spitz. „Und es ist auch
normal, dass sie am hellen Nachmittag bei dir
einbrechen?“ Frau Schmidt lässt sich Zeit mit
ihrer Antwort. „Normal“, sagt sie. „Was ist 215
schon normal? Ich weiß nur, dass wir früher
auch schon mal bei einem Nachbarn über den
Zaun gestiegen sind.“ Frau Schmidt lacht. Ich
habe sie noch nie lachen hören. „Wir dachten
damals, unser Nachbar wäre ein Zauberer, weil 220
er so einen verwunschenen Garten hatte und
immer so merkwürdige Töne aus seinen Fenstern kamen.“ Frau Schmidt lacht noch mehr.
„Dabei war er nur ein einsamer alter Mann mit
einem seltsamen Musikgeschmack. Als Kind 225
hat man eben manchmal eine galoppierende
Fantasie. Vielleicht halten die Kinder mich ja
für eine Hexe. Wer weiß? Wundern würde es
mich nicht. Bei meinem alten Haus und diesem ollen finsteren Garten … Wahrscheinlich 230
haben sie sogar Angst vor meinem Bello, diesem Uropa von einem Hund. Dabei ist der
selbst ein richtiger Angsthase.“ Plötzlich wird

235 Frau Schmidt wieder ernst. „Aber ihr solltet euch was schämen. Als Erwachsener sollte man wirklich wissen, wo die Fantasie aufhört und die Realität anfängt."
Frau Saworski versucht, sich zu verteidigen, und für einen Moment reden wieder alle 240 durcheinander.

Ich hebe mein Buch auf und packe es wieder in den Rucksack. Mama hat mir Geld mitgegeben, damit ich mir im Bistrowagen ein Sandwich oder ein Stück Kuchen kaufen kann. Dazu müsste ich aufstehen. 245
Irgendwann muss ich sicher auch mal aufs Klo.

**1** Stellt gemeinsam Vermutungen an: Wird Magdalena sitzen bleiben oder mutig aufstehen?

**2** **a** Beschreibt Magdalenas Eindruck von Frau Saworski und Frau Schmidt am Anfang der Geschichte möglichst genau. Schreibt Textstellen heraus.
**b** Wie und warum verändert sich Magdalenas Eindruck von den beiden Frauen im Lauf der Geschichte?

**3** Wie könnte die Geschichte weitergehen?
Schreibt einen kurzen Schluss. Wählt a, b oder c.

> Die Gedanken und Gefühle, die eine Figur in einer Erzählung hat, nennt man auch **innere Handlung.** Was für alle wahrnehmbar geschieht, ist die äußere Handlung.

**a** Setzt die Geschichte fort. Achtet dabei darauf, dass eure Fortsetzung zu dem Erzählanfang passt. Baut dabei an einer Stelle eine kurze innere Handlung ein (▶ Tipp), z. B.
*Ich muss mich das einfach trauen. Ich werde für die vier Damen doch nicht …*

**b** Beantwortet zunächst die folgenden Fragen und schreibt dann eine passende Fortsetzung zu dem Erzählanfang.
– Aus welcher Perspektive wird erzählt?
– Welche Erzählform müsst ihr beachten: Ich-Form oder Er-/Sie-Form?
– Ich welcher Stimmung ist Magdalena am Ende des Textauszugs?
– Wir werden ihre Nachbarinnen reagieren, falls Magdalena aufsteht?

**c** Setzt den Erzählanfang fort. Geht so vor:
– Sammelt in Partnerarbeit Ideen für den Schluss.
*Magdalena steht auf → die Damen schauen sich entgeistert an → …*
– Beantwortet die Fragen aus Teilaufgabe b.
– Schreibt die folgende Fortsetzung weiter.
*Die Frauen hinter mir unterhalten sich noch immer. Ich suche meinen Geldbeutel aus dem Rucksack und stehe auf. Mutig trete ich auf den Gang hinaus und stelle mich neben den Tisch der vier Frauen. Die Damen …*

**4** Vergleicht eure Fortsetzungen aus Aufgabe 3: Welcher Schluss ist besonders gut gelungen und passt zum Erzählanfang? Gebt euch gegenseitig eine Rückmeldung.

| Methode | Erzählanfänge fortsetzen |
|---|---|

Um einen **Text stimmig fortsetzen** zu können, braucht man nicht nur gute Ideen. Vor allem kommt es darauf an, dass man den Text, z. B. einen Erzählanfang, gut verstanden hat:
■ Aus der Sicht welcher Figur wird hier erzählt?
■ Gibt es andere wichtige Figuren?
■ Wo spielt die Geschichte und wann?

# Eigene Erzählungen verbessern – Die Textlupe

Wer einen Text geschrieben hat, merkt oft gar nicht, ob er auch für andere verständlich ist.
Mit Hilfe der Textlupe könnt ihr euch gegenseitig Verbesserungsvorschläge machen.

**1** a Bildet Kleingruppen (zu dritt oder viert) und setzt euch an einem Gruppentisch zusammen.
  b Verteilt die Rollen in einer Gruppe:
   Legt fest, wer von euch besonders auf den Inhalt, wer auf den Aufbau und wer auf die Sprache des Aufsatzes achtet. Ihr könnt die Rollen anschließend auch tauschen.

**Aufbau:**

Führt die Einleitung gut in die Handlung ein?
Beantwortet sie die W-Fragen: Was? Wer? Wo? Wann?
Gibt es einen Köder?
Stehen die Erzählschritte in der richtigen Reihenfolge?
Ist der Höhepunkt interessant?
Gibt es einen passenden Schluss?

**Inhalt:**

Verstehe ich, worum es geht?
Was ist mir unverständlich?
Passt die Überschrift gut zum Text?

**Sprache:**

Werden die Sätze abwechslungsreich eingeleitet?
Wo können Wiederholungen vermieden werden?
Sind die Verben und Adjektive lebendig und anschaulich?
Stimmt die Erzählzeit (Präteritum und Plusquamperfekt)?

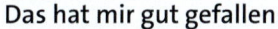

**2** Verteilt die Erlebnisaufsätze, die ihr in diesem Kapitel geschrieben habt, auf die Gruppen.
  a Lest jeden Text einmal laut und im Zusammenhang vor.
   Besprecht, was euch an dem Aufsatz gefällt.
  b Geht den Aufsatz dann Satz für Satz durch.
   Nutzt eure Textlupe (entweder Inhalt, Aufbau oder Sprache) als Rückmeldezettel.
   Vermerkt darauf Hinweise und Vorschläge zur Textverbesserung, z. B.:

| **Das hat mir gut gefallen:** | **Hier stört mich etwas:** ⟶ | **Ein Verbesserungsvorschlag:** |
|---|---|---|
| *Du hast seinen Schrecken so spannend beschrieben, als würde man in seiner Haut stecken.* | *Deinen Schluss finde ich etwas zu knapp: „Am nächsten Tag blieb er im Bus bei seiner Schwester und alles war wieder gut."* | *Jetzt würde er im Bus immer neben seiner Schwester bleiben, so könnte er sie nicht mehr vergessen. Am nächsten Tag stieg er mit ihr zusammen aus. Doch wo war sein Turnbeutel …?* |

**3**  a Überarbeitet die eigenen Texte mit Hilfe der drei Textlupen eurer Mitschülerinnen und Mitschüler und schreibt sie ins Reine.
  b Überprüft anschließend die Rechtschreibung mit dem Wörterbuch.

# Stärken stärken: Eine Fortsetzungsgeschichte schreiben

**1**   Wie könnte die Erzählung „Der Tagträumer" von S. 51 f. weitergehen? Schreibt eine spannende Fortsetzung. Sie sollte nicht länger als eine Seite sein.

   **a** An welchem Punkt der Handlung endet die Erzählung?

   **b** Wie geht es Peter, als er feststellt, dass er seine Schwester im Bus vergessen hat? Gestaltet diesen Moment anschaulich aus (► innere Handlung).

   **c** Wie geht es weiter? Sammelt Ideen für eure Fortsetzung.

   **d** Schreibt nun eure Fortsetzungserzählung.

●○○   **Hilfe zu Aufgabe 1a:**

Peter stellt fest, dass er seine Schwester vergessen hat, und ist zu Tode erschrocken. Die Spannung ist damit auf dem Höhepunkt. Was folgt jetzt?

●○○   **Hilfe zu Aufgabe 1b:**

Übertragt die Tabelle unten in euer Heft und ergänzt die Lücken. Versetzt euch in Peter: Was geht in ihm vor? Was nimmt er wahr? Verwendet aussagekräftige Verben und Adjektive, um deutlich zu machen, wie er sich fühlt.

| Fühlen | Denken | Sehen | Hören |
|---|---|---|---|
| *Er fühlte sich unendlich hilflos und machte sich große Vorwürfe.* | *Er dachte scharf nach …* | *Da entdeckte er plötzlich …* | *Hörte er nicht ein leises Wimmern?* |

●○○   **Hilfe zu Aufgabe 1c:**

Denkt daran, dass ihr an die Vorgaben des Erzählanfangs anknüpfen solltet. Sammelt zunächst Ideen mit Hilfe eines Clusters:

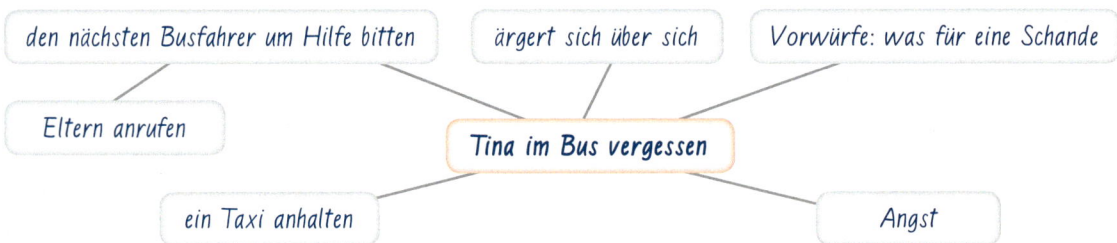

Entscheidet euch dann für eine Idee. Denkt diese zu Ende und gestaltet sie aus. Schreibt dazu die einzelnen Handlungsschritte in Stichwörtern auf Karteikärtchen.

●○○   **Hilfe zu Aufgabe 1d:**

Achtet bei der Niederschrift auf abwechslungsreiche Satzanfänge.

Als Peter … • Nachdem er … • Plötzlich … • Eins nach dem andern, sagte er sich … •
Sein erster Gedanke war … • Kurz darauf … • Schließlich …

# 3.3 Fit in …? – Erlebnisse spannend erzählen

## Die Aufgabenstellung richtig verstehen

Stellt euch vor, ihr bekommt in der nächsten Klassenarbeit folgende Aufgabe:

> Lies den kurzen Text. Die beiden Kinder sind allein zu Hause und erleben einen aufregenden Abend. Schreibe eine spannende Erlebniserzählung.
>
> Veronika und ihr kleiner Bruder Sven sind abends allein zu Hause. Ihre Eltern sind eingeladen. Obwohl es die Eltern verboten haben, schauen sie sich einen gruseligen Fernsehfilm an. Plötzlich hören sie ein seltsames Geräusch aus dem Nebenzimmer …

**1** Lest euch die Aufgabenstellung genau durch.

**2** Schreibt die Aufgabenstellung in euer Heft und markiert anschließend die Wörter, die euch sagen, was genau ihr machen sollt.

**3** Vergleicht eure Ergebnisse. Ist euch klar, was von euch verlangt wird?

## Ideen sammeln und einen Erzählplan erstellen

**4** Lest noch einmal den kurzen Text. Habt ihr vielleicht schon eine ähnliche Situation erlebt? Notiert in einem **Cluster** Stichwörter, die euch dazu einfallen.

*Allein zu Hause*

**5** Gerade in einer Klassenarbeit sollte man nicht einfach „drauflosschreiben". Plant den Aufbau der Erzählung. Schreibt die Erzählschritte stichpunktartig in ein Pfeildiagramm.
**Thema:** Eine spannende Abends-allein-zu-Hause-Erzählung

**Einleitung:** Neugier wecken!
**Hauptteil:** Was passiert? (Höhepunkt)
**Schluss:** Wie geht die Geschichte aus?

*Einleitung*
*V und S allein zu Hause → …*

*Hauptteil (mit Höhepunkt)*
*verbotener Film → gruselig → Geräusch → …*

*Schluss*
*…*

## Spannend und anschaulich erzählen

**6** Nehmt den kurzen Text aus der Aufgabenstellung (▶ S. 59) nun zum Anlass für eine spannende Erlebniserzählung. Wählt a, b oder c.

●●● a Nehmt die Perspektive von Veronika ein und schreibt eure Erzählung in der Ich-Form.
Denkt daran, möglichst anschauliche Verben und Adjektive zu verwenden.
**Hinweis:** Schildert den Höhepunkt eurer Geschichte besonders anschaulich, in dem ihr auch auf die Gefühle, Gedanken und Wahrnehmungen Veronikas eingeht.

●●○ b Schreibt in der Zeitform Präteritum eine spannende Erlebniserzählung, in der ihr treffende Verben und viele anschauliche Adjektive verwendet. Geht so vor:
   – Versetzt euch in Veronika und schreibt in der Ich-Form, z. B.:
      *Eines Abends waren mein kleiner Bruder Sven und ich allein zu Hause ...*
   – Verfasst eine Einleitung (▶ Tipp), einen Hauptteil, der in drei bis vier Erzählschritten immer spannender wird, und einen Schluss, der eure Geschichte zu einem guten Ende führt.

> In der **Einleitung** weckt ihr die Neugier eurer Leser. Verratet aber nicht zu viel und vermeidet langweilige Wiederholungen. Dabei helfen euch die Umstell- und die Ersatzprobe (▶ S. 72).

●○○ c Versetzt euch in Veronika und schreibt in der Ich-Form die folgenden Absätze weiter. So entsteht eine komplette Erlebniserzählung.
**Achtung:** Schreibt in der Zeitform **Präteritum** und verwendet **anschauliche Verben** und **Adjektive.**

> *Überschrift:* ...
> *Einleitung:* Eines Abends waren mein kleiner Bruder und ich ...
> *1. Erzählschritt:* Unsere Eltern hatten uns streng verboten, ...
> *2. Erzählschritt:* Auf einmal hörten wir ein Poltern ...
> *Höhepunkt:* Das Telefon stand im Flur, viel zu weit weg, um ...
> *Schluss:* Mein Vater rief: „Wo seid ihr?" Erleichtert ...

## Überarbeiten

 **7** Tippt eure Erlebniserzählung am PC und besprecht sie mit Hilfe der Textlupe. Fügt eure Kommentare und Verbesserungsvorschläge mit der entsprechenden WORD-Funktion ein. Die Checkliste hilft euch:

## Checkliste

- Macht die **Einleitung** neugierig?
- Hat die Erzählung einen **roten Faden?**
- Hat die Erzählung einen **Höhepunkt?**
- Ist die **Überschrift** treffend?
- Wird deutlich, was die Figuren denken und fühlen? Habt ihr wörtliche Rede verwendet?
- Sind die **Satzanfänge** abwechslungsreich?
- Wird anschaulich (treffende Verben und Adjektive!) erzählt?
- Ist die Erzählung im **Präteritum** geschrieben?
- Sind **Rechtschreibung** und **Zeichensetzung** korrekt?

| Wörterliste | | | | | ▶ S. 284 |
|---|---|---|---|---|---|
| erzählen | anschaulich | Erlebnis | Panik | Erzählung | spannend |
| zuhören | Handlung | Geschichte | konfus | Blamage | nervös |

# Hinter allem steckt eine Geschichte –
## Nach Vorgaben erzählen

**1** Sprecht über das Bild.
Was ist das Besondere daran?
Was fällt euch auf?

**2** Wie könnte eine interessante
Geschichte zu dem Waschbären
entstehen?
Sammelt Tipps zum Erzählen.

### In diesem Kapitel ...

- erzählt ihr spannende und
  anschauliche Geschichten zu Bildern,
- entwickelt ihr zu Reizwörtern
  aufregende Handlungsabläufe,
- baut ihr Erzählkerne zu ausdrucks-
  starken Geschichten aus,
- übt ihr, wörtliche Rede gezielt in eure
  Erzählungen einzusetzen.

# 4.1 Genau betrachtet … – Zu Bildern erzählen

## Ein Bild erzählt eine Geschichte – Die Einleitung

**1** a Betrachtet das Bild auf Seite 61 genau.
   b Überlegt, was geschehen sein könnte.
     Sammelt Ideen in einem Cluster (▶ S. 286).

> *andere Tiere haben alles weggefressen*
>
> *Waschbär vor leeren Schüsseln*
>
> *wartet auf Fütterung*

**2** Klärt die W-Fragen für die Einleitung eurer Geschichte.
Ihr könnt sie ganz gut aus dem Bild entwickeln.
  – Wo ereignet sie sich?
  – Wann spielt die Geschichte?

**3** Konzentriert euch nun auf die Figuren, vor allem die Hauptfigur der Geschichte:
  a Was macht der Waschbär im Vordergrund?
  b Was wisst ihr über Waschbären? Notiert euch Stichwörter im Heft.
  c Welche Personen erkennt ihr noch auf dem Bild? Gebt ihnen Namen.

> *Letzte Woche führten wir ein Projekt im Biologieunterricht durch zum Thema: Was fressen Igel?*
> *Deshalb hatten wir verschiedene Schüsseln vorbereitet, denn im Garten gibt es Igel.*
> *Wir stellten die Teller in den Garten.*

**4** Artur hat eine Einleitung geschrieben, die noch nicht ganz gelungen ist.
  a Setzt die Textlupe an (▶ S. 57) und prüft, was er noch besser machen kann. Beantwortet dazu auch folgende Fragen:
    – Gibt die Einleitung Antwort auf die wichtigsten W-Fragen?
    – Sind die wesentlichen Figuren eingeführt?
    – Haben die Figuren Namen?
    – Macht die Einleitung neugierig auf den Fortgang der Geschichte?
  b Schreibt die verbesserte Einleitung in euer Heft.

> Nehmt den „Filmblick" ein, um eine gute Geschichte zu der Situation auf dem Bild zu erfinden. Sammelt stichpunktartig Ideen, wie eure Geschichten ablaufen könnten. Das Bild stellt dabei eine Aufnahme aus dem Film dar.

**5** Verfasst nun eine vollständige Erzählung zu dem Bild. Ihr könnt auch an Arturs Einleitung anknüpfen. Denkt an die passende Überschrift.

| Methode | Zu einem Bild erzählen |
| --- | --- |

Zu einem Bild erzählen bedeutet, dass ihr euch zu diesem Bild eine Erzählung ausdenken sollt. Die auf dem Bild gezeigte Situation muss in eurer Geschichte vorkommen, ihr müsst sie daher sehr genau wiedergeben. Die Personen oder Tiere auf dem Bild müssen lebendig werden.

# Von Bild zu Bild – Erzählschritte und Wortfelder

**1** Betrachtet die beiden Bilder. Beschreibt, was passiert.

**2** Betrachtet zunächst Bild 1 auf Seite 63 genau.

a Beschreibt die Mimik (den Gesichtsausdruck), die Gestik (die Bewegungen) und die Körperhaltung der einzelnen Figuren. Übertragt dazu die Tabelle in euer Heft und füllt sie mit Begriffen aus den ersten beiden Wortspeichern.

| | | |
|---|---|---|
| leuchtende Augen • lächeln • freudestrahlend • grinsen • fröhlich • übermütig | lässig dastehen • zeigen • deuten auf • heranflitzen • Schritt nach vorn | Glück • Schadenfreude • Vorfreude • Genuss • Begeisterung |

b Ergänzt nun in der rechten Tabellenspalte die Gefühle, auf die Mimik und Gestik schließen lassen.

| | Mimik | Gestik/Körperhaltung | Gefühle |
|---|---|---|---|
| Bild 1: Anna | aufmerksam | lässig stehend | glücklich |

**3** Bereitet eine Erzählung zu den Bildern vor. Schaut euch dazu Bild 1 noch einmal genau an und beantwortet die folgenden Fragen. Schreibt in euer Heft. Manche Angaben müsst ihr erfinden.
- **Wer** war beteiligt?
- **Wo** ereignete es sich?
- **Wann** spielte die Geschichte?
- **Was** geschah?
- **Warum** geschah es?
- **Welche** Folgen hatte das Geschehen?

> Beim schriftlichen Erzählen verwendet man das Präteritum. Schreibt daher auch schon die Vorarbeiten (z. B.: Antworten auf die W-Fragen, Schreibplan) zu eurer Erzählung auch gleich in dieser Tempusform.

**4** Legt nun auch für das Bild 2 eine Tabelle nach dem Muster aus Aufgabe 2 an und beantwortet die W-Fragen.

**5** Entwerft eine Geschichte zu den beiden Bildern. Vergleicht dazu eure Tabellen aus den Aufgaben 2 und 4. Wählt Aufgabe a, b oder c.

●●● a Arbeitet die Unterschiede zwischen Bild 1 und 2 heraus. Überlegt euch eine stimmige Abfolge der einzelnen Handlungsschritte.

●●○ b Was hat sich von Bild 1 zu Bild 2 in der Handlung verändert? Beantwortet dazu die folgenden Sätze:
*Weil Anna zu nahe an den Radweg kam, …*   *Geldon wies auf den Radfahrer, um …*
*Sie konnte ihr Eis nicht weiterschlecken, denn …*   *Der Eisverkäufer …*
*Lisa gelang es nicht, …*   *Obwohl der Radfahrer Anna gesehen hatte, …*

●○○ c Stellt die Tabellen und die Antworten zu Bild 1 und 2 direkt gegenüber. Die Abweichungen zwischen beiden könnt ihr als Erzählschritte zu eurer Geschichte nutzen.
*Während Anna glücklich ihr Eis schleckte und Lisa aufmerksam zuhörte, kam der Radfahrer, der …*

| | Mimik | Gestik/Körperhaltung | Gefühle |
|---|---|---|---|
| Bild 1: Anna | aufmerksam | lässig stehend | glücklich |
| Bild 2: Anna | verwirrt | verliert Gleichgewicht | überrascht |

*An einem warmen Herbstnachmittag gingen Anna und Lisa langsam zu ihrem Lieblingseisstand. Kurz darauf kamen auch ihre Freunde Geldon und Max dazu. Die Freundinnen aßen gerade ihr Eis, als ein Radfahrer schnell herankam.*

**6** **a** Marisa hat zu Bild 1 eine Erzählung verfasst. Leider hat sie darin langweilige Verben verwendet. Ersetzt die unterstrichenen Verben im Text oben durch aussagekräftigere aus dem Wortspeicher.

> schlendern • spazieren • schlecken • genießen • heranrasen • bummeln • lutschen • sich jemandem anschließen • sich treffen • sich begrüßen • hinzustoßen • heranjagen

**b** Ordnet die Verben aus dem Wortspeicher in eurem Heft in eine Tabelle wie unten abgebildet ein.

| langsam gehen | zu jemandem kommen | essen | sich schnell bewegen |
|---|---|---|---|
| *schlendern* | ... | ... | ... |

**c** Findet zu jedem der Wortfelder (▶ Information unten) weitere drei Begriffe und tragt sie ebenfalls in die Tabelle ein.

**7** Stellt jeweils eine Art zu gehen pantomimisch dar und lasst die anderen erraten, um welches Verb es sich handelt.

**8** **a** Welches Wort passt nicht ins Wortfeld? Schreibt es in euer Heft.

> schlau • clever • findig • scherzhaft • klug • gescheit • scharfsinnig

**b** Vier der folgenden Wörter gehören mit dem nicht passenden Wort aus Aufgabe a in ein Wortfeld. Welche?

> lustig • komisch • bedrückt • witzig • einfallsreich • amüsant

**9** Schreibt eure Erzählung in euer Heft. Notiert auch, was die Beteiligten denken oder sprechen könnten. Findet eine Neugier weckende Überschrift.

---

**Information** **Wortfeld**

Wörter **mit ähnlicher Bedeutung** bilden ein Wortfeld:
*klein:* winzig, zwergenhaft, gering ...
*fliegen:* schweben, flattern, gleiten ...
Mit Wörtern aus einem Wortfeld kann man abwechslungsreich und aussagekräftig formulieren.

# Bildergeschichten – Den Hauptteil und den Schluss gestalten

## Einen Schreibplan erstellen

**1** Beschreibt genau, was ihr auf den einzelnen Bildern seht. Achtet dabei auch auf die Gestik und Mimik der beteiligten Figuren.

**2** Die Bilder zeigen einzelne Handlungsschritte einer Geschichte. Entwickelt einen Schreibplan.
  **a** Notiert zu jedem Bild einen Satz. Schreibt untereinander und lasst jeweils drei Zeilen frei.
  **b** Überlegt, an welchen Stellen Handlungsschritte fehlen. Was könnte vor, zwischen und nach den dargestellten Handlungsschritten passiert sein? Ergänzt euren Schreibplan.
  **c** Legt fest, welcher eurer Sätze sich der Einleitung, welcher dem Hauptteil und welcher dem Schluss der Geschichte zuordnen lässt. Bestimmt auch den Höhepunkt.

*Am letzten Samstag trafen sich Lara und ihre Freunde Xaver und Dominik, um ein wenig mit ihren Fahrrädern in der Gegend herumzufahren. Sie radelten eine Straße im Neubaugebiet entlang und wussten vor Langeweile nichts Rechtes anzufangen.*
*Da kamen sie an einer Baustelle vorbei, auf der ein Haus stand, das noch eingerüstet war. Xaver hielt an, deutete darauf und wollte von den anderen wissen: „Was haltet ihr davon, da hinaufzuklettern?"*

**3** Oben steht der Anfang der Bildergeschichte von S. 66 in der Er-Form.
**a** Formuliert den Text um: Erzählt aus Laras Sicht in der Ich-Form. Schreibt in euer Heft.
Achtet genau auf die richtigen Pronomen (▶ S. 207). Beginnt so:
*Am letzten Samstag traf ich mich mit meinen Freunden …*
**b** Vergleicht die Wirkung der beiden Erzählanfänge.
**c** Nicht alle Informationen, die darin enthalten sind, könnt ihr auf dem ersten Bild finden.
Unterstreicht in eurem Heft die Angaben, die sich der Verfasser zusätzlich einfallen ließ.

**4** **a** Hier findet ihr drei Handlungsschritte zu der Bildergeschichte. Untersucht sie:
  – In welcher Reihenfolge schließen sie sich an die oben stehende Einleitung an?
  – Welchen Bildern könnt ihr sie zuordnen? Welcher Handlungsschritt wurde ergänzt?

**A** *Um meinen Freunden zu zeigen, wie mutig ich war, erklärte ich: „He, ich mache mit meinem Handy ein Foto von euch zweien!" Sofort stimmten sie mir zu. Xaver legte seinen Arm um Dominiks Schulter und schrie: „Juchhu! Super Aussicht!" Beide fuchtelten mit den Armen in der Luft herum, während ich fotografierte und mich bemühte, nicht nach unten zu schauen.*

**B** *Xaver war der Mutigste und gab an: „So müsst ihr das machen!" Geschwind wie ein Affe war er schon die Sprossen der ersten Leiter hoch und winkte uns von oben zu. Schnell kamen Dominik und ich nach. Das Gerüst klapperte und wackelte und meine Handflächen wurden ganz feucht. Bloß nicht zugeben, dass mir die Knie zitterten!*

**C** *Wir lehnten unsere Fahrräder an den Bauzaun und blickten uns kurz um. Am Wochenende waren keine Bauarbeiter da und niemand beobachtete uns. So schlängelten wir uns durch eine Lücke im Bauzaun und beachteten das Schild „Betreten verboten!" nicht. Ich wusste schon, dass wir uns hier gar nicht aufhalten durften!*

**b** Schreibt die Erzählschritte in der richtigen Reihenfolge in euer Heft.
**c** Nun könnt ihr den Hauptteil der Geschichte zu der Bilderfolge ausformulieren. Denkt dabei an die lebendige Ausgestaltung des Höhepunkts.

| **Methode** | **Zu Bildern erzählen** |
| --- | --- |

Die **vorgegebenen Bilder** zeigen nur die wichtigsten Momente im Ablauf der Handlung. Damit daraus eine Geschichte entsteht, müsst ihr **weitere Handlungsschritte** oder **Überleitungen** sinnvoll ergänzen – wie bei einem Puzzle. Überlegt genau, in welchem Bild der Höhepunkt liegt. Entscheidet auch, ob ihr die Geschichte in der **Er-** oder **Ich-Form** verfasst.

## Wörtliche Rede verwenden

**1** Entwerft kurze Dialoge (Zweiergespräche) zu der Bilderfolge auf Seite 66. Entscheidet euch für Aufgabe a, b oder c.

●●● **a** Formuliert Sätze in wörtlicher Rede. Verwendet bei den Redebegleitsätzen unterschiedliche Verben.

●●○ **b** Schreibt kurze Zweiergespräche. Wechselt bei den Redebegleitsätze die Verben ab. Greift hierfür auf den Wortspeicher zurück.

> schreien • flüstern • behaupten • jammern • beruhigen • trösten • rufen • stottern • brüllen • fragen • antworten • stammeln • keuchen • zusprechen • klagen

●○○ **c** Schaut euch zum Beispiel das zweite Bild oben rechts an: Was könnte der Junge auf der höher stehenden Leiter dem andern Jungen in diesem Moment sagen? Gebt dies in wörtlicher Rede wieder. Im Wortspeicher findet ihr Verben für die Redebegleitsätze.
**Hinweis:** Wenn ihr wörtliche Rede verwendet und schildert, was die Figuren denken und fühlen, wird eure Geschichte besonders lebendig.

**2** Den folgenden Textauszug hat der Verfasser selbst wieder aus seinem Aufsatz gestrichen. Stellt Vermutungen an, weshalb er das wohl getan hat.
*„Ist dir auch ein wenig unheimlich zumute?", fragte ich Xaver, als wir oben auf dem Gerüst standen. „Nein, eigentlich nicht", erwiderte er. „Mir irgendwie schon", murmelte ich kleinlaut. „Das ist dumm." „Mmh, finde ich auch", stimmte ich zu. „Wir können ja aber trotzdem mal ein Foto machen", schlug Xaver vor und das taten wir dann auch.*

**3** Der folgende Text enthält wörtliche Rede. Schreibt ihn ab und ergänzt die fehlenden Satzzeichen.

> *Endlich war ich oben bei den beiden angekommen Ich bin ganz schön stolz, dass ich das geschafft habe! rief ich freudig aus. Mach doch mal ein Foto von uns! forderte mich Xaver auf sonst glaubt uns das ja keiner. Sind wir so beide gut zu erkennen? wollte er wissen. Es kam, wie es kommen musste: Das Handy fiel mir aus der Hand. So ein Mist! entfuhr es mir.*

---

**Information**  **Wörtliche Rede verwenden**

**Wörtliche Rede** lässt den Leser / die Leserin die Ereignisse hautnah miterleben. Sie muss aber so eingesetzt sein, dass sie auch für die Handlung von Interesse ist.
Was jemand redet oder denkt, steht in **Anführungszeichen.**

- Steht der **Redebegleitsatz vor der wörtlichen Rede,** wird er mit einem **Doppelpunkt** abgetrennt:
  *Sie riefen: „Komm doch hoch!"* *Lara dachte: „Wenn das mal gut geht."*
- Steht der **Redebegleitsatz in der Mitte oder nach der wörtlichen Rede,** wird er durch **Komma** abgetrennt. Dabei verliert der Aussagesatz den Schlusspunkt. Fragezeichen und Ausrufezeichen bleiben stehen: *„Haltet mehr Abstand", mahnte Xaver uns.*
  – *„Dominik", warnte Xaver, „geh nicht weiter!"*
  – *„Warum nicht?", entgegnete Dominik übermütig. „Es passiert doch nichts."*
  – *„Achtung, die Leiter wackelt!", schrien die Jungen Lara zu.*

## Den Schluss einer Geschichte schreiben

**1** Der Schluss einer Bildergeschichte kann auf unterschiedliche Weise gestaltet werden, soll aber in jedem Fall die Geschichte abrunden.

a Findet ihr die folgenden Schlussmöglichkeiten zu der Bilderfolge (► S. 66) gelungen? Begründet eure Meinung:

*Nachdem wir alle drei wieder unten an-
gekommen waren, sahen wir sofort nach
meinem Handy. Es lag in viele Einzelteile
zersplittert auf dem Boden. Spätestens
jetzt war uns allen klar, was hätte passie-
ren können, wenn einer von uns von der
Leiter des Baugerüstes gefallen wäre.
Glück im Unglück, ging es mir durch den
Kopf, trotzdem blieb noch die schwierige
Aufgabe, es meinen Eltern zu sagen.*

*Da lag es nun, das völlig zerschmetterte
Handy. Dann fuhr Dominik mich auch
noch an: „Hättest du es nicht besser festhalten können? Du solltest doch bloß ein
Foto von uns machen, von Fallenlassen hat
keiner was gesagt!" Das hatte ich jetzt
davon. Warum nur hatte ich auf die beiden
gehört und war nicht unten geblieben?*

b Im Informationskasten findet ihr mehrere Möglichkeiten, den Schluss einer Erzählung zu gestalten. Welche wurden in den beiden Schülerbeispielen oben gewählt?

---

**Information**    **Den Schluss schreiben**

Der Schluss einer Erzählung kann unterschiedlich gestaltet sein. Man kann
- den Ausgang der Geschichte erzählen und das **Erlebnis abschließen,**
- den Ausgang des Erlebnisses im Ungewissen lassen. Dabei bleiben **Fragen offen.**
- **auf die Einleitung zurückgreifen,** sodass Einleitung und Schluss einen Rahmen um den Hauptteil bilden,
- einen **abschließenden Gedanken** äußern.

# Testet euch!

## (Bilder-)Geschichten schreiben

**1** Welche Aussagen zum Schreiben einer Bildergeschichte stimmen, welche nicht?
**a** Schreibt den Text mit den richtigen Aussagen in euer Heft.

- Wenn ich ein Thema für eine Geschichte habe, schreibe ich einfach drauflos / mache ich mir einige Stichwörter zum Inhalt der Geschichte .
- Der Aufbau einer Erzählung gliedert sich immer / manchmal in Einleitung, Hauptteil und Schluss.
- Mit der Einleitung sollte man dem Leser verraten / nicht verraten , wie die Geschichte ausgeht, damit er neugierig wird / damit er nicht so lange rätseln muss .
- Die Spannung wird im Hauptteil schrittweise gesteigert / verringert .
- Der Höhepunkt meiner Erzählung folgt gleich nach der Einleitung / nach mehreren Erzählschritten im Hauptteil .
- Wörter wie „plötzlich", „auf einmal", „Sekunden später" zeigen an, dass etwas Überraschendes / etwas ganz Gewöhnliches passiert.
- Die Verwendung / Vermeidung von wörtlicher Rede macht die Figuren lebendig.
- Bei der Bildergeschichte beschreibe ich nur, was ich auf den Bildern sehe / auch, was zwischen den Bildern passiert .
- Beim Erzählen beschränke ich mich auf die wichtigsten Erzählschritte / gehe ich auf Gedanken und Gefühle der Figuren ein .
- Der Schluss kann auf das Ende / auf den Anfang zurückgreifen, einen Traum auslösen / einen Denkanstoß geben , die Erzählung ausklingen lassen / neu anfangen lassen oder den Leser im Ungewissen / in der Langeweile lassen.
- Die Überschrift darf nicht / kann ruhig fehlen. Sie sollte informativ sein / die Neugier wecken.
- Beim schriftlichen Erzählen verwende ich das Präsens / das Präteritum .

**b** Überprüft gemeinsam mit einer Partnerin oder einem Partner eure Ergebnisse.

# 4.2 Reizwörter und Erzählkern – Texte überarbeiten

## Reizwortgeschichten – Umstellen, weglassen, ersetzen

Katze • Baum • Feuerwehr

**1** a Lest die Reizwortkette und schließt kurz die Augen. Sofort wird in eurem Kopf eine Geschichte ausgelöst, die wie ein Film abläuft.

b Schreibt eine Erzählung zu diesen Reizwörtern in euer Heft. Lest dafür den Merkkasten unten.

*Mein Bruder und ich machten an einem warmen Sommertag unter einem Baum im Garten ein Picknick. Wir saßen mit unserer Katze Tiffy auf einer Decke auf der Wiese und ließen uns Äpfel schmecken. Wir lasen uns gegenseitig aus einem spannenden Buch vor. Wir spielten aber auch zur Abwechslung mit unserer Katze. Wir ahnten nicht, dass unser Picknick bald enden würde.*

**V O R S I C H T**
**FEHLER!**

**2** Untersucht und verbessert die Einleitung zu der Reizwortgeschichte oben.

a Achtet auf folgende Punkte:
– Werden alle W-Fragen beantwortet?
– Macht sie neugierig, enthält sie einen Köder? ...

b Stellt die Sätze um und sorgt so für mehr Abwechslung im Satzbau.
Beispiel: *An einem warmen Sommertag machten mein Bruder und ich unter einem Baum im Garten ein Picknick. Mit unserer Katze Tiffy saßen ...*

---

**Information    Nach Reizwörtern erzählen**

Für den Aufbau einer Reizwortgeschichte gelten die gleichen Regeln wie bei der Erlebnis-erzählung (▶ S. 46).

Außerdem müsst ihr aber auf Folgendes achten:

■ Verwendet **alle Reizwörter** sinnvoll in eurer Geschichte. Sie sollten für die Handlung **eine wichtige Rolle spielen.**

■ In der **Einleitung** brauchen die Reizwörter noch nicht vollständig angeführt zu sein.

■ Die **Reihenfolge** der Reizwörter darf umgestellt werden.

■ Die **Überschrift** muss die Reizwörter nicht unbedingt enthalten, sie sollte jedoch einen echten Bezug zu der erzählten Geschichte haben.

**3** Auch der folgende Text ist ungeschickt formuliert.
a Benennt das Problem. Welche Probe (▶ Methoden) müsst ihr anwenden, um den Text zu verbessern?
b Überarbeitet den Text in eurem Heft. Nutzt dazu die Begriffe aus dem Wortspeicher.

> **VORSICHT FEHLER!**
>
> *Wie der Blitz lief Tiffy davon. Tiffy brachte sich auf dem Baum in Sicherheit.*
> *Wir versuchten Tiffy mit ihren Lieblingskeksen vom Baum zu locken. Aber Tiffy traute sich nicht*
> *mehr herunter. Tiffy hatte zu viel Angst! Ganz fest krallte sich Tiffy an ihrem Ast fest.*

> unsere Mieze • Liebling • die Katze • das Tierchen • sie • Leckermäulchen

**4** Verbessert den Auszug aus einer Erzählung.
a Was ist auffällig an dem Text? Nennt die Probe, die ihr zum Überarbeiten anwenden müsst.
b An einigen Stellen werden Wendungen unnötig wiederholt. Markiert diese. Arbeitet mit einer Folie.
c Schreibt eine Überarbeitung des Textes in eure Hefte. Lasst dabei unpassende und überflüssige Ausdrücke weg.

> **VORSICHT FEHLER!**
>
> *Echt super, wie der Feuerwehrmann dann in rasendem Tempo die Leiter hochfuhr*
> *und der Feuerwehrmann total schnell hinaufkletterte! Also, das war vielleicht aufregend, als unser*
> *Helfer Tiffy dann mit beiden Händen packen wollte, unser Helfer aber das Tier nicht erwischen*
> *konnte. Ich konnte echt nicht hinschauen, und mir wurde total schlecht vor Angst, dass Tiffy vom*
> *Baum fallen könnte. Na ja, letztendlich steckte er Tiffy aber auch ganz cool in seine Jacke!*

**5** Verfasst Reizwortgeschichten zu folgender Wortgruppe:

> Wecker • Hockeyturnier • letzter Moment

| **Methode** | **Umstellen, Weglassen, Ersetzen (Uwe)** |
|---|---|

- Durch **Umstellen** könnt ihr einen eintönigen Satzbau vermeiden. Man kann zum Beispiel die wichtigste Aussage an den Satzanfang stellen:
  *Uns gefiel der Nachmittag bis dahin. Uns durchfuhr jedoch ein großer Schreck ... →*
  *Uns gefiel der Nachmittag bis dahin. Ein großer Schreck durchfuhr uns jedoch ...*
- Auch durch **Weglassen** unpassender und überflüssiger Wörter kann ein Text verbessert werden:
  *~~Also,~~ wir mussten ~~tatsächlich~~ die Feuerwehr rufen, ~~und wir~~ mussten aber nur ~~voll~~ kurz auf sie warten.*
- **Ersetzt** Wörter, die sich wiederholen durch ähnliche Begriffe oder durch Pronomen:
  *Wie aus dem Nichts tauchte ein großer Hund auf. Der Hund wollte sich auf Tiffy stürzen. →*
  *Wie aus dem Nichts tauchte ein großer Hund auf. Er/Das Tier wollte sich auf Tiffy stürzen.*

# Der Kern der Geschichte – Satzanfänge abwechseln

*Karlsruhe.* In einem Affen-Freigehege im Karlsruher Zoo riss am Freitag, dem 13. März, ein diebischer Berberaffe einer 11-jährigen Besucherin die Brille aus der Hand und verschwand auf einen Baum. Das Mädchen, das seine Brille gerade putzen wollte, kam mit dem Schrecken davon. Erst durch den Einsatz mehrerer Tierpfleger gelang es, die Brille unbeschadet zurückzubekommen.

**1** Diese kurze Zeitungsnotiz benennt wesentliche Fakten zu einem Ereignis, gibt aber nicht wieder, was dabei in den Menschen vorging, die daran beteiligt waren. Versetzt euch in deren Situation und notiert, was die Menschen fühlten oder dachten: *Sie waren aufgeregt, gerieten in Panik ...*

**2** Gestaltet die Zeitungsnotiz zu einer spannenden Geschichte aus. Wählt Aufgabe a, b oder c.

●●● **a** Entnehmt der Zeitungsnotiz alle sachlichen Angaben, die ihr für eure Geschichte braucht. Entscheidet euch für eine Sicht eines Beteiligten, aus der heraus ihr erzählen wollt. Schreibt dann die Geschichte.

●●○ **b** Notiert alle Vorgaben aus der Zeitungsnotiz, die für eure Geschichte wichtig sind:
– *Wer war beteiligt?*     – *Wo passierte es genau?*
Schreibt dann aus der Sicht des Mädchens, des Tierpflegers oder eines Beobachters.

●○○ **c** Arbeitet aus der Zeitungsnotiz alle Informationen heraus, die ihr für eure Geschichte benötigt:
– *Wer? Ein Berberaffe, ein 11-jähriges Mädchen, ...*
– *Wo? Im Karlsruher Zoo*
– *Wann? Am Freitag, dem ...*
Entscheidet euch dann, aus wessen Sicht ihr erzählen wollt und versetzt euch in diese Figur. Lest hierzu auch den Tipp.
– *Was erlebt sie?*
– *Was denkt und fühlt sie?*

> Als so genannte „innere Handlung" schildert ihr Gefühle und Gedanken von Figuren, die durch ein Ereignis ausgelöst wurden. Eure Leser können sich so besser in die Figuren hineinversetzen.

**3 a** Lest den folgenden Auszug aus einem Schülertext. Beschreibt anschließend, wie er auf euch wirkt.
**b** Untersucht mit Hilfe der Textlupe (► S. 57) die Satzanfänge. Was stellt ihr fest?

> *Antonia machte mit ihrer Familie einen Ausflug zum Affenberg. Da leben Berberaffen, die man auch füttern darf. Zuerst bezahlten sie am Eingang den Eintrittspreis. Dann gingen sie in das Freigehege. Dann durften die Kinder die Affen füttern. Antonia musste aber erst ihre Brille putzen. Doch dann griff ein kleiner Berberaffe flink nach ihrer Brille. Dann turnte er geschickt in die Äste des höchsten Baumes und versuchte, sich die Brille aufzusetzen.*

**c** Gestaltet den Text spannender, indem ihr die Satzanfänge abwechselt.
Nutzt die Formulierungshilfen und schreibt die überarbeiteten Sätze in euer Heft.

danach • sofort • in diesem Augenblick • auf einmal • später • kurz darauf • plötzlich •
zuletzt • anschließend • völlig unerwartet • inzwischen • daraufhin • Sekunden später

# Stärken stärken: Eine Reizwortgeschichte schreiben

**1** Schreibt eine spannende Reizwortgeschichte. Die Begriffe **Kuh – Zelt – Taschenlampe** sollen darin vorkommen.

**a** Sammelt zunächst Ideen zu den einzelnen Reizwörtern.

**b** Erstellt einen Schreibplan für eure Geschichte.
  – Haltet einzelne Handlungsschritte fest.
  – Wo liegt der Höhepunkt?
  – Wie soll die Geschichte enden?

**c** Gestaltet den Höhepunkt eurer Geschichte aus. Was denkt und fühlt die Hauptfigur?

**d** Schreibt nun eine spannende Reizwortgeschichte.

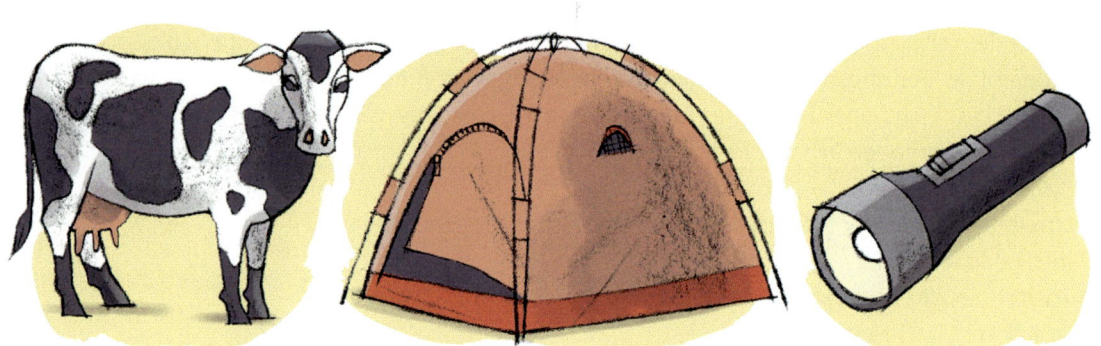

## ●○○ Hilfe zu Aufgabe 1a:

Ihr sollt Ideen zu den Reizwörtern sammeln. Es will euch aber zunächst gar nichts einfallen. Versucht es doch einmal so: Schließt die Augen und stellt euch in Gedanken **euer Zelt** vor. Es ist vielleicht auch schon dunkel. Notiert anschließend eure Vorstellungen in einem Cluster (▶ S. 286).

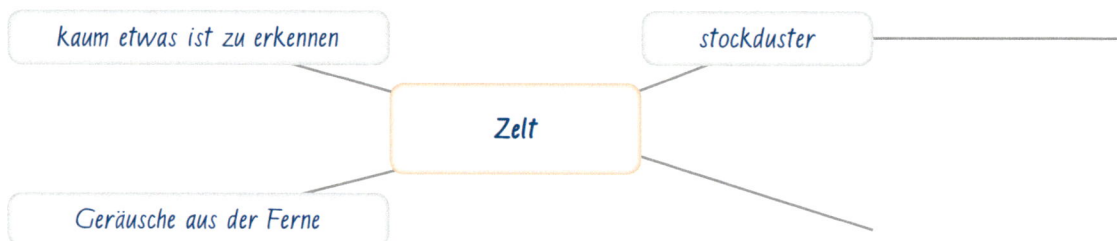

Auch die W-Fragen können beim Ideensammeln helfen. Beantwortet folgende Fragen zum Begriff **Kuh:**
  – Wer hört oder sieht sie?
  – Wo steht sie?
  – Wann wird ihr Muhen vernommen?
  – Was passiert in dem Moment, in dem man sie hört oder sieht?

Das dritte Reizwort **Taschenlampe** spricht eine Sinneswahrnehmung an. Welche Möglichkeit der Wahrnehmung bietet sie in dieser Nacht? Notiert, was ihr durch sie wahrnehmt. Auf welche Art und Weise?

## Hilfe zu Aufgabe 1b:

Überlegt euch einen guten Aufbau für eure Geschichte. Die einzelnen Erzählschritte müssen logisch aufeinander folgen. Am besten haltet ihr eure ersten Ideen in Stichwörtern auf Karteikarten fest. Das hat den Vorteil, dass ihr beim Erstellen des Schreibplans neu ordnen könnt.

Ordnet eure Karten dann der Erzählkurve zu:

– Was gehört in die Einleitung?
– Wie steigern sich die Erzählschritte im Hauptteil?
– Wo liegt der Höhepunkt eurer Erzählung?
– Wie soll eure Geschichte enden?

*Wer? Maja und Mona*

*Wo? In Bauer Bäuerles Garten im Zelt*

*Gerade bequem gemacht. Luftmatratzen*

*aufgeblasen, Schlafsäcke ausgerollt, als ...*

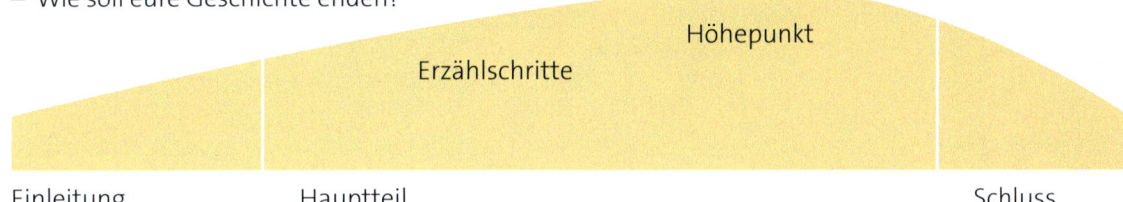

Höhepunkt

Erzählschritte

Einleitung          Hauptteil                              Schluss

## Hilfe zu Aufgabe 1c:

Gestaltet den Höhepunkt eurer Geschichte aus. Was nimmt die Hauptfigur wahr?

– Um es richtig spannend zu machen, müsst ihr genau beschreiben, was eure Figuren in eurer Geschichte **wahrnehmen und empfinden.**

  *sehen: im schwachen Lichtkegel der Taschenlampe zunächst nur vage Umrisse, die Taschenlampe auf die stärkste Stufe gestellt: direkt vor dem Zelteingang eine Kuh ...*

  *hören: lautes Muhen, Rascheln von nicht erkennbaren kleinen Tieren, dumpfes Stampfen ...*

  *fühlen: innere Unruhe, eisige Kälte, Gänsehaut ...*

– Welche **Gedanken** haben die Figuren in dem Moment, in dem sich die Spannung steigert?

  *Wenn ich doch jetzt zu Hause in meinem kuscheligen Bett wäre!*

  *Warum nur wollte ich unbedingt hier draußen übernachten?*

  *Sind Kühe wirklich ausschließlich Grasfresser?*

– Eine weitere Möglichkeit, Spannung zu steigern, ist die Verwendung von **wörtlicher Rede.** Überlegt euch kleine Dialoge und schreibt sie in euer Heft.

  Achtet dabei auf die richtige Zeichensetzung und abwechslungsreiche redebegleitende Verben.

> rufen • fragen • bitten • brüllen • flüstern • flehen • wissen • wollen • meinen •
> erwidern • antworten • einwenden • klarstellen • bemerken • vorschlagen • schreien •
> zurechtweisen • klagen • entgegnen

## Hilfe zu Aufgabe 1d:

Achtet beim Schreiben eurer Geschichte noch auf Folgendes:

– Wechselt bei den Satzanfängen ab,
– wählt die Adjektive gut und zutreffend aus,
– bleibt bei der Erzählform, für die ihr euch entschieden habt: Ich-Form oder Er-/Sie-Form,
– schreibt im Präteritum und
– überlegt euch zuletzt eine passende Überschrift.

# 4.3 Fit in ...? – Nach Vorgaben erzählen

**1** Schaut euch die Bilderfolge genau an. Achtung: Es sind zwei Höhepunkte vorhanden! Wo liegen diese eurer Meinung nach?

Hier findet ihr eine Erzählung zu der Bildergeschichte. Rechtschreibung und Zeichensetzung stimmen. Trotzdem ist der Aufsatz nicht gelungen.

**VORSICHT FEHLER!**

An einem schönen, warmen Herbstmorgen fuhren mein Zwillingsbruder Kevin und ich
zum ersten Mal mit unseren neuen Fahrrädern in die Schule. **1** Kurz winkten wir noch
unserer Mutter zu und radelten dann mit unseren Schulrucksäcken los. **2**
An der Schule angekommen, schloss mein Bruder unsere beiden Räder mit einem kräftigen Kettenschloss
ab. **3** Da wir beide um 13:00 Uhr Unterrichtsschluss hatten, wollten wir uns
dann wieder bei den Fahrradständern treffen. **4**
Endlich war die Schule zu Ende. Mit meinen Schulfreunden verließ ich das Schulhaus und eilte zum
Fahrradabstellplatz. Von Weitem sah ich schon das **5** blaue Fahrrad meines Bruders, aber der Platz
daneben war **6** leer. **7** **8** Kevin hatte die beiden Räder doch angekettet! Nun stand seines un-
verschlossen da. Ich schaute es **9** genauer an und **10** entdeckte einen Platten am Hinterrad. Von
meinem Bruder war weit und breit keine Spur zu sehen. **11** **12** meine Schulfreunde konnten mir
auch nicht helfen. **13** **14** Mir blieb nichts anderes übrig, als zu Fuß heimzugehen **15** . **16**

**2** Untersucht den Aufbau:
– Hat die Erzählung eine Einleitung, einen Hauptteil mit Höhepunkt und einen Schluss?
– Sind alle für die Erzählung wichtigen Handlungsschritte ausgeführt?

**3** Verbessert den Aufsatz sprachlich. Wählt Aufgabe a, b oder c.

●●● **a** Schreibt den Text in euer Heft und überlegt bei jeder Ziffer, wie ihr ihn verbessern könnt.
Entnehmt dem Wortspeicher mögliche Arten der Verbesserung.

> wörtliche Rede • Beschreibung mit genauen Einzelheiten •
> genau beschreibende Adjektive und Partizipien • lebendige Verben • Fragesätze •
> Gedanken und Gefühle • ein Köder, der neugierig macht

●●○ **b** Übertragt die Erzählung in euer Heft. Setzt bei jeder Ziffer die entsprechende Verbesserung
aus der Auflistung unten ein. Schreibt am Heftrand dazu, um welche Art der Verbesserung es
sich handelt. Nutzt dazu auch den Wortspeicher oben, z. B. bei Aufgabe 3: *wörtliche Rede.*

1 Meines war feuerrot. Es hatte 21 Gänge, war ganz neu und ich war sehr stolz darauf.
2 Was ich da noch nicht wusste: Der Heimweg sollte für mich nicht so fröhlich werden.
3 „Das knackt kein Dieb", grinste er mich an.
4 Ich strich meinem Fahrrad noch einmal kurz über den Sattel, weil es mir ganz schwerfiel, mich von ihm zu trennen.
5 leuchtend
6 gähnend
7 Wo war mein Fahrrad?
8 Mein Herz fing an zu klopfen.
9 kopfschüttelnd
10 Was sah ich da? Ich ...
11 Was war hier geschehen?
12 Unsicher blickte ich mich um, aber ...
13 Sie hoben ratlos die Schultern und trösteten mich:
14 „Das wird schon wieder auftauchen!" ...
15 zu trotten
16 Selten kam mir meine Schultasche so schwer vor!

●○○ **c** Schreibt den Text in euer Heft. Verbessert ihn dabei, indem ihr an den markierten Stellen die passenden Angebote ergänzt, z. B.: *Von Weitem sah ich schon das <u>leuchtend</u> blaue Fahrrad meines Bruders*

> wörtliche Rede: 3, 14 • lebendige Verben: 15 • Beschreibung mit genauen Einzelheiten: 1 •
> Fragesätze: 7, 10, 11 • genau beschreibende Adjektive und Partizipien: 5, 6, 9 •
> ein Köder, der neugierig macht: 2 • Gedanken und Gefühle: 4, 8, 12, 13, 16

**4** Schreibt die Geschichte im Heft zu Ende. Denkt auch an eine passende Überschrift.

**5** Überprüft eure Fortsetzung mit Hilfe der Checkliste. Beachtet: Die Checkliste ist in zwei Teile geteilt. Oben findet ihr allgemeine Fragen. Darunter findet ihr besondere Fragen zu den unterschiedlichen Arten von Vorgaben (Bilder, Reizwörter).

### Checkliste

**Nach Vorgaben erzählen**

**Allgemein**
- Habe ich eine **treffende Überschrift** gewählt, die neugierig auf den Text macht?
- Informiert meine **Einleitung** über die wichtigsten Figuren, die Zeit und den Ort?
- Ist mein **Hauptteil lebendig und anschaulich** erzählt und enthält er:
  – wörtliche Rede,      – die Beschreibung von Gedanken, Gefühlen
  – ausdrucksstarke Verben,      und Sinneseindrücken,
  – treffende Adjektive,      – abwechslungsreiche Satzanfänge?
- Bauen die **Handlungsschritte** im Hauptteil sinnvoll und logisch aufeinander auf?
- Hat meine Geschichte einen **Höhepunkt?**
- Erzähle ich in der Regel im **Präteritum?**
- Sind die **Rechtschreibung** und die **Zeichensetzung** korrekt?

**Zu Bildern erzählen**
- Habe ich die **Bilder genau ausgewertet** und vor allem auf die **Gestik, Mimik und Körper-haltung** der Figuren geachtet?
- Habe ich die auf den **Bildern** dargestellten Handlungsschritte in meine Erzählung übernommen?
- Habe ich sie logisch miteinander verknüpft, indem ich davor, dazwischen und danach sinnvolle **Handlungsschritte** oder Überleitungen **ergänzt** habe?
- Gebe ich die **Gedanken und Gefühle** der Figuren gut wieder?

**Zu Reizwörtern erzählen**
- Habe ich **alle Reizwörter** aufgegriffen?
- Spielen sie für die Geschichte eine **wichtige Rolle?**

| **Wörterliste** | | | ▶ S. 284 |
|---|---|---|---|
| Begeisterung | plötzlich | spazieren | stammeln |
| genießen | anschließend | schlendern | brüllen |
| übermütig | freudestrahlend | schreiten | flüstern |

# 5 Jugendbücher –
## Aussuchen, lesen und vorstellen

**1** Beschreibt das Foto. Könnt ihr euch vorstellen, bei welcher Gelegenheit es aufgenommen wurde?

**2** Habt ihr auch schon eine ganze Nacht lang zusammen gelesen? Erzählt davon.

**3** Tauscht euch darüber aus, was und wie ihr am liebsten lest.
  – Welches Buch habt ihr zuletzt gelesen?
  – Welche Lieblingsbücher habt ihr?
  – Wo lest ihr am liebsten?
  – Seid ihr Leseratten oder Lesemuffel?

**In diesem Kapitel ...**
  – begegnen euch drei außergewöhnliche Kinder in Jugendbüchern,
  – erkundet ihr eine Bibliothek,
  – arbeitet ihr an einem Buchprojekt.

# 5.1 Außergewöhnliche Kinder – Jugendbücher lesen und vorstellen

## Eine „Goldene Eintrittskarte" – Die Handlung nachvollziehen

**Roald Dahl**

Roald Dahl (1916–1990) ist einer der berühmtesten englischen Kinderbuchautoren. In den 74 Jahren seines Lebens hat er viele Bücher geschrieben, mit denen er Menschen rund um den Globus erfreute. Aber er war nicht nur ein begeisterter Geschichtenerzähler, er hatte ganz viele Leidenschaften: Windhundrennen, Wellensittiche züchten, Orchideen, Zwiebeln und vor allem – Schokolade!

Roald Dahl

### Charlie und die Schokoladenfabrik

*Der Held des Buches, Charlie Bucket, ist ein lieber und fröhlicher Junge. Und das, obwohl er allen Grund dazu hätte, unglücklich zu sein. Er lebt nämlich mit seinen Eltern und Großeltern in einem winzigen Holzhäuschen und muss auf dem Boden schlafen, weil sich Familie Bucket kein zweites Bett leisten kann. Da das Geld nicht einmal zum Essen reicht, muss er oft hungern.*

Charlie fühlte den Hunger am schlimmsten. Sein Vater und seine Mutter verzichteten oft auf ihren Anteil am Essen und gaben ihn Charlie, aber es war trotzdem nicht genug für einen
5 heranwachsenden Jungen. Charlie sehnte sich verzweifelt nach etwas, was besser den Magen füllte und besser sättigte als Kohl und Kohlsuppe. Und am allermeisten sehnte er sich nach ... SCHOKOLADE. Morgens auf dem Schulweg
10 sah Charlie in den Schaufenstern ganze Berge von Schokoladentafeln. Er blieb immer wieder stehen, presste die Nase an die Scheibe und starrte hinein, bis ihm das Wasser im Mund zusammenlief. Oft musste er zusehen, wie andere Kinder Riegel sahniger Schokolade aus
15

der Tasche zogen und wie Brot hinunterschlangen. Das war natürlich die reinste Folter für ihn.
Charlie Bucket bekam nur ein einziges Mal im Jahr ein winziges bisschen Schokolade, näm-
20 lich zu seinem Geburtstag. Seine Eltern sparten monatelang dafür, und wenn der große Tag kam, schenkten sie Charlie ein kleines Täfelchen Schokolade, das er ganz allein aufessen durfte. Und an jedem wunderbaren Geburts-
25 tagsmorgen legte Charlie seine Schokolade in ein Holzschächtelchen und hütete seinen Schatz, als wäre es pures Gold. Während der nächsten paar Tage betrachtete er die Schokolade nur, rührte sie aber nicht an. Wenn er es
30 dann aber schließlich gar nicht mehr aushalten konnte, öffnete er vorsichtig die Verpackung. Er zog das Silberpapier nur an einer Ecke ein *winziges* bisschen zurück, damit ein *winziges* Stückchen Schokolade herausguckte, und
35 dann knabberte Charlie ein *winziges* Häppchen davon ab, nur gerade genug, um den herrlichen Geschmack auf der Zunge zu spüren. Am nächsten Tag knabberte er wieder ein winziges

40 Häppchen ab und am übernächsten Tag wieder, und so immer weiter. Auf diese Weise brachte Charlie es fertig, dass seine winzige Tafel Schokolade einen ganzen Monat lang reichte.

Aber ich habe euch noch nicht von der furcht-
45 baren Sache erzählt, die den kleinen Charlie mehr als alles andere quälte. Es war noch viel, viel schlimmer als die Schokoladenberge in den Schaufenstern oder mitansehen zu müssen, wie andere Kinder Schokolade aßen. Es war wirk-
50 lich die schlimmste Qual, die man sich vorstellen konnte: In dieser Stadt und fast in Sichtweite von dem kleinen Holzhaus, in dem Charlie lebte und seine Eltern lebten, stand eine RIESENGROSSE SCHOKOLADENFABRIK!
55 Stell dir das vor!

Und es war nicht einfach nur eine gewöhnliche große Schokoladenfabrik. Es war die allergrößte und allerberühmteste Schokoladenfabrik auf der ganzen Welt! Es war WONKAS SCHOKO-
60 LADENFABRIK, und die gehörte Herrn Willy Wonka, dem größten Erfinder und Hersteller von Schokolade und Süßigkeiten, der je gelebt hatte. Eine hohe Mauer umgab die ganze Fabrik, und man konnte nur durch ein mächtiges eisernes Tor hineingelangen. Aus den Schorn- 65 steinen quoll Rauch, und seltsame zischende Geräusche drangen tief aus dem Gebäude heraus.

Und draußen duftete es kilometerweit nach geschmolzener Schokolade! Was für ein himmli- 70 scher Duft!

Auf dem Weg zur Schule und wieder nach Hause musste der kleine Charlie Bucket jeden Tag zweimal an dem eisernen Tor der Schokoladenfabrik vorbeigehen. Und jedes Mal ging 75 er ganz, ganz, ganz langsam und reckte die Nase in die Luft und atmete den herrlichen Schokoladenduft tief ein. Oh, wie er diesen Duft liebte! Und wie er sich wünschte, er dürfte nur ein einziges Mal in die Schokoladenfabrik 80 hineingehen und alles ansehen!

**1** Was erfahrt ihr in diesem Textauszug über das Leben der Hauptfigur? Sammelt in einem Cluster (▶ S. 286) alle Informationen über Charlie.

**2** Einmal im Jahr, zu seinem Geburtstag, bekommt Charlie eine kleine Tafel Schokolade.
a Könnt ihr Charlies Freude nachvollziehen? Tauscht euch aus.
b Warum hält Charlies Schokolade einen ganzen Monat lang? Begründet.

**3** Charlie träumt davon, einmal Wonkas Schokoladenfabrik besichtigen zu dürfen.
Welche Orte würdet ihr am liebsten aufsuchen und warum?
*Gerne würde ich die Spielerkabine ..., um ...*
*Am liebsten wäre ich ..., weil ...*
*Toll fände ich einen Besuch ..., denn ...*

*Schon seit Jahren hat niemand mehr die Fabrik von innen gesehen. Eines Abends aber kommt Charlies Vater mit einer aufregenden Neuigkeit nach Hause.*

In diesem Augenblick kam Charlies Vater ins Zimmer gestürzt. Er war gerade von der Arbeit in der Zahnpastafabrik nach Hause gekommen und schwenkte aufgeregt die Abendzei-
5 tung. „Habt ihr schon das Neueste gehört?", rief er und hielt die Zeitung hoch, damit sie alle die riesigen Schlagzeilen auf der ersten Seiten lesen konnten:
**WONKAS SCHOKOLADENFABRIK**
**FÜR EINIGE WENIGE GEÖFFNET!**
10
„Soll das etwa heißen, dass tatsächlich Leute in die Fabrik hineindürfen?", rief Großvater Josef. „Lies uns vor, was darunter steht ... schnell!" Charlies Vater strich die Zeitung glatt. „Also gut, hört zu."
15

# ABENDZEITUNG

**Willy Wonka, der weltberühmte Schokoladenfabrikant, den seit zehn Jahren niemand gesehen hat, gab heute folgende Erklärung ab:**

20 Ich, Willy Wonka, habe beschlossen, fünf Kindern – nur fünf und keinem einzigen mehr – zu erlauben, in diesem Jahr meine Schokoladenfabrik zu besichtigen. Ich werde diese fünf Auserwählten selbst durch die Fabrik führen und ihnen alle Geheimnisse und Zau-
25 berkünste zeigen. Nach der Besichtigung meiner Fabrik erhält jedes Kind genug Schokolade und Süßigkeiten für sein ganzes Leben. Haltet also Ausschau nach den Goldenen Eintrittskarten! Fünf Goldene Eintritts-
30 karten, auf goldenem Papier gedruckt, sind unter der normalen Verpackung von fünf gewöhnlichen Schokoladentafeln verborgen. Diese fünf Schokoladentafeln können überall sein: in jedem Geschäft, in jeder Straße, in je-
35 der Stadt, in jedem Land der Welt ... eben überall, wo Wonkas Süßigkeiten verkauft werden. Und nur die fünf glücklichen Finder dieser fünf Goldenen Eintrittskarten dürfen meine Schokoladenfabrik besichtigen und
40 sehen, wie es darin jetzt aussieht. Ich wünsche euch allen viel Glück bei der Suche.
*Willy Wonka*

„Aber es besteht gar keine Hoffnung. Ich be-
45 komme bloß einmal im Jahr eine Tafel Schokolade", antwortete Charlie traurig.
„Oh, man kann nie wissen, mein Lieber",
meinte Großmutter Georgine. „Du hast nächste Woche Geburtstag. Du hast genauso viel
50 Chancen wie jeder andere."
„Das wäre zu schön, um wahr zu sein. Ihr werdet es erleben: Die Kinder, die die fünf Goldenen Eintrittskarten finden, gehören zu denen,
die sich sowieso jeden Tag Schokolade kaufen
55 können. Unser Charlie dagegen bekommt nur
einmal im Jahr welche. Es besteht also nicht die
geringste Hoffnung", sagte Großvater Georg.

**4** Wie könnte Charlies Geschichte weitergehen?
Wählt Aufgabe a, b oder c und setzt die Geschichte fort.

●●● a Schreibt die Geschichte weiter. Verwendet als Erzählzeit das Präteritum (▶ S. 218).

●●○ b Macht euch zunächst Notizen zu folgenden Fragen und schreibt die Geschichte im Anschluss
weiter. Verwendet als Erzählzeit das Präteritum (▶ S. 218).
– Wann und von wem bekommt Charlie seine Tafel Schokolade?
– Was passiert, als Charlie die Tafel vorsichtig öffnet?
– Wie reagieren er und seine Familie?

●○○ c Macht euch zunächst Notizen zu den drei Fragen aus Aufgabe b. Schreibt die Geschichte dann
weiter, in dem ihr den folgenden Anfang ergänzt. Denkt daran, dass alle Verben in der Erzählzeit
Präteritum stehen müssen (▶ S. 218).

> Charlie <u>wälzte</u> sich die ganze Nacht unruhig auf dem Boden hin und her. Vor seinem Geburtstag
> <u>konnte</u> er nie gut schlafen, weil er viel zu aufgeregt <u>war</u> und sich so sehr auf sein Geschenk <u>freute</u>.
> Endlich <u>war</u> es so weit ...

**5** Lest euch eure Geschichten gegenseitig vor und gebt euch dann Rückmeldungen mit Hilfe der
Textlupe (▶ S. 57). Achtet dabei besonders auf folgende Punkte:
– Stehen alle Verben im Präteritum?
– Sind die Satzanfänge abwechslungsreich?
– Wird der Text durch passende Adjektive lebendig?
– Gibt es wörtliche Rede?

> Liebe Elif,
>
> es ist super, dass du so viele Adjektive verwendest.
> Achtung! Einige Verben stehen in der falschen Zeit.
>
> Dein Kay

# Das große Spiel – Die Figuren kennen lernen

Hermann Schulz

## Mandela & Nelson

Ich gehörte nie zu denen, die ihre Schwester grundsätzlich ablehnen. Aber wer selbst eine hat, kennt die Vor- und Nachteile. In meinem Fall lagen die Dinge so: Während ich um sechs
5 Uhr morgens für meinen Papa mit dem klapprigen Handwagen loszog, um Futter für seine Tiere zu besorgen, stand sie vor dem Spiegel und flocht sich silberne Bänder in die Haare. Sie zog sich die Lippen nach, betrachtete sich
10 wohlgefällig von allen Seiten und zupfte an ihren eleganten Leggins herum.
Manche finden so etwas ja schön. Ich habe über Firlefanz meine eigene Meinung. Wenn ältere Frauen sich herausputzen, mag es ja
15 noch angehen, aber meine Schwester Mandela war gerade mal elf Jahre alt! [...]
Damit du besser verstehst, wovon ich hier rede, muss ich erst einmal erzählen, dass es sich bei Mandela um keine normale Schwester han-
20 delt: Sie und ich wurden am gleichen Tag geboren, und zwar am 9. Mai. Wir sind Zwillinge. Leider kam sie eine halbe Stunde früher als ich zur Welt. Manchmal habe ich den Eindruck, dass sie diesen Umstand zu ihrem Vorteil aus-
25 nutzt, und dass sie ein Mädchen ist, sowieso.
Mandela war auch sonst anders als ich: Sie war immer vorlaut und prügelte sich bei jeder Gelegenheit. In unserer Mannschaft hatte sie als gefährliche Abwehrspielerin die meisten Roten Karten gesehen. Sie stolzierte über den
30 Schulhof, als wäre sie ein Fernsehstar oder mindestens ein Mannequin.
Mandela trat ziemlich selbstbewusst auf und ließ sich nichts gefallen. Dagegen war ich ein Waisenknabe, wie man so sagt. Ich bin bis heu-
35 te eher der ruhige Typ, der nachdenkt und die Dinge auf sich zukommen lässt. Sie handelte oft unüberlegt und heizte sogar meinen Eltern gehörig ein, wenn ihr etwas nicht passte. Aber das ist noch nicht die ganze Wahrheit: Sie er-
40 zählte zu Hause alles, jede Kleinigkeit, die passiert war oder die sie angestellt hatte. Und wunderte sich, wenn sie von meinen Eltern Zunder bekam. Ich hielt aus naheliegenden Gründen lieber die Klappe. Eltern müssen
45 doch nicht alles wissen!
An dem, was ich so trieb, zeigte Mandela wenig Interesse. Außer am Fußballspiel, wo wir uns sicher wie Schlafwandler die Pässe zuspielten.
50 Heute war keine Schule. Ich hatte mit Mandela verabredet, dass wir unseren Eltern nichts davon sagen würden. Hoffentlich hielt sich das Plappermaul daran. So ein halber Tag zum Herumstreunen war wunderbar.
55

**1** Was erfahrt ihr über Nelson und Mandela?

| Mandela | Nelson |
|---------|--------|
| *vorlaut* | *ruhig* |
| ... | ... |

a Tragt die Informationen aus dem Text in eine Tabelle ein. Vergleicht mit dem Banknachbarn.

b Was haben die Geschwister gemeinsam? Markiert in euren Tabellen alle Informationen, die sowohl auf Nelson als auch auf seine Schwester Mandela zutreffen.

c Ist Mandela ein „typisches" Mädchen? Begründet eure Meinung.

d Was ist ein „Mannequin" (▶ Z. 32)? Schlagt das Wort in einem Fremdwörterbuch nach.

---

**Information    Die Figuren in einer Geschichte**

Die Personen, die in einer Geschichte vorkommen bzw. handeln, nennt man **Figuren.**
Sie haben **bestimmte Eigenschaften und Absichten.** In vielen Geschichten gibt es eine oder
zwei Hauptfiguren, über die der Leser / die Leserin besonders viel erfährt.

---

**2** Nelson und Mandela haben einen freien Tag. Wie würdet ihr einen freien Tag verbringen?
Wählt Aufgabe a, b oder c und erzählt von euren Erlebnissen.

●●● a Schreibt eine Erlebniserzählung über ein besonderes Ereignis, das ihr gemeinsam mit Freunden an eurem freien Tag erlebt (▶ S. 46).

●●○ b Beantwortet im Vorfeld die folgenden Fragen und schreibt dann eine Erlebniserzählung (▶ S. 46). Wo würdet ihr den Tag verbringen? Mit wem? Was würdet ihr gemeinsam erleben? Was würdet ihr euren Eltern am Abend erzählen?

●○○ c Schreibt eine Erlebniserzählung über euren freien Tag. Geht so vor:
– Beantwortet die Fragen aus Teilaufgabe b.
– Schreibt eure Erzählung, indem ihr den folgenden Anfang ergänzt.

*Ich wachte aufgeregt auf. Endlich einen ganzen Tag nur für mich! Wie jeden Tag frühstückte ich mit meiner Mutter. Es fiel mir schwer, mir nichts anmerken zu lassen, da ich vor Vorfreude fast geplatzt wäre. „Was grinst du denn so?", argwöhnte meine Mutter ...*

**3** Lest euch eure Texte aus Aufgabe 2 gegenseitig vor und kontrolliert sie mit Hilfe des Merkkastens auf Seite 46.

**4** Die Zwillinge Mandela und Nelson leben in der afrikanischen Stadt Bagamoyo. Sammelt im Internet Informationen über die Stadt und legt einen Steckbrief an. (▶ S. 14)

*Steckbrief Bagamoyo*

*Name: Bagamoyo / Lage: ... / Einwohner: ...*

*Nelson zieht an seinem freien Tag durch die Straßen und geht seinen Gedanken nach. Am Hafen begegnet er seinem Trainer Nkwabi, der gerade mit einem Schiff aus Sansibar angekommen ist. Er hat eine abenteuerliche Neuigkeit im Gepäck. Beim nächsten Training teilt Nelson seiner Mannschaft die Neuigkeit mit.*

Dabei ging mir durch den Kopf, dass wir eine traurige Fußballmannschaft waren: mit mir als Kapitän, mit einem guten, aber stinkfaulen Torwart, drei Mädchen in der Abwehr, mit ei-
5 nem wunderbar begabten und einfallsreichen Libero, der Fisch putzen musste, unserem Stürmer Mirambo, der kaum ein Wort über die Lippen brachte, und dem stark mit anderen Dingen beschäftigten Nkwabi als Trainer. Er
10 war als Pantomime und Trommellehrer meistens unterwegs, statt uns regelmäßig zu trainieren. Außerdem gab es in unserer Truppe noch eine Menge anderer Probleme, die sich gewaschen hatten.
15  „Also, Mister Nelson, mein Spielführer! Hör gut zu! Und sag es der ganzen Mannschaft. Morgen schon kommt ein großer Bus aus Daressalam angefahren. Und wer sitzt in dem Bus? Alte Leute etwa? Zauberer auf Urlaub?
20 Langweilige Touristen? Großwildjäger aus der Serengeti? Alle Marktfrauen Afrikas auf dem Weg zum Jahrestreffen? Neeeeiiiin! Eine richtige Jugendfußballmannschaft aus Deutsch-

land! Sie wollen in drei Tagen gegen euch spielen, das habe ich mit ihnen in Sansibar 25 eingefädelt. Sie haben von euch gehört und dass ihr unschlagbar seid!" Er blieb stehen, legte eine künstliche Pause ein und guckte traurig. „Keine Ahnung, wer ihnen das erzählt hat. Ich habe jedenfalls den Mund gehalten. Kein 30 Wort darüber, dass ihr eigentlich undiszipliniert, faul, einfallslos und unbegabt seid."
„Freunde, in drei Tagen findet unser großes Spiel gegen eine Mannschaft aus Deutschland statt. Das ist eine einmalige Herausforderung 35 und eine Chance, aller Welt zu zeigen, was wir können." Ich unterbrach meine Ansprache und blickte jeden einzeln an. „Jetzt kommt es darauf an! Ich werde mir heute Abend bei Hussein Sosovele Tipps für das Spiel holen und sie 40 euch morgen weitergeben. Sosovele hat Erfahrungen in Europa gesammelt, in Italien und in anderen Ländern." Ich hielt noch einmal inne, weil ich den Eindruck hatte, dass niemand richtig zuhörte. Ich musste mich wohl zuerst 45 den praktischen Sachen zuwenden. „Wo kriegen wir Netze für das Tor her? Wer hat eine Idee?"
Mandela stand auf, setzte sich neben mich, so als sei sie stellvertretende Spielführerin, und 50 ergriff das Wort. Das war mir nur recht, denn ich hatte noch keine Vorstellung, wie wir die vielen Probleme lösen konnten.
Meine Ratlosigkeit bemerkte keiner, weil ge-

55 nau in diesem Moment eine Kuhherde über den Platz getrieben wurde. Auch so etwas mussten wir verhindern, während das große Spiel stattfand. Ich kramte einen Zettel aus meiner Hosentasche und notierte:

*Kuhherde, Netze (Mädchen), Seitenlinien, Platz-* 60 *größe bei Länderspielen, Messband, Spiel mit Turnschuhen klären*

**5** Erstellt ein kleines Fußball-Glossar, also eine Liste mit Fachbegriffen und kurzen Erläuterungen.
  a Lest noch einmal den ersten Absatz des Textes und schreibt die Fußball-Fachbegriffe heraus.
  b Schlagt in einem Wörterbuch nach, wenn euch einer der Fachbegriffe nicht geläufig ist.
  c Ergänzt nun weitere Fachbegriffe, die ihr kennt, und legt euer Fußball-Glossar an.

> *Kapitän: Spielführer der Mannschaft*
> *Torwart: ...*
> *...*

**6** Spielführer Nelson hat noch viele Probleme zu lösen. Sucht euch zwei Fragen aus und schreibt Nelson einen Brief, in dem ihr ihn unterstützt (▶ S. 21).
  – Wie kann er herausfinden, wie groß der Platz sein muss?
  – Wie kann er den Platz ohne Messband abmessen?
  – Wie kann er ohne Kreide die Seitenlinien ziehen?
  – Ist es erlaubt, in Turnschuhen zu spielen?

> *Lieber Nelson,*
>
> *ich habe erfahren, dass du dich in einer kniffligen Lage befindest, weil deiner Mannschaft ein wichtiges Spiel bevorsteht. Ich würde dir gerne helfen. Wenn du herausfinden möchtest ...*

*Nach drei aufregenden Tagen ist es endlich so weit. Das große Spiel gegen die deutsche Mannschaft kann beginnen.*

Wir taten alle ganz lässig, waren aber unglaublich aufgeregt. Als Mirambo wiederauftauchte, ging es endlich los. Wir stellten uns der Reihe nach auf. Torwart, Spielführer, dann die ande-
5 ren. Wir kannten das ja aus dem Fernsehen. Dann gingen die weißen Spieler einer nach dem anderen an uns vorbei, um allen die Hand zu drücken. Das war ein großer Augenblick und ich sah, dass Kassim und Said Tränen in den Augen
10 hatten. Danach lief jeder auf seine Position.

Wir hatten genug über Taktik, Psychologie und Zaubermittel geredet, jetzt wurde gespielt! Ich sah mich noch einmal nach der Abwehrmauer um, Mandela zeigte ein entschlossenes grimmiges Gesicht. Hoffentlich fängt sie nicht 15 sofort eine Rote Karte, dachte ich und lächelte ihr zu. Ich gab ihr ein Zeichen mit der flachen Hand, dass sie ganz ruhig bleiben sollte. Sie lächelte zurück und hob einen Daumen. Wir alle fühlten eine starke Verbundenheit und 20 grinsten uns gegenseitig an. Am liebsten hätte ich meine Freunde noch einmal umarmt, so aufgeregt und glücklich war ich. Der Anpfiff ...

**7** Wie wird es wohl weitergehen? Wird Nelsons Mannschaft gewinnen oder werden sie eine Niederlage einstecken müssen? Leiht euch das Buch in einer Bibliothek aus und lest das Kapitel zu Ende.

# Ungewöhnliche Freundschaft – Texte weiterschreiben

Andreas Steinhöfel

## Rico, Oskar und die Tieferschatten

*Rico wohnt mit seiner Mutter in Berlin in einem fünfstöckigen Haus und besucht eine Förderschule. Frau Dahling, aus dem dritten Stock passt ab und zu auf ihn auf. Marrak aus dem Dachgeschoss arbeitet für eine Sicherheitsfirma und schleppt alle paar Wochen einen auffällig großen Wäschesack durchs Treppenhaus.*
*Berlin wird seit Monaten von „Mister 2000" in Atem gehalten, einem Kindesentführer, der kleine Jungen und Mädchen in seinen Wagen lockt und dann von den Eltern 2000 Euro Lösegeld fordert. Schon fünf Kinder wurden auf diese Weise entführt.*

Ich sollte an dieser Stelle wohl erklären, dass ich Rico heiße und ein tiefbegabtes Kind bin. Das bedeutet, ich kann zwar sehr viel denken, aber das dauert meistens etwas länger als bei
5 anderen Leuten. An meinem Gehirn liegt es

nicht, das ist ganz normal groß. Aber manchmal fallen ein paar Sachen raus, und leider weiß ich vorher nie, an welcher Stelle. Außerdem kann ich mich nicht immer gut konzentrieren, wenn ich etwas erzähle. Meistens ver-
10 liere ich dann den roten Faden, jedenfalls glaube ich, dass er rot ist, er könnte aber auch grün oder blau sein, und genau das ist das Problem.
In meinem Kopf geht es manchmal so durch-
15 einander wie in einer Bingotrommel. Bingo spiele ich jeden Dienstag mit Mama im Rentnerclub *Graue Hummeln*.

*Eines Tages lernt Rico einen Jungen kennen.*

Ich hob den Kopf. Der Junge, der da vor mir
20 stand, reichte mir gerade so bis an die Brust. Das heißt, sein dunkelblauer Sturzhelm reich-

te mir bis an die Brust. Es war ein Sturzhelm, wie ihn Motorradfahrer tragen. Ich hatte gar nicht gewusst, dass es die auch für Kinder gibt. Es sah völlig beknackt aus. Das Durchguckding vom Helm war hochgeklappt.

„Was machst du da?", sagte der Junge. Seine Zähne waren riesig. Sie sahen so aus, als könnte er damit ganze Stücke aus großen Tieren rausbeißen, einem Pferd oder einer Giraffe oder dergleichen.

„Ich suche was."

„Wenn du mir sagst, was, kann ich dir helfen."

„Eine Nudel."

Er guckte sich ein bisschen auf dem Gehsteig um. Als er den Kopf senkte, brach sich spiegelnd und blendend Sonnenlicht auf seinem Helm. An seinem kurzärmeligen Hemd, bemerkte ich, war ein winziges knallrotes Flugzeug befestigt wie eine Brosche. Eine Flügel-

spitze war abgebrochen. Zuletzt guckte der kleine Junge kurz zwischen die Büsche vor dem Zaun vom Spielplatz, eine Idee, auf die ich noch gar nicht gekommen war.

„Was für eine Nudel ist es denn?", sagte er.

„Auf jeden Fall eine Fundnudel. Eine Rigatoni, aber nur vielleicht. Genau kann man das erst sagen, wenn man sie gefunden hat, sonst wäre es ja keine Fundnudel. Ist doch wohl logisch, oder?"

„Hm ..." Er legte den Kopf leicht schräg. Der Mund mit den großen Zähnen drin klappte wieder auf. „Kann es sein, dass du ein bisschen doof bist?"

Also echt!

„Ich bin ein tiefbegabtes Kind."

„Tatsache?" Jetzt sah er wirklich interessiert aus. „Ich bin hochbegabt."

Nun war ich auch interessiert.

**1** Wie stellt ihr euch den hochbegabten Jungen vor? Fertigt eine Zeichnung an.

**2** Warum interessieren sich die Jungen wohl füreinander? Begründet eure Vermutung.
*Ich vermute, die Jungen ..., weil sie ...*

**3** Wie könnte das Gespräch weitergehen? Schreibt eine Fortsetzung des Dialogs.
**Hinweis:** Sammelt zunächst weitere Eigenschaften der beiden Jungen.

*Junge: „Ich bin hochbegabt."*
*Rico: „Was kannst du denn besonders gut?"*
*Junge: „..."*

> **Dialog:** Wenn sich zwei Personen im Alltag oder auch zwei Figuren in einer Geschichte unterhalten, nennt man das Dialog.

*Rico und Oskar freunden sich an, aber schon bald darauf hält Oskar eine Verabredung nicht ein. Rico ist enttäuscht und wütend. Nun muss er sich eben mit anderen Dingen die Zeit vertreiben.*

Zwischen dem Dritten und Zweiten kam mir der Marrak entgegen, in seinem schicken roten Arbeitsanzug und mit seinem proppevollen Wäschesack.

„Hi Rico." Er setzte den Wäschesack umständlich ab und nickte mir zu. „Mal wieder unterwegs? Bei wem stöberst du denn heute in der Bude herum?"

*Einige Zeit später bringt Rico den Müll nach draußen und entdeckt etwas Eigenartiges.*

Ich klappte den schweren schwarzen Deckel hoch und warf den Müllbeutel rein, und da sah ich es: Mitten im dreckigen, miefigen Gewühl lag ein kleines, knallrotes Flugzeug.

Es gab nur eine Möglichkeit, wie der kleine Flie-

ger hier gelandet sein konnte: Er musste sich unbemerkt von Oskars Hemd gelöst haben ...

*Als Rico abends mal wieder bei Frau Dahling fern-*
*sieht, bleibt ihm fast das Herz stehen. Die Nach-*
20 *richtensprecherin teilt mit, dass Mister 2000 wie-*
*der zugeschlagen habe. Und das entführte Kind ist*
*Oskar. Die Sprecherin führt weiter aus:*

„Um zehn Uhr dreißig heute Vormittag erhielt Oskars Vater, der den Jungen allein aufzieht, einen Anruf des Entführers. [...] Bisher hat der 25 Kidnapper sich ausnahmslos per Brief an die Eltern seiner Opfer gewandt. Die Forderung des Entführers ist jedoch dieselbe wie immer: 2000 Euro. Ein Ort für die Übergabe des Löse-geldes wurde noch nicht vereinbart." 30

**4** Wie könnte das Telefonat zwischen Oskars Vater und dem Kidnapper verlaufen sein?
    a Überlegt zunächst in Partnerarbeit und schreibt das Gespräch dann auf.
    b Setzt das Gespräch szenisch um und tragt es in der Klasse vor.

**5** Bevor Rico sein weiteres Vorgehen plant, setzt er sich an den Küchentisch und schreibt die Nachricht über Oskars Verschwinden in sein Ferientagebuch. Wählt Aufgabe a, b oder c.
  ●●● a Schreibt Ricos Tagebucheintrag. Berücksichtigt dabei seine Gedanken und Gefühle.
  ●●○ b Versetzt euch in Rico und sammelt zunächst in einem Cluster (▶ S. 286) Gedanken und Gefühle, die ihn beschäftigen, z. B.: *Hoffentlich geht es Oskar gut? Hat sein Vater die 2000 Euro?*
  ●○○ c Schreibt Ricos Tagebucheintrag. Sammelt dazu zuerst Ricos Gedanken und Gefühle in einem Cluster und setzt dann den folgenden Anfang fort.

*Liebes Tagebuch,*
*stell dir vor, mein Freund Oskar wurde*
*entführt! Jch habe solche Angst. ...*

**6** Klärt den Fall Oskar auf. Schreibt die Geschichte weiter. Beginnt direkt im Anschluss an die Fernsehsendung.

## Testet euch!

# Büchersteckbrief

**1** Wie heißt das Buch, das ihr gelesen habt?

**2** Wer ist die Autorin oder der Autor des Buches?

**3** Macht das Titelbild neugierig auf den Inhalt? Beschreibt es genau.

**4** Was erfährt man im Klappentext über die Geschichte?

**5** Gibt es Bilder in eurem Buch? Handelt es sich um Fotos oder um Zeichnungen?

**6** Wie viele Seiten hat das Buch?

**7** Ist das Buch in Kapitel gegliedert? Wenn ja, in wie viele?

**8** Welche Figuren kommen in dem Buch vor? Nennt die wichtigsten und geht kurz auf die Beziehungen der Figuren untereinander ein.

**9** Wie stellt ihr euch die Hauptfigur vor? Fertigt eine Zeichnung an.

**10** Gebt zuletzt eine Wertung ab: Würdet ihr das Buch zum Weiterlesen empfehlen? Begründet eure Entscheidung in zwei bis drei Sätzen, z. B.:

Andreas Steinhöfel

*Mir hat das Buch „Rico, Oskar und die Tieferschatten" sehr gut gefallen, denn dem Autor Andreas Steinhöfel gelingt es sehr gut, die Spannung von Kapitel zu Kapitel zu steigern.*

*Das Buch „Das Austauschkind" von Christine Nöstlinger hat mir nicht so gut gefallen. Das liegt daran, dass es mir nicht eingeleuchtet hat, wie es dem englischen Austauschkind Jasper so einfach gelingt, alles auf den Kopf zu stellen.*

**1** Erstellt für das Buch, das ihr gelesen habt, einen Büchersteckbrief. Hängt eure Steckbriefe im Klassenzimmer aus oder verwendet sie als „Spickzettel" für eine Buchvorstellung.

# 5.2   Ein Ort für Bücher – Eine Bibliothek erkunden

*Hallo, liebe Freunde. Kommt herein.*
*Ihr könnt alle meine Gäste sein.*
*Meinen Namen wollt ihr sicherlich erfragen.*
*Remmi werde ich genannt seit vielen Tagen.*

**1** In fast jedem größeren Ort findet man eine Bücherei oder eine Bibliothek. Auch die meisten Schulen haben eine Schulbibliothek.

a  Wart ihr schon einmal in einer Bibliothek? Was habt ihr dort ausgeliehen? Tauscht euch aus.

b  Was interessiert euch besonders an Remmis Zuhause? Sammelt eure Fragen an der Tafel.

> – *Wie ist die Bibliothek aufgebaut?*
> – *Wie viele Leute arbeiten in der Bibliothek?*
> – *Gibt es da noch anderes als Bücher?*

c  Erkundigt euch nach der nächstgelegenen Bibliothek und ihren Öffnungszeiten und vereinbart einen Besuchstermin.

**Hinweis:** Informiert euch z. B. auf der Homepage eurer Gemeinde oder der nächstgelegenen Stadt.

# Bücher finden – Handkatalog, Onlinekatalog, Signatur

In einer Bücherei gibt es eine Vielzahl verschiedener Medien (Bücher, CD-ROMs, Zeitschriften, Spiele, DVDs, CDs ...). Niemand – nicht einmal Remmi – kann sich den Standort jedes Buches merken. Damit ihr ein bestimmtes Buch möglichst schnell finden könnt, führen Bibliotheken so genannte Kataloge (Verzeichnisse), die euch einen Überblick über den gesamten Bestand der Bibliothek geben.

## Handkatalog (Zettelkatalog)

In manchen Bibliotheken gibt es noch einen Handkatalog. Er besteht aus vielen Schubladen, die alphabetisch geordnete Karteikarten (Zettel) enthalten. Zu
5 jedem Buch findet ihr eine Karteikarte, die über den Autor/die Autorin, den Titel des Buches, sein Erscheinungsjahr etc. informiert. Auf dieser Karteikarte steht auch die Signatur des Buches, die seinen Standort in der Bibliothek angibt.

*Signatur*

| H 15 | Jugendbuch |
|------|------------|
| Andreas Steinhöfel | |
| Rico, Oskar und die Tieferschatten | |
| Hamburg 2010 | |
| Carlsen Verlag | |

## Onlinekatalog (OPAC)
10 Die meisten Bibliotheken bieten die Suche über den Computer an. Dabei hilft der OPAC (Online Public Access Catalogue). Genau wie der
15 Handkatalog gibt der OPAC Auskunft über den gesamten Bestand der Bibliothek (Bücher, Zeitschriften, CDs usw.). Der OPAC funktioniert ähnlich wie eine Suchmaschi-
20 ne im Internet. Auf dem Computerschirm findet ihr eine Suchmaske, die wie ein Formular aussieht. Hier könnt ihr verschiedene Suchbegriffe eingeben.

Der Vorteil der Computersuche besteht darin, dass ihr häufig auch noch Hinweise zum Inhalt des Buches bekommt und dass ihr die Suche auf die Medienart ausrichten könnt, d. h., ob ihr ein Buch oder eine CD oder DVD ausleihen wollt.

**1** Lest die kurzen Texte über die Kataloge aufmerksam durch.
a Was wusstet ihr schon? Welche Informationen sind für euch neu?
b Beantwortet folgende Fragen zum Inhalt schriftlich in eurem Heft:
 – Wofür steht die Abkürzung OPAC?
 – Worüber gibt der OPAC Auskunft?
 – Worin besteht der Vorteil der Computersuche?

**2** Welche Informationen findet ihr auf der Karteikarte aus dem Handkatalog?
Zeichnet die Karte ab und beschriftet sie mit den folgenden Begriffen:

Erscheinungsort und Erscheinungsjahr • Verfasser • Verlag • Signatur • Titel • Schlagwort

**Signatur**

Die Signatur ist eine Kombination aus Buchstaben und Ziffern auf dem Buchrücken. Sie gibt euch den genauen Standort des Buches im Regal an. Stellt deshalb Bücher, die ihr nicht entleihen wollt, immer genau an die Stelle im Regal zurück, von der ihr sie genommen habt. Nur so können die Bibliotheksbesucher sie problemlos wiederfinden.

**3** Erklärt, welche Funktion eine Signatur hat. Ergänzt dafür den folgenden Anfang:
*Wenn ich mit Hilfe des Online-Katalogs herausgefunden habe, in welchem Raum und in welchem Regal der Bibliothek das gewünschte Buch steht, dann …*

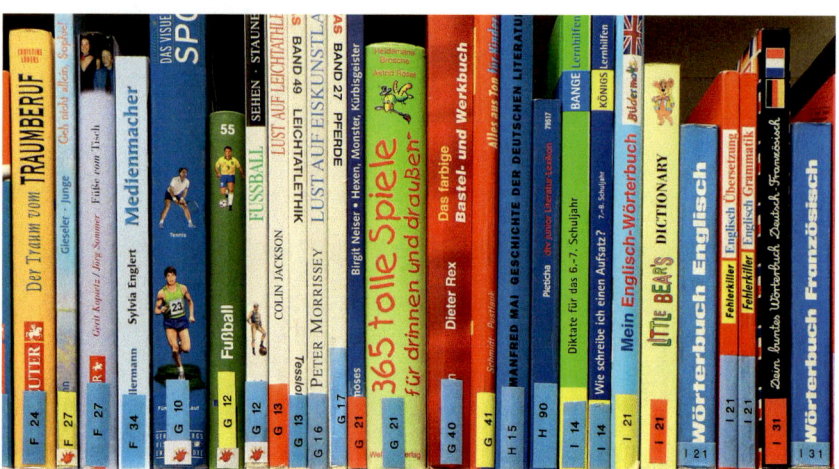

**4** Die abgebildeten Bücher gehören alle in den übergeordneten Bereich „Sachliteratur für Kinder und Jugendliche".

a Seht euch die Signaturen und die Titel auf den Buchrücken genau an. Entscheidet dann, unter welchen Buchstaben – F, G oder I – ihr die folgenden Titel einsortieren würdet.
– Vom Tellerwäscher zum Millionär
– Französisch für Fortgeschrittene
– Handball

b Fasst die Bereiche F, G und I unter passenden Oberbegriffen zusammen.

c Könnt ihr euch erklären, warum die Signatur-Etiketten verschiedenfarbig sind?

| Methode | Bibliothekskataloge und Signaturen |
|---|---|

Bücher, Zeitschriften, CDs und vieles mehr findet man in einem **Bibliothekskatalog** unter

- dem **Autoren-/Autorinnennamen,** z. B. *Schulz,*
- dem **Titel,** z. B. *Mandela & Nelson,* oder
- einem **Schlagwort,** wie z. B. *Fußball, Spiel.*

Die Kennzeichnung oder **Signatur** besteht meist aus Buchstaben und Zahlen, z. B. KI 755. Unter der Signatur ist das Buch oder die CD im Regal zu finden.

# Stärken stärken: Bücher und andere Medien suchen

**1** Recherchiert zu „Charlie und die Schokoladenfabrik" von Roald Dahl in eurer Bibliothek.
Schreibt die Antworten zu den folgenden Fragen in euer Heft.

   **a** Wo steht das Buch? Notiert die Signatur.

   **b** In welchem Verlag ist das Buch erschienen?

   **c** Gibt es einen Film zum Buch? Wenn ja, dann schreibt die Signatur auf.

   **d** Gibt es das Buch auch als Hörbuch? Notiert die Signatur.

   **e** Schreibt die Titel von drei anderen Jugendbüchern von Roald Dahl auf.

**2** Gebt das Schlagwort „Schokolade" in einen
Onlinekatalog ein.

   **a** Wie viele Hinweise auf Bücher findet ihr?

   **b** Gibt es noch weitere Medien (CDs, DVDs)
   zum Thema „Schokolade"?
   Notiert zwei mit Titel und Signatur.

   **c** Wie wird Schokolade eigentlich hergestellt?
   Sucht ein Buch, das dies erklärt.

   **d** Was kann man alles mit Schokolade machen?
   Recherchiert nach Koch- bzw. Backbüchern,
   die Rezepte mit Schokolade enthalten.

**Hilfe zu Aufgabe 1:**

   **a** Den Standort des Buches „Charlie und die Schokoladenfabrik" mit Signatur notieren.

   – Wenn ihr zunächst in eurer Schulbücherei nachschauen wollt, helfen euch die Etiketten auf
   den Buchrücken, euer Buch zu finden. Im Verzeichnis – fragt eure Bibliothekarin / euren Biblio-
   thekar, wenn ihr dieses nicht gleich findet – entdeckt ihr sicher das Stichwort „Jugendbuch".
   Geht an die entsprechende Stelle im Regal und notiert dann die Signatur des Buchs.
   **Hinweis:** Die Regale sind nach Sachgebieten geordnet, große Schilder geben euch Hinweise.

   – Die Signatur ist eine Kombination aus Buchstaben und Ziffern auf dem Buchrücken.
   Sie gibt euch den genauen Standort des Buches an.

   – Wenn ihr in einer größeren Bibliothek gleich mit Hilfe des Computers suchen wollt, dann gebt
   in die Suchmaske des Onlinekatalogs den Titel „Charlie und die Schokoladenfabrik" ein und
   drückt die Enter-Taste. Nun seht ihr das Ergebnis vor euch. Notiert die Signatur.

   **b** Nachdem ihr das gesuchte Buch nun vor euch liegen habt, schlagt vorn auf der ersten Seite nach.
   Dort findet ihr Angaben zur Autorschaft, zum Jahr der Erscheinung und zum Verlag.
   Schreibt den Namen des Verlags heraus.

   **c** Hier ist der Onlinekatalog sinnvoll. Gebt den Autor und den Titel ein und klickt dann unter
   „Medientyp" die Auswahl „DVD" an. Drückt anschließend die Enter-Taste. Ihr seht das Ergebnis
   vor euch. Schreibt die Signatur auf und auch den Filmtitel, der manchmal derselbe sein kann.

   **d** Geht vor wie bei c und klickt dann bei der verfeinerten Suche unter der Rubrik „Medientyp" das
   Stichwort „CD" an.

   **e** Schreibt die Titel von drei anderen Jugendbüchern von Roald Dahl auf.
   Hier gebt ihr lediglich den Autor ein. Auf diese Weise erhaltet ihr weitere Titel von Büchern,
   die er geschrieben hat.

○○○    **Hilfe zu Aufgabe 2:**

a Gebt das Schlagwort „Schokolade" ein. Klickt dann den Medientyp „Buch" an und drückt die Enter-Taste. Ihr erhaltet alle entsprechenden Bücher aufgelistet.

b Sucht erneut unter dem Schlagwort „Schokolade" und klickt dieses Mal alle Medientypen an. Drückt die Enter-Taste. Sucht aus euren Ergebnissen zwei weitere Medien zum Thema Schokolade aus (keine Bücher) und notiert Titel und Signatur.

c Informationen dazu, wie Schokolade hergestellt wird, erhaltet ihr, indem ihr die Schlagwörter „Schokolade" und „Herstellung" in die Suchmaske eingebt und dann die Enter-Taste drückt. Notiert den Titel des Buches, den ihr so erhaltet, und schreibt euch die Signatur auf.

d Was kann man alles mit Schokolade machen? Gebt passende Schlagwörter in die Suchmaske ein. George Larnicol, ein französischer Schokoladenhersteller, erfüllte sich mit seinem selbst gebauten Boot aus echter Schokolade einen Kindertraum.

*Kleiner Tipp: Bücher gibt es auch als E-Books.*

Stellt die recherchierten Medien euren Mitschülerinnen und Mitschülern in der Bibliothek vor. Richtet dazu einen Büchertisch ein, der über euer Thema informiert. So könnt ihr auch andere dafür begeistern.

# 5.3 Projektideen rund ums Buch

**Ein Fortsetzungsbuch schreiben**

**1** Ging es euch auch schon so wie Remmi? Hättet ihr euch noch ein weiteres Kapitel gewünscht? Überlegt doch einfach, wie euer Buch weitergehen könnte.

**2** Entscheidet euch für eine Idee und schreibt ein eigenes Kapitel. Alle Kapitel zusammen bilden dann euer eigenes Fortsetzungsbuch.

**Tipps für ein Fortsetzungsbuch**
- Gestaltet ein ansprechendes Cover.
- Fertigt Illustrationen (Zeichnungen) zu verschiedenen Textstellen an.
- Erstellt ein Inhaltsverzeichnis am Computer.
- Schreibt einen Klappentext und überlegt euch einen guten Titel.
- Gestaltet eure Fortsetzung als Comic.
- Plant Möglichkeiten der Vervielfältigung und der Präsentation.

## Tauschbörse und Lesepass

**1** Haben euch Freunde durch ihr begeistertes Erzählen auch schon Lust auf ein Buch gemacht?

a Richtet eine Tauschbörse ein. Sie gibt euch die Möglichkeit, Bücher unter euch auszuleihen.

b Besorgt euch einen Koffer oder eine Kiste, in dem oder der ihr die Bücher aufbewahren könnt, wählt zwei Klassenbibliothekare und legt Öffnungszeiten fest.

**2** Gestaltet einen Lesepass, in dem ihr festhaltet, welche Bücher ihr gelesen habt und wie sie euch gefallen haben. Tragt darin alle gelesenen Bücher ein.

## Eine Lesung eurer Lieblingsstellen

**1** Sicher gibt es in jedem Buch Textstellen, die euch besonders gut gefallen. Veranstaltet eine Lesung eurer Lieblingsstellen. Geht entsprechend dem Methodenkasten vor.

| **Methode** | **Lieblingstextstellen vorlesen** |
|---|---|

- Wählt eine Lieblingstextstelle aus dem Buch aus, das ihr vorstellen wollt.
- Schreibt die Textstelle ordentlich ab und lasst einen breiten Rand für Bemerkungen.
- Übt das Vorlesen (▶ S.131).
- Lest eure Textstelle in der Klasse vor und lasst euch eine Rückmeldung geben.
- Schafft eine gemütliche Atmosphäre in eurem Klassenzimmer.

**Lesetipps:**
Hermann Schulz: Wenn dich ein Löwe nach der Uhrzeit fragt
Andreas Steinhöfel: Paul Vier und die Schröders
Roald Dahl: James und der Riesenpfirsich
Erich Kästner: Emil und die Detektive
Gudrun Pausewang: Der Spinatvampir
Jutta Richter: Der Tag, als ich lernte, die Spinnen zu zähmen
Gary Greer / Bob Ruddick: Die Insel ist zu klein für uns vier
Patricia Schröder: Beste Freundin, blöde Kuh!

| **Wörterliste** | | | ▶ S. 284 |
|---|---|---|---|
| die Bibliothek | der Katalog | das Medium | die Signatur |
| der Bibliothekar | die Illustration | der Klappentext | die Autorin/der Autor |

# Es war einmal –
## Märchen untersuchen und schreiben

**1** In welchen Märchen kommen die Figuren und Gegenstände vor,
die ihr hier abgebildet seht?
Erzählt, was euch von diesen Märchen
in Erinnerung geblieben ist.
Erinnert ihr euch vielleicht sogar an
bestimmte Verse und Sprüche?

**2** Was wisst ihr über die Märchen der
Brüder Grimm?
Nennt verschiedene Merkmale.

**In diesem Kapitel …**

– lernt ihr Märchen aus Deutschland
und aus anderen Ländern kennen,
– findet ihr heraus, an welchen Merkmalen man ein Märchen erkennen kann,
– schreibt ihr Märchen weiter und
erzählt von Heldinnen oder Helden,
die Gefahren und Prüfungen bestehen
müssen.

# 6.1 Märchen aus aller Welt – Textsortenmerkmale erkennen

## Märchenhafte Merkmale

Jacob und Wilhelm Grimm

**Jorinde und Joringel**

Es war einmal ein altes Schloss mitten in einem großen, dichten Wald, darinnen wohnte eine alte Frau ganz allein, das war eine Erzzauberin. Am Tage machte sie sich zur Katze oder zur Nachteule, des Abends aber wurde sie wieder ordentlich wie ein Mensch gestaltet. Sie konnte das Wild und die Vögel herbeilocken, und dann schlachtete sie's, kochte und briet es. Wenn jemand auf hundert Schritte dem Schloss nahe kam, so musste er stille stehen und konnte sich nicht von der Stelle bewegen, bis sie ihn lossprach: Wenn aber eine keusche Jungfrau in diesen Kreis kam, so verwandelte sie dieselbe in einen Vogel und sperrte sie dann in einen Korb ein und trug den Korb in eine Kammer des Schlosses. Sie hatte wohl siebentausend solcher Körbe mit so raren Vögeln im Schlosse.

Nun war einmal eine Jungfrau, die hieß Jorinde: Sie war schöner als alle anderen Mädchen. Die und dann ein gar schöner Jüngling, namens Joringel, hatten sich zusammen versprochen[1]. Sie waren in den Brauttagen, und sie hatten ihr größtes Vergnügen eins am andern. Damit sie nun einsmalen vertraut zusammen reden könnten, gingen sie in den Wald spazieren. „Hüte dich", sagte Joringel, „dass du nicht so nahe ans Schloss kommst." Es war ein schöner Abend, die Sonne schien zwischen den Stämmen der Bäume hell ins dunkle Grün des Waldes, und die Turteltaube sang kläglich auf den alten Maibuchen.

Jorinde weinte zuweilen, setzte sich hin im Sonnenschein und klagte; Joringel klagte auch.

---

1  sich zusammen versprechen: sich verloben

35 Sie waren so bestürzt, als wenn sie hätten sterben sollen: Sie sahen sich um, waren irre und wussten nicht, wohin sie nach Haus gehen sollten. Noch halb stand die Sonne über dem Berg, und halb war sie unter. Joringel sah
40 durchs Gebüsch und sah die alte Mauer des Schlosses nah bei sich; er erschrak und wurde todbang. Jorinde sang:
„Mein Vöglein mit dem Ringlein rot
singt Leide, Leide, Leide:
45 Es singt dem Täubelein seinen Tod,
singt Leide, Lei – zicküth, zicküth, zicküth."
Joringel sah nach Jorinde. Jorinde war in eine Nachtigall verwandelt, die sang: „Zicküth, zicküth." Eine Nachteule mit glühenden Au-
50 gen flog dreimal um sie herum und schrie dreimal: „Schu, hu, hu, hu."
Joringel konnte sich nicht regen: Er stand da wie ein Stein, konnte nicht weinen, nicht reden, nicht Hand noch Fuß regen. Nun war die
55 Sonne unter: Die Eule flog in einen Strauch, und gleich darauf kam eine alte, krumme Frau aus diesem hervor, gelb und mager: große, rote Augen, krumme Nase, die mit der Spitze ans Kinn reichte. Sie murmelte, fing die Nach-
60 tigall und trug sie auf der Hand fort. Joringel konnte nichts sagen, nicht von der Stelle kommen; die Nachtigall war fort. Endlich kam das Weib wieder und sagte mit dumpfer Stimme: „Grüß dich, Zachiel, wenn's Möndel ins Körbel
65 scheint, bind los, Zachiel, zu guter Stund." Da wurde Joringel los. Er fiel vor dem Weib auf die Knie und bat, sie möchte ihm seine Jorinde wiedergeben, aber sie sagte, er sollte sie nie wiederhaben, und ging fort. Er rief, er weinte,
70 er jammerte, aber alles umsonst. „Uu, was soll mir geschehen?" Joringel ging fort und kam endlich in ein fremdes Dorf: Da hütete er die Schafe lange Zeit. Oft ging er rund um das Schloss herum, aber nicht zu nahe dabei. End-

75 lich träumte er einmal des Nachts, er fände eine blutrote Blume, in deren Mitte eine schöne große Perle war. Die Blume brach er ab, ging damit zum Schlosse: Alles, was er mit der Blume berührte, ward von der Zauberei frei:
80 Auch träumte er, er hätte seine Jorinde dadurch wiederbekommen. Des Morgens, als er erwachte, fing er an, durch Berg und Tal zu suchen, ob er eine solche Blume fände: Er suchte bis an den neunten Tag, da fand er die blutrote
85 Blume am Morgen früh. In der Mitte war ein großer Tautropfen, so groß wie die schönste Perle. Die Blume trug er Tag und Nacht bis zum Schloss. Wie er auf hundert Schritt nahe bis zum Schloss kam, da ward er nicht fest,
90 sondern ging fort bis ans Tor. Joringel freute sich hoch, berührte die Pforte mit der Blume, und sie sprang auf. Er ging hinein, durch den Hof, horchte, wo er die vielen Vögel vernähme: Endlich hörte er's. Er ging und fand den Saal,
95 darauf war die Zauberin und fütterte die Vögel in den siebentausend Körben. Wie sie den Joringel sah, ward sie bös, sehr bös, schalt, spie Gift und Galle gegen ihn aus, aber sie konnte auf zwei Schritte nicht an ihn kommen. Er
100 kehrte sich nicht an sie und ging, besah die Körbe mit den Vögeln; da waren aber viele hundert Nachtigallen, wie sollte er nun seine Jorinde wiederfinden? Indem er so zusah, merkte er, dass die Alte heimlich ein Körbchen
105 mit einem Vogel wegnahm und damit nach der Türe ging. Flugs sprang er hinzu, berührte das Körbchen mit der Blume und auch das alte Weib: Nun konnte sie nichts mehr zaubern, und Jorinde stand da, hatte ihn um den Hals
110 gefasst, so schön, wie sie ehemals war: Da machte er auch alle die andern Vögel wieder zu Jungfrauen, und da ging er mit seiner Jorinde nach Hause, und sie lebten lange vergnügt zusammen.

a Erzählt euch gegenseitig, was in dem Märchen passiert und worum es in dem Märchen geht.

b Versucht, gemeinsam die Bedeutung schwieriger Wörter zu klären. Nutzt hierzu auch den Methodenkasten auf Seite 185 oben.

c Überlegt, warum es schwierig ist, der Handlung des Märchens zu folgen. Begründet eure Ansicht.

**2** Hier findet ihr in vier Sätzen eine kurze Zusammenfassung des Märchens.
Lest jeden Satz für sich und wählt jeweils den passenden Vorschlag aus.

> *Jorinde und Joringel sind Geschwister/ein Liebespaar/die Eltern eines Jünglings.*
> *Ihre Gegenspielerin ist eine Jungfrau/böse Fee/Erzzauberin.*
> *Diese verwandelt Jorinde in eine Nachtigall/Nachteule/Jungfrau.*
> *Joringel aber befreit sie schließlich mit der Hilfe einer Perle/blutroten Blume/blutgetränkten Blume.*

**3** Woran könnt ihr erkennen, dass „Jorinde und Joringel" ein Märchen ist?
Sucht typische Märchenmerkmale.
Wählt a, b oder c.

**a** Lest das Märchen noch einmal durch und haltet alle Märchenmerkmale fest, die euch auffallen.
Überlegt, unter welchen Überschriften ihr die Merkmale notieren könnt, z. B.: *Figuren, Sprache …*
**Hinweis:** Greift darauf zurück, was ihr schon über Märchen wisst.

**b** Sucht in „Jorinde und Joringel" Märchenmerkmale, die zu den folgenden Überschriften passen:

> Figuren • Ort und Zeit • Handlung • Sprache/Erzählweise

**c** Lest den Infokasten und sucht anschließend in „Jorinde und Joringel" mindestens fünf
Märchenmerkmale. Haltet die Textstellen in eurem Heft fest, z. B.: *sprachliche Formeln:*
„*Es war einmal"* (▶ Z. 1)

---

**Information    Merkmale von Märchen**

Märchen haben oft wiederkehrende Merkmale, an denen man sie gut erkennen kann.

**Ort und Zeit**
- Ort und Zeit der Handlung sind nicht genau festgelegt, z. B.: *im Wald, vor langer Zeit.*

**Figuren**
- Es treten typische Figuren auf, wie z. B.: *König und Königin, Prinz und Prinzessin, Handwerker und Bauern, die böse Stiefmutter,* aber auch fantastische Figuren wie *sprechende Tiere, Feen, Hexen, Riesen, Zwerge, Zauberer, Drachen.*
- Die Figuren sind häufig auf wenige Eigenschaften festgelegt, z. B.: *die gute Fee, die böse Hexe.*

**Handlung**
- Meist siegt am Ende das Gute und das Böse wird bestraft.
- Der Held / Die Heldin muss Prüfungen bestehen oder Aufgaben erfüllen (häufig drei).
- Im Märchen geschehen wundersame Dinge: Tiere können sprechen, es gibt magische Gegenstände (z. B.: *einen Wundertisch, ein Zauberkästchen*) und Zauberei.

Für die **Erzählweise** sind typisch:
- sprachliche Formeln, z. B.: „*Es war einmal …", „Und wenn sie nicht gestorben sind …"*
- magische Zahlen, z. B.: *drei Wünsche, sieben Zwerge, zwölf Gesellen.*
- Verse/Zaubersprüche, z. B.: „*Ach wie gut, dass niemand weiß, dass ich Rumpelstilzchen heiß."*

# Die Märchensammler: Jacob Grimm und Wilhelm Grimm

Viele Märchen sind vor langer Zeit, noch vor der Erfindung des Buchdrucks (15. Jahrhundert), entstanden und man weiß nicht, wer sie zuerst erzählt hat, wer also ihr Autor oder ihre Autorin ist. Solche Volksmärchen gibt es in fast allen Ländern. Sie wurden auf Marktplätzen, in Wirtshäusern oder abends im Kreise der Familie mündlich weitererzählt.

5 Erst vor 200 Jahren, also Anfang des 19. Jahrhunderts, sammelten Schriftsteller und Gelehrte diese Volksmärchen und schrieben sie auf.

10 Die bekanntesten Märchensammler in Deutschland sind die Brüder Jacob Grimm (1785–1863) und Wilhelm Grimm (1786–1859). Sie

15 waren fasziniert von diesen Geschichten, ließen sich die Volksmärchen erzählen und schrieben sie auf. 1812 haben sie ihre Märchensammlung

20 als Buch veröffentlicht, damit möglichst viele Kinder und auch Erwachsene diese schö-

Louis Katzenstein: Die Brüder Grimm bei der Märchenfrau

nen Texte hören, lesen und vorlesen können. Das Buch mit dem Titel „Kinder- und Hausmärchen" enthält über 200 Märchen, wurde weltberühmt und ist inzwischen in 140 Sprachen

25 übersetzt worden.

Weil viele Märchen sehr kurz und schmucklos erzählt wurden, haben Jacob und Wilhelm Grimm die aufgeschriebenen Märchentexte immer wieder überarbeitet und nach ihren Vorstellungen verändert.

**1** Welche der folgenden Aussagen geben den Textinhalt richtig wieder? Begründet eure Auswahl mit Hilfe des Textes.

- **A** Volksmärchen gibt es nur bei uns in Deutschland.
- **B** Wer die Volksmärchen erfunden hat, ist nicht bekannt.
- **C** Die Brüder Grimm haben die Märchen selbst erfunden und dann aufgeschrieben.
- **D** Die Brüder Grimm haben die Märchen gehört und dann aufgeschrieben.
- **E** Die Brüder Grimm haben die Märchen verändert und ausgeschmückt.

**2** Beschreibt und erklärt die Szene auf dem Bild. Berücksichtigt dabei den Titel des Bildes.

# Typische Eigenschaften von Märchenfiguren herausfinden

**Frau Holle**

Eine Witwe hatte zwei Töchter. Davon war die eine ? und ? , die andere ? und ? . Sie hatte aber die ? und ? Tochter viel lieber, denn sie war ihre richtige Tochter.
5 Die andere musste alle Arbeit tun und das Aschenputtel im Hause sein. Das ? Mädchen musste sich täglich auf die große Straße an einen Brunnen setzen und so viel spinnen,
10 dass ihm das Blut aus den Fingern sprang.

**Die Sterntaler**

Es war einmal ein kleines Mädchen, dem waren Vater und Mutter gestorben, und es war so ? , dass es kein Kämmerchen mehr hatte, darin zu wohnen, und kein Bettchen mehr, darin zu schlafen, und
5 schließlich gar nichts mehr als die Kleider auf dem Leib und ein Stückchen Brot in der Hand, das ihm ein mitleidiges Herz geschenkt hatte. Es war aber ? und ? . Und weil es so von aller Welt verlassen war,
10 ging es im Vertrauen auf den lieben Gott hinaus ins Feld.

**1** Die Figuren in Märchen haben meist gegensätzliche Eigenschaften: Eine ist gut, die andere böse, einer ist reich, der andere arm ...
    **a** Bildet aus den nachfolgenden Adjektiven Wortpaare mit gegensätzlichen Eigenschaften.
    **b** Welchen Figuren aus euch bekannten Märchen könnt ihr diese Gegensatzpaare zuordnen?

> gut • hartherzig • mutig • arm • böse • traurig • fleißig • hässlich • fromm • wild • alt • faul •
> zahm • ängstlich • reich • riesig • klitzeklein • vergnügt • gottlos • jung • mitleidig • schön

**2** Beschreibt die Eigenschaften der Figuren in den Märchen „Frau Holle" und „Die Sterntaler" mit Hilfe geeigneter Adjektive. Wählt a, b oder c.
●●●   **a** Welche Adjektive passen in die Lücken? Greift auf eure Ergebnisse aus Aufgabe 1 zurück.
●●○   **b** An welchen Stellen passen die folgenden Adjektive in die beiden Märchenanfänge?

> hässlich • fleißig • arm • fromm • gut • faul • schön

**Hinweis:** Manche der Adjektive kommen zweimal vor.

●○○   **c** Ergänzt die Lücken mit Hilfe der folgenden Adjektive. Überlegt, an welcher Stelle welches Adjektiv passt.
    **Frau Holle:** arm • faul • faul • fleißig • hässlich • hässlich • schön
    **Die Sterntaler:** arm • gut • fromm

**3** Tauscht euch darüber aus, inwieweit die Eigenschaften der Figuren für den weiteren Handlungsverlauf noch wichtig werden könnten.

**4** Lasst euch die Fortsetzungen der Märchen vorlesen. Untersucht:
    – Welche Eigenschaften haben die Figuren am Anfang, welche am Schluss?
    – Welche Eigenschaften verändern sich? Wie kommt es zu diesen Veränderungen?

# Märchensprache untersuchen

Die Grimms schrieben die zunächst mündlich weitergegebenen Märchen nicht so auf, wie sie ihnen erzählt wurden, sondern sie änderten die Vorlagen nach ihren Vorstellungen ab. Dabei schmückten sie die Märchen aus, indem sie zum Beispiel Lücken im Handlungsverlauf füllten, Teile aus anderen Märchen einfügten und vor allem ihren Märchen einen besonderen Märchenton (einen einheitlichen Erzählstil) gaben, den man z. B. an festen Wendungen wie „Es war einmal ..." oder „Und wenn sie nicht gestorben sind ..." erkennt.

Jacob und Wilhelm Grimm

## Die weiße Schlange

*Auch das Märchen „Die weiße Schlange" haben die Brüder Grimm 1815 in ihrer Sammlung „Kinder- und Hausmärchen" veröffentlicht.*

Es ist nun schon lange her, da lebte ein König, dessen Weisheit im ganzen Land berühmt war. Nichts blieb ihm ungekannt, und es war, als ob ihm Nachricht von den verborgensten Dingen durch die Luft zugetragen würde. Er hatte aber eine seltsame Sitte. Jeden Mittag, wenn von der Tafel alles abgetragen und niemand mehr zugegen war, musste ein vertrauter Diener noch eine Schüssel bringen. Sie war aber zugedeckt, und der Diener wusste selbst nicht, was darin lag, und kein Mensch wusste es, denn der König deckte sie nicht eher auf und aß nicht davon, bis er ganz allein war. Das hatte schon lange Zeit gedauert, da überkam eines Tages den Diener, der die Schüssel wieder wegtrug, die Neugierde, dass er nicht widerstehen konnte, sondern die Schüssel in seine Kammer brachte. Als er die Tür sorgfältig verschlossen hatte, hob er den Deckel auf, und da sah er, dass eine weiße Schlange darin lag. Bei ihrem Anblick konnte er die Lust nicht zurückhalten, sie zu kosten; er schnitt ein Stückchen

davon ab und steckte es in den Mund. Kaum aber hatte es seine Zunge berührt, so hörte er
25 vor seinem Fenster ein seltsames Gewisper von feinen Stimmen. Er ging und horchte, da merkte er, dass es die Sperlinge waren, die miteinander sprachen und sich allerlei erzählten, was sie im Felde und Walde gesehen hatten.
30 Der Genuss der Schlange hatte ihm die Fähigkeit verliehen, die Sprache der Tiere zu verstehen.

Nun trug es sich zu, dass gerade an diesem Tage der Königin schönster Ring fortkam und
35 auf den vertrauten Diener, der überall Zugang hatte, der Verdacht fiel, er habe ihn gestohlen. Der König ließ ihn vor sich kommen und drohte ihm unter heftigen Scheltworten, wenn er bis morgen den Täter nicht zu nennen wüsste,
40 so sollte er dafür angesehen und gerichtet werden. Es half nicht, dass er seine Unschuld beteuerte, er ward mit keinem besseren Bescheid entlassen. In seiner Unruhe und Angst ging er hinab auf den Hof und bedachte, wie er sich
45 aus seiner Not helfen könne. Da saßen die Enten an einem fließenden Wasser friedlich nebeneinander und ruhten, sie putzten sich mit ihren Schnäbeln glatt und hielten ein vertrauliches Gespräch. Der Diener blieb stehen und
50 hörte ihnen zu. Sie erzählten sich, wo sie heute Morgen alle herumgewackelt wären und was für gutes Futter sie gefunden hätten. Da sagte eine verdrießlich: „Mir liegt etwas schwer im Magen, ich habe einen Ring, der unter der Kö-
55 nigin Fenster lag, in der Hast mit hinunterge-schluckt." Da packte sie der Diener gleich beim Kragen, trug sie in die Küche und sprach zum Koch: „Schlachte doch diese ab, sie ist wohlgenährt." „Ja", sagte der Koch, und wog sie in der
60 Hand, „die hat keine Mühe gescheut, sich zu mästen, und schon lange darauf gewartet, gebraten zu werden." Er schnitt ihr den Hals ab, und als sie ausgenommen ward, fand sich der Ring der Königin in ihrem Magen. Der Diener
65 konnte nun leicht vor dem König seine Unschuld beweisen, und da dieser sein Unrecht wiedergutmachen wollte, erlaubte er ihm, sich

eine Gnade auszubitten, und versprach ihm die größte Ehrenstelle, die er sich an seinem Hofe wünschte.
70

Der Diener schlug alles aus und bat nur um ein Pferd und Reisegeld. Denn er hatte Lust, die Welt zu sehen und eine Weile darin herumzu-ziehen. Als seine Bitte erfüllt war, machte er sich auf den Weg und kam eines Tages an ei-
75 nem Teich vorbei, wo er drei Fische bemerkte, die sich im Rohr verfangen hatten und nach Wasser schnappten. Obgleich man sagt, die Fische wären stumm, so vernahm er doch ihre Klage, dass sie so elend umkommen müssten.
80 Weil er ein mitleidiges Herz hatte, so stieg er vom Pferde ab und setzte die drei Gefangenen wieder ins Wasser. Sie zappelten vor Freude, steckten die Köpfe heraus und riefen ihm zu: „Wir wollen dir's gedenken und dir's vergelten,
85 dass du uns errettet hast!" Er ritt weiter, und nach einem Weilchen kam es ihm vor, als hörte er zu seinen Füßen in dem Sand eine Stimme. Er horchte und vernahm, wie ein Ameisen-könig klagte: „Wenn uns nur die Menschen
90 mit den ungeschickten Tieren vom Leib blieben! Da tritt mir das dumme Pferd mit seinen schweren Hufen meine Leute ohne Barmherzigkeit nieder!" Er lenkte auf einen Seitenweg ein, und der Ameisenkönig rief ihm zu: „Wir
95 wollen dir's gedenken und dir's vergelten!" Der Weg führte in einen Wald und da sah er einen Rabenvater und eine Rabenmutter, die standen bei ihrem Nest und warfen ihre Jungen heraus. „Fort mit euch, ihr Galgenschwengel!", riefen
100 sie. „Wir können euch nicht mehr satt machen, ihr seid groß genug und könnt euch selbst ernähren." Die armen Jungen lagen auf der Erde, flatterten und schlugen mit ihren Fittichen und schrien: „Wir hilflose Kinder, wir sollen
105 uns selbst ernähren und können noch nicht fliegen! Was bleibt uns übrig, als hier Hungers zu sterben!" Da stieg der gute Jüngling ab, tötete das Pferd mit seinem Degen und überließ es den jungen Raben zum Futter. Die kamen
110 herbeigehüpft, sättigten sich und riefen: „Wir wollen dir's gedenken und dir's vergelten!"

Er musste jetzt seine eigenen Beine gebrauchen, und als er lange Wege gegangen war, kam er in eine große Stadt. Da war großer Lärm und Gedränge in den Straßen, und einer kam zu Pferde und machte bekannt, die Königstochter suche einen Gemahl, wer sich aber um sie bewerben wolle, der müsse eine schwere Aufgabe vollbringen, und könne er sie nicht glücklich ausführen, so habe er sein Leben verwirkt. Viele hatten es schon versucht, aber vergeblich ihr Leben darangesetzt. Der Jüngling, als er die Königstochter sah, ward er von ihrer großen Schönheit so verblendet, dass er alle Gefahr vergaß, vor den König trat und sich als Freier meldete.

Alsbald ward er hinaus ans Meer geführt und vor seinen Augen ein goldener Ring hineingeworfen. Dann hieß ihn der König, diesen Ring aus dem Meeresgrund wieder hervorzuholen, und fügte hinzu: „Wenn du ohne ihn wieder in die Höhe kommst, so wirst du immer aufs Neue hinabgestürzt, bis du in den Wellen umkommst." Alle bedauerten den schönen Jüngling und ließen ihn dann einsam am Meere zurück. Er stand am Ufer und überlegte, was er wohl tun solle. Da sah er auf einmal drei Fische daherschwimmen, und es waren keine andern als jene, welchen er das Leben gerettet hatte. Der mittelste hielt eine Muschel im Munde, die er an den Strand zu den Füßen des Jünglings hinlegte, und als dieser sie aufhob und öffnete, so lag der Goldring darin. Voll Freude brachte er ihn dem König und erwartete, dass er ihm den verheißenen Lohn gewähren würde. Die stolze Königstochter aber, als sie vernahm, dass er ihr nicht ebenbürtig war, verschmähte ihn und verlangte, er sollte zuvor eine zweite Aufgabe lösen. Sie ging hinab in den Garten und streute selbst zehn Säcke voll Hirse ins Gras. „Die muss er morgen, eh die Sonne hervorkommt, aufgelesen haben", sprach sie, „und es darf kein Körnchen fehlen." Der Jüngling setzte sich in den Garten und dachte nach,

wie es möglich wäre, die Aufgabe zu lösen, aber er konnte nichts ersinnen, saß da ganz traurig und erwartete, bei Anbruch des Morgens zum Tode geführt zu werden. Als aber die ersten Sonnenstrahlen in den Garten fielen, so sah er die zehn Säcke alle wohl gefüllt nebeneinander stehen, und kein Körnchen fehlte darin. Der Ameisenkönig war mit seinen tausend und tausend Ameisen in der Nacht angekommen, und die dankbaren Tiere hatten die Hirse mit großer Emsigkeit aufgelesen und in die Säcke gesammelt. Die Königstochter kam selbst in den Garten herab und sah mit Verwunderung, dass der Jüngling vollbracht hatte, was ihm aufgegeben war. Aber sie konnte ihr stolzes Herz noch nicht bezwingen und sprach: „Hat er auch die beiden Aufgaben gelöst, so soll er doch nicht eher mein Gemahl werden, bis er mir einen Apfel vom Baume des Lebens gebracht hat." Der Jüngling wusste nicht, wo der Baum des Lebens stand. Er machte sich auf und wollte immerzu gehen, solange ihn seine Beine trügen, aber er hatte keine Hoffnung ihn zu finden. Als er schon durch drei Königreiche gewandert war und abends in einen Wald kam, setzte er sich unter einen Baum und wollte schlafen: Da hörte er in den Ästen ein Geräusch, und ein goldener Apfel fiel in seine Hand. Zugleich flogen drei Raben zu ihm herab, setzten sich auf seine Knie und sagten: „Wir sind die drei jungen Raben, die du vom Hungertod errettet hast; als wir groß geworden waren und hörten, dass du den goldenen Apfel suchtest, so sind wir über das Meer geflogen bis ans Ende der Welt, wo der Baum des Lebens steht, und haben dir den Apfel geholt." Voll Freude machte sich der Jüngling auf den Heimweg und brachte der schönen Königstochter den goldenen Apfel, der nun keine Ausrede mehr übrig blieb. Sie teilten den Apfel des Lebens und aßen ihn zusammen: Da ward ihr Herz mit Liebe zu ihm erfüllt, und sie erreichten in ungestörtem Glück ein hohes Alter.

**1** Lest das Märchen und beurteilt, ob sein Titel zum Inhalt passt.

**2** Etliche im Märchen verwendete Formulierungen würde man so heute nicht mehr verwenden. Ersetzt folgende Textstellen durch euch geläufige Ausdrücke. Schreibt ins Heft.
- Zeile 3: „Nichts blieb ihm ungekannt"
- Zeile 33: „Nun trug es sich zu"
- Zeile 38: „unter heftigen Scheltworten"
- Zeile 42 f.: „er ward mit keinem besseren Bescheid entlassen"
- Zeile 130: „Dann hieß ihn der König ..."

**3** Immer wenn der Diener Tiere aus einer Notsituation befreit, bedanken sich diese mit derselben sprachlichen Formel.
- **a** Schreibt die Formel heraus und gebt an, in welcher Zeile ihr die Formel gefunden habt.
- **b** Erklärt die Aussage der Formel mit eigenen Worten.
- **c** Lösen die Tiere ihr Versprechen ein? Begründet eure Antwort mit Hilfe des Textes.

**4** Dass Märchen manchmal etwas altertümlich wirken, liegt auch an der Zeitform, in der sie erzählt werden. Untersucht die Verwendung des Präteritums (▶ S. 218). Wählt a, b oder c.

> Wenn ihr bei der Bildung des Präteritums unsicher seid, schaut im hinteren Umschlagdeckel nach.

- ●●● **a** Ungewöhnliche Vergangenheitsformen wirken besonders altertümlich. Schreibt zu den folgenden Verben die dazugehörigen Infinitivformen auf. Bildet anschließend mit den Verben Sätze, die in einem Märchen vorkommen könnten.

> schuf • riet • schied • lud • lieh • schwang • sank • hieb • bog • genas • stieß • bewog • buk

- ●●○ **b** Setzt in den Auszügen aus dem Märchen „Hans im Glück" die Verben in Klammern ins Präteritum. Notiert die Sätze dann in euer Heft.

> Hans hatte sieben Jahre bei seinem Herrn gedient, da (sprechen) er zu ihm.
> Hans (ziehen) sein Tüchlein. Der Reiter (absteigen), (nehmen) das Gold und (helfen) dem Hans hinauf. Ehe sich's Hans (versehen), war er abgeworfen.
> Ein Bauer, der des Weges (kommen) und eine Kuh vor sich (treiben), (halten) das Pferd auf.
> Hans (bedenken) den glücklichen Handel.
> Hans (wiegen) die Gans mit der einen Hand.
> Hans (laden) den Stein auf.

- ●○○ **c** Schlagt das Märchen „Die weiße Schlange" auf und schreibt aus den Zeilen 81 bis 90 alle Verben im Präteritum heraus. Ergänzt dann den passenden Infinitiv. Legt dazu in eurem Heft eine Tabelle an.
**Hinweis:** Achtet auf die direkte Rede.

| Zeilenangabe | Verb im Präteritum | Verb im Infinitiv |
| --- | --- | --- |
| 81 | hatte | haben |

# Ein japanisches Märchen erschließen

## Der Brückenbauer und der Dämon

Irgendwo gab es einmal einen reißenden Strom. Jedes Mal, wenn man eine Brücke über ihn schlagen wollte, riss das Wasser die Brücke fort. Die Leute des Dorfes waren darüber sehr bekümmert und berieten sich, was sie da machen sollten. Nachdem lange hin und her beratschlagt worden war, entschloss man sich, dem berühmtesten Zimmermeister des Landes, der in einer nahen Gemeinde wohnte, den Auftrag zum Brückenbau zu geben. Weil der Zimmermeister auf seine Geschicklichkeit vertraute, gab er gern seine Zustimmung dazu. Innerlich aber, ganz im Geheimen, machte er sich Sorgen, ob ihm das Werk auch gelingen werde. Er ging daher ganz allein an den Fluss und suchte am Ufer nach einer günstigen Stelle, wo man die Brücke schlagen könnte. Als er so nachdenklich auf und ab schritt und prüfende Blicke auf die Strömung des Flusses warf, bildete sich mitten im Fluss plötzlich ein Wirbel, Blasen stiegen platzend empor und plötzlich tauchte ein großer Dämon mitten im Strome auf und rief ihn an: „Du großer Zimmermeister, über was denkst du so angestrengt nach?" Der antwortete: „Ich überlege, wie und wo man hier eine gute Brücke über den Strom schlagen kann, und will mir den Platz dafür aussuchen."

Der Dämon lachte laut: „Magst du auch ein noch so geschickter und kunstfertiger Zimmermann sein, hier wird es dir nicht glücken, eine Brücke zu schlagen. Ich will dir aber einen Vorschlag machen: Wenn du mir deine Augen dafür gibst, so will ich für dich den Brückenbau schaffen." Der Zimmermeister antwortete: „Ich bin damit einverstanden", und kehrte in sein Haus zurück. Als er am nächsten Tag zum Fluss kam, sah er, dass die Brücke schon zur Hälfte fertig war, und am folgenden Tage war der Brückenbau, als er wieder dorthin ging,

vollendet. Während er, der nicht im Ernst daran geglaubt hatte, noch fassungslos vor Erstaunen auf das Werk sah, erschien der Dämon, trat vor ihn hin und rief ihm zu: „So, gib
45 mir nun deine Augen." Der Zimmermann bat ihn: „Warte damit noch etwas", und floh entsetzt in die Berge, wo er ziellos umherlief und überlegte, wie er sich von seinem Versprechen lösen könne. Plötzlich hörte er die Stimmen
50 von spielenden Kindern, die nur immer den einen Vers sangen:

*Oniroku, komm schnell,*
*Hol dir deine Augen ab,*
*Das wird gut sein, das wird gut sein!*

55 Dem Zimmermann schien der Gesang der Kinder wie eine Aufmunterung, den Mut nicht zu verlieren. Er fasste sich ein Herz, kehrte nach Hause zurück und schlief fast beruhigt ein. Am nächsten Morgen ging er wieder zum
60 Fluss hinunter und wieder erschien der Dämon

und rief ihm zu: „Gib die Augen her!" Und als der Zimmermann nochmals bat, sich noch kurze Zeit zu gedulden, machte er ihm plötzlich den Vorschlag: „Höre, ich sehe, dass du
65 mir die Augen nicht gerne geben willst. Wenn du meinen Namen erraten kannst, da will ich darauf verzichten und sie dir lassen."
„Gut, ich will es versuchen, ihn zu erraten", sagte der Zimmermann, „wie wirst du heißen,
70 heißest du vielleicht Taro?" Da lachte der Dämon: „Nein, so heiße ich nicht, so heißt kein Dämon, du wirst es nicht erraten." – „Heißest du dann vielleicht Jiro?", riet der Zimmermann. „Nein, nein, das ist kein Dämonenname, du wirst ihn nicht erraten." – „Heißest du
75 etwa Saburo?", riet der Zimmermann und als der Dämon wieder „nein, nein, nein" geantwortet hatte, schrie ihm der Zimmermann mit donnernder Stimme ins Gesicht: „Oniroku heißt du!" Da sprang der Dämon, ohne ein
80 Wort zu sagen, in das Wasser, tauchte unter und kam nicht wieder zum Vorschein.

**1** Untersucht das Märchen „Der Brückenbauer und der Dämon" genau.
  **a** Beantwortet folgende Fragen:
    – An welchen Orten spielt es?
    – Vor welchem Problem steht der Brückenbauer? Wie löst er es?
    – Wie findet der Brückenbauer den Namen des Dämons heraus?
  **b** Woran erkennt ihr, dass „Der Brückenbauer und der Dämon" aus einem fremden Land stammt? Sucht Textbelege und gebt die entsprechende Zeile an.

**2** Der Text stammt aus Japan. Trotzdem zeigt er viele Übereinstimmungen mit Märchen, wie sie z. B. die Brüder Grimm gesammelt haben.
  **a** An welches Märchen erinnert euch dieser Text?
    **Hinweis:** Es gibt ein deutsches Märchen, in dem ein magisches Wesen ein Kind als Belohnung für seine Dienste fordert.
  **b** Woran erkennt man, dass „Der Brückenbauer und der Dämon" ein Märchen ist? Schreibt einen kurzen Text, in dem ihr Märchenmerkmale und Textstellen nennt. Dazu könnt ihr die folgenden Satzanfänge nutzen:
    *Bei dem Text der „Der Brückenbauer und der Dämon" handelt ...*
    *Das sieht man zum Beispiel an den Figuren: Die Hauptfigur ...*
    *Der Held muss eine schwierige Aufgabe bestehen ...*
    *Wie bei den meisten Märchen wird der Ort, an dem es spielt ...*
    *Typisch für Märchen sind Verse oder Zaubersprüche ...*

> Wenn man **über Texte** schreibt, z. B. Textmerkmale nennt, verwendet man **das Präsens.**

    **Hinweis:** Wenn ihr weitere Unterstützung braucht, könnt ihr mit Hilfe der Satzanfänge oben und der Satzbruchstücke auf der nächsten Seite einen Text zimmern.

... nicht genau benannt („Irgendwo", Z. 1).

... ist ein Handwerker („Zimmermeister", Z. 8),
der Dämon dagegen ist ein magisches Wesen (z. B. Z. 20–23).

... in diesem Text spielt der Gesang der Kinder (Z. 52–54)
eine wichtige Rolle.

... nämlich eine Brücke über einen reißenden Fluss bauen (Z. 10).

... es sich um ein Märchen.

## „Märchenstunde" – Märchen vorstellen und erzählen

**1** **a** Sucht wenig bekannte Märchen, z. B. auch aus einem anderen Land.
Sicher werdet ihr in der Bibliothek fündig (▸ S. 94).
**b** Erzählt das Märchen in der Klasse.

| Methode | Eine „Märchenstunde" vorbereiten |
|---|---|

Wenn ihr euer Märchen **frei erzählen** wollt,
solltet ihr es gut kennen.

- Lest das Märchen zu Hause mehrmals laut vor.

- Lernt wiederkehrende Formulierungen (z. B. Zaubersprüche) auswendig.

- Übt den Vortrag zu Hause: Erzählt das Märchen, ohne in den Text zu blicken, laut euren Eltern, Geschwistern oder Freunden.

- Überlegt euch einen passenden Gesichtsausdruck und eindrucksvolle Bewegungen zu bestimmten Textstellen.

- Gestaltet eine dazu passende Atmosphäre. Ihr könnt Gegenstände mitbringen, die in eurem Märchen eine Rolle spielen, oder eure Erzählung mit Musik hinterlegen. Denkt auch an geeignete Geräusche.

## Testet euch!

### Märchen und ihre Merkmale

**1** Entscheidet bei den folgenden Sätzen, ob sie richtig oder falsch sind.
Haltet ihr den Satz für richtig, schreibt ihn unverändert ab. Wenn er falsch ist, übertragt ihn verbessert in euer Heft.

**A** Früher wurden Märchen hauptsächlich in der Kirche erzählt.

**B** Der so genannte Märchenton entstand durch formelhafte Wendungen, Sprüche und Reime, die von den Märchensammlern hinzugefügt wurden.

**C** Typische Figuren in Märchen sind einfache Menschen, wie ein Schneider, oder Adlige, z. B. eine Prinzessin.

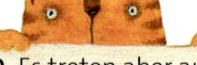

**D** Es treten aber auch Aliens oder Götter auf, die sprechen können oder Zauberkräfte haben.

**E** Häufig wird der Held/die Heldin vor Aufgaben gestellt und scheitert dabei immer.

**F** Bestimmte Zahlen kommen in Märchen gehäuft vor, z. B. Drei oder Sieben.

**G** Märchen sind in einer modernen Sprache verfasst.

**H** Songtexte haben eine magische Wirkung.

**I** Ort und Zeitpunkt der Handlung sind genau bekannt.

**J** Am Anfang und am Schluss stehen oft formelhafte Wendungen.

**K** Die Brüder Grimm haben viele Märchen erfunden.

# 6.2 Märchen fortsetzen

## Den Märchenanfang untersuchen

### Ein Märchenanfang

Es war einmal ein armer Bauer, der lebte mit seinem Weib und seinem Töchterlein in einem kleinen Dorf. Nun geschah es, dass die Mutter des Mädchens schwer erkrankt war und nie-
5 mand ihr helfen konnte. Als sie starb, waren der Vater und sein Kind unendlich traurig und sie weinten viele Tage und Nächte. Das Mädchen schwor, seinen Vater nie im Leben allein zu lassen. Dabei hatten sie kaum das Nötigste
10 zum Leben.
Trotz dieser Not wuchs das Mädchen zu einer wunderschönen jungen Frau heran. Sie hatte eine gar liebliche Stimme und immer wenn sie die Hausarbeit verrichtete, sang sie ein Lied.
15 Wenn im Dorf irgendjemand betrübt oder ärgerlich war, so kam er an das Häuschen der jungen Frau, denn sie hatte die Gabe, durch ihren Gesang die Menschen froh und vergnügt zu machen. Selbst die Vögelein aus dem Wald flatterten herbei, um dem Gesang zu lauschen. 20 Oft warf das Mädchen ihnen dann Brotkrumen hin, denn sie war zwar arm, doch sie hatte ein gutes Herz.
Eines Tages hörte der König im nahe gelegenen Schloss von der Gabe des Mädchens und 25 beschloss, sie zu sich zu holen, denn …

1 Besprecht, woran ihr erkennt, dass es sich hier um den Anfang eines Märchens handelt.

2 Tragt alles zusammen, was ihr über die Hauptfigur in diesem Erzählanfang erfahrt:
– Wer ist sie und wie lebt sie?
– Welche Eigenschaften hat sie?
– Welche besondere Fähigkeit hat sie?

3 Philipp hat sich Notizen zu dem Märchenanfang gemacht.
Dabei hat er nicht nur richtige Dinge aufgeschrieben.
a Findet die Stichpunkte heraus, die falsch sind.
b Übertragt die übrigen Notizen in euer Heft.

| | |
|---|---|
| *Ort: Dorf und Schloss* | *Traurige Menschen rufen das Mädchen* |
| *Vater weint, als die Mutter stirbt* | *Sein Gesang macht froh und vergnügt* |
| *Mädchen ist arm* | *Mädchen ist gut zu den Vögeln* |
| *Vater will das Mädchen verlassen* | *König ist eifersüchtig auf die Gabe des Mädchens* |
| *Das Mädchen will bei seinem Vater bleiben* | *König hofft, dass das Mädchen ihm hilft* |

# Ideen sammeln, ordnen und ausformulieren

**1** Warum wollte der König das Mädchen zu sich holen?
Sammelt Ideen für eine Fortsetzung des Märchens.
Übertragt dazu den Cluster in euer Heft und ergänzt ihn.

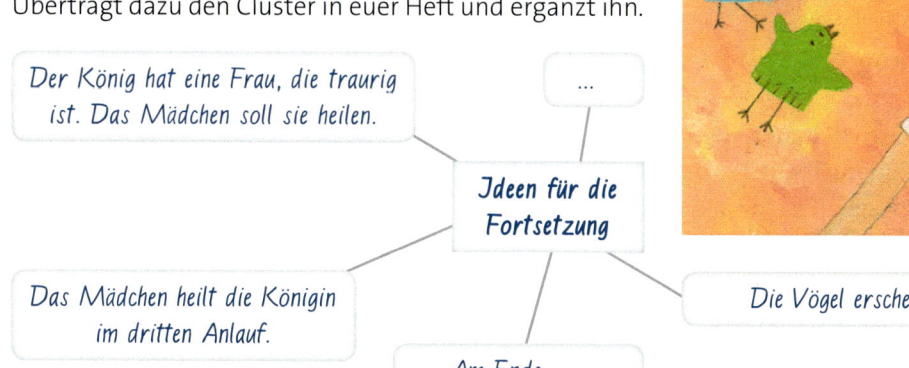

Der König hat eine Frau, die traurig ist. Das Mädchen soll sie heilen.

...

**Ideen für die Fortsetzung**

Das Mädchen heilt die Königin im dritten Anlauf.

Am Ende ...

Die Vögel erscheinen als Helfer.

---

**Schreibplan:** Ein Märchen fortsetzen
**Titel:**   [?]
**Figuren:**   die Sängerin, der König, die Königin, die Waldvögel, der alte Vater
**Handlung der**   König ließ Mädchen zum Schloss bringen
**Fortsetzung:**   Königin war traurig
   Mädchen sollte die Königin durch Singen aufheitern
**1. Versuch:**   fehlgeschlagen / Königin weinte noch mehr
   Mädchen traurig
   Waldvögelein gab ihm Tipp → „Bauernmaid, Bauernmaid,
         es ist schon bald so weit.
         [?]
         macht die Königin gesund."
   pfiff Melodie vor
**2. Versuch:**   Mädchen sang Lied vor / Königin wieder traurig
   Mädchen verzweifelt
   Vögelein kam wieder: „Bauernmaid, Bauernmaid,
         es ist schon bald so weit.
         Nimm diese edlen Kräuter,
         dann wird die Königin wieder heiter."
   Mädchen braute einen Tee ...
**3. Versuch:**   [?]
**Schluss:**   [?]

---

**2** Philipp hat seine Ideen in einem Schreibplan geordnet und weiter ausgebaut.
a Welche typischen Märchenelemente hat Philipp aufgenommen?
b Übertragt den Schreibplan in euer Heft und ergänzt ihn. Ihr könnt auf Aufgabe 1 zurückgreifen.

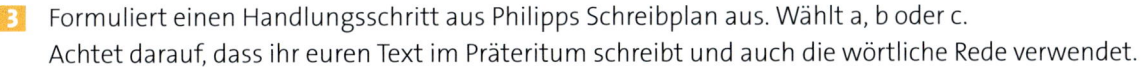

**3** Formuliert einen Handlungsschritt aus Philipps Schreibplan aus. Wählt a, b oder c.
Achtet darauf, dass ihr euren Text im Präteritum schreibt und auch die wörtliche Rede verwendet.

**a** Wie verläuft der zweite Versuch des Mädchens, die Königin aufzuheitern? Formuliert den
Handlungsschritt aus, indem ihr auf Philipps Schreibplan zurückgreift.

**b** Das Mädchen unternimmt einen zweiten Versuch, die Königin von ihrer Trauer zu heilen.
Formuliert diesen Handlungsschritt aus, indem ihr auf Philipps Schreibplan zurückgreift und
den folgenden Anfang fortsetzt.

> *Das Mädchen beendete das Lied, das das Vöglein ihm beigebracht hatte, und lächelte schüchtern.*
> *Doch die betrübte Königin ...*

**c** Ergänzt den folgenden Lückentext in eurem Heft mit Formulierungen aus dem Wortspeicher.
Philipps Schreibplan hilf euch dabei.

> *Das Mädchen beendete das Lied, das das Vöglein ihm beigebracht hatte, und lächelte schüchtern.*
> *Doch die betrübte Königin* ❓ *Der erzürnte König kam hinzu und jagte das Mädchen aus dem*
> *Gemach: „Du wirst erst wieder* ❓ *, wenn du* ❓ *" So setzte sich die junge Frau zum zweiten*
> *Mal im Park unter einen Baum. Sie seufzte, denn sie dachte an* ❓
> *Und da flog das kleine Vögelein erneut herbei und zwitscherte:*
> *„Bauermaid, Bauernmaid*
> ❓ *"*
>
> *Das Tier hielt dem unglücklichen Mädchen ein Heilkraut mit schneeweißen Blüten hin, das es in*
> *seinem Schnabel trug. Damit* ❓

> ihren Vater, der allein war • es ist schon bald so weit • weinte bittere Tränen •
> wurde die Königin wieder heiter • zu deinem Vater zurückkehren •
> die Königin mit deinem Gesang froh gestimmt hast!

**4** Kontrolliert euer Ergebnis aus Aufgabe 3 in Partnerarbeit. Geht dafür die folgenden Punkte durch:
– Habt ihr die Erzählform Präteritum verwendet?
– Habt ihr Äußerungen in wörtlicher Rede in euren Text eingebaut?
– Habt ihr die Verse des Vögleins verwendet?
– Habt ihr den Märchenton getroffen? Habt ihr zum Beispiel Wörter verwendet, die etwas
altertümlich klingen?

# Märchenfortsetzungen untersuchen und überarbeiten

*Der König hockte auf seinem Thron und fuhr sie an: „Hey, komm her! Hab gehört, dass du voll gut singen kannst. Lass mal einen Song hören." Das*
5 *Mädchen sang mit wohltönender Stimme eine sanfte Melodie. „So was haut mich nicht vom Hocker. Du bleibst in meinem Schloss, bis ich durch dein Singen wieder besser drauf bin", ließ der*
10 *König sie ungnädig wissen. Da fing die Bauerstochter an zu flennen: „Bislang war mein Gesang allen eine Freude. Bitte, lass mich zu meinem Papa zurück!" „Okay, du sollst noch eine*
15 *Chance bekommen: heute in einer Woche." Mit diesen Worten ließ der König das unglückliche Mädchen stehen.*

**1** Max formuliert sehr umgangssprachlich. Überarbeitet seinen Text.
Ihr könnt die folgenden Textbausteine verwenden:

befahl • in unfreundlichem Ton • finde dich in einer Woche wieder hier ein • nun gut • mit barscher Stimme • zu meinem alten Vater zurückkehren • tritt näher • mir ist zu Ohren gekommen • dein Gesang erfreut mich nicht • fing ... an zu weinen • dass du eine liebliche Stimme hast • bis ich erheitert bin

*Beim dritten Versuch schaute die Königin wieder der Sängerin entgegen. Der König saß an ihrer Seite auf dem Thron. Das Mädchen hatte dieses Mal alle Ratschläge des Vögeleins befolgt. Dieses Mal wurde die Königin froh und dankte der Sängerin für den Vortrag. Der König gab dem Mädchen fünf Goldstücke und entließ es.*

**2** Dieser Text ist viel zu knapp.
**a** Notiert Adjektive und andere geeignete Wörter, mit denen ihr die Gefühle der Figuren veranschaulichen könnt.
Übertragt dazu die Tabelle auf Seite 117 in euer Heft und ergänzt sie.

|  | Sängerin | Königin | König |
|---|---|---|---|
| **Textanfang** | verzagt | hoffnungslos | verbittert |
|  | schüchtern | ... | ... |
| **Textende** | erleichtert | ... | dankbar |

b Auch wörtliche Rede kommt in Märchen immer wieder vor. Was könnten die Figuren hier sagen?

c Schreibt eine verbesserte Fassung dieses Textauszugs in euer Heft.

> Ein Bote des Königs bringt das Mädchen nach Hause.
> Dort ist der alte Vater überglücklich über die Rückkehr seines Töchterleins. Nun müssen sie auch keine Not mehr leiden. Und eines schönen Tages erscheint vor dem Haus ein Edelmann des Königs, der sich unsterblich in das Mädchen verliebt hat. Da der König der Sängerin mit der wundersamen Stimme dankbar ist, erlaubt er dem Edelmann, diese zu heiraten. Das Paar feiert Hochzeit mit allen Dorfbewohnern und sogar der König und die Königin kommen mit einem wertvollen Geschenk. Glücklich und zufrieden lebt das junge Paar bis an sein Lebensende.

**3** Dass Märchen in einer vergangenen Zeit spielen, wird hier nicht deutlich.

a Was muss in diesem Text verändert werden?

b Überarbeitet den Text entsprechend.

**Achtung:** An einer Stelle müsst ihr das Plusquamperfekt (▶ S. 219) verwenden!

> ... und lud sie zu sich ein, damit sie ihm ein Konzert gäbe. Der Prinz verliebte sich in ihre schöne Stimme. Doch als er zu seinem Vater in den Saal rannte, war das Mädchen schon weg. „Vater, ich möchte diese Frau mit der lieblichen Stimme kennen lernen!", sagte der Prinz.
> Der König sprach: „Du darfst sie heiraten. Vorher muss sie drei Aufgaben erledigen."

**4** Jasmin hat sich zu wenig Gedanken gemacht, wie sie ihre Ideen logisch verknüpfen kann. So ist man als Leser zum Beispiel überrascht, dass plötzlich ein Prinz auftaucht.

a Überlegt gemeinsam, was noch zu unvermittelt kommt oder gar nicht logisch nachvollziehbar ist.

b Beurteilt, ob die Vorgaben des Märchenanfangs hier geschickt aufgegriffen sind.

## Methode — Ein Märchen weiterschreiben

Wollt ihr ein Märchen fortsetzen, lohnt es sich, den Märchenanfang genau zu untersuchen. Oft enthält er Hinweise auf Eigenschaften der Märchenhelden, auf sprechende Tiere oder andere Figuren, die ihr aufgreifen solltet. **Tipp:** Erfindet nicht zu viele Figuren hinzu. Achtet darauf, dass eure Ideen zur Textsorte Märchen passen und dass ihr eine zum Märchen passende Sprache verwendet.

# Stärken stärken: Märchen in die richtige Zeitform setzen

### Der gestiefelte Kater

Ein Müller hat drei Söhne, seine Mühle, einen
Esel und einen Kater; die Söhne müssen mahlen, der Esel Getreide holen und Mehl fort-
tragen und die Katze die Mäuse wegfangen.

5 Als der Müller stirbt, teilen sich die drei Söhne
die Erbschaft, der älteste bekommt die Mühle,
der zweite den Esel, der dritte den Kater, weiter
bleibt nichts für ihn übrig. Da ist er traurig und
spricht zu sich selbst: „Ich hab' es doch am al-

10 lerschlimmsten gekriegt, mein ältester Bruder
kann mahlen, mein zweiter kann auf seinem
Esel reiten, was kann ich mit dem Kater anfangen? Lass' ich mir ein Paar Pelzhandschuhe
aus seinem Fell machen, so ist's vorbei." –

15 „Hör", fängt der Kater an, der alles versteht,
was er sagt, „du brauchst mich nicht zu töten

um ein paar schlechte Handschuhe, lass mir
nur ein Paar Stiefel machen, dass ich ausgehen
und mich unter den Leuten sehen lassen kann,
dann soll dir bald geholfen sein." [...]  20

**1** Der Anfang des Märchens steht nicht in der richtigen Zeitform.
   **a** Benennt die Zeitform, in der der Anfang geschrieben ist.
   **b** Setzt den Text in die richtige Zeitform.

●○○ **Hilfe zu Aufgabe 1a:**
Benennt die Zeitform, in der der Anfang geschrieben ist. Schlagt im Grammatikkapitel nach,
wenn ihr die Zeitform nicht einordnen könnt (▸ S. 216).

●○○ **Hilfe zu Aufgabe 1b:**
Setzt den Text in die richtige Zeitform. Geht bei der Umformung in die richtige Zeitform so vor:
– Vergewissert euch anhand des Informationskastens unten, welche Zeitform die richtige ist.
– Unterstreicht auf einer Folie anschließend alle Verben im Text.
– Überlegt, ob ihr wirklich alle Verben in eine andere Zeitform
   setzen müsst. Wie ist das mit der wörtlichen Rede?
– Setzt dann die unterstrichenen Verben in die richtige Zeitform.
   *Ein Müller hat drei Söhne, seine Mühle, einen Esel und einen Kater; ...*
   → *Ein Müller hatte drei Söhne, seine Mühle, einen Esel und einen Kater; ...*

> Eine Liste von Verben
> im Präteritum findet
> ihr hinten auf der
> Umschlagseite innen.

**Information**  **Zeitform der Märchen**

**Schriftlich erzählte Märchen** stehen in der Regel im **Präteritum,** der einfachen
Vergangenheitsform. Verben im Präteritum drücken aus, dass etwas in der Vergangenheit
geschehen und vorbei ist.

# 6.3 Fit in …? – Märchenmerkmale erkennen und ein Märchen fortsetzen

Lorenz hat in seiner Klassenarbeit zwei Aufgaben gestellt bekommen.

Er sollte
– drei Merkmale des Märchens „Die weiße Schlange" (▶ S. 105 ff.) nennen und mit passenden Textstellen belegen sowie
– dem Märchen ab Z. 150 einen neuen Schluss geben.

**Aufgabe 1**
*Der Text „Die weiße Schlange" ist ein Märchen.*
*Das kann man an verschiedenen Merkmalen erkennen.*
*Die magische Zahl Drei spielt eine Rolle, denn der Diener begeht drei gute Taten. Er hilft drei Fischen (Z. 76), einem Ameisenvolk (Z. 89 f.) und drei Rabenjungen (Z. 186). Wie es oft in Märchen der Fall ist, muss der Jüngling auch verschiedene Aufgaben lösen, wenn er die Prinzessin zur Frau bekommen möchte, z. B. einen goldenen Ring „aus dem Meeresgrund wieder hervorholen".*

*Du benennst nur zwei Merkmale!*

*Zeilenangabe!*

**Aufgabe 2**
*… Die Prinzessin zeigte auf eine Felsspalte und meinte: „Hole mir dort aus der Spalte einen Diamanten." Mit diesen Worten stolzierte sie davon. Da setzt sich der Diener mit dem traurigen Gedanken hin, bald dem Tod ins Auge blicken zu müssen. Auf einmal aber kommt der Ameisenkönig mit tausend anderen Ameisen aus dem Gesteinsriss. Alle zusammen tragen einen Diamanten. Sofort brachte der Jüngling den Kristall zur Königstochter. Diese jedoch erschrak. Sie forderte. Er müsse noch eine Aufgabe bestehen. Sie führte ihn an eine steile Bergwand und deutete auf einen Adlerhorst hoch oben auf einem Felsvorsprung. „Hole das goldene Ei aus dem Nest." Mit diesen Worten ging sie wieder davon.*
*Plötzlich hörte er jedoch ein Geräusch und als er aufblickte, sah er die Raben, denen er das Leben gerettet hatte. Sie schwangen sich in die Höhe und einer kam mit dem Ei im Schnabel zurück. Glücklich kehrte der Jüngling zum Schloss zurück. Die Prinzessin aber hatte keine Ausrede mehr und stimmte der Heirat zu. Drei Tage später fand ein prächtiges Hochzeitsfest statt und sie lebten noch viele glückliche Jahre.*

**1** Untersucht Lorenz' Fortsetzung.
Welche Vorgaben aus dem Märchen greift er auf?

**2** An ein paar Stellen sollte Lorenz' Aufsatz noch verbessert werden.
Wählt a, b oder c.

●●● **a** Überarbeitet den Text mit Hilfe der Anmerkungen am Textrand und der Markierungen.
**Hinweis:** Überlegt bei Aufgabe 2 zunächst genau, was mit den Markierungen gemeint sein könnte.

●●○ **b** Überarbeitet die Lösung zu Aufgabe 1 mit Hilfe der Anmerkungen am Textrand. Verbessert dann auch Lorenz' Fortsetzung (Aufgabe 2), indem ihr drei Verben in die richtige Zeitform setzt, Satzverknüpfungen verbessert und darauf achtet, dass ihr keinen Erzählschritt auslasst.
**Hinweis:** Die Markierungen im Text helfen euch.

●○○ **c** Überarbeitet die Lösung zu Aufgabe 1 mit Hilfe der Anmerkungen am Textrand. Verbessert dann auch Lorenz' Fortsetzung (Aufgabe 2), indem ihr
- die unterstrichenen Verben in die Zeitform Präteritum setzt,
- bei den unterstrichenen Sätzen die Satzverknüpfungen sinnvoll ergänzt:
  *Sofort brachte der Jüngling den Kristall zur Königstochter, … jedoch erschrak und …, er müsse …*
- bei dem Zeichen ⋎ einen fehlenden Erzählschritt ergänzt.

## Checkliste

### Märchenmerkmale benennen und ein Märchen fortsetzen

**Merkmale nennen**
- Habe ich für jedes Merkmal einen **Beleg aus dem Text** angeführt (möglichst mit Zeilenangabe)?
- Habe ich die Merkmale im **Präsens** benannt?

**Inhalt der Märchenfortsetzung**
- Habe ich die **Vorgaben** aus dem Märchenanfang aufgegriffen und sinnvoll ergänzt?
- Muss der Held / die Heldin z. B. weitere **Aufgaben** erfüllen, um an sein/ihr Ziel zu gelangen?
- Haben die auftretenden **Figuren** gegensätzliche Eigenschaften?
- Passiert etwas **Wundersames,** das in der wirklichen Welt nicht vorkommt?
- Spielen **magische Zahlen** eine Rolle?
- Helfen **(magische) Verse** oder **Zaubersprüche** bei der Erfüllung der Aufgaben?
- Erfüllt der Held / die Heldin seine/ihre Aufgabe? Welchen „Lohn" bekommt er/sie dafür?
- Gibt es hilfreiche **Gegenstände** oder **Lebewesen?**
- Endet das Märchen mit einer typischen **Formel?**

**Sprachliche Gestaltung der Märchenfortsetzung**
- Habe ich auf **Satzverknüpfungen** geachtet?
- Ist zur Auflockerung **wörtliche Rede** eingebaut?
- Veranschaulichen **Adjektive** die Figuren und die Situation?
- Ist die **Sprache** märchengerecht?
- Habe ich bei der Fortsetzung des Märchens das **Präteritum** verwendet?
- Sind die **Rechtschreib- und Zeichensetzungsregeln** berücksichtigt?

# 7 Geisterstunde –
## Geschichten vorlesen und nacherzählen

**1** Beschreibt die Stimmung, die das Bild vermittelt. Wie wirkt sie auf euch?

**2** **a** Nennt Situationen, die ihr als unheimlich und gruselig empfindet.
**b** Habt ihr selbst schon einmal etwas Gruseliges erlebt? Erzählt davon.

**In diesem Kapitel ...**

– lest ihr unheimliche Gespenster- geschichten,
– übt ihr das Vorlesen, sodass es euren Zuhörern nur so gruselt,
– erzählt ihr Gespenstergeschichten spannend nach.

# 7.1 Gruselige Begegnungen – Geschichten vorlesen

## Die Stimmung einfangen – Sprechbogen beachten

Joan Aiken

### Die Fähre

Judith hängte einen Stechpalmenzweig auf und schaute sich nach einer weiteren Stelle um. Sie hatte noch ein riesiges Bündel, aber im Haus war kein Fleck mehr frei. Sie trug den
5 Armvoll auf die Veranda und machte eine Art Nest. Als das getan war, ging sie einen Augenblick hinaus und betrachtete verzückt das Haus. Sie hatten es erst seit vierzehn Tagen, und es erschien immer noch kaum glaublich –
10 hier zu sein neben dem weiten schimmernden Wasser, statt in einer Mietskaserne in einem staubigen, engen Vorort zu wohnen. Wie eine nicht sehr große Erbschaft das Leben verändern kann, überlegte sie; vor einem Monat er-
15 schien uns Cornwall wie ein Traumland am Horizont; und jetzt sind wir hier, haben ein Boot und ein paar Hühner, und Ken holt Getränke für Weihnachten.

Das Haus war klein und weiß. Es war das
20 Schifferhaus gewesen, als die Fähre in Betrieb war. Nur drei andere Häuschen waren auf dieser Seite des Flusses, und sie lagen weiter draußen an der Landspitze. Das eigentliche Dorf war am anderen Ufer. Judith konnte die er-
25 leuchteten Fenster unten beim Wasser und die Lichter am Weihnachtsbaum des Pubs auf dem Kai sehen.

Es war kalt. Judith fröstelte und sagte sich, dass sie hineingehen und sich für die Cocktailparty
30 der Martins umziehen sollte. Aber aus irgendeinem Grund widerstrebte es ihr, ins Haus zu gehen. Sie wusste jetzt, dass sie die Veranda nur geschmückt hatte, um aus dem Haus zu kommen. „Du musst dich daran gewöhnen,
35 allein zu sein, du Stadtpflanze. Es wird häufig vorkommen, dass Ken weg ist, und du kannst

nicht jedes Mal durchdrehen, wenn du allein bist. Es ist ein hübsches Haus, ein liebes kleines Haus, und es ist nichts Unheimliches daran."
40

Sie stand da und starrte auf das schwarze Rechteck der offenen Tür, als wäre es der Eingang zu einem Rattenloch. Entschlossen gab sie sich einen Ruck und ging hinein. Schließlich würde Ken jede Minute zurückkommen,
45 und bald würden sie zur Party der Martins aufbrechen. Alles war in Ordnung, alles war gut – warum stand sie dann so verstört in einer Ecke der Küche? Ärgerlich schüttelte sie den Kopf und lief die Treppe hinauf, nahm ihr Lieb-
50 lingskleid aus dem Schrank und zog es über den Kopf. Das Telefon läutete, als sie zurück ins Zimmer kam.

„Darling?" Es war Ken. „Der Motor hat den Geist aufgegeben. Der alte Weaver glaubt, er
55 kann ihn in etwa einer Stunde reparieren, zeitig genug für die Rückfahrt von den Martins, aber das bedeutet, dass ich dich nicht holen kann. Kannst du mit den Jones herüberkommen?" – „Ich glaube, sie sind früh gefahren. Ich
60 sehe mal nach." – „Gut, ruf zurück. Ich bin im Pub." – „Schön, ich brauche fünf Minuten." Erleichtert und entschlossen legte sie auf und ging über den Strandweg zum Haus der Jones.

„Gefällt es Ihnen im Fährhaus?", fragte Mr. Ho-
65

cking, der Wirt. „O ja, sehr", sagte Ken. „Wissen Sie, ob das Haus eine Geschichte hat?" – „Ich habe nur eine Geschichte über das Fährhaus gehört", sagte Mr. Hocking bedächtig. „Es ge-
70 schah vor vielen Jahren – zur Zeit der Hexenverfolgung. Damals betrieb eine alte Frau die Fähre, Mrs. Popsey, und im Dorf glaubte man allgemein, dass sie eine Hexe sei.

Nun, das war den Leuten ziemlich egal, doch
75 der Gutsherr bekam Wind davon, und er sagte, wenn sie eine Hexe wäre, müsste sie die Wasserprobe machen. Sie wissen schon – wenn die Frau an der Oberfläche blieb, bedeutete das angeblich, dass sie eine Hexe war, und wenn sie
80 unterging, dann war sie keine – aber sie ertrank. Es ist hier Sitte – oder war es, als es die Fähe noch gab", fuhr Mr. Hocking fort, „dass der Fährmann am Heiligabend jeden umsonst übersetzt. Nun, an einem Heiligabend kam der
85 Gutsherr mit vier oder fünf Männern zur Fähre und bat, übergesetzt zu werden. Sie hatten getrunken und trugen Bündel, die, so sagten sie, Geschenke für Mutter Popsey waren. Sie machte das Boot los, aber auf halber Strecke holten
90 die Männer Seile mit Bleigewichten aus ihren Bündeln, fesselten Mutter Popsey und warfen sie über Bord. Ihre Leiche fand man nie. Seltsamerweise wurde am nächsten Heiligabend der Gutsherr vermisst, und seine Leiche wurde
95 später auf die weißen Felsen an der Landspitze geschwemmt. Seither erzählt man sich, dass Mutter Popsey in ihrem Boot am Heiligabend erscheint und den Leuten anbietet, sie umsonst hinüberzufahren. Wenn sie annehmen, werden
100 sie nie mehr gesehen. Natürlich", sagte Mr. Hocking, „ist das alles ein Haufen Unsinn – ich habe nie von jemandem gehört, der wirklich behauptete, er hätte sie gesehen."

„Tolle Geschichte", sagte Ken. Das Telefon läu-
105 tete. „Für Sie", sagte Mr. Hocking. „Hallo, Liebling, bist du das?", fragte Judith. „Hör zu, Mrs. Jones war schon weg, aber auf dem Rückweg habe ich eine komische alte Frau mit Boot getroffen, die zum Dorf hinüberfährt, sie nimmt
110 mich mit. Natürlich habe ich ihr eine Bezahlung angeboten, aber sie hat gesagt, es wäre umsonst, weil Weihnachten ist. Ich bin in zehn Minuten drüben, okay?" – „He – warte, Judith ...", rief Ken verzweifelt, aber sie hatte schon aufgelegt. „Vermittlung, verbinden Sie mich
115 noch mal mit Polhale drei-zwanzig, bitte." – „Tut mir leid, der Teilnehmer antwortet nicht." Ken lief hinaus auf den Kai, und schaute übers Wasser. Es war jetzt ganz dunkel, und die Flut kam rasch und trug Nebel herein. Er konnte
120 die Lichter am anderen Ufer nicht sehen. Ken fröstelte, während er nach dem Knarren und Klatschen eines Bootes oder Stimmen vom Fluss lauschte. Aber er hörte keinen Laut.

Als Judith aufgelegt hatte, lief sie wieder hin-
125 aus. „Ich muss mir nur noch die Nase pudern", sagte sie zu der Alten. „Du meine Güte, Sie sehen ganz durchgefroren aus. Wollen Sie eine Tasse Tee trinken?" Die sonderbare Alte schien unkontrollierbar zu zittern. Judith griff nach
130 ihrer Hand – sie war eiskalt – und zog sie ins Haus. „Setzen Sie sich ans Kaminfeuer. Nehmen Sie Zucker?" – „Ich danke Ihnen, Ma'am." Die Alte saß steif in ihren abgetragenen schwarzen Kleidern da. „Ich habe früher in die-
135 sem Haus gewohnt." – „Wirklich?" Judith puderte sich die Nase. „Es ist ein schönes Haus. Bestimmt waren Sie traurig, als Sie es verlassen haben." – „Ja, ich war traurig." – „Versuchen Sie doch von meinen Pasteten. Sie haben
140 noch gar nichts von Ihrem Tee getrunken. Trinken Sie, er wird Sie wärmen." In ihrer Erleichterung, Gesellschaft zu haben, wurde sie redselig. Zehn Minuten später sprang Ken aus einem geliehenen Boot und sah, dass seine
145 Haustür offen stand. Im Haus war es still. „Judith!", rief er. Judith lag in einem Sessel vor dem Kamin in der Küche. Sie richtete sich benommen auf und rieb sich die Augen. „Ken! Wie sonderbar – ich muss eingeschlafen sein.
150 Wo ist Mrs. Popsey?" – „Wer?" – „Die Alte, die mich hinüberfahren wollte. Sie war ziemlich merkwürdig, ein bisschen verrückt, glaube ich. Sie hat gesagt: ‚Du hast ein tapferes Herz, meine Liebe. Es gibt nicht viele, die Mutter Popsey
155 zu einem Bissen einladen', und etwas darüber, dass ihr Haus endlich in guten Händen ist.

Was schaust du denn so, Ken?" Er starrte den anderen Sessel an. Darüber und rund um die 160 unberührte Teetasse und die Pastete lag ein Gewirr nasser Seile, an denen viele kleine Bleigewichte befestigt waren. „Was um alles in der Welt ...", rief Judith. „Damit hat man sie ertränkt", sagte er. „Hoffentlich ist sie jetzt davon befreit." 165

**1** Die Geschichte „Die Fähre" beginnt zunächst ganz harmlos. Beschreibt die Stimmung zu Beginn.

**2** Lest den Text genau. Notiert in Stichwörtern Antworten zu den Fragen: Wer sind die Hauptfiguren? Warum kann Ken seine Frau nicht abholen? Wo und wann spielt die Geschichte?

**3** Der Text birgt eine weitere abgeschlossene, eigene Geschichte.
   a Schreibt die Zeilenangaben für die entsprechende Textstelle heraus.
   b Gebt diese Geschichte in eigenen Worten wieder.
   c Welche Bedeutung hat diese Geschichte für den ganzen Text?

**4** Der Text ist in acht große Abschnitte gegliedert, die jeweils einen eigenen inhaltlichen Schwerpunkt haben. Bearbeitet Aufgabe a, b oder c.
   ●●● a Findet Überschriften für die jeweiligen Abschnitte. Gebt auch die Zeilen an.
   ●●○ b Bestimmt die Abschnitte. Gebt für jeden Abschnitt die Zeilen an und findet Überschriften.
   Beispiel: *Abschnitt 1: Z.1–18*
   ●○○ c Legt eine Folie auf den Text und nummeriert die einzelnen Abschnitte am Rand.
   Übertragt dann die Tabelle unten in euer Heft und ergänzt sie.

| Abschnitt | Zeilenangabe | Überschrift |
|---|---|---|
| *1* | *1–18* | *Im neuen Haus* |
| *2* | *19–27* | *...* |

**5** Wo liegt eurer Meinung nach der Höhepunkt der Geschichte? Markiert die entsprechende Überschrift.

**6** Achtet auf die Wortwahl. Welche Formulierungen lassen darauf schließen, dass es in dem Haus nicht ganz so harmlos zugeht? Schreibt diese Textstellen in euer Heft.
*Aber aus irgendeinem Grund widerstrebte es ihr, ins Haus zu gehen.* (Z. 30–32)

**7** Lest die Geschichte „Die Fähre" mehrmals vor. Unterscheidet bei eurem Vortrag die beteiligten Figuren.

---

**Methode**    **Vorlesen – Sprechbogen beachten**

■ Für ein wirkungsvolles Vorlesen müsst ihr darauf achten, dass jeder Satz einen Sprechbogen bildet. Die Stimme hebt sich zu Beginn des Satzes und senkt sich am Ende.

*Das Haus war klein und weiß.*

■ Ein Komma unterbricht lediglich den Sprechbogen, ihr dürft also die Stimme nicht senken.

*Sie hatte noch ein riesiges Bündel, aber im Haus war kein Fleck mehr frei.*

# Den Gruselfaktor steigern – Den Lesetext vorbereiten

Joachim Friedrich

## Das Pfarrfest

Tina und ihre Eltern hatten nachts durchfahren wollen. „Die achthundert Kilometer schaffe ich auf einer Backe", hatte Papa angegeben. „Wenn ich erst in Italien in der Sonne liege, habe ich alle Strapazen vergessen." Doch in den Bergen waren sie in ein Unwetter geraten. Noch nie hatte Tina ein schlimmeres Gewitter erlebt. Es blitzte unaufhörlich, und das Donnern folgte dicht aufeinander, bis nur noch ein bedrohliches Grollen zu hören war. Gegen den Regen, der wie aus Eimern schüttete, hatten die Scheibenwischer keine Chance. Seit das Unwetter begonnen hatte, fuhren sie allein auf der stockfinsteren Straße. Nicht eine Menschenseele war zu sehen. „Wie leer es plötzlich ist", sagte Mama. „Irgendwie ist das unheimlich, findest du nicht auch, Werner?" „Unheimlich ist nur, dass ich bald nicht mehr sehe, wohin ich fahre", knurrte Papa. Tina wusste, dass es besser war, ihn jetzt nicht anzusprechen. Wenn er gereizt war, konnte man nicht mit ihm reden, ohne dass er gleich wütend wurde. Das war aber nicht schlimm, denn Tina fand auch, dass es sehr unheimlich war – und sie genoss es. Sie stellte sich vor, dass in den finsteren Wäldern links und rechts der Straße unheimliche Gestalten hausten und dort ihr Unwesen trieben, so, wie sie es in ihren Gruselbüchern gelesen hatte. Tina mochte Gruselgeschichten sehr. Zu Hause in ihrem Bücherregal stand eine ganze Sammlung davon. Gerade stellte sie sich vor, dass der Geist eines unschuldig Gehenkten vor ihnen auftauchte, da riss Papa sie aus ihren schaurig schönen Gedanken. „Mir reicht es jetzt. Bei der nächsten Möglichkeit halten wir an und übernachten. Selbst wenn es die letzte Bruchbude sein sollte. Das ist mir völlig egal." Kaum hatte er das gesagt, so als hätte er eine Vorahnung gehabt, erkannten sie im Scheinwerferlicht ein Haus. Es lag hinter einer scharfen Kurve. Wenn sie nicht so langsam gefahren wären, hätten sie es sicher übersehen. Papa hatte auch sonst recht gehabt, fand Tina. Es war eine Bruchbude, windschief, mit altmodischen Erkern und Türmchen verziert. Aus der durchgerosteten Dachrinne schoss das Wasser in alle Himmelsrichtungen, und die Fensterläden klapperten bedenklich im Wind. Über der Tür hing ein verwittertes Schild. „Gasthof" konnte Tina mit viel Mühe entziffern.

Obwohl sie nur wenige Meter vom Auto in die rettende Eingangshalle laufen mussten, waren sie vollkommen durchnässt. Von innen sah der Gasthof fast noch schlimmer aus. Die Dielen knarrten, die Teppiche hatten wahrscheinlich seit Jahren keinen Staubsauger mehr gesehen, und von der Decke hingen die Spinnweben in dicken grauen Schleiern. Tina hatte sich gleich in das alte Gemäuer verliebt. Das war genau der Schauplatz für eine schöne Gruselgeschichte. Tinas Papa suchte an der Rezeption vergeblich nach einer Glocke. „Hallo!", rief er. „Ist hier jemand?" Nach einer kleinen Weile hörten sie schlurfende Schritte. Ein speckiger Vorhang an der Seite der Rezeption wurde beiseite gezogen und eine alte Frau erschien. Wenn das keine Hexe ist, dachte Tina, dann gibt es keine Hexen. „Sie wünschen?", krächzte die Alte. Sogar die Stimme passt, dachte Tina. „Wir hätten gern ein Zimmer für eine Nacht", antwortete Tinas Papa. „Das ist leider nicht möglich, gnädiger Herr." „Warum nicht?" „Wir sind voll belegt. Es ist Pfarrfest im Dorf. Das ist sehr berühmt, und eine lange Tradition hat es auch. Drum kommen viele Fremde in diesen Tagen." „Haben Sie denn überhaupt nichts mehr frei? Es muss nicht komfortabel sein. Nur ein Bett, das genügt", bettelte Tinas Mama. „Ein Einzelzimmer hätte ich nur noch. Darin können Sie nicht mit drei Personen schlafen. Das Bett ist zwar nicht klein, doch es reicht nur für zwei." „Das ist wirklich alles?" Die Hexe, wie Tina sie schon insgeheim nannte, wiegte ihren Kopf hin und her. „Nun, eine kleine Kammer hätte ich noch. Darin steht ein Kinderbett. Aber ..." „Das geht doch!", rief Tinas Papa. „Meine Frau und ich nehmen das Einzelzimmer. Meine Tochter schläft in der Kammer." „Ich weiß nicht, ob das der Kleinen gefallen wird, gnädiger Herr." „Warum nicht?", rief Tina. „Es ist, wie soll ich sagen, etwas unheimlich. Wir glauben, dass es darin spukt. Mein Mann, Gott hab ihn selig, hat darin einen Geist gesehen. Dem Pfarrer hat er es auf dem Sterbebett erzählt." Die Alte erhob den Blick zum Himmel und bekreuzigte sich. Tina lief ein eiskalter Schauer über den Rücken. Gleichzeitig hätte sie am liebsten laut gejubelt. Ein richtiges Spukzimmer!

Das hatte sie sich immer schon gewünscht. „Ich weiß nicht", sagte Tinas Mama zu ihrem Mann, „sollen wir nicht doch weiterfahren?"

„Nein, beim besten Willen nicht. Ich habe Angst, dass ich euch vor den nächsten Baum fahre." „Mir macht es nichts aus, in der Kammer zu übernachten!", rief Tina schnell, bevor ihre Mama ihr noch den Spaß verdarb. „Na gut, meinetwegen. Dann machen wir es halt so." Die Alte nickte. „Sie sind der Gast, gnädiger Herr. Nur schelten Sie mich später nicht, dass ich Sie nicht gewarnt hätte." Tinas Papa schüttelte sich, als wollte er die Gedanken an Spuk und Geister vertreiben. „Könnten wir bitte noch etwas zu essen haben? Ich habe einen Bärenhunger." Wieder schüttelte die Hexe ihren Kopf. „Tut mir leid, gnädiger Herr. Unsere Köchin ist schon lang fort." Tinas Papa seufzte. „Auf dem Pfarrfest bekommen Sie noch etwas", sagte die Alte mit einem Lächeln, als sie sein trauriges Gesicht sah. „Unser Knecht wird Sie fahren." „Bei dem Wetter?", fragte Tinas Mama. „Das macht ihm nichts, wenn er nur eine Gelegenheit sieht, auf einen Schoppen Wein ins Dorf zu kommen." „Ich will aber nicht mit!", rief Tina. „Ich möchte ins Bett, Ihr könnt ruhig gehen. Das macht mir nichts aus." Ihre Eltern sahen sie ungläubig an. Sie konnten nicht wissen, dass Tina es kaum abwarten konnte, in das Spukzimmer zu kommen, sich unter die Bettdecke zu verkriechen und in dem Gruselbuch zu lesen, das sie mitgenommen hatte. Ihre Eltern waren einverstanden. Wahrscheinlich waren sie zu müde und zu hungrig, um sich mit ihrer Tochter zu streiten.

Tina hatte sich vorgestellt, dass sie in der Gruselkammer lag, eingekuschelt in einem Gruselbett, und Gruselgeschichten las, während draußen der Sturm heulte und der Regen gegen die Fenster klatschte. Und genau so, wie sie es sich vorgestellt hatte, war es auch. Trotzdem war sie schneller über ihrem Buch eingeschlafen, als sie es sich gewünscht hatte. Eine Urlaubsfahrt ist schließlich eine anstrengende Sache. Als sie aufwachte, dauerte es einen Augenblick, bevor sie wusste, wo sie sich befand. Es war noch dunkel, aber es hatte aufgehört zu regnen. Durch die Dachluke konnte sie den

Mond sehen. Sie wäre vor Schreck fast aus dem
Bett gesprungen, als plötzlich etwas Weiches
ihr Bein berührte. Sie drehte sich um und erschrak noch einmal. Da lag noch jemand in
ihrem Bett! Tina hielt den Atem an, als hoffte
sie, ihr unbekannter Bettgenosse würde sie
nicht bemerken. „Das wurde aber auch Zeit.
Ich dachte, du wächst überhaupt nicht mehr
auf." Das Stimmchen, das da neben Tina flüs-
terte, war so dünn und leise, dass gleich ein
Teil ihrer Angst verschwand und sie sich das
Wesen genauer betrachtete, soweit es das
schwache Mondlicht zuließ. Es war ein Mädchen, das etwa so alt wie sie selbst sein musste.
Es war sehr blass. Aber das konnte auch an
dem Mondlicht liegen, dachte Tina. „Wer bist
du denn?", fragte sie und wunderte sich, dass
sie überhaupt etwas sagen konnte. „Ich heiße
Maria", sagte das Mädchen mit einem österrei-
chischen Dialekt. „Maria Schönleitner. Und
du?" „Tina Berger." Das Mädchen lachte. Es
war ein seltsames Lachen, sehr leise und hoch.
Tina schauderte. „Warum lachst du?" „Tina.
Das ist ein komischer Name. Findest du nicht?
Ich habe ihn noch nie vorher gehört." „Tatsache? Bei uns gibt es den öfter. In unserer
Klasse haben wir außer mir noch zwei Tinas."
„Wo kommst du denn her?" „Aus Deutschland.
Wir wollen in Italien Urlaub machen." Maria
riss die Augen weit auf. „Italien! So reich seid
ihr?" Tina antwortete ihr nicht. Es war ihr pein-
lich. Maria musste sehr arm sein. Nach Italien
in den Urlaub zu fahren, war wirklich nichts
Besonderes, vor allem wenn sie daran dachte,
wo einige ihrer Schulfreundinnen ihre Ferien
verbrachten. „Machst du hier Urlaub?", fragte
Tina. Wieder lachte Maria dieses schaurige Lachen. „Oh nein. Ich bin mit meinen Eltern hier.
Mein Vater will auf das Fest." „Auf dieses Pfarrfest?", unterbrach Tina sie. „Da sind meine
Eltern auch." „Mein Vater geht in jedem Jahr
dorthin. Meine Mutter und mich nimmt er
mit." „Warum haben sie dich dann hier im
Gasthof gelassen?" „Weil ich krank bin. Zuerst
war ich sehr traurig und habe mich einsam ge-

fühlt. Weil sich niemand um mich kümmert.
Aber jetzt bist du ja da" Wieder berührte etwas
Weiches Tinas Beine. Es waren Marias Füße.
„Mein Gott!", rief Tina. „Hast du kalte Füße?
Frierst du?" „Zuerst ja, aber jetzt nicht mehr.
Du bist so schön warm. Ich bin schrecklich er-
kältet. Da friert man halt schnell." „Soll ich dir
eine Gespenstergeschichte erzählen?", schlug
Tina vor. Maria machte große Augen. „Gespenstergeschichte? Was ist das?" Tina war sicher, dass Maria aus einem kleinen Dorf kam,
in dem man nicht viel von der Welt wusste.
„Ich kann dir ja eine erzählen. Dann weißt du,
was das ist." „Oh, ja gerne", strahlte Maria.
„Wir beide sind zusammen, und du erzählst
mir Geschichten. Du bleibst immer bei mir,
nicht wahr?" Tina nickte. Das war zwar gelo-
gen, weil sie am nächsten Tag ihre Urlaubsfahrt fortsetzen würden, aber sie hatte sich
vorgenommen, nett zu Maria zu sein. Sie suchte für ihre neue Freundin die schönste Geister-
geschichte aus, die sie kannte. Maria war begeistert. Sie wollte gleich noch eine Geschichte
hören, und dann noch eine und noch eine.

Tina erzählte und erzählte. Es machte ihr Spaß, denn sie mochte diese Geschichten selber gern. Außerdem freute sie sich, dass Maria Spaß daran hatte. Wenn jemand begeistert zuhört, ist das Geschichtenerzählen doppelt so schön. Trotzdem wurde Tinas Kehle vom vielen Reden trocken. Sie hätte sich gerne ein Glas Wasser geholt. Dazu musste sie aber auf den Flur hinaus. Es gab nur einen Waschraum für die ganze Etage. „Nein, bitte geh nicht. Nur noch eine Geschichte", bettelte Maria. Also erzählte Tina noch eine Gespenstergeschichte.

Doch dann hielt sie es nicht mehr aus. Als Maria einen Augenblick unaufmerksam war, schlüpfte sie aus dem Bett. Dann schlug die Turmuhr. Das Fenster stand offen und die Kirche, oder was es auch immer war, konnte nicht weit entfernt sein. Das Läuten war jedenfalls so laut, dass Tina vor Schreck beinahe das Glas fallen ließ. Sie zählte mit: eins, zwei, drei, vier, fünf, sechs, sieben, acht, neun, zehn, elf, zwölf. Mitternacht! Tina erschrak noch einmal. So spät war es schon. Sie merkte plötzlich, wie müde sie war. Sie nahm sich fest vor, Maria zu sagen, dass sie ihr höchstens noch eine Geschichte erzählen und dann schlafen wollte. Sie konnte es nicht. Als sie in ihr Zimmer kam, war das Bett leer. Wahrscheinlich war Maria böse gewesen, dass sie sich aus dem Zimmer geschlichen hatte, und war zu ihren Eltern aufs Zimmer gegangen.

Beim Frühstück am nächsten Morgen hielt Tina vergeblich nach Maria Ausschau. Sie hätte sie gerne noch einmal gesprochen. Es ist nicht schön, wenn man im Streit auseinandergeht, auch wenn man sich nie mehr wiedersieht. Doch Maria war nicht da. Tina dachte, dass sie schon sehr früh mit ihren Eltern aufgebrochen wäre. Dann, als ihre Eltern die Rechnung für die Nacht bezahlten, machte sie einen letzten Versuch. „Wissen Sie etwas von den Schönleitners?", fragte sie den Knecht, der hinter der Rezeption stand. Die Hexe zu fragen, hätte sie sich nicht getraut, aber die hatte sich zum Glück noch nicht gezeigt. „Die

Schönleitners?", fragte der Knecht erstaunt. „Was weißt du denn darüber?" „Die Maria ..." „Ja, ja, die Maria. Eine schlimme Geschichte." „Was ist eine schlimme Geschichte?", fragte Tinas Mama. „Und wer sind die Schönleitners?" „Die Schönleitners haben hier übernachtet. Sie waren wegen des Pfarrfestes gekommen wie in jedem Jahr. Doch ihre kleine Tochter, die Maria, war sehr krank. Sie bettelte ihre Eltern an, sie nicht allein zu lassen. Es war herzzerreißend. Doch der Vater blieb hart. Er wollte auf das Fest, koste es, was es wolle. So ließen sie die Maria allein in der kleinen Kammer unter dem Dach." „In der ich letzte Nacht geschlafen habe?", rief Tina. Der Knecht riss die Augen auf. „Dort hast du geschlafen?" „Ja", sagte Tinas Papa. „Warum?" „Weil Sie Gott danken können, dass Sie Ihre kleine Tochter wohlbehalten wiederhaben." „Nun machen Sie aber einen Punkt!", rief Tinas Papa. „Nein, nein, gnädiger Herr. Warten Sie ab, wie es mit Maria Schönleitner weiterging. Am nächsten Morgen, als ihre Eltern in die Kammer kamen, war sie verschwunden. Das Bett war benutzt, aber sie war nicht mehr da. Zwei Tage haben sie nach ihr gesucht. Das ganze Dorf hat geholfen. Doch sie blieb verschwunden." „Zwei Tage hat man nach ihr gesucht?", rief Tina dazwischen. „Aber das geht doch nicht. Wann ist denn das gewesen?" „Genau weiß ich es nicht", antwortete der Knecht. „Das war vor meiner Zeit. Sicher sind schon fünfzig Jahre ins Land gegangen seit damals. Der Wirt hätte es Ihnen genau sagen können, aber der ist nun auch schon zehn Jahre tot." Tina brachte kein Wort mehr heraus. Ihr klebte ein dicker Kloß im Hals. „Warum erzählen Sie uns diese Schauergeschichte?", fragte Mama. Sie sah richtig böse aus. „Weil es noch einmal geschehen ist, ein paar Jahre später. Es war wieder zur Zeit des Pfarrfestes. Der Gasthof war voll belegt, sodass wieder ein kleines Mädchen, deren Eltern feiern wollten, dort übernachten musste. Als die Eltern sich von ihr verabschiedeten, gab es noch keinen Grund zur Besorgnis. Als sie jedoch nach dem Fest in die Kammer sahen, es war kurz nach Mitternacht, war ihre Tochter verschwunden, genau wie die kleine Maria. Auch sie wurde nie wieder gesehen. Seit der Zeit hat niemand mehr dort geschlafen, vor allem nicht während des Pfarrfestes." „Komm", sagte Tinas Mama und nahm ihre Tochter an die Hand. „Lasst uns gehen." Tina widersprach nicht. Wie im Traum trottete sie hinter ihrer Mutter her. Als sie im Auto saß, fiel ihr Blick auf das Gruselbuch neben ihr. Sie nahm es und vergrub es weit unten in ihrer Reisetasche.

**1**  a  Gebt eure Eindrücke zu der Geschichte wieder. Das können auch Fragen oder Vermutungen sein.

b  „Tina lief ein eiskalter Schauer über den Rücken" (▶ Z. 97–98). Sammelt weitere Wörter oder Textstellen, die ihr besonders unheimlich findet.

**2**  Die Geschichte ist sehr lang. Prüft deshalb, ob ihr alles verstanden habt.
Beantwortet dazu die folgenden Fragen in Stichwörtern.
– Warum sucht die Familie eine Unterkunft?
– Welchen Eindruck macht der Gasthof auf Tina?
– Warum möchte die alte Frau zunächst die kleine Kammer nicht vermieten?
– Warum will Tina nicht mit aufs Pfarrfest?

**3**  In dem Text „Das Pfarrfest" treffen zwei sehr unterschiedliche Mädchen aufeinander.
Wählt Aufgabe a, b oder c.

●●●  a  Stellt gemeinsam mit einem Partner oder einer Partnerin eines der beiden Mädchen vor.
Lest dazu noch einmal genau im Text nach. Notiert die Informationen in eurem Heft.

●●○  b  Beschreibt eines der beiden Mädchen genau.
– Wie wird es im Text dargestellt?
– Welche Vorliebe und Gedanken hat es?

●○○  c  Ergänzt die Tabelle mit weiteren Informationen über Tina oder Maria. Nutzt hier auch die Fragen aus b. Stellt dann eure Ergebnisse vor.

| Tina | Maria |
|---|---|
| – mag Gruselgeschichten | – taucht wie aus dem Nichts in Tinas Bett auf |
| – ... | – ... |

**4**  Vergleicht eure Ergebnisse in der Klasse.
Klärt dabei auch folgende Fragen:
– Was bedeutet Marias Frage „Du bleibst immer bei mir, nicht wahr?" (▶ S. 127, Z. 209)?
– Was wäre wohl passiert, wenn Tina nicht vor Mitternacht aus dem Bett geschlüpft wäre?

**5**  Untersucht den Aufbau der Geschichte:
a  Schaut euch den Anfang an. Findet ihr hier schon Hinweise darauf, dass die Geschichte gruselig wird?
**Hinweis:** Zählt z. B. einmal nach, wie oft in den Zeilen 16 – 35 das Adjektiv „unheimlich" vorkommt.
b  Nennt Erzählschritte, mit denen die Spannung im Hauptteil gesteigert wird.
c  Sucht die Textstellen heraus, an denen ihr erkennt, dass Tina am nächsten Morgen einen Schreck bekommt. Prüft, ob sich die Spannung am Schluss auflöst.

**6** Zeichnet den Spannungsverlauf der Geschichte in Form einer Spannungs-
●●● kurve (▶ S. 45). Tragt die Erzählschritte in Stichwörtern in die Kurve ein.

> *Tina fährt mit ihren Eltern nachts …*
> *Abschnitt (Z. 1–…)*

> Wenn ein Abschnitt spannender ist als der vorherige, steigt die Kurve, wenn es weniger spannend wird, fällt sie.

**7** „Das Pfarrfest" beginnt mit einem schlimmen Gewitter. Wie könnt ihr die Anfangsstimmung mit Geräuschen und Spezialeffekten wirkungsvoll darstellen? Spielt diese der Klasse vor.

**8** Unten seht ihr einen schon zum Vorlesen vorbereiteten Textauszug.
a Erklärt die verschiedenen Markierungszeichen mit Hilfe der Methode unten.
b Lest den Textausschnitt möglichst ausdrucksvoll vor. Dabei solltet ihr auch immer wieder Blickkontakt zum Publikum herstellen. Nutzt dazu die Sprechpausen.
c Wählt eine weitere Textstelle aus, die ihr spannend und gruselig findet, und bereitet sie zum Vortrag auf einer Kopie vor.
**Hinweis:** Wie wäre es mit der Beschreibung des Hotels (▶ Z. 39–70)?

> Als sie aufwachte, ǀ dauerte es einen Augenblick, ǀ bevor sie wusste, wo sie sich befand. | Es war noch dunkel, ǀ aber es hatte aufgehört zu regnen. | Durch die Dachluke konnte sie den Mond sehen. | Sie wäre vor Schreck fast aus dem Bett gesprungen, ǀ als plötzlich etwas Weiches ihr Bein berührte. | Sie drehte sich um ǀ und erschrak noch einmal. | Da lag noch jemand in ihrem Bett! | Tina hielt den Atem an, ǀ als hoffte sie, ǀ ihr unbekannter Bettgenosse würde sie nicht bemerken. | „Das wurde aber auch Zeit. | Ich dachte, ǀ du wachst überhaupt nicht mehr auf." |

---

**Methode**     **Vorlesen – Den Lesetext vorbereiten**

Damit ihr einen Text für das Lesen vorbereiten könnt, müsst ihr ihn gut kennen.
Am besten bearbeitet ihr ihn auf einer Kopie. Ihr solltet
- Textstellen einkreisen, die anzeigen, wie eine Stelle zu lesen ist,
- Pausenzeichen für kurzes ǀ oder langes | Atemholen setzen und
- Betonungszeichen für wichtige und besonders wichtige Wörter eintragen.
  Dabei gibt es verschiedene Möglichkeiten, ein Wort zu betonen. Ihr könnt:
  – leise oder laut sprechen,
  – sehr deutlich oder gedehnt sprechen,
  – vor oder nach dem Wort eine Pause machen.
- Durch Pfeile markiert ihr, wo ihr die Stimme heben ↗ oder senken ↘ wollt.
- Am Rand notiert ihr, wie ihr den Text lesen wollt, z. B.: *atemlos, schnell, geheimnisvoll, traurig, drohend, langsam.*

# Testet euch!

## Vorlesewettbewerb

Ihr habt jetzt gruselige Geschichten kennen gelernt und das fesselnde Vorlesen geübt. Das sind die besten Voraussetzungen für einen Vorlesewettbewerb in eurer Klasse.

**1** Wählt für euren Vortrag eine Geschichte aus diesem Kapitel aus. Ihr könnt aber auch in eurer Schul- oder Stadtbibliothek auf die Suche gehen nach einem neuen Text.

**2** Bereitet die ausgewählte Geschichte so zum Vorlesen vor, wie ihr es auf den Seiten 124 und 130 gelernt habt. Nutzt dazu auch die Hinweise unten.

**3** a Tragt eure Geschichten vor.
b Bestimmt eine Jury, die sich aus einigen wenigen Schülern oder der ganzen Klasse zusammensetzen kann. Wertet eure Vorträge mit Hilfe des Bewertungsbogens aus.

| Bewertungsbogen | ☺ | ☺☺ | ☺☺☺ |
|---|---|---|---|
| deutliche Aussprache | … | … | … |
| angemessenes Lesetempo | … | … | … |
| angemessene Lautstärke | … | … | … |
| sinngemäße Betonung | … | … | … |
| Stimmung und Atmosphäre des Textes vermittelt | … | … | … |

### Methode  Sinngestaltendes Vorlesen

- Wollt ihr eure Geschichte vom ersten bis zum letzten Wort vortragen? Oder gibt es Abschnitte, die ihr weglassen oder kürzen möchtet? Nehmt Streichungen vor und fügt verbindende Formulierungen ein.
- Lange Geschichten eignen sich gut dazu, von mehreren Personen vorgetragen zu werden.
- Wie wollt ihr vorlesen? Laut oder leise, langsam oder schnell? Wo sind Pausen angebracht?
- Welcher Gesichtsausdruck (Mimik), welche Bewegungen (Gestik) passen an bestimmten Stellen besonders gut?
- Vermerkt all dies farbig und mit passenden Zeichen im und am Text. Schreibt ihn dazu mit breitem Rand und Platz zwischen den Zeilen auf einen großen Bogen Papier.
- An welchen Stellen könnt ihr mit Ausrufen oder Fragen das Publikum direkt ansprechen?
- Übt euren Vortrag vor dem Spiegel, vor der Videokamera oder vor Freunden.

## 7.2   Unheimliches – Geschichten nacherzählen

### Mündlich nacherzählen

**1** Die Gespenstergeschichte auf S. 133 ff. sollt ihr
nacherzählen. Damit eure Zuhörer euch dabei gut
folgen können, müsst ihr sie selbst genau überblicken.
Lasst euch den Text zwei Mal vorlesen.

a Hört <u>beim ersten Mal</u> aufmerksam zu und verschafft
euch einen Gesamteindruck:
  – Wer sind die Hauptfiguren?
  – Wann spielt die Geschichte?
  – Worum geht es in dieser Gespenstergeschichte?
b Achtet <u>beim zweiten Lesen</u> der Geschichte darauf,
wodurch die Geschichte gruselig wird und wie sich
die Handlung steigert.
  – Welche Handlungsschritte könnt ihr erkennen?
  – In welcher Reihenfolge bauen sie aufeinander auf?
  – Wo befindet sich der Höhepunkt der Geschichte?
  – Wie endet der Spuk?

**2** Damit ihr euch die Handlung der Geschichte besser
merken könnt, ist es sinnvoll, euch schon beim Zuhören
Notizen anzufertigen.
a Lest die folgenden Stichpunkte:

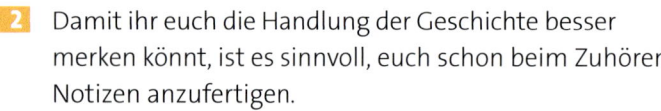

> *Notizen für eine Nacherzählung zu der Geschichte „Das geheimnisvolle Mädchen"*
> *Die Doggenburgs waren Nachfahren einer alten Kaufmannsfamilie.*
> *Ein Fluch lag seit Generationen über der Familie.*
> *Sieben Jahre lang wurde auf Friederike sehr gut aufgepasst.*
> *Als Friederike sechs Jahre alt war, veränderte sie sich.*

b Vergleicht die Notizen oben mit dem Anfang des Originaltextes: Auf welche Abschnitte beziehen
sich die Stichpunkte?
c Lasst euch die Gespenstergeschichte noch ein drittes Mal vorlesen und macht euch dabei Notizen.

**3** Erzählt den Text in der Klasse nach. Die andern passen auf, ob sie alles gut verstehen können.

| Information | Mündlich nacherzählen |
| --- | --- |

Haltet euch beim Aufbau an die Vorlage und erzählt die Geschichte mit eigenen Worten nach.
Dabei müsst ihr nur die wesentlichen Handlungsschritte wiedergeben.
Achtet auch darauf, dass ihr nichts Neues dazuerfindet.

Manfred Mai

## Das geheimnisvolle Mädchen

Die Doggenburgs entstammten einer alten Kaufmannsfamilie, die es im Lauf der Jahrhunderte zu Wohlstand und Ansehen gebracht hatte. Aber es schien ein Fluch über der Familie zu liegen, denn seit fünf Generationen hatte kein Mädchen seinen siebten Geburtstag überlebt. Genoveva war aus dem Fenster gestürzt. Wilhelmines Leiche hatte man im Wald gefunden. Karla war in einem Fluss ertrunken. Henriette war von einem der ersten Autos überfahren worden und eine Tablettenvergiftung hatte Adelheid das Leben gekostet.

Die Leute munkelten von einer bösen Hexe, die alle Mädchen der Familie in den Tod getrieben habe. Andere glaubten nicht an solche Schauergeschichten. Für sie waren es nur unglückliche Zufälle, dass seit fünf Generationen die Töchter der Familie durch Unfälle zu Tode gekommen waren. Trotzdem beobachteten alle gespannt und auch sorgenvoll das Heranwachsen der kleinen Friederike.

Am meisten Sorgen machten sich natürlich ihre Eltern. Sie beobachteten und beschützten Friederike so gut sie nur konnten. Und da ihre Tochter ein braves Mädchen war, passierte ihr in den ersten sechs Lebensjahren nichts Schlimmes. Im siebten Lebensjahr veränderte sich Friederike langsam. Sie machte manchmal ziemlich dumme und gefährliche Sachen. Einmal ritt sie mit dem schnellsten Pferd ihres Vaters wie der Teufel über die Felder und direkt auf einen Abgrund zu. Ein Bauer konnte das Pferd im letzten Augenblick aufhalten, sonst wäre es mit Friederike in die Tiefe gestürzt. Ein andermal zündelte sie mit Streichhölzern, dabei fing ihr Kleid Feuer und schnell stand Friederike in Flammen. Zum Glück war ihre Mutter im Nebenzimmer, hörte die Schreie ihrer Tochter, kam hereingestürzt, schnappte eine Decke, warf sie über Friederike und erstickte die Flammen.

Nach solchen Vorfällen erzählte Friederike, sie habe das nicht gewollt, ein fremdes Mädchen sei gekommen und habe ihr gesagt, sie solle es tun.

Die Eltern wussten nicht so recht, ob sie ihrer Tochter glauben sollten oder ob das nur Lügengeschichten waren, mit denen sich Friederike herausreden wollte. Aber sie nahmen sich vor, noch besser auf ihre Tochter aufzupassen.

An einem kalten Januarabend, zwei Wochen vor ihrem siebten Geburtstag, lag Friederike im Bett und konnte nicht einschlafen. Da hörte sie plötzlich ein leises Knarren, hob den Kopf und sah, wie sich die Tür des Wandschranks langsam öffnete. Friederike wollte schreien, brachte jedoch keinen Ton heraus. Mit weit aufgerissenen Augen starrte sie zum Wandschrank, aus dem das fremde Mädchen stieg. „Guten Abend, Friederike", sagte es. „Schön, dass du noch wach bist. Ich möchte dich nämlich mitnehmen."

„Ich will nicht mehr mit dir gehen", entgegnete Friederike.

„Warum nicht?"

„Weil ich Angst habe."

„Ach was", sagte das fremde Mädchen. „Willst du dein ganzes Leben lang immer nur im Haus herumsitzen? Das ist doch langweilig. Wenn du mit mir kommst, kannst du tolle Sachen erleben."

„Ich will aber nicht!"

Das Mädchen winkte Friederike zu sich und sagte: „Der See ist zugefroren. Auf dem Eis können wir herrlich rutschen."

„Ich darf nicht aufs Eis, das haben mir meine Eltern verboten."

„Deine Eltern würden dich am liebsten im Haus einsperren", behauptete das Mädchen. „Nur weil sie dir keine Freude gönnen."

„Das ist nicht wahr!"

„Widersprich mir nicht und komm mit!", sagte das Mädchen energisch.

Wie immer, wenn das Mädchen etwas von ihr

„Es bricht nicht", sagte das Mädchen. „Du musst nur schnell zu mir kommen. Hier ist das Eis dicker."

Vorsichtig setzte Friederike Fuß vor Fuß, bis sie bei dem Mädchen stand. Da knackte es wie- 120
der und schon brach das Eis unter Friederike. Sie wollte sich an dem Mädchen festhalten, griff jedoch ins Leere.

„Jetzt ist es aus mit dir, Friederike Doggenburg!", rief das Mädchen. „So wie es mit Geno- 125
veva, Wilhelmine, Karla, Henriette und Adel-
heid Doggenburg aus war, die ich alle in den Tod gelockt habe. Und weißt du auch warum? Weil mich der reiche Hubertus Doggenburg vor 150 Jahren wegen eines Stück Kuchens, das 130
ich an meinem siebten Geburtstag von seiner Tafel gestohlen habe, aus dem Haus gejagt hat. In einer eiskalten Winternacht, in der ich auf der Treppe seines Hauses erfrieren musste."

„Hilf mir!", rief Friederike, die schon bis zur 135
Hüfte im Wasser hing. „Ich habe dir doch nichts getan!"

„Aber der geizige Hubertus Doggenburg hat mich an meinem siebten Geburtstag getötet und deshalb müssen alle Doggenburg-Mäd- 140
chen sterben."

Ein Stück Eis brach unter Friederike weg und sie rutschte tiefer. „Hilfe!", schrie sie.

„Schrei nur, niemand wird dich hören", sagte das Mädchen. 145

In diesem Augenblick flammte ein Licht auf, das Mädchen erstarrte.

„Friederike!", rief der Vater. „Halte aus, ich hole dich!"

Ohne zu überlegen, sprang er aufs Eis, brach 150
ein, kämpfte sich mit beinahe übermenschli-
cher Kraft vorwärts und näherte sich seiner Tochter bis auf wenige Meter.

„Papa!", rief sie in Todesangst. „Ich kann nicht mehr!" 155

Wieder brach das Eis weg und Friederike verschwand im Wasser.

„Friederike!", schrie ihr Vater und schlug mit aller Kraft auf das Eis vor sich, dass es brach und er vorwärtskam. 160

85 verlangte, musste Friederike es tun, auch wenn sich alles in ihr sträubte. Sie stieg aus dem Bett und verließ mit dem Mädchen im Nachthemd das Zimmer. Als sie am Schlafzimmer ihrer Eltern vorbeigingen, riss Friederike den Mund
90 auf und schrie aus Leibeskräften, aber es war ein stummer Schrei. Niemand außer dem Mädchen hörte ihn.

Draußen fing Friederike zu bibbern an. „Mir ist so kalt", jammerte sie.

95 „Mir war schon mal kälter", sagte das Mäd-
chen. „Aber keine Angst, bald wirst du die Kälte nicht mehr spüren."

„Ich darf nicht aufs Eis, weil es noch viel zu dünn ist und bestimmt bricht."

100 „Unsinn", entgegnete das Mädchen. „Ich werde dir zeigen, dass es nicht bricht. Warte nur ab."

Am sternklaren Himmel leuchtete der Voll-
mond und wies den beiden den Weg zum See.

105 „Bleib hier stehen", sagte das Mädchen, als sie den kleinen See erreicht hatten. Dann trat es aufs Eis und drehte sich im Kreis. „Siehst du, es bricht nicht, ich kann sogar auf dem Eis tanzen. Also los, komm schon!"

110 Friederike wollte weglaufen, zurück nach Hause. Aber ihre Beine gehorchten ihr nicht.

„Komm zu mir!", lockte das Mädchen und schwebte über das Eis.

Friederike hatte erst ein paar Schritte gemacht,
115 da knackte es unter ihr. „Es bricht!", rief sie.

Friederike tauchte noch einmal auf, ihr Vater erwischte sie an den Haaren, zog sie zu sich heran und hielt sie fest.

„Papa", sagte sie schon halb ohnmächtig.

165 Er versuchte, mit Friederike zum Ufer zu kommen, doch die eisige Kälte lähmte seine Glieder. Er hatte nicht mehr genug Kraft, seine Tochter und sich zu retten.

Das zu Eis erstarrte Mädchen stand den ganzen Winter auf dem See. In der warmen Früh- 170 lingssonne schmolz es dahin und damit waren die Doggenburgs von dem Fluch erlöst.

**1** Beim mündlichen Nacherzählen kann man Stichwortkarten verwenden.

**a** Vergleicht die Karten mit dem Notizblatt (▶ S. 132). Welche Notizen wurden auf welcher Stichwortkarte zusammengefasst?

**b** Bringt die Karten in die richtige Reihenfolge.

*Friederike erzählt
vom fremden Mädchen,
keiner glaubt ihr.*

*Sie wird von dem
fremden Mädchen
besucht.*

*Mit sechs Jahren setzt
sich Friederike Gefahren
aus.*

*Friederike →
vom Fluch der
Doggenburgs bedroht*

**2** **a** Erstellt ausgehend von dem folgenden Notizblatt eigene Stichwortkarten.

*forderte Friederike auf, mit ihr zu kommen
Friederike ging widerstrebend mit.
wollte schreien, keiner hörte sie
Fremdes Mädchen lockte sie aufs Eis.
Friederike zögerte, konnte sich nicht wehren.
Eis knackte und brach.
Mädchen rief: „Jetzt ist es aus mit dir, Friederike Doggenburg! ...*

**b** Vergleicht eure Ergebnisse.

**c** Fertigt Stichwortkarten für den Ausgang der Geschichte an. Geht dabei von euren eigenen Notizblättern (Aufgabe 2, ▶ S. 132) aus.

**3** Übt das mündliche Nacherzählen mit den Stichwortkarten.

| Methode | Stichwortkarten erstellen und nutzen |
|---|---|

Stichwortkarten sind beim mündlichen Erzählen nützlich. Sie helfen, dass ihr nichts Wesentliches vergesst und trotzdem fast frei und mit eigenen Worten sprechen könnt. Beachtet folgende Tipps:

- Formuliert knapp. Die Karten sollen nur Gedächtnisstützen sein und nicht zum Vorlesen verleiten.
- Beschreibt die Karten einseitig und nummeriert sie in der richtigen Reihenfolge.
- Schreibt nicht zu klein, damit ihr die Stichworte gut lesen könnt.
- Schaut beim Vortrag nicht nur auf die Kärtchen, sondern versucht, Blickkontakt mit euren Zuhörern zu halten.

## Schriftlich nacherzählen

Für das schriftliche Nacherzählen gelten die gleichen Regeln wie für das mündliche Nacherzählen. Luisas Nacherzählung beginnt so:

*Schon seit Jahrhunderten lastete ein alter Fluch auf der Familie Doggenburg. Kein Mädchen überlebte seinen siebten Geburtstag. Friederike Doggenburg wird von ihren Eltern deshalb so gut wie möglich beschützt. Im siebten Lebensjahr veränderte sich Friederike langsam. Sie machte manchmal ziemlich dumme und gefährliche Sachen ...*

**1** Lest die Informationen zum Nacherzählen im Methodenkasten unten.
    **a** Prüft, welche Merkmale Luisa berücksichtigt hat und welche nicht.
    **b** Verbessert Luisas Anfang ihrer Nacherzählung und schreibt ihn in euer Heft.

**2** Schreibt die Nacherzählung zu „Das geheimnisvolle Mädchen" weiter.
    **a** Bringt die Bilder in die richtige Reihenfolge.

    **b** Erzählt mit Hilfe der Bilder schriftlich nach, wie die Geschichte weitergeht.

**3** Formuliert den Schluss der Nacherzählung. Wählt Aufgabe a, b oder c.
   ●●● **a** Ergänzt selbstständig den Schluss. Lest hierzu noch einmal ab Z. 144 auf S. 134 bis zum Ende.
   ●●○ **b** Schreibt mit Hilfe der folgenden Stichpunkte die Nacherzählung zu Ende:
        Vater kam zu Hilfe • vergeblicher Rettungsversuch • Fluch ist aufgehoben
   ●○○ **c** Verbessert die folgenden Schlusszeilen der Nacherzählung. Nehmt dabei den Tipp zu Hilfe.
       *Das fremde Mädchen verschwand und ein Licht flammte auf. Ohne zu überlegen, sprang der Vater aufs Eis und kämpfte sich mit beinahe übermenschlicher Kraft vorwärts. „Papa!", ruft sie in Todesangst. „Friederike!", schreit der Vater zurück. Friederike tauchte noch einmal auf, doch der Vater bekam sie nicht mehr zu fassen. Beide gingen im See unter.*

> Achtet auf
> - die richtige Zeitstufe
> - Wortwiederholungen
> - inhaltliche Richtigkeit
> - wörtliche Übernahmen
> - die Abfolge der Handlungsschritte.

---

| **Methode** | **Nacherzählen** |
| --- | --- |

Wenn wir einen Film oder eine Geschichte für jemanden nacherzählen, der das Original nicht kennt, erzählen wir so wie in der Vorlage, z. B. eine Detektivgeschichte spannend, einen Streich lustig. Beachtet auch die folgenden Punkte:
- Erzählt die einzelnen **Handlungsschritte** in der **gleichen Reihenfolge** wie im Original.
- Gibt es im Original einen **Höhepunkt,** so gestaltet diesen auch in der Nacherzählung aus.
- Erfindet **nichts Neues** hinzu (z. B.: Orte, Figuren).
- Erzählt **mit eigenen Worten.** Nur wichtige Kernstellen dürft ihr wörtlich wiedergeben.
- Erzählt in der Zeitstufe des Originals, meistens im **Präteritum.**

# Stärken stärken: Eine Geschichte nacherzählen

Johann Peter Hebel

## Das wohlbezahlte Gespenst

In einem gewissen Dorfe, das ich wohl nennen könnte, geht ein üblicher Fußweg über den Kirchhof[1] und von da durch den Acker eines Mannes, der an der Kirche wohnt, und es ist ein Recht. Wenn nun die Ackerwege bei nasser Witterung schlüpfrig und ungangbar sind, ging man immer tiefer in den Acker hinein und zertrat dem Eigentümer die Saat, sodass bei anhaltend feuchter Witterung der Weg immer breiter und der Acker immer schmäler wurde, und das war kein Recht.

Zum Teil wusste nun der beschädigte Mann sich wohl zu helfen. Er gab untertags[2], wenn er sonst nichts zu tun hatte, fleißig Acht, und wenn ein unverständiger Mensch diesen Weg kam, der lieber seine Schuhe als seines Nachbars Gerstensaat schonte, so lief er schnell hinzu und pfändete[3] ihn oder tat's mit ein paar Ohrfeigen kurz ab. Bei Nacht aber, wo man noch am ersten einen guten Weg braucht und sucht, war's nur desto schlimmer und die Dornenäste und Rispen[4], mit welchen er den Wandernden verständlich machen wollte, wo der Weg sei, waren allemal in wenig Nächten niedergerissen oder ausgetreten und mancher tat's vielleicht mit Fleiß.

Aber da kam dem Mann etwas anders zustatten. Es wurde auf einmal unsicher auf dem Kirchhofe, über welchen der Weg ging. Bei trockenem Wetter und etwas helleren Nächten sah man oft ein langes, weißes Gespenst über die Gräber wandeln. Wenn es regnete oder sehr finster war, hörte man im Beinhaus[5] bald ein ängstliches Stöhnen und Winseln, bald ein Klappern, als wenn alle Totenköpfe und Totengebeine darin lebendig werden wollten.

Wer das hörte, sprang bebend wieder zur nächsten Kirchhoftüre hinaus, und in kurzer Zeit sah man, sobald der Abend dämmerte und die letzte Schwalbe aus der Luft verschwunden war, gewiss keinen Menschen mehr auf dem Kirchhofwege, bis ein verständiger und herzhafter Mann aus einem benachbarten Dorfe sich an diesem Ort verspätete und den nächsten Weg nach Haus doch über diesen verschrie-

---

1 Kirchhof: Friedhof

2 untertags: tagsüber

3 pfänden: Schadensersatz fordern

4 Rispen: Sträucher

5 Beinhaus: Friedhofskapelle, in der ausgegrabene Knochen aufbewahrt werden

nen Platz und über den Gerstenacker nahm. Denn ob ihm gleich seine Freunde die Gefahr vorstellten und lange abwehrten, so sagte er doch am Ende: „Wenn es ein Geist ist, geh ich
50 mit Gott als ein ehrlicher Mann den nächsten Weg zu meiner Frau und zu meinen Kindern heim, habe nichts Böses getan und ein Geist, wenn's auch der schlimmste unter allen wäre, tut mir nichts. Ist's aber Fleisch und Bein, so
55 habe ich zwei Fäuste bei mir, die sind auch schon dabei gewesen."

Er ging. Als er aber auf den Kirchhof kam und kaum am zweiten Grab vorbei war, hörte er so hinter sich ein klägliches Ächzen und Stöh-
60 nen, und als er zurückschaute, siehe, da erhob sich hinter ihm, wie aus einem Grabe herauf, eine lange, weiße Gestalt. Der Mond schimmerte blass über die Gräber. Totenstille war ringsumher, nur ein paar Fledermäuse flatter-
65 ten vorüber. Da war dem guten Mann doch nicht wohl zu Mute, wie er nachher selber gestand, und wäre gerne wieder zurückgegangen, wenn er nicht noch einmal an dem Gespenst hätte vorbeigehen müssen. Was war
70 nun zu tun? Langsam und stille ging er seines Weges zwischen den Gräbern und an manchem schwarzen Totenkreuz vorbei. Langsam und immer ächzend folgte zu seinem Entsetzen das Gespenst ihm nach, bis an das Ende
75 des Kirchhofs, und das war in der Ordnung, und bis vor den Kirchhof hinaus, und das war dumm.

Aber so geht es. Kein Betrüger ist so schlau, er verratet sich. Denn sobald der verfolgte Ehren-
80 mann das Gespenst auf dem Acker erblickte, dachte er bei sich selber: Ein rechtes Gespenst muss wie eine Schildwache[6] auf seinem Pos-

ten bleiben und ein Geist, der auf den Kirchhof gehört, geht nicht aufs Ackerfeld. Daher be-
85 kam er auf einmal Mut, drehte sich schnell um, fasste die weiße Gestalt mit fester Hand und merkte bald, dass er unter einem Leintuch einen Burschen am Brusttuch habe, der noch nicht auf dem Kirchhof daheim sei. Er fing da-
90 her an, mit der andern Faust auf ihn loszutrommeln, bis er seinen Mut an ihm gekühlt hatte, und da er vor dem Leintuch selber nicht sah, wo er hinschlug, so musste das arme Gespenst die Schläge annehmen, wie sie fielen.
95 Damit war nun die Sache abgetan und man hat weiter nichts mehr davon erfahren, als dass der Eigentümer des Gerstenackers ein paar Wochen lang mit blauen und gelben Zierraten[7] im Gesicht herumging und von der Stunde an
100 kein Gespenst mehr auf dem Kirchhof zu sehen war. Denn solche Leute wie unser handfester Ehrenmann, das sind allein die rechten Geisterbanner und es wäre zu wünschen, dass jeder andere Betrüger und Gaukelhans ebenso
105 sein Recht und seinen Meister finden möchte.

---

6  Schildwache: Wachposten

7  Zierrat: Verzierung, hier: Flecken

**1**   Lest die Geschichte „Das wohlbezahlte Gespenst" zwei Mal aufmerksam durch.
Schreibt dann eine Nacherzählung der Geschichte.

   **a**   Formuliert zunächst den Anfang der Nacherzählung. Worauf müsst ihr achten?

   **b**   Die Geschichte enthält heute nicht mehr gebräuchliche Ausdrücke.
Schreibt diese heraus und ersetzt sie durch Begriffe, die ihr kennt.

   **c**   Notiert in Stichwörtern die Handlung der Geschichte.

   **d**   Schreibt nun eure Nacherzählung.

Hier findet ihr Hilfestellungen zu den Teilaufgaben:

**Hilfe zu Aufgabe 1a:**

Ihr sollt den Anfang der Nacherzählung aufschreiben. Hier kommt es darauf an, schon die wichtigsten W-Fragen zum Text zu beantworten.
Formuliert daher zunächst Fragen zum Text und beantwortet diese in eurem Heft:
*Wo spielt die Geschichte? Wer spielt in der Geschichte? Wann spielt die Geschichte?*

**Hilfe zu Aufgabe 1b:**

Dies Aufgabe verlangt von euch, den Text auf Ausdrücke und Formulierungen hin zu untersuchen, die ihr heute nicht mehr verwendet.
— Lest die Geschichte noch einmal und unterstreicht (am besten auf einer Kopie) alle Wörter und Wendungen, die euch ungewohnt vorkommen.
— Schreibt die Wörter und Ausdrücke, die ihr nicht kennt, in euer Heft:

> *gewissen (Z. 1)*
> *und es ist ein Recht (Z. 4–5)*
> *und das war kein Recht (Z. 11)*
> *der beschädigte Mann (Z. 12)*
> *allemal (Z. 24)*
> *kam ... zustatten (Z. 27–28)*
> *Totengebeine (Z. 35–36)*
> *ein herzhafter Mann (Z. 42–44)*
>
> *verschrienen Platz (Z. 45–46)*
> *ihm die Gefahr vorstellten (Z. 47–48)*
> *am Brusttuch hatte (Z. 88)*
> *damit war nun die Sache abgetan (Z. 95)*
> *handfester Ehrenmann (Z. 101–102)*
> *die rechten Geisterbanner (Z. 102–103)*
> *Gaukelhans (Z. 104)*

— Übertragt die Wörter und Ausdrücke in eure Sprache. Schlagt dazu im Wörterbuch nach.
Beispiel: *gewissen (Z. 1)* → *bestimmten*

**Hilfe zu Aufgabe 1c:**

Ihr sollt die Handlung der Geschichte in Stichwörtern notieren.
— Gliedert dazu den Text in Abschnitte und fasst jeden Abschnitt kurz zusammen:

> *Zeile 1–11: Auf dem Acker eines Mannes, der direkt an der Kirche wohnte, wurde regelmäßig die Saat zertreten.*
> *Zeile 12–26: ...    Zeile 27–36: ...    Zeile 37–77: ...    Zeile 78–94: ...    Zeile 95–105: ...*

— Jetzt könnt ihr die einzelnen Handlungsschritte – das, was nacheinander passiert – deutlicher erkennen. Haltet euch dabei an den Ablauf des Geschehens im Text.
— Wo liegt der Höhepunkt der Geschichte? Unterstreicht diesen Handlungsschritt.

**Hilfe zu Aufgabe 1d:**

Ihr könnt so beginnen:
*Über den Friedhof eines unbekannten Dorfes ging ein Fußweg, der im weiteren Verlauf durch einen Acker führte. Der Acker gehörte einem Mann, der neben der Kirche wohnte. Wenn es regnete und der Weg matschig war, liefen die Leute auf dem Acker und zertraten dabei die Saat. ...*

# 7.3 Fit in …? – Eine Nacherzählung schreiben

**1** Hier findet ihr einen Auszug aus einer Nacherzählung zu der Gespenstergeschichte auf S. 122–124.

a Lest die Geschichte noch einmal. Prüft dann, ob in dem Schülertext unten nichts Wesentliches weggelassen wurde.

b Überlegt, ob die Reihenfolge der Handlungsschritte eingehalten wurde.

c Kontrolliert mit Hilfe der Checkliste unten, ob auch die sprachliche Gestaltung dieser Nacherzählung gelungen ist.

VORSICHT FEHLER!

> Judith widerstrebte es, ins Haus zu gehen, sie war ungern allein im Haus. Sie war gerade dabei, sich umzuziehen, als das Telefon läutete. „Der Motor hat den Geist aufgegeben. Der alte Weaver glaubt, er kann ihn in etwa einer Stunde reparieren, zeitig genug für die Rückfahrt der Martins, aber das bedeutet, dass ich dich nicht holen kann. Kannst du mit den Jones herüberkommen?"
>
> Seit vierzehn Tagen wohnen Judith und Ken in einem geerbten Haus in Cornwall. Das Haus war früher ein Schifferhaus und befindet sich am andern Ufer des Dorfes. Judith schmückte die Veranda des Hauses mit Stechpalmen, ihr Mann Ken holte Getränke für Weihnachten. Am Abend sind sie zu einer Cocktailparty eingeladen.
>
> Während sich Judith bei den Nachbarn nach der Mitfahrmöglichkeit erkundigt, bekommt Ken vom Wirt eine Furcht einflößende Geschichte über ihr neu bezogenes Fährhaus zu hören. Diese Geschichte besagte, dass das Fährhaus verwunschen sei. Der ursprünglichen Besitzerin Mrs. Popsey war Gewalt angetan worden, ihr Geist erscheine seither jedes Jahr an Heiligabend und räche sich an den Leuten im Ort. Der unerschrockene Ken fand die Geschichte toll. Sie war eben zu Ende, als das Telefon läutete. Es war Judith: „Hallo, Liebling, bist du das?", fragte Judith. „Hör zu, Mrs. Jones war schon weg, aber auf dem Rückweg habe ich eine komische alte Frau mit Boot getroffen, …

**2** a Setzt die Nacherzählung in eurem Heft fort.

b Überprüft auch euren eigenen Text mit Hilfe der Checkliste.

## Checkliste

**Aufbau und Inhalt einer Nacherzählung**

- Bauen die Handlungsschritte in der gleichen Reihenfolge wie im Original aufeinander auf?
- Falls die Vorlage einen Höhepunkt hat: Habt ihr diesen lebendig ausgestaltet?
- Habt ihr Unwesentliches, das, was für das Verständnis der Geschichte nicht wichtig ist, weggelassen? <u>Hinweis</u>: Eine Nacherzählung sollte kürzer als die Vorlage sein.
- Habt ihr euch inhaltlich an die Vorlage gehalten und nichts Neues hinzuerfunden (z. B.: Orte, Figuren, Zeit)?

**Sprache**

- Erzählt ihr in eigenen Worten?
- Habt ihr die Zeitstufe des Originals übernommen? Meist ist es das Präteritum.
- Erzählt ihr abwechslungsreich, z. B. bei den Verben des Sagens?
- Habt ihr auf Satzverknüpfungen geachtet, mit denen ihr Zusammenhänge deutlich macht?

# Hast du Töne? –
## Gedichte vortragen und gestalten

Christian Morgenstern: Fisches Nachtgesang

**1**  Was könnten diese rätselhaften Zeichen bedeuten? Stellt Vermutungen an.

**2**  Ihr dachtet vielleicht, Fische sind stumm. Dieses Gedicht behauptet: Sie können sogar singen. Wie könnte sich der Gesang anhören? Findet Möglichkeiten, das Lied hörbar zu machen:
  **a**  Wählt einen Fisch (z. B.: Goldfisch, Hai) oder ein anderes Wassertier (z. B.: Seepferdchen).
  **b**  Wie „spricht" euer Tier (z. B.: blobb, fletsch) oder welche Laute (z. B.: klopf, zisch) macht es? Wählt für beide Zeichen ein Geräuschwort und schreibt das Gedicht in dieser „Sprache" auf.

**3**  Tragt eure Gedichte einzeln oder zusammen vor. Wenn ihr euer Lied mit Klatschen, Klopfen, Stampfen ... rhythmisch begleitet, wird vielleicht ein Wasser-Rap daraus.

**In diesem Kapitel ...**

– lernt ihr Merkmale von Gedichten kennen,
– spielt ihr mit Wörtern und Lauten,
– tragt ihr Gedichte wirkungsvoll vor,
– erfahrt ihr, wie ihr Gedichte leicht auswendig lernt,
– schreibt und gestaltet ihr Gedichte am Computer.

# 8.1 Vom Singen und Sagen – Gedichte untersuchen und verstehen

## Wie ein Schlosshund heult – Reime und Reimwörter

Christiane Grosz

### Der Schlosshund

Wisst ihr wie ein Schlosshund heult Schnauzenwinkel stark verbeult Ohren wie Bananenblätter Haare voller Regenwetter Tränen groß wie Kokosnüsse zitternd Schwanz und Hundefüße schauerlich sein Jaulen Mut gehört zum Kraulen

Doris Rudlof-Garreis

### Ein Hund beim Frisör

Wenn ich dreimal kräftig belle will ich eine Dauerwelle bell ich aber zweimal nur wünsch ich eine Föhnfrisur kurzes Bellen heißt ich bitt rasch um einen Kurzhaarschnitt!

**1** Lest die beiden Texte laut vor.
- **a** Erklärt, woran es liegt, dass die Texte für das Ohr schon wie Gedichte klingen.
- **b** Schreibt die Hunde-Gedichte so in euer Heft, dass die Zeilen mit den Wörtern enden, die sich lautlich aufeinander beziehen.
- **c** Setzt Punkte und Kommas an den richtigen Stellen.

> Der Schlosshund
> Wisst ihr, wie ein Schlosshund heult,
> Schnauzenwinkel ...
>
> Ein Hund beim Frisör
> Wenn ich dreimal kräftig belle,
> will ich ...

**2** Lest jetzt die beiden Gedichte noch einmal laut und ihr stellt fest, dass Reime entstanden sind.

a Versucht, den Begriff „Reim" zu erklären.

b Findet weitere Reimwörter und schreibt sie in einer Tabelle in euer Heft, z. B.:

| belle | Schnitt | Beule | Hund | ... |
| Welle | Ritt | Keule | Mund | ... |

**3** Bestimmt für beide Gedichte die Reimformen. Wählt Aufgabe a, b oder c.

●●● a Lest zunächst unten im Informationskasten nach. Erklärt dann die Reimform mit eigenen Worten.

●●○ b Markiert jeweils die zusammengehörenden Reimwörter in eurem Heft mit gleichen Farben und gleichen Buchstaben. Seht dann im Informationskasten unten nach, wie man die Reimform nennt.

●○○ c Seht euch die gekennzeichneten Wörter im Beispiel unten an. Setzt die Markierungen in eurem Heft am ganzen Gedicht entsprechend fort. Im Informationskasten unten erfahrt ihr den Namen dieser Reimform.

| Wisst ihr wie ein Schlosshund heult, | a |
| Schnauzenwinkel stark verbeult, | a |
| Ohren wie Bananenblätter | b |

---

**Information**  **Reim und Reimformen**

Ein wichtiges Merkmal vieler Gedichte ist der **Reim.** Wenn zwei Wörter vom letzten betonten Vokal an gleich klingen, nennt man das Endreim, z. B.: *im Stillen – Widerwillen;*

In Gedichten könnt ihr verschiedene Reimformen erkennen.
Wenn sich zwei aufeinanderfolgende Gedichtzeilen reimen, spricht man von einem **Paarreim:**

| ... Katz und Kater | a |
| ... ins Theater | a |
| ... erste Reihe | b |
| ... die zweie | b |

Reimen sich die 1. und 3. sowie die 2. und 4. Zeile (über Kreuz), so nennt man das **Kreuzreim:**

| ... kleine Maus | a |
| ... hellen Tag | b |
| ... im Mäusehaus | a |
| ... Katze lag | b |

# Wie Nachtigallen wollten sie singen – Vers und Strophe

**1** Könnt ihr nachempfinden, weshalb die Maus erschrickt? Erklärt.

**2** In diesem Mäuse-Gedicht sind einige Reimwörter entwischt.

  **a** Fangt die Reimwörter wieder ein.
    **Hinweis:** Ihr findet sie im Wortspeicher, müsst sie aber noch richtig zuordnen.

  **b** Schreibt nun das Gedicht in euer Heft und markiert die Reimwörter farbig. Achtet darauf, dass die Reimwörter jeweils an den Versenden stehen.

  **c** Benennt die Reimform. Lest hierzu noch einmal den Informationskasten auf Seite 143.

**3** Lest das Gedicht mehrmals.

  **a** Fasst das Gedicht mit eigenen Worten zusammen.

  **b** Überlegt: Gibt es Menschen, die sich ähnlich wie die Frösche verhalten? Erzählt davon.

**4**  **a** Untersucht, aus wie vielen Versen und Strophen dieses Gedicht besteht.

  **b** Welche Verse gehören in dem Gedicht „Katz und Maus" jeweils zusammen? Wie viele Strophen hat dieses Gedicht?

Margaret Klare

## Katz und Maus

Es träumte eine kleine Maus
einmal am hellen  [?]
dass neben ihr im  [?]
die böse Katze  [?]

5  Doch war die Katz in ihrem  [?]
ein Kätzlein, klein und  [?]
Die Maus, die konnt es glauben  [?]
und freute sich im Schlaf.

Sie nahm das Kätzchen auf den Schoß;
10  es hat sich nicht  [?]
Die Maus erwacht: Der Schreck ist  [?]
und alles umgekehrt.

> Traum • lag • brav • groß • gewehrt •
> kaum • Tag • Mäusehaus

Johann Wolfgang Goethe

## Die Frösche

Ein großer Teich war zugefroren.
Die Fröschlein, in der Tiefe verloren,
Durften nicht ferner quaken noch springen.
Versprachen sich aber, im halben Traum:
5  Fänden sie nur da oben Raum,
Wie Nachtigallen wollten sie singen.
Der Tauwind kam, das Eis zerschmolz,
Nun ruderten sie und landeten stolz
Und saßen am Ufer weit und breit
10  Und quakten wie vor alter Zeit.

| **Information** | **Vers, Strophe** |
| --- | --- |

Eine Gedichtzeile heißt **Vers.** Mehrere zusammengehörende Zeilen eines Gedichts bilden eine **Strophe.** Mehrere Strophen werden durch Leerzeilen voneinander getrennt.

# Testet euch!

## Reimwörter

**1** Sucht die fehlenden Reimwörter für die „Tapire" und tragt die Strophe in euer Heft ein.

lieb    Tapiren

Tieren    lösen

böse    führen

blieb

### Tapire

Leider kann man von  **?**
nicht träumen wie von andern  **?**
sie sind nicht süß, sie sind nicht  **?**
und fressen, sagt ein Schild, Gemöse.  (= Gemüse)

**2** **a** Die Verse der folgenden Löwen-Strophe sind durcheinandergewirbelt. Stellt die Strophe wieder her. Schreibt dazu die einzelnen Verse untereinander auf ein Blatt Papier, schneidet sie dann auseinander und findet eine sinnvolle Reihenfolge.
**Achtung:** Hier folgen jeweils drei Reimwörter aufeinander.

„Wach auf, wenn du ein Löwe bist!
Zupf ich ihn an der Mähne,
Im Traum sind Löwen meist allein.
bleckt er die weißen Zähne.
Sie schnurren, blinzeln, schlafen ein.
Ich will jetzt wissen, wie es ist,
„Sei still", knurrt er, „ich gähne."
Sie schauen in mein Zelt herein.
wenn mich ein echter Löwe frisst!"

| **Überschrift** | *Vom Löwen, der mich nicht fressen wollte* |
|---|---|
| **So beginnt das Gedicht** | *Im Traum sind Löwen meist allein.* |

**b** Vergleicht eure Strophen untereinander.

**3** Übertragt den folgenden Lückentext in euer Heft. Füllt dabei die Lücken mit den richtigen Fachbegriffen, die man zum Beschreiben von Gedichten benötigt.

Mehrere Gedichtzeilen bilden zusammen eine  **?**
Wenn sich zwei aufeinanderfolgende Verse reimen, nennt man das  **?**
Eine Gedichtzeile heißt  **?**
Reimen sich die 1. und 3. sowie die 2. und 4. Zeile, ist das ein  **?**

## 8.2  Der Ton macht die Musik – Gedichte vortragen

### Laute(r) Tiere – Zuhören und nachmachen

Ernst Jandl

**auf dem land**

rininininininininDER
brüllüllüllüllüllüllüllEN

schweineineineineineineineinE
grunununununununununZEN

5  hunununununununununDE
bellellellellellellellellEN

katatatatatatatatZEN
miauiauiauiauiauiauiauiauEN

katatatatatatatatER
10  schnurrurrurrurrurrurrurrurrEN

gänänänänänänänSE
schnattattattattattattattERN

ziegiegiegiegiegiegiegEN
meckeckeckeckeckeckeckERN

15  bienienienienienienienEN
summummummummummummummEN

grillillillillillillillillEN
ziriririririririrPEN

fröschöschöschöschöschöschöschE
20  quakakakakakakakakEN

hummummummummummummummELN
brummummummummummummummEN

vögögögögögögögögEL
zwitschitschitschitschitschitschitschERN

**1**  Schaut euch dieses Gedicht genau an. Welche Idee hat Ernst Jandl? Wie macht er daraus ein Gedicht?

**2**  Tragt den Text auf mehrere Weisen vor: einzeln, zu zweit, in Gruppen.
a  Versucht, die verschiedenen Tierstimmen möglichst genau wiederzugeben.
b  Wie klingt es, wenn sich mehrere Tiere „ins Wort fallen"?

# Nuscheln, tuscheln, prusten – Lesetheater

Christa Wißkirchen

**Theaterkatzen**

Katz und Kater
gingen ins Theater.
In die erste Reihe
setzten sich die zweie.
5 Fingen an zu flüstern,
fingen an zu knistern,
fingen an zu nuscheln,
fingen an zu tuscheln,
fingen an zu husten,
10 fingen an zu prusten.
Ruhe da, was fällt euch ein!
Wollt ihr wohl mal stille sein?
Oh, da warn sie leise,
leise wie zwei Mäuse.
15 Fünf Minuten dauert's bloß,
und dann ging es wieder los:
wieder mit dem Flüstern,
wieder mit dem Knistern,
wieder mit dem Nuscheln,
20 wieder mit dem Tuscheln,
wieder mit dem Husten,
wieder mit dem Prusten.

Franz Marc: Die drei Katzen. Öl auf Leinwand 1913

Unverschämtes Viehzeug hier:
Fort mit euch und vor die Tür,
25 dann ist's mit dem Krach vorbei!
Und sehr plötzlich – eins-zwei-drei
flogen Katz und Kater
raus aus dem Theater.

**1** Empfindet ihr den Schluss für Katz und Kater als ungerecht? Begründet eure Meinung.

**2** Dieses Gedicht ist selbst ein kleines Theaterstück.
a Findet heraus, welche Figuren sprechen und welche auch ohne Worte eine Rolle spielen.
b Lest das Gedicht mit verteilten Rollen.
c Was tun Katz und Kater, wenn sie nuscheln, tuscheln, prusten …? Erklärt die Wörter und probiert aus, wie sich das anhören könnte.

**3** a Schreibt das Gedicht so in euer Heft, dass jeder Vers in einer Zeile steht. Achtet beim Eintragen auf die unterschiedliche Großschreibung, z. B.: *zu husten* und *mit dem Husten*.
b Kennzeichnet die Sprechrollen mit verschiedenen Farben.
c Unterstreicht mit Bleistift, was ihr leise oder laut sprechen wollt: leise Stimme    laute Stimme

**4** Jetzt solltet ihr euer Lesetheater in der Klasse proben. Verteilt die Rollen. Probiert verschiedene Orte für euer Spiel aus, z. B. im Treppenhaus, unter dem Tisch, auf dem Stuhl stehend, aus verschiedenen Ecken sprechend. Überlegt, ob ihr einen knisternden, flüsternden „Chor" als Begleitung braucht.

# Der Wind ist los – Wortbilder

Josef Guggenmos

### Der Wind

In allem Frieden
schlief abgeschieden
hinter einer Hecke
der Wind.
5   Da hat ihn die Spitzmaus,
wie Spitzmäuse sind,
ins Ohr gezwickt.
Der Wind erschrickt,
springt auf die Hecke,
10 fuchsteufelswild,
brüllt,
packt einen Raben
beim Kragen,
rast querfeldein
15 ins Dorf hinein,
schüttelt einen Birnbaum beim Schopf,
reißt den Leuten den Hut vom Kopf,
schlägt die Wetterfahne herum,
wirft eine Holzhütte um,
20 wirbelt den Staub in die Höhe:
Wehe,
der Wind ist los!
Aber wo ist die Spitzmaus?
In ihrem Kellerhaus
25 dreht sie die Daumen im Schoß,
zufrieden und faul,
und grinst
mit ihrem frechen Maul.

**1** Lest das Gedicht still für euch und lasst es in eurem Kopf wie einen Film ablaufen.
Wie wird der Wind in diesem Gedicht gesehen? Was „tut" er? Welche Rolle spielt die Maus dabei?

**2** Das Gedicht ist oben rechts wie ein Bild dargestellt.
  **a** Besprecht, wie das Schreibbild den Inhalt auszudrücken versucht, z. B.: „brüllt", „Staub" ...
  **b** Lest das Gedicht jetzt laut. Probiert aus, ob euch die Wortbilder beim Vortrag helfen.

**3** Findet heraus, welche Sinne (Augen, Ohren ...) besonders angesprochen werden.
  **a** Mit welchen Wörtern geschieht das? Zählt sie auf.
  **b** Zu welchen Wortarten gehören diese Wörter? (▶ S. 210)

# Wolke oder Krokodil sein – Den Vortrag üben

Mascha Kaléko

## Wenn ich eine Wolke wäre

Wenn ich eine Wolke wäre,
Segelt' ich nach Irgendwo
Durch die weiten Himmelsmeere
Von Berlin bis Mexiko.
5 Blickte in die Vogelnester,
Rief die Katzen auf dem Dach,
Winkte Brüderchen und Schwester
Morgens aus dem Schlafe wach.

Wenn ich eine Wolke wäre,
10 Zög ich mit dem Wüstenwind
Zu den Inseln, wo die Menschen
Gelb und mandeläugig sind
Oder braun wie Schokolade
Oder mandarinenrot,
15 Wo die Kokosnüsse wachsen,
Feigen und Johannisbrot.

Wolfgang Buschmann

Manchmal, wenn ich will,
bin ich ein Krokodil.
Dann fauch ich ungeheuer.
Ich spucke sogar Feuer.
Doch manchmal, wenn ich will,
bin ich völlig still.
Und Mutter spricht: Der Klaus
war heute eine Maus.

**1** Eine Wolke sein oder ein Krokodil? Was reizt euch mehr zu einem Vortrag?
**a** Entscheidet euch und führt ein Leseexperiment durch. Lest dazu, wie unten beschrieben.
   – Tragt das Gedicht in Robotersprache vor: Wenn – ich – ei – ne – Wol-ke ...
   – Nuschelt den Text oder sprecht ihn so deutlich wie ein Nachrichtensprecher.
   – Sprecht das Gedicht im Schneckentempo oder so schnell wie eine Maus.
   – Tragt das Gedicht fröhlich, traurig, aufgeregt oder nachdenklich vor.
**b** Besprecht die Wirkung nach jedem Vortrag.
   **Hinweis:** Begleitet den Vortrag eurer Gedichte durch Mimik und Gestik, passend zu den Gefühlen, die ihr jeweils zum Ausdruck bringen wollt.

**2** Übt euren Vortrag in der Klasse. Nehmt den **Beobachtungsbogen** zu Hilfe. Legt ein Blatt auf die rechte Seite und kreuzt darauf an. Bildet Gruppen und bewertet euch gegenseitig:

|  | immer | oft | manchmal | nie |
|---|---|---|---|---|
| Sprechpausen: an den richtigen Stellen? |  |  |  |  |
| Lautstärke: Wird „laut" oder „leise" richtig eingesetzt? |  |  |  |  |
| Betonung: wichtige Ausdrücke hervorgehoben? |  |  |  |  |
| Mimik/Gestik: Passen sie zu dem Gedicht? |  |  |  |  |
| Blickkontakt: Findet er statt? Fühlt sich das Publikum angesprochen? |  |  |  |  |

> Josef Guggenmos: Der Wind
>
> In allem Frieden |
> schlief abgeschieden
> hinter einer Hecke
> der Wind. |
> Da hat ihn die Spitzmaus, |
> wie Spitzmäuse sind, |
> ins Ohr gezwickt. ‖
>
> | kurze Pause
> ___ betonen
> - - - leise und langsam
> ‖ lange Pause
> ∿ etwas lauter und schneller werden

---

**Methode    Ein Gedicht vortragen**

Achtet beim Gedichtvortrag auf Folgendes:
- **Sprecht deutlich.** Die Vokale (a, e, i, o, u) sind meistens gut zu hören. Aber auch die Konsonanten (l, m, n, r …) solltet ihr zum Klingen bringen.
- **Betont** wichtige Wörter.
- Arbeitet mit der **Lautstärke:** Werdet je nach Bedeutung lauter oder leiser.
- Macht wirkungsvolle **Sprechpausen,** damit die Zuhörer Zeit haben, sich das Gehörte vorzustellen. Achtet auf die Satzzeichen: kein Punkt oder Komma = keine Pause!
- Ein **Tempowechsel** bringt Schwung in euren Gedichtvortrag. Sucht Stellen, die ihr schneller oder langsamer sprechen wollt.
- Verwendet eine zum Gedichtthema passende **Gestik** und **Mimik** (▶ S. 156).
- Versucht, Blickkontakt zum **Publikum** zu halten.

Damit der Vortrag gut gelingt, solltet ihr ihn **vorbereiten.**
- Schreibt das Gedicht ab. Lasst dabei viel Platz zwischen den Wörtern und zwischen den Versen.
- Unterstreicht dann die Wörter, die ihr besonders betonen wollt.
- Tragt auch ein, wo ihr Pausen macht (I für eine kurze, II für eine lange Pause) oder wo ihr das Tempo oder die Lautstärke wechseln wollt.

# Es war einmal ein Rabe – Gedichte auswendig lernen

Bertolt Brecht

## Tierverse

Es war einmal ein Rabe
Ein schlauer alter Knabe
Dem sagte ein Kanari, der
In seinem Käfig sang: Schau her
Von Kunst
Hast du keinen Dunst.
Der Rabe sagte ärgerlich:
Wenn du nicht singen könntest
Wärst du so frei wie ich.

Wilhelm Busch

## Es sitzt ein Vogel auf dem Leim

Es sitzt ein Vogel auf dem Leim.
Er flattert sehr und kann nicht heim.
Ein schwarzer Kater schleicht herzu,
Die Krallen scharf, die Augen gluh
5  Am Baum hinauf und immer höher

Der Vogel denkt: Weil das so ist
Und weil mich doch der Kater frisst,
So will ich keine Zeit verlieren,
Will noch ein wenig quinquilieren[1]
10  Und lustig pfeifen wie zuvor.
Der Vogel, scheint mir,
Hat Humor.

1  quinquilieren (aus dem Lateinischen): trällern, vor sich hin
   singen

**1** Lernt ein Gedicht auswendig, so wirkt euer
Vortrag am besten.
Sucht euch dazu eins der Tier-Gedichte von
diesem Kapitel aus. Die Arbeitstechnik unten
hilft euch dabei.

Überlegt euch eine bestimmte **Gestik, Mimik**
und **Körperhaltung** für den Gedichtvortrag. So
behaltet ihr den Text besser. Ihr erinnert euch
an die entsprechende Textstelle, wenn ihr die
Bewegung ausführt.

| Methode | Tipps zum Auswendiglernen |
|---|---|

Ein langes Gedicht solltet ihr in **Abschnitten lernen.** Nehmt euch immer nur einen Teil vor,
lest ihn genau und wiederholt ihn mehrmals laut. Ihr könnt dabei
- die Augen schließen und euch bildlich vorstellen, was ihr sprecht,
- im Raum umhergehen und sprechen,
- jemandem vorsprechen (Eltern, Hund, euch selbst im Spiegel ...).

Oder **ihr schreibt den Text auf einen Zettel**
- und nehmt ihn überall hin mit
- oder hängt ihn in eurem Zimmer, im Bad, in der Küche an die Lampe/ans Regal.

Eine andere Möglichkeit:
- **Ihr deckt die rechte Hälfte des Gedichts mit einem Blatt Papier ab,** sodass ihr nur den Anfang
  der Verse seht.
- Jetzt versucht ihr, die Verse im Kopf zu ergänzen.
- Probiert aus, wie es ist, wenn ihr das Blatt immer weiter nach links schiebt.
- Zuletzt deckt ihr die linke Seite des Gedichts ab, sodass ihr nur die Versenden seht.

**2** Lernt das Gedicht von Gernhardt auswendig. Wählt Aufgabe a, b oder c.

●●● **a** Nehmt euch Strophe für Strophe vor. Lest diese genau und wiederholt sie mehrmals.

●●○ **b** Merkwörter am Rand helfen euch, den Überblick zu behalten. Probiert es aus. Nehmt ein Blatt und deckt die rechte Hälfte der Seite ab. Lest das Gedicht und schreibt die Wörter, die euch für das Auswendiglernen wichtig erscheinen, auf dieses Blatt neben die Strophen.

●○○ **c** Arbeitet beim Auswendiglernen mit Merkwörtern am Rand. Nutzt die Merkwörter unten neben den Strophen. Sie helfen euch, den Überblick zu behalten.

> Wenn ihr versteht, was das Gedicht aussagt, könnt ihr es wirkungsvoll vortragen.

Robert Gernhardt

### Heut singt der Salamanderchor

Heut singt der Salamanderchor
die allerschönsten Lieder.
Doch da er gar nicht singen kann,
hallt es entsetzlich wider.

*Salamander singen falsch*
*klingt entsetzlich*

5 Rings um das Haus ist's warm und still,
drin schrein die Salamander.
Sie brüllen, lärmen, plärrn, krakeeln
und alle durcheinander.

*alles ist still*
*Salamander schreien durcheinander*

Die Katze schaut ins Zimmer rein,
10 da wird's auf einmal leiser.
„Ich bitt' euch", sagt sie, „schreit nicht so!
Ihr seid ja schon ganz heiser!"

*Katze kommt*
*es wird leiser*
*Katze: „Schreit nicht .*

Die Katze geht. Es ist sehr still.
Man hört die Hummeln brummen.
15 Ein Kuckuck ruft. Fern bellt ein Hund.
Doch dann ertönt ein Summen.

*es ist still*
*Hummeln, Kuckuck, Hund*

*ein Summen*

Ein Summen erst, und dann ein Schrein –
das sind die Salamander.
Schon sind sie wieder voll in Fahrt
20 und brüllen durcheinander:

*Salamander schreien und brüllen wieder durcheinander*

„Hier singt der Salamanderchor
die allerschönsten Lieder.
Auch wenn es manchem gar nicht passt:
Wir singen immer wieder."

*Salamander finden ihre Lieder schön*
*singen immer wieder*

# 8.3 Ein Gedichtbuch gestalten – Das Textverarbeitungsprogramm nutzen

Nachdem ihr Wörter, Reime und Laute in Gedichten auf vielerlei Weise zum Klingen gebracht habt, findet ihr in diesem Kapitel Anregungen, Gedichte auch fürs Auge interessant zu gestalten. Das Textverarbeitungsprogramm des Computers bietet dazu viele Möglichkeiten (▶ S. 154).

**1** Gestaltet ein Gedichtbuch, dazu könnt ihr die folgenden Anregungen am Computer umsetzen. Stellt eure selbst geschriebenen oder von euch gestalteten Gedichte zusammen, verseht sie mit Zeichnungen und vervielfältigt sie.

**Hinweis:** Wie wäre es, wenn ihr sie beim Schulfest oder an einem Elternabend für einen sozialen Zweck verkauft? Ihr könnt das Buch aber auch nur für euch selbst herstellen und behalten oder verschenken. Eine weitere Möglichkeit ist, eure Gedichte in der Schülerzeitung oder auf der Schulhomepage erscheinen zu lassen.

## Elfchen schreiben

Frech!
Kleine Maus
Zwickt den Wind.
Ich bin immer brav.
Schade!

Ein **Elfchen** besteht, wie der Name schon sagt, aus elf Wörtern:
1. Vers: ein Wort (z. B. eine Farbe, eine Eigenschaft)
2. Vers: zwei Wörter (z. B. ein Gegenstand, ein Lebewesen)
3. Vers: drei Wörter (eine Aussage über Vers 2)
4. Vers: vier Wörter (eine Aussage über dich)
5. Vers: ein Wort (ein Schlusswort, das alles zusammenfasst)

## Bildgedichte gestalten

```
R  NG   NA   ER    LA    KO    KREUZ   TER
  I   EL   TT   SCH   NGE   BRA        OT
```

```
S        S        S        S        S
T        T        T        T        T
KÄFIGKÄFIGKÄFIGKÄFIGKÄF
B        B        B        B        B
E        E        E        E        E
S        S        S        S        S
T        T        T        T        T
Ä        Ä        Ä        Ä        Ä
B        B        B        B        B
HERPANTHERPANTHERPANTHERPANTHER
S        S        S        S        S
T        T        T        T        T
KÄFIGKÄFIGKÄFIGKÄFIGKÄF
```

| **Wissen und Können** | **Arbeitstechniken am Computer** |
| --- | --- |

### Eine Textdatei anlegen

Wenn ihr am Computer Gedichte schreiben und bearbeiten wollt, sammelt ihr sie in einer Datei.

| Programme *Word* | Wählt über die Menüleiste das Textprogramm aus und öffnet es. (Word, Open Office …) |
| --- | --- |
| Datei *Speichern unter* | Gebt der Textdatei einen passenden Namen, z. B. Gedichte. |

### Texte schreiben, bearbeiten, drucken

Nun kann es losgehen mit dem Schreiben. (Das 10-Finger-System solltet ihr möglichst bald lernen!)

| Schrift | Wählt in der Menüleiste die Schriftgröße und Schriftart. Wollt ihr sie verändern, dann markiert das Wort oder die Zeile und wählt die passende Größe bzw. Schriftart. 10 ▾ Times New Roman ▾ <br><br> Wenn ihr ein Wort <u>unterstreichen</u>, **fett** oder *kursiv* schreiben wollt, markiert es und klickt auf **U** , **F** oder *K* . |
| --- | --- |
| Löschen Korrigieren | Falsch getippte Buchstaben werden mit ← oder Entf gelöscht. <br><br> Jeden Vorgang kann man mit ↺ ▾ rückgängig machen. <br><br> Ein Wort könnt ihr überschreiben, indem ihr es vorher markiert. |
| Kopieren Einfügen | Wenn ihr ein Wort, einen Vers oder eine ganze Strophe an einer anderen Stelle einfügen wollt, dann markiert die Textstelle. <br><br> Kopiert sie mit 📋 . <br><br> Platziert den Cursor dort, wo der Text eingefügt werden soll. <br><br> Fügt ihn ein mit 📋 . |
| Verschieben Einfügen | Wörter, Zeilen, ganze Abschnitte kann man verschieben, indem man sie markiert und mit gedrückter Maustaste an einer gewünschten Stelle einfügt. |
| Speichern | Sehr wichtig ist, alles abzuspeichern, was ihr geschrieben habt. 💾 Ihr könnt es später immer noch verändern. |
| Datei drucken | Drucken geht einfach mit 🖨 . |

Kontrolliert aber vorher die Seitenansicht der Dokumente mit 🔍 .

| **Wörterliste** | | | | | ▶ S. 284 |
| --- | --- | --- | --- | --- | --- |
| Publikum | tuscheln | dichten | Reim | Vortrag | Datei |
| ausprobieren | Computer | Betonung | deutlich | auswendig | merkwürdig |
| Strophe | lustig | lüstern | Programm | Vers | flüstern |

# 9 Vorhang auf! – Wir spielen Theater

**1** *Bei „Theater" denke ich an ...*
Sammelt eure Einfälle an der Tafel. Sprecht dann über eure Ideen.

**2** Habt ihr selbst schon einmal Theater gespielt? Tauscht euch über eure Erfahrungen aus.

**3** Erzählt euch gegenseitig von Theateraufführungen, die ihr besucht habt.

## In diesem Kapitel ...

– werdet ihr euch eurer Körpersprache bewusst,
– stellt ihr Situationen und Handlungen mit und ohne Worte dar,
– lernt ihr, Dialoge fortzuschreiben und eigene Stücke zu entwickeln.

# 9.1 In kleinen Schritten auf die große Bühne

## Unsere Körpersprache – Sprechen ohne Worte

Wer selbst schon einmal Theater gespielt hat, weiß: Die Schauspieler/-innen tragen nicht nur ihren Text vor. Sie gebrauchen ihren ganzen Körper, um Gefühlen und Stimmungen Ausdruck zu verleihen.

Es gibt eine Form von Theater, bei der ganz auf Worte verzichtet wird: die **Pantomime.**
Dabei drücken die Darsteller/-innen mit **Mimik** und **Gestik** aus, was sie sagen wollen.

| **Information** | Mimik und Gestik |
| --- | --- |

**Mimik** nennt man den Gesichtsausdruck eines Menschen. An der Mimik kann man erkennen, wie jemand sich gerade fühlt und was er denkt.
Um deutlicher auszudrücken, wie man sich fühlt, lassen sich auch Körperhaltung und Bewegungen einsetzen: Kopfschütteln, Schulterzucken, mit dem Fuß stampfen, Handbewegungen usw. Das nennt man **Gestik.**

**1** Schaut euch das Bild auf Seite 156 an.

a Versucht, den jeweils gezeigten Gesichtsausdruck und die Haltung nachzuahmen.

b Beschreibt die dargestellten Gefühle mit passenden Verben, Adjektiven und Nomen.

c Stellt euch Alltagssituationen vor, in denen sich die Kinder befinden, und überlegt, was sie gerade erleben könnten. Legt ihnen Sätze in den Mund, die sie vielleicht als Nächstes sagen würden.

**2** Überlegt euch selbst ein bestimmtes Gefühl und versucht, es durch Mimik und Gestik auszudrücken. Euer Nachbar/Eure Nachbarin soll das Gefühl erraten.

**3** Versucht, euren Gesichtsausdruck von einer Stimmung in eine andere zu verändern: Schüler/-in A spricht Schüler/-in B an, der oder die reagiert mit einem entsprechenden Gesichtsausdruck.

| | |
|---|---|
| A: „Deine neue Frisur steht dir richtig gut." | B: strahlt. |
| A: „Deine Noten müssen endlich besser werden." | B: schaut betroffen. |
| A: „Das Essen ist dir gut gelungen." | B: lächelt zufrieden. |

**4** Mit den folgenden Übungen könnt ihr allein, zu zweit oder in der Gruppe eure pantomimischen Fähigkeiten trainieren:

**A Sich fortbewegen:**

spazieren gehen     wandern

schlendern    schleichen    hinken

stolzieren    kriechen    schleichen

**B Stumme Aussagen:**
- Mir geht es gut. Ich habe gerade gut gegessen.
- Das möchte ich nicht! Lass mich in Ruhe!
- Lass mich mal kurz darüber nachdenken!
- Den lasse ich heute mal nicht von mir abschreiben!

**C Alltagsbeschäftigungen:**
- eine Banane schälen und essen
- Temperatur mit dem Fieberthermometer messen
- vor dem Computer sitzen und chatten

**D Kleine Alltagsszenen spielen:**
- Ihr steigt aus der Straßenbahn, es regnet in Strömen, ihr sucht euren Schirm, stellt fest, dass ihr ihn in der Bahn vergessen habt, ärgert euch, lauft hastig los, sucht durchnässt und frierend Schutz unter einem Vordach …
- Ihr bekommt eine gute/schlechte Klassenarbeit zurück.
- Ihr steht im Supermarkt an der Kasse und ärgert euch über die lange Schlange vor euch.
- Ihr quält euch durch ein völlig überfülltes Zugabteil.

**E** **Freizeitbeschäftigungen erraten:**

Bildet Zweiergruppen. Erklärt euch pantomimisch, einer nach dem andern, was ihr am kommenden Wochenende vorhabt. Klärt anschließend, ob ihr euch richtig verstanden habt.

**F** **Magische Verwandlungen:**

Bildet einen großen Sitzkreis. Eine oder einer beginnt und verwandelt wortlos einen Gegenstand, z. B. ein Federmäppchen, in einen anderen Gebrauchsgegenstand, z. B. in einen Föhn, und gibt diesen weiter. Der/die Nächste spielt pantomimisch mit dem Gegenstand und verwandelt ihn dann wieder, z. B. in einen Roller …

**G** **Weitere pantomimische Paar- und Gruppenübungen:**

- **Paargehen:** Einer geht hinter dem anderen her und ahmt dessen Bewegungen genau nach.
- **Marionettentheater:** Einer steht auf dem Stuhl und hält als Marionetten-spieler die Fäden in der Hand, der andere steht vor ihm auf dem Boden und spielt die Marionette.
- **Tauziehen:** Zwei Personen oder Gruppen stehen sich gegenüber und spielen Tauziehen ohne Seil.
- **Wechselwetter:** Ihr stellt euch vor, bei wechselndem Wetter durch die Stadt zu laufen. Macht durch eure Pantomime deutlich, ob es gerade stark regnet, heftig gewittert, eisig kalt ist, glühende Hitze oder Sonnenschein herrscht oder ein Herbststurm tobt.

- **Medizinball:** Ein unsichtbarer Medizinball wird zunächst im Kreis herum vorsichtig weitergereicht, dann immer schneller dem Nächsten zugeworfen.
- **Spiegelpantomime:** Ihr steht euch zu zweit gegenüber. Einer tut so, als stünde er vor dem Spiegel, der andere spielt das Spiegelbild. Achtung: Bewegt euch zunächst nur sehr langsam.
- **Standbilder bauen:** Eine Gruppe von sechs bis acht Schülerinnen und Schülern bekommt den Auftrag, eine Alltagssituation oder eine Szene pantomimisch darzustellen. Auf ein Signal hin wird die Situation eingefroren, alle Spieler erstarren in ihrer Mimik und Gestik. Das eingefrorene Bild verdeutlicht die Stimmungen und Beziehungen der Darsteller zueinander. Tipp: Nutzt diese Übung auch als praktische Vorübung für Theateraufführungen.

# Die Stimme einsetzen – Der Ton macht die Musik

## Die Stimme ausprobieren

Unsere Stimme ist ein unglaublich vielseitiges Instrument. Sie kann **laut** oder **leise, hoch** oder **tief** sein, sie kann aber auch **warm** oder **kalt** klingen. Wir können **schnell** oder **langsam** sprechen und wir haben die Möglichkeit, **Sprechpausen** zu machen oder bestimmte Wörter zu **betonen.**

**1** Überlegt, in welche Situationen wird hoch und schnell gesprochen? Oder tief und warm? Kennt ihr eine Situation, in der etwas leise und kalt gesagt wird?

**2** Sprecht die beiden Sätze in den Sprechblasen auf verschiedene Arten:

im Befehlston • beruhigend • ärgerlich, zornig • schmeichelnd • lachend • …

> *Achtung, alle mal herhören!*

> *Morgen gehen wir in den Zoo.*

## Das Gedicht von den fünf Gefühlen

An manchen Tagen bin ich wirklich froh,
dann spring ich durch die Gegend, freu mich so.

An manchen Tagen bin ich auch mal traurig,
dann weine ich und finde alles schaurig.

5 An manchen Tagen krieg ich echt die Wut,
dann stampf und schrei ich laut, fühl mich nicht gut.

An manchen Tagen hab ich richtig Mut,
dann gelingt mir alles und ich fühl mich gut.

An manchen Tagen fürchte ich mich sehr,
10 ich habe Angst und das Alleinsein fällt mir schwer.

**3** Tragt das Gedicht so ausdrucksvoll vor, dass die genannten Gefühle durch eure Stimmlage und durch den Tonfall deutlich zum Ausdruck kommen. Lernt es am besten auswendig (▶ S. 151).

**4** Setzt nun euer Gesicht, den ganzen Körper und Bewegungen ein, um die Stimmung der einzelnen Strophen zu verdeutlichen.

**5** **a** Drückt die fünf Gefühle im Gedicht musikalisch aus. Besonders gut eignen sich dazu Schellen, Trommeln, Glockenspiele, Xylophone und Rasseln.
**b** Erfindet passende Melodien zu den einzelnen Strophen.

## Unsinnstexte mit Gefühl

Kalima schlapft i drusi
Glan kuli menkat up flat, ennobi massa blodi.
Aklama hilo bramsa Kalima.
Estebe meffe? Estebe nägge?
Klariza dupla hinegart!

Der Text, den ihr gerade gelesen habt, ist in Grommolo verfasst, einer Unsinnssprache, bei der erfundene Wörter und Laute miteinander verbunden werden. Verständlich kann man sich seinem Publikum dennoch machen, indem man mit der eigenen Stimme spielt und sehr deutlich betont.

**1** Lest euch den Text in unterschiedlichen Stimmungslagen vor:
a Probiert z. B. folgende Varianten aus: *ärgerlich*, *glücklich*, *wütend*, *traurig*, *ängstlich*, *feierlich*.
b Woran habt ihr die jeweilige Stimmung des Vortragenden erkannt?

**2** Die folgenden Texte geben kleine Szenen wieder. Auch sie kommen euch vielleicht zunächst etwas seltsam vor.
a Lest die kurzen Texte in der zweiten Spalte leise für euch.
b Tragt die kleinen Szenen in der richtigen Stimmung und Tonlage vor.

| | |
|---|---|
| Das Meerschweinchen deines Freundes / deiner Freundin ist gestorben, du tröstest ihn/sie. | Karmi Mena, sono blenda, daku trevi, trevi manast. |
| Du bist ein/-e Nachrichtensprecher/-in und trägst die rechts stehende Nachricht vor. | Ekla ni tumme. Dor nubot keil griffke sabot huschla. |
| Du hast Computerverbot und bist darüber sehr wütend. | Kaka dak? Plo zigstu remmi. Tronto mega klick kamme! |

**3** Denkt euch mit eurem Partner / eurer Partnerin kleine Szenen aus, die ihr zu zweit spielen könnt. Hier findet ihr einige Beispiele als Anregung:

*Du meldest bei der Polizei den Diebstahl deines Fahrrads.*
*Auf dem Weg zur Schule werden im Bus die Fahrscheine kontrolliert, du hast deinen verloren …*

**Information** **Szene**

Eine Szene ist ein Handlungsabschnitt in einem Theaterstück. Auch Handlungen, die man im Alltagsgeschehen beobachtet, nennt man manchmal Szenen.

# Aus dem Stegreif spielen

Beim Stegreifspielen wird spontan ein Thema vorgegeben. Die Darsteller/-innen haben keine Zeit, sich einen Text auszudenken, den sie auswendig lernen. Sie müssen improvisieren, sich also sehr schnell in eine Rolle und Situation hineinversetzen und möglichst glaubwürdig spielen.

**1** Stellt euch in einer Reihe diagonal im Klassenzimmer auf.

a Durch Klatschen oder Schnipsen erhält die oder der Erste in der Reihe von der Lehrerin oder dem Lehrer das Zeichen, spontan eine Geschichte zu erzählen, zum Beispiel diese:

> *Heute Morgen ist mir an der Bushaltestelle ein ganz eigenartiger Herr begegnet. Er trug einen sehr seltsamen Hut und ...*

b Die begonnene Geschichte wird so lange fortgesetzt, bis das Zeichen an die Nächste oder den Nächsten geht, die/der somit aufgefordert ist, genau an der Stelle einzusetzen und weiterzuerzählen.

c Sind alle einmal an der Reihe gewesen, ist die Geschichte beendet.
**Hinweis:** Achtet darauf, dass eure Geschichte inhaltlich an den Vorreden anknüpft.

**2** Bildet Dreier- oder Vierergruppen.

a Jede Gruppe zieht verdeckt einen Gegenstand aus einer Blackbox (z. B. einem Sack).

b Überlegt kurz, was euch zu dem blind gezogenen Gegenstand einfällt.

c Erzählt aus dem Stegreif eine Geschichte, in der euer Gegenstand vorkommt. Ihr dürft auch eigene Erlebnisse/Erfahrungen in die Geschichte einbeziehen.

**3** Spielt ohne Vorbereitung eine der folgenden Szenen. Setzt Mimik, Gestik und Sprache so wirkungsvoll wie möglich ein. Beobachtet euch gegenseitig und tauscht euch am Ende aus, wer besonders überzeugend gespielt hat.

| | |
|---|---|
| Du bist mit einem Freund oder einer Freundin bei einer Sportveranstaltung und ihr unterhaltet euch über das Spiel beziehungsweise über den Wettkampf. | Dein Freund oder deine Freundin kommt viel zu spät zu eurem vereinbarten Treffpunkt. |
| Du sprichst mit deinen Eltern über eine Taschengelderhöhung. | Du bekommst einen Werbeanruf. Der Anrufer will dir ein Abonnement für Klingeltöne aufschwätzen. |

## 9.2 Märchen in Szene setzen

### Dialoge entwerfen

### Das böse Rotkäppchen und der liebe Wolf

MUTTER *(elegant gekleidet, Laptop unterm Arm):* Rotkäppchen!

ROTKÄPPCHEN *(lümmelt mit Kopfhörern und Zeitschrift auf dem Sofa, reagiert nicht)*

5 MUTTER *(lauter):* Rotkäppchen, du weißt doch, dass ich gleich einen wichtigen Termin habe. Kommst du bitte mal?

*(Mutter geht zu Rotkäppchen und nimmt ihm die Kopfhörer ab.)*

10 ROTKÄPPCHEN: Hey, kann man hier denn nicht mal mehr in Ruhe Musik hören?

MUTTER: Rotkäppchen, mach jetzt bitte keinen Stress. Hör zu: Ich habe Großmutter versprochen, bei ihr vorbeizuschauen und Kuchen und Wein mitzubringen. Aber ich schaff's 15 nicht. Bist du so lieb und erledigst das für mich? Im Schrank steht noch eine Schokobackmischung, und dann nimmst du am besten noch eine Flasche Württemberger Roten mit, den trinkt sie am liebsten ... 20

*(Mutters Handy klingelt, Rotkäppchen setzt inzwischen wieder die Kopfhörer auf.)*

MUTTER: Wolf-Rosenrot. Guten Tag, Herr Isegrimm. Ja ..., ja ..., ich denke, das geht in Ord-
25 nung. Gut, Herr Isegrimm, dann sehen wir
uns um 13:00 Uhr. Ebenso. Schöne Grüße an
die Gattin. Ja ..., gerne. Auf Wiederhören!
MUTTER *(nimmt Rotkäppchen erneut die Kopfhörer
ab):* Ich verlass mich auf dich, meine Große!
30 ROTKÄPPCHEN: Keine Lust! Und keine Zeit!
MUTTER: Bitte! Wir machen dann am Wochenende auch was Schönes zusammen, ja? Versprochen! Tschüss!
*(Mutter geht.)*

**1** Schreibt das Theaterstück „Das böse Rotkäppchen und der liebe Wolf" weiter. Wählt Aufgabe a, b oder c.
a Erarbeitet gemeinsam einen roten Faden und gliedert eure Ideen in passende Szenen.
b Ruft euch das Märchen in Erinnerung. Überlegt euch, wie ihr die einzelnen Handlungsschritte in Szenen abbilden könnt.
c Lest das Märchen „Rotkäppchen und der Wolf". Haltet in einem Cluster Ideen für die Schülerfassung fest. Fasst eure Ideen dann zusammen: Welche Szenen könnten entstehen?

**2** Bildet Kleingruppen und gestaltet die einzelnen Szenen zu Dialogen aus.
a Überlegt euch zunächst, welche Figuren in der jeweiligen Szene beteiligt sind.
b Schreibt den Text so auf, dass der Dialog (siehe Merkkasten unten) deutlich wird.
c Ergänzt eure Dialoge durch sinnvolle Regieanweisungen. Sie legen fest, wie der Text gesprochen werden soll.

> **Mutter** (ungeduldig): Ach, Rotkäppchen, du weißt doch, wie viel ich zu tun habe. Bitte, unterstütze mich doch ein wenig!
> **Rotkäppchen** (schnippisch): Würde ich ja gern, muss nur einfach unbedingt den Song zu Ende hören.
> **Mutter** (leicht versöhnt): ...

**3** Präsentiert eure in den Gruppen erarbeiteten Rollenspiele vor der Klasse.
a Tragt die einzelnen Szenen vor und lasst euch Rückmeldungen dazu geben.
b Überarbeitet eure Dialoge anhand der Rückmeldungen, die ihr erhalten habt.

---

**Information**    **Dialoge und Regieanweisungen**

Wenn sich zwei oder mehrere Personen im Alltag oder auch auf der Bühne unterhalten oder gar streiten, nennt man das einen **Dialog.**
Hinweise in einem Theatertext, die angeben, wie Dialogpartner/-innen miteinander reden und sich verhalten, nennt man **Regieanweisungen.** Sie stehen in Klammern hinter der Nennung der sprechenden Person oder zwischen den Dialogbeiträgen, z. B.:
Mutter *(energisch):* ...
*(Tochter reagiert gereizt und geht hinaus.)*

# Rollenbiografien entwickeln

Um eine Figur eindrucksvoll auf der Bühne darstellen zu können, muss die Schauspielerin oder der Schauspieler sie im Vorfeld gut kennen lernen sowie ihre Verhaltens- und Handlungsweisen verstehen.

**1** Entwerft Steckbriefe (▶ S. 14) für die Figuren eurer Szenen: Rotkäppchen, Mutter, Großmutter, Wolf usw. Beantwortet darin alle wichtigen Fragen, die die Figur näher beschreiben:

> ### Steckbrief: Rotkäppchen
>
> Wie heißt du?  Ich heiße Rotkäppchen
>
> Wie alt bist du?  Ich bin elf Jahre alt
>
> Wie siehst du aus?
>
> Wie kleidest du dich?
>
> Welche besonderen äußeren Merkmale zeichnen dich aus?
>
> Wo und wie lebst du?
>
> In welchem Verhältnis stehst du zu den anderen? Wen magst du? Wen lehnst du ab?
>
> Wie siehst du dich selbst? Bist du glücklich und zufrieden mit dir?
>
> Wie sehen dich die anderen?

**2**  Eure Steckbriefe sind die Grundlage für Rollenkarten. Auf diesen fasst ihr die Biografie der Figuren zusammen:

a Legt in Kleingruppen für jede Figur eures Märchen-Theaterstücks eine Rollenkarte an.

b Vergleicht eure Rollenkarten mit denen der anderen Gruppen und ergänzt eure Rollen- biografien um die Stichpunkte, die ihr vielleicht übersehen habt.

> ### Rollenkarte: Rotkäppchen
> Ich heiße Rotkäppchen und bin elf Jahre alt.
> Bei diesem Namen nennen mich alle, weil
> meine Lieblingsfarbe Rot ist und ich schon
> als kleines Mädchen am liebsten immer rote
> Haarbänder und Mützen getragen habe.
> Ich lebe bei meiner Mutter, mein Vater ist ...

**3** Tragt die Rollenbiografie einer Figur vor. Wählt Aufgabe a, b oder c.

●●● a Lernt die Rollenkarte der Figur auswendig und fühlt euch dabei in die Figur ein.

●●○ b Arbeitet zu zweit. Lest euch die Rollenkarte gegenseitig vor und versetzt euch dabei in die Figur.

●○○ c Lest eure Rollenkarte mehrfach leise, dann laut. Nehmt dabei mehr und mehr die Position eurer Figur ein: Was fühlt sie? Was denkt sie?

**Hinweis:** Achtet beim Vortrag auf die passende Mimik und Gestik, die die Figur auszeichnen.

---

| Information | Rolle und Rollenkarte |
|---|---|

**Rolle** nennt man die Gestalt oder Figur, die ein Schauspieler oder eine Schauspielerin auf der Bühne oder vor der Kamera verkörpert, z. B.: Prinzessin, Sohn, Kommissarin ...
Um in eine Rolle hineinzufinden, eignen sich **Rollenkarten** als Hilfsmittel. Alle Informationen, die für die Figur wichtig sind, werden darin steckbriefartig festgehalten.

# 9.3 Projekt: Ein Theaterstück aufführen

## Die Spielvorlage erstellen

### Schneeputtel und die sieben Stadtzwerge

*In der Märchenwelt ist so einiges durcheinandergeraten. Erst begegnen Hänsel und Gretel den vier Stadtmusikanten, und dann ...*

*(Es ist finstere Nacht. Mitten im Wald kauern zwei Kinder unter einem alten Baum.)*
HÄNSEL: Nun hör' doch auf zu weinen, Gretel. Es ist vorbei! Die alte Hexe ist tot. Und morgen
5 sind wir vielleicht schon wieder zu Hause.
GRETEL: Ich hab' solche Angst!
HÄNSEL: Psst! *(flüsternd)* Da war doch was!
GRETEL *(noch ängstlicher)*: Hänsel!
*(Man hört Geräusche wie das Knacken von Ästen.*
10 *Dann absolute Stille. Plötzlich brechen Esel, Hund, Katze und Hahn durch das Dickicht. RIESENGESCHREI auf beiden Seiten.)*

HÄNSEL *(nach einigen Schrecksekunden)*: Mein Gott, habt ihr uns aber erschreckt!
HUND: Sorry, aber wir haben schlechte Erfah-15 rungen mit Menschen gemacht.
GRETEL: Was macht ihr denn hier?
ESEL: Ach, das ist eine lange Geschichte. Ich kann sie euch gern erzählen – morgen. Jetzt muss ich erst einmal schlafen. Gute Nacht! 20
*(Alle legen sich schlafen. Am nächsten Morgen.)*
HAHN: Kikeriki, schön ist's in der Frih! ...

**1** Jetzt ist eure Kreativität gefragt: Ihr schreibt euer eigenes kleines Theaterstück.
  a Was könnten die Märchenfiguren zusammen erleben? Sammelt Ideen in einem Cluster (▶ S. 286) an der Tafel.
  b Entscheidet euch für die besten Szenen, die ihr in euer Theaterstück einbauen möchtet.
  c Legt die Reihenfolge der Szenen fest.

**2** Setzt eure Szenen in Gruppenarbeit um. Entscheidet euch für Aufgabe a, b oder c.
  a Arbeitet die einzelnen Szenen als Dialoge aus. Vergesst dabei nicht die Regieanweisungen.
  b Überlegt, welche Figuren in der Szene beteiligt sein könnten. Entwerft geeignete Dialoge und unterstützende Regieanweisungen, z.B. wie die Tier sich fortbewegen oder sprechen sollen.
  c Schreibt für die Figuren Dialoge. Ergänzt Regieanweisungen in Klammern, in denen ihr festhaltet, wie die Figuren sprechen sollen und wie sie sich verhalten, z.B.: *kräht der Hahn fröhlich und stolziert dabei auf und ab.*

> Manchmal passen die ausgearbeiteten Szenen nicht so recht zusammen. Dann ist es hilfreich, eine Figur einzusetzen, die in allen Szenen wiederkehrt und so einen roten Faden in eurem Stück spinnt (z.B. Hänsel und Gretel, die durch die Szenen wandeln).

**3** a Tragt eure Szene zunächst in eurer Gruppe vor und überarbeitet sie.
  b Stellt die überarbeiteten Szenen der Klasse vor und stimmt sie mit den anderen Szenen genau ab.

# Das Stück inszenieren

Um euer Stück in Szene zu setzen, zu „inszenieren", und dann zur Aufführung zu bringen, ist noch einiges zu bedenken. Daher ist es sinnvoll, gleich zu Beginn einen Projektfahrplan zu erstellen und diesen gut sichtbar als Plakat aufzuhängen.

---

**Projektfahrplan für die Aufführung von „Schneeputtel und die sieben Stadtzwerge"**

| Verantwortliche Gruppe | Aufgabe | Termine |
|---|---|---|
| Gruppe 1: Schauspieler/-innen | – Texte auswendig lernen<br>– Proben Szene 1–3 | … |
| Gruppe 2: Bühnenbild, Licht | – Mobiliar besorgen<br>– Kulisse bauen | … |
| Gruppe 3: Kostüme, Requisiten | – Kostüme zusammenstellen<br>– Stoffe besorgen | … |
| Gruppe 4: Plakat und Einladung | – Text für das Plakat entwerfen<br>– Fotos besorgen<br>– … | … |

---

 **1** Bildet die verschiedenen Arbeitsgruppen.

a Besprecht in jeder Gruppe die Arbeiten, die zu erledigen sind, und die Termine dazu.

b Einigt euch in jeder Gruppe, wer welche Aufgaben übernimmt.

c Haltet eure Ergebnisse im Projektfahrplan für alle sichtbar fest.

**2** Überlegt gemeinsam, welche Requisiten ihr einsetzen könnt. Stellt dafür eine Requisitenkiste in eure Klasse, die ihr mit passenden mitgebrachten Kleidungsstücken, Stoffen und Gegenständen füllt.

---

| Information | Kostüme, Requisiten, Kulissen |
|---|---|

Schauspielerinnen und Schauspieler legen für ihre Rollen meistens **Kostüme** an.
Für bestimmte Szenen werden Möbel oder Gegenstände benötigt, z. B. Tassen, ein Stock, ein Stuhl … Hier spricht man von **Requisiten.**
Oft spielen Theaterstücke nicht nur an einem, sondern an mehreren Orten. Wird der Schauplatz gewechselt, geht der Vorhang zu, die Bühne wird umgebaut. Oft wechselt dann auch die **Kulisse,** ein (gemalter) Hintergrund verdeutlicht den Schauplatz (z. B. Wald oder Wohnzimmer).

---

**Wörterliste**  ▶ S. 284

| Spiel | Rolle | Pantomime | Kostüm | Regieanweisung |
|---|---|---|---|---|
| Szene | Aufführung | Requisite | Gestik | Gefühle |
| Theater | Kulisse | Dialog | Mimik | betonen |

# 10 Fernsehen, Radio, Internet –
## Medien bewusst nutzen

**1** Das Foto wurde auf einer Medienmesse aufgenommen.
  **a** Besprecht:
  – Welche Medien erkennt ihr auf dem Bild?
  – Welche weiteren Medien könnte es auf einer derartigen Messe geben?
  **b** Gebt dem Foto eine Bildunterschrift. Vergleicht eure Vorschläge.

**2** **a** Nennt eure Lieblingsfernseh-
  sendungen. Erklärt, was ihr daran
  jeweils gut findet.
  **b** Wie und wo informiert ihr euch
  am liebsten? Nennt Medien und
  Sendungen.

**In diesem Kapitel ...**

– untersucht und diskutiert ihr eure
  Mediennutzung,
– lernt ihr, wie Wissenssendungen aufgebaut sind und wie die Kamera eure
  Sehweise lenkt,
– informiert ihr euch über Nachrichten.

# 10.1  Wissenssendungen – Lernen durch Fernsehen

## Fernsehsendungen unterscheiden

**1** Stellt euch gegenseitig eure Lieblingssendung vor. Geht so vor:

a Notiert euch Stichwörter zu eurer Lieblingssendung, z. B.:

- *Name der Lieblingssendung: …*   *Jnhalt der Sendung: …*
- *Fernsehsender, Sendetag und -zeit: …*   *Warum ich die Sendung mag: …*

b Stellt nun eure Lieblingssendung vor.

c Gibt es Sendungen, die eher von Mädchen oder eher von Jungen angeschaut werden? Welche Gründe könnte es hierfür geben?

**2** a Man kann verschiedene Arten von Sendungen unterscheiden. Lest dazu die Informationen im unten stehenden Merkkasten.

b Oben findet ihr Beispiele für Fernsehsendungen. Bestimmt jeweils die Art der Sendung.

c Sucht weitere Beispiele für die verschiedenen Arten von Fernsehsendungen. Ihr könnt dazu die Seite aus der Fernsehzeitschrift auf Seite 173 verwenden.

---

**Information**   **Arten von Fernsehsendungen**

Man unterscheidet Unterhaltungs- und Informationssendungen.
Zu den **Unterhaltungssendungen** gehören z. B. Fernsehserien, die entweder täglich oder wöchentlich gesendet werden, Fernsehshows (z. B. „Wer wird Millionär?") und Fernsehfilme.
Zu den **Informationssendungen** zählen z. B. Nachrichtensendungen (wie die „Tagesschau") und Dokumentationen (z. B. „Expeditionen ins Tierreich").
Neben reinen Informations- und Unterhaltungssendungen gibt es auch eine Vielzahl von Magazinen, die Information (engl. *information*) mit Unterhaltung (engl. *entertainment*) kombinieren. So entsteht **Infotainment.**

# Wissenssendungen untersuchen und vorstellen

„Fixies" sind Fahrräder, die eigentlich für Bahnrennen entwickelt worden sind. Sie haben feststehende Naben, es gibt keinen Leerlauf, keine Gang-
5 schaltung und nicht mal Bremsen! Das verspricht den neuesten Kick. Ih-ren Namen verdanken sie dem Engli-schen: fixed gears, kurz „Fixies"!
Immer häufiger benutzen Fahrradku-
10 riere, aber auch Freizeitstrampler die modischen Rennräder. Die Polizei sieht das mit Sorge, denn das Unfallri-siko der „Fixies" ist hoch.
Anders ist das bei den inzwischen
15 sehr weit entwickelten Mountainbikes und den Crossrädern, die durch Schei-benbremsen und hydraulische Brems-systeme eine kurze Bremsstrecke und schnelles Stehenbleiben ermöglichen.

**1** Was sind „Fixies"? Beantwortet die Frage mit eigenen Worten in ein bis zwei Sätzen.

**2** In einer Wissenssendung wurde das Bild oben ausgestrahlt.
Dazu war der Text oben zu hören. Untersucht den Beitrag.
Wählt dafür a, b oder c.

●●● a Zu welchem der beiden folgenden Sätze aus dem Text passt das Bild besser?
Begründet.
  **A** Immer häufiger benutzen Fahrradkuriere, aber auch Freizeitstrampler die modischen
  Rennräder.
  **B** Die Polizei sieht das mit Sorge, denn das Unfallrisiko der „Fixies" ist hoch.
  *Das Bild passt besser zu Satz 1 / Satz 2, weil …*

●●○ b Passen Bild und Text gut zusammen? Wählt einen der folgenden Anfänge und ergänzt ihn.
  **A** *Text und Bild passen gut zusammen, weil es im Text um … geht und auf dem Bild auch … zu sehen ist.*
  **B** *Text und Bild bewerten die neuen Fahrräder etwas unterschiedlich. Während im Text auf … hingewiesen
  wird, zeigt das Bild nur …*

●○○ c Erklärt den Unterschied zwischen Text und Bild, indem ihr den folgenden Satz ergänzt.
  *Während der Text auch auf die Gefahren der Fixies hinweist, zeigt das Bild einen Fahrradkurier, der …
  So schnell möchte man auch gerne sein …*

**3** „Fixies" sind gefährlich.
Diskutiert in der Klasse, ob man deshalb ihren Verkauf verbieten sollte.

**4** Bildet Gruppen und nehmt jeweils eine andere Wissenssendung genauer unter die Lupe.

> Im Internet findet ihr zu eurer Sendung zusätzliche Informationen, die das Thema und die Hintergründe betreffen.

  a Wählt eine Wissenssendung aus. Achtet darauf, dass jede Gruppe eine andere Wissenssendung untersucht.

  b Erstellt einen Bewertungsbogen eurer Sendung für eure Mitschülerinnen und Mitschüler. Orientiert euch dabei an dem Beispiel unten. Ihr könnt aber auch zusätzliche Kriterien ergänzen.

## Bewertungsbogen für „Planet Wissen"

| | |
|---|---|
| **Name der Schülerinnen und Schüler (Gruppe):** | Nina, Marie, Jonas, Josip |
| **Sendetag und -zeit:** | Mittwoch 19.10.2015, 15.00 – 16.00 Uhr |
| **Thema der Sendung:** | geniale Erfinder |
| **Inhalt der Sendung:** | Rudolf Diesel, der Erfinder des Dieselmotors. Er starb auf einer Schiffsreise, als er in England und Frankreich seine Erfindung lizensieren ließ. |
| **Altersempfehlung:** | ab elf Jahre |
| **Informationswert:** | hoch |
| **Unterhaltungswert:** | hoch |
| **Verständlichkeit:** | Wir konnten der Sendung insgesamt gut folgen, aber es kamen auch viele Fremdwörter vor, wie z.B. „Lizenz" und „Patent", hier mussten wir in einem Wörterbuch nachschlagen. |
| **Bewertung:** | Wir haben viel über den Erfinder Diesel gelernt und uns dabei auch noch gut unterhalten. ✰✰✰ |

Bei eurer Schlussbewertung dürft ihr Sternchen vergeben:

| sehr gute Sendung ✰✰✰ | gute Sendung ✰✰ | mittelmäßige Sendung ✰ |
|---|---|---|

**5** Stellt die Sendung, die ihr näher untersucht habt, in einem **Galerierundgang** vor.

  a Jeweils eine oder einer aus eurer Gruppe bleibt am Platz und gibt Auskunft zu der von der Gruppe analysierten Sendung.

  b Die übrigen Gruppenmitglieder gehen von Tisch zu Tisch und lassen sich die von den anderen Gruppen untersuchten und bewerteten Sendungen vorstellen.

  c Versucht euch an einem Gesamturteil: Welche Wissenssendung hat euer aller Interesse geweckt? Begründet.

> Wissenssendungen eignen sich prima für Kurzvorträge. Sucht mit Hilfe einer Programmzeitschrift eine passende Wissenssendung aus. Notiert in Stichpunkten Fragestellungen und wichtige Informationen. Am besten zeichnet ihr die Sendung dafür auf Video/DVD auf.

# Karambolage – Aufbau einer Wissenssendung

Karambolage bedeutet „Zusammenstoß" und ist eine Fernsehsendung auf Arte, in der wöchentlich deutsch-französische Eigenheiten und Besonderheiten in Alltag, Kultur und Sprache vorgestellt und erklärt werden. Dies geschieht auf humorvolle und künstlerische Art und Weise, meistens durch Grafiken und animierte Bildergeschichten.

Unter der Rubrik „das Wort" werden Begriffe genauer untersucht, z. B. auf ihre Herkunft und auf ihre ursprüngliche Bedeutung. Die Bilder 1 bis 3 stammen es aus einem Beitrag zu dem Begriff „Schlaraffenland", das in Frankreich „Pays de Cocagne" heißt.

**1** Überlegt anhand der Bilder 1–3, wie ein Beitrag in der Rubrik „das Wort" aufgebaut ist.
Ergänzt dazu die folgenden Angaben.
**Hinweis:** Schritt 2 gibt es einmal – wie oben abgebildet – für das deutsche Wort „Schlaraffenland" und einmal für den französischen Begriff „Pays de Cocagne".
 *1. Vorstellung des jeweiligen Begriffs in der ... und der ... Sprache.*
 *2. Frage nach Herkunft und Bedeutung des Begriffs in ... und in ...*
 *3. Am Ende des Beitrags werden ...*

**2** Zeichnet eine Folge von Karambolage auf oder schaut sie euch als Vodcast im Internet an.
 **a** Wie lautet das Thema der Sendung?
 **b** Wie ist die Sendung aufgebaut? Welche Bestandteile hat sie?
 **c** Wie ist das Rätsel aufgebaut?

> Vodcast (oder: video podcasting) sind Fernsehbeiträge oder anderes Videomaterial, das ins Internet gestellt wird und als Medienbeitrag abgerufen werden kann.

# Einstellungsgrößen unterscheiden

**Totale**

**Halbnah**

**Nah**

**Detail**

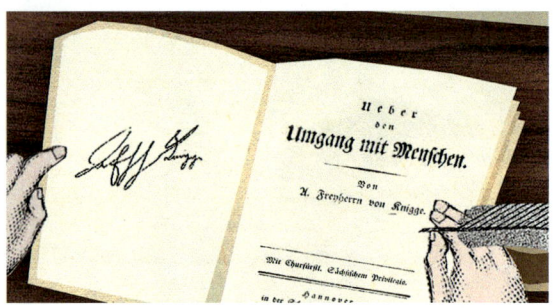

**1**

a  Oben seht ihr vier Bilder, die aus dem Beitrag „Der Knigge" von Karambolage stammen. Beschreibt den Unterschied zwischen den Bildern. Geht so vor:
   – Achtet zuerst darauf, wie nah die Kamera an den Figuren und Gegenständen ist.
   – Überlegt dann, wie die Bilder wirken. Worauf lenken sie die Aufmerksamkeit?

b  Überprüft eure Beschreibung mit Hilfe des Informationskastens unten.

---

**Information** **Die Einstellungsgrößen**

Die **Kamera** kann uns etwas aus weiter **Ferne** oder auch aus großer **Nähe** zeigen.
Je nachdem, welche Einstellungsgröße gewählt wird, reagieren wir als Betrachter unterschiedlich.

**Totale:** Diese Einstellungsgröße zeigt uns Figuren in ihrer größeren Umgebung, in einer Landschaft oder einer Stadt. Wir können uns als Betrachter also gut einen Überblick verschaffen.

**Halbnah:** Diese Einstellungsgröße zeigt uns Figuren etwa vom Knie an aufwärts. Die unmittelbare Umgebung ist noch erkennbar, verliert aber gegenüber den Figuren an Bedeutung.

**Nah:** Sie wird besonders für Dialoge genutzt. Wir sehen Schultern und Köpfe der Figuren und können an ihrer Mimik sehr gut erkennen, welche Gefühle (Trauer, Freude, Angst usw.) die Figuren bewegen. Diese Einstellungsgröße bezieht uns als Betrachter also stark mit ein.

**Detail:** Das Detail lenkt unsere Aufmerksamkeit auf etwas ganz Bestimmtes: ein Buch, eine Faust, ein Auge, eine Waffe usw. Als Betrachter verstehen wir sofort, dieses Detail ist oder wird wichtig.

# Testet euch!

## Fernsehzeitschriften

### ZDF

| | | |
|---|---|---|
| 5.40 | **Fleckgeflutscht!** Zeichentrickserie ab 6 | 1-083-585 |
| 6.00 | **Coco, der neugierige Affe** Trickserie ab 3 | 2-344-672 |
| 6.45 | **Das Dschungelbuch** ⊠ HD Trickserie ab 6 | 1-606-740 |
| 7.05 | **Kein Keks für Kobolde** HD Trickserie ab 6 | 1-904-996 |
| 7.30 | **Bibi Blocksberg** ⊉ Trickserie ab 6 | 5-905-585 |
| 8.20 | **1; 2 oder 3** ⊉ Rate-Show ab 6 | 9-542-301 |
| 8.45 | **Pippi Langstrumpf** Kinderserie ab 6 | 6-088-856 |
| 9.10 | **H2O – Plötzlich Meerjungfrau** ab 10 | 2-973-498 |
| 9.35 | **Dance Academy** ⊉ HD Jugendserie ab 8 | 2-957-450 |
| 10.00 | **heute** Nachrichten | 16-924 |
| 10.05 | **SPORTextra** ⊉ HD *live* | 34-842-769 |
| | Leichtathletik-EM, u.a. Siebenkampf (2. Tag) Übertragung aus Helsinki Moderation: Norbert König Kommentar: Wolf-Dieter Poschmann, Peter Leissl Dazwischen: ca. 14.00 heute | |
| 15.00 | **Traumwohnung in der Traumstadt** | 63-905 |
| | Dokumentation, D 2011 – London – Shanghai – Vancouver – Ein ungewöhnliches Trio aus Deutschland möchte das beschauliche Bielefeld gegen die 8-Millionen-Metropole London eintauschen. Der Wohnungsmarkt dort ist äußerst hart umkämpft, erschwingliche Wohnungen sind Mangelware. Dr. Michael Siedentop, Top-Manager aus München, zieht mit seiner Frau Astrid ins Reich der Mitte. Der 52-Jährige wird der neue Chef von DEKRA Asien. | |
| 15.45 | **Lafer!Lichter!Lecker! XXL** Kochshow *live* | 8-833-856 |
| | Gäste: Inka Bause (Schlagersängerin), Désirée Nick (Schauspielerin), Ingolf Lück (Komiker), Joachim Llambi (Bankkaufmann) | |
| 17.00 | **heute** ⊉ Nachrichten | 31-653 |
| 17.05 | **länderspiegel** Regionalmagazin | 69-285 |
| 17.35 | **Menschen – das magazin** ⊉ | 5-617-363 |

### PRO 7

| | | |
|---|---|---|
| 5.25 | **Scrubs – Die Anfänger** Comedyserie | 9-443-975 |
| 6.05 | **The Big Bang Theory** ⊉ Comedyserie | 4-556-772 |
| 7.00 | **How I Met Your Mother** ⊉ Comedyserie | 9-185-807 |
| 7.55 | **Blockbuster TV – Making Of** Magazin | 3-409-994 |
| 8.05 | **Schlag den Star** (1) Spielshow | 7-858-791 |
| 10.05 | **Galileo Big Pictures: Weltreise 2011 – Unsere Welt in 50 Bildern** Show | 24-889-178 |
| | Auf 50 Fotos zeigt Aiman Abdallah Naturaufnahmen und Menschen in ungewöhnlichen Situationen. | |
| 12.50 | **Mr. Troop Mom – Das verrückte Feriencamp** | |
| **Film** | ⊠ Komödie, USA 2009 (Wh.) Mit George Lopez, Daniela Bobadilla, Jane Lynch | 3-606-587 77/100 Min. |
| 14.30 | **(T)Raumschiff Surprise – Periode 1** ⊠ | 2-330-772 |
| **Film** | **Komödie** ⊉ D 2004 (Wh.) Mit Michael Bully Herbig, Christian Tramitz Mr. Spuck (Michael „Bully" Herbig, l.), Käpt'n Kork (Christian Tramitz, M.) und Schrotty (Rick Kavanian), die tuntige Mannschaft des (T)Raumschiffs „Surprise", wollen die Welt retten. Sie schlittern in ein aufregendes Abenteuer. | 82/110 Min. |
| 16.20 | **Fantastic Movie** ⊠ Komödie, USA 2007 | 669-082 |
| **Film** | (Wh.) Mit Kal Penn, Adam Campbell, Jennifer Coolidge, Jayma Mays – ihre Waisen geraten in ein haarsträubendes Abenteuer. | 75/100 Min. |
| 18.00 | **Newstime** Nachrichten | 26-371 |
| 18.10 | **Die Simpsons** Trickserie, USA 1995 ab 10 | 45-619 |
| | 23. Die Springfield Connection (Wh.) | |
| 18.40 | **Die Simpsons** Trickserie, USA 1995 ab 10 | 2-792-130 |
| | 24. Auf zum Zitronenbaum! (Wh.) | |
| 19.05 | **Galileo** Wissensmagazin | 1-702-333 |

### arte

| | | |
|---|---|---|
| 5.30 | **Frühprogramm** | |
| 11.45 | **Square** Magazin | 5-260-717 |
| 12.25 | **Reiseskizzen** | 153-971 |
| 12.55 | **360°** Reportage | 1-209-953 |
| 13.50 | **Yasmina Khadra** Doku, F 2011 *NEU* | 5-371-069 |
| 14.35 | **Glamour des Abstellraumes** HD | 430-514 |
| 15.00 | **Joseph Haydn** | 836-779 |
| 15.55 | **Künstler** | 7834-446 |
| 16.25 | **Faszination Wolkenkratzer** HD | 6-323-972 |
| 16.55 | **Churchills größtes** | |
| **Film** | **Spiel** HD Dok.-Film, D 2012 | 8-575-601 95 Min. |
| 18.30 | **Patricia Petibon singt italienische Barockarien** *NEU* | 459-330 |
| 19.15 | **Journal** | 8-616-717 |
| 19.30 | **Karambolage** | 634-408 |
| 19.45 | **Gipfel der Genüsse** HD *NEU* | 123-430 |
| 20.15 | **Themenabend:** | 9-499-330 |
| | **Summer of Rebels** | |

**Drama**

---

**1**
a Schreibt aus der Fernsehzeitschrift fünf Sendungen heraus, die vor allem unterhalten sollen.
b Welche Wissenssendungen kündigt die Fernsehzeitschrift an? Notiert sie.
● ● ● c Bei welchen Sendungen ist eine Unterscheidung in Wissens- und Unterhaltungssendung schwierig? Schreibt sie in euer Heft und begründet.

**2** Welche Nachrichtensendungen könnt ihr auf den drei Programmen erkennen?
Schreibt sie in euer Heft und macht eine Anmerkung, ob sie für Kinder oder Erwachsene sind.

**3** Erklärt die Programmzeitschrift:
a Wie werden Sendungen für Kinder gekennzeichnet? Woran kann man sie erkennen?
b Gibt es Angaben über die Art der Sendung, z. B. ob es sich um eine Wissenssendung, eine Serie oder einen Abenteuerfilm handelt?

**4** Findet mit Hilfe der Programmzeitschrift heraus, wann und auf welchen Sendern die Sendungen *Faszination Wolkenkratzer*, *die Simpsons* und *Galileo Big Pictures* laufen. Legt in eurem Heft eine Tabelle an:

| Uhrzeit | Sendung | Sender |
|---|---|---|
| *10:05–12:50 Uhr* | *Galileo Big Pictures* | *Pro 7* |
| ... | ... | ... |

# 10.2 Nachrichten – Sich informieren

## „neun ½" zum Beispiel – Kindernachrichtensendungen

Eine Programmverantwortliche für Kindernachrichten sagt Folgendes:

> **Kindernachrichten** berichten auch über Kinderaktionen, über Umweltthemen, über Musik, Tiere und Sport sowie das Neueste aus der Welt der Promis. Es geht um den Blickwinkel der Kinder, um ihre Lebenswelt, nicht um das, von dem Erwachsene meinen: Das hat Kinder zu interessieren.

**1** Habt ihr die Kindernachrichtensendung „neun 1/2" schon einmal gesehen? Schildert eure Eindrücke.

**2** Beschreibt, was Kindernachrichtensendungen auszeichnet. Wählt a, b oder c.

● ● ●  **a** Lest die Äußerung der Programmverantwortlichen und erklärt mit eigenen Worten, was Kindernachrichten im Unterschied zu Erwachsenennachrichten kennzeichnet.
*Im Unterschied zu den Nachrichten für Erwachsene berichten …*

● ● ○  **b** Listet Merkmale auf, die laut der Programmverantwortlichen typisch für Kindernachrichtensendungen sind. Nennt zwei Merkmale, die Erwachsene in ihren Nachrichtensendungen eher nicht erwarten.

● ○ ○  **c** Lest, was die Programmverantwortliche über Kindernachrichten sagt. Ergänzt dann zunächst die linke Tabellenspalte in eurem Heft. Notiert anschließend rechts, ob ihr dieses Merkmal auch in den Nachrichten für Erwachsene erwartet.

| Merkmale von Kindernachrichten | Merkmale von Erwachsenennachrichten |
|---|---|
| *Kinderaktionen* | *nein* |
| *Sport* | *ja* |
| … | … |

**3** Erfindet eine Nachricht, die ihr gern in den Fernsehnachrichten sehen würdet.
Schreibt einen kurzen Beitrag in euer Heft.

# Radio, Fernsehen, Internet – Nachrichten vergleichen

Blick in das Sendestudio von
KiRaKa (Kinder-Radio-Kanal)

Nachrichten gibt es in allen Medien. Ihr lest sie täglich topaktuell in den Tageszeitungen, findet sie ausführlicher recherchiert in den Wochenzeitungen, hört sie im Radio, seht sie im Fernsehen oder im Internet.

1 Welche Kindernachrichten kennt ihr, auch über das Fernsehen hinaus?
a Sammelt an der Tafel alle Sendungen, die euch einfallen.
b Ordnet die gesammelten Nachrichten den verschiedenen Medien zu: Radio, Fernsehen, Internet.

2 Untersucht ein bestimmtes Thema in den verschiedenen Nachrichten-Medien.
a Entscheidet euch für eine Nachricht.
b Teilt eure Klasse in die Gruppen Radio, Fernsehen und Internet ein.
c Erstellt Hör- und Sehprotokolle für die Nachricht in eurem Medium.
Achtet genau auf den Inhalt der Nachricht und die Darstellungsweise:
– Was fällt euch auf? Was findet ihr wichtig?
– Werden die wichtigsten W-Fragen beantwortet? Lest hierzu den Merkkasten unten.
– Aus welchen Bestandteilen setzt sich die Nachricht zusammen?
– Fühlt ihr euch durch die Nachricht gut informiert? Vermisst ihr bestimmte Angaben?

> Nehmt eine Nachrichtensendung auf oder seht und hört sie im Internet an. So könnt ihr nacharbeiten, was ihr beim ersten Anschauen und Anhören übersehen habt.

**Information** **Nachrichtensendungen**

Nachrichtensendungen vermitteln Neuigkeiten. Sie informieren in den Massenmedien wie Fernsehen, Radio, Zeitungen, Zeitschriften und im Internet über aktuelle Ereignisse.
Es gibt verschiedene Formen, in denen diese aktuellen Ereignisse vermittelt werden: kurze Nachrichtenmeldungen, Interviews und längere Berichte.
Die wichtigsten Inhalte lassen sich aber mit den journalistischen W-Fragen: **Wer? Wo? Was? Wann? Wie?** erfragen. Eine kurze Nachrichtenmeldung ist so aufgebaut, dass das Wichtigste gleich zu Anfang gesagt wird.

## Nachrichtenprotokoll

| **von:** | Luisa, Greta, Timo, Malte |
| **Medium:** | Radio |
| **Sendezeit:** | 16 Uhr, 15.01.2013 |
| **Sender:** | SWR 1 |

| Abfolge | Inhalt | Sprecher/-in | Bestandteile (Filmausschnitt, Standbild, Text, Musik, Interview, Bericht eines Reporters etc.) |
|---|---|---|---|
| 1. Beitrag | Dioxinfall | Sprecher/-in | Verlesen des Nachrichtentexts Interviewausschnitt mit Verbraucherschutzministerin |
| 2. Beitrag | Hochwasser, Polder in Rheinland-Pfalz geschwemmt | Sprecher/-in | Wassergeräusche im Hintergrund Verlesen des Nachrichtentexts O-Ton Feuerwehrhauptmann |
| 3. Beitrag | ... | ... | ... |

**3** Sprecht anhand eurer Nachrichtenprotokolle über die verschiedenen Sendungen in den verschiedenen Medien.
  – Was ist euch (positiv) aufgefallen?
  – Warum wurde diese Beitragsfolge gewählt?
  – Was findet ihr besonders wichtig?
  – Habt ihr alle Nachrichten verstanden?
  – Haben euch Nachrichten aus einer bestimmten Sparte gefehlt?
  – Hat euch etwas an der Sendung gestört?

**4** Vergleicht eure Ergebnisse:
  a Worin unterscheiden sich Internet-Nachrichten von Nachrichten im Radio oder im Fernsehen?
  b Notiert Gemeinsamkeiten auf grünen und Unterschiede auf roten Karteikarten.

> In allen Medien kommt das Wichtigste immer zuerst. Die Fragen nach Personen, Ort und Ereignis werden beantwortet.

> Durch die Bilder im Fernsehen kann man sich die Informationen viel besser merken und vorstellen.

**Information    Podcast**

Um Videos auf dem Computer anschauen zu können, benötigt man ein Programm, den Mediaplayer. Mit diesem könnt ihr verschiedene kostenlose Videodateien abspielen.
Einen **Podcast** ladet ihr herunter, indem ihr auf das Bild oder den Link klickt und diesen speichert. Öffnet anschließend die Datei mit dem Mediaplayer und schon ist der Podcast bei euch zu Hause.

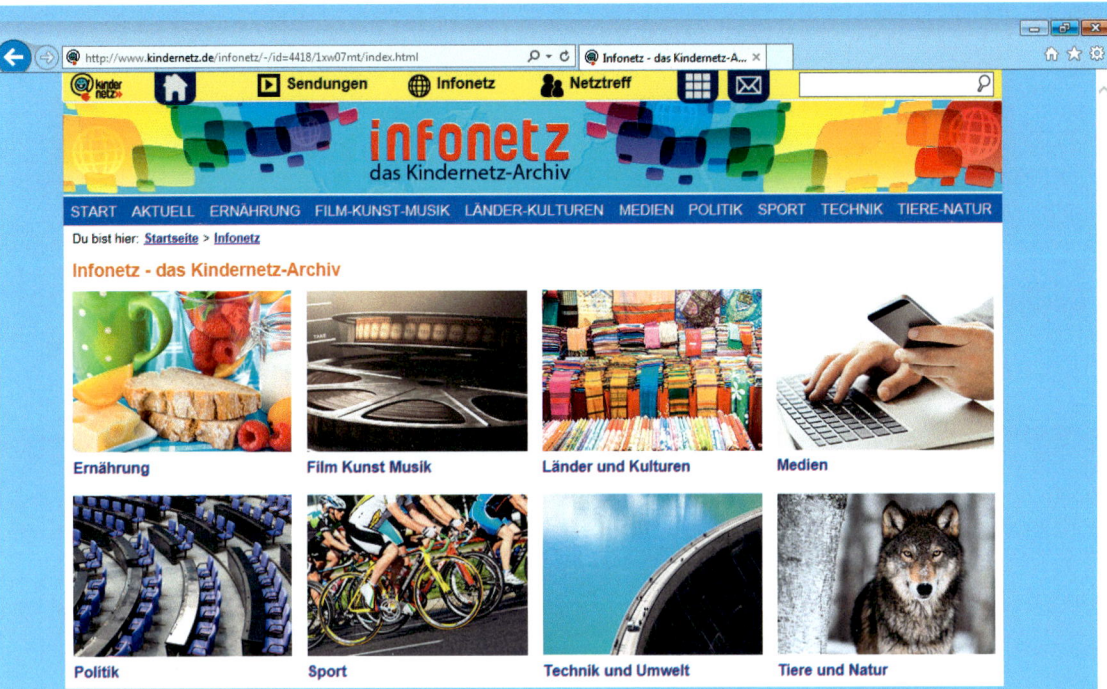

**5** Im Internet stoßt ihr auch auf das „Kindernetz" des SWR.

a Seht euch die oben abgebildete Internetseite genau an. Welcher Teil des Kindernetzes ist hier angeklickt?

**Hinweis:** Achtet auf die gelbe Leiste und auf die große Überschrift darunter.

b Das „Infonetz" ist das Archiv des Kindernetzes. Erklärt, was darunter zu verstehen ist. Wenn ihr das Wort „Archiv" nicht kennt, dann schlagt es in einem Wörterbuch nach.

c Das „Infonetz" enthält Informationen zu verschiedenen Themen. Ordnet die folgenden Überschriften den acht Themenbereichen zu.

> Die Geschichte des Comics • Kinder haben Rechte! • Der Traum vom Fußballprofi • Wasser, Sonne, Wind – Alternative Energien • Facebook, WhatsApp & Co • Die Wildkatzen kommen zurück • Das Geheimnis der Pyramiden • Gesund und richtig lecker!

d Formuliert zu jedem der acht Themenbereiche eine eigene Überschrift.

**6** Ihr seid Nachrichtensprecher für euer Klassenradio.

a Wählt eine interessante Nachricht aus eurer lokalen Tageszeitung aus:
- Streicht alles Überflüssige.
- Klärt Fachbegriffe und holt Hintergrundinformationen ein.
- Ergänzt eigene Formulierungen und Erklärungen.

b Schreibt euren Text mit breitem Rand und ausreichend Platz zwischen den Zeilen auf einen DIN-A-3-Bogen. Zeichnet Lesehilfen ein: Pausen, Betonungen ... (▶ S. 130).

**7** a Nehmt eure Nachrichtentexte auf und produziert sie als Podcast.

b Besprecht eure verschiedenen „Klassen-Radionachrichten" und bewertet sie.

# 10.3 Projekt: Mediengewohnheiten untersuchen

## Ein Diagramm auswerten und erstellen

**1** Welche Medien besitzt ihr? Sammelt an der Tafel.

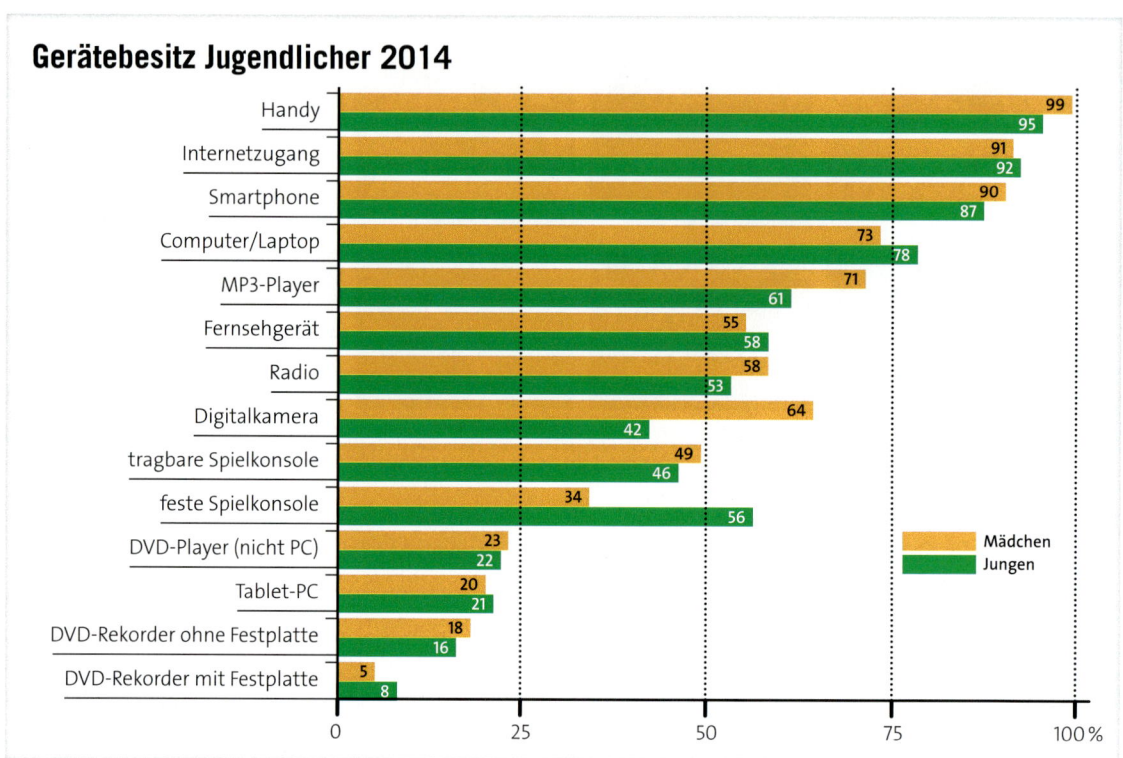

**Gerätebesitz Jugendlicher 2014**

**2** **a** Betrachtet und beschreibt das Balkendiagramm. Wozu macht es Angaben?
 **b** Drückt die Angaben in Worten aus. Ihr könnt z. B. so beginnen:
  *Von 100 Kindern haben mehr als 95 ein Handy.*
 **c** Erklärt, welche Vorteile solche Schaubilder im Vergleich zu einem Text haben.

**3** Erstellt ein solches Diagramm zum Gerätebesitz für eure Klasse.
 **a** Findet heraus, wie viele von euch bestimmte Geräte haben. Schreibt die Zahlen auf.
 **b** Legt nun ein Diagramm im Heft an – am besten auf Kästchenpapier und im Querformat.
  Auf der senkrechten Achse notiert ihr die einzelnen Geräte. Auf der waagerechten Linie tragt ihr
  nach jeweils 0,5 cm einen kleinen Strich ein – für jedes Kind in der Klasse einen.
 **c** Jetzt könnt ihr mit senkrechten Strichen eure Zahlen eintragen und dann Balken malen.

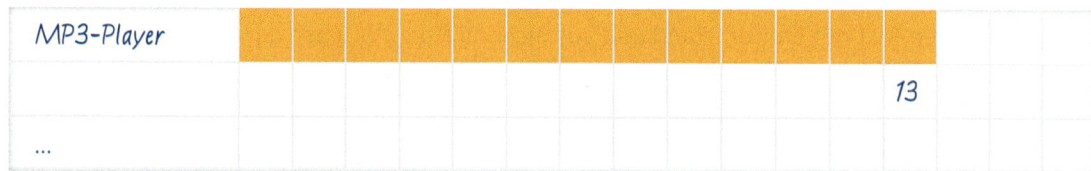

# Ein Medientagebuch führen

**1** Eure täglichen Mediengewohnheiten könnt ihr auch in einem Medientagebuch festhalten.

a Schreibt eine Woche lang auf, wann und wie lange ihr welches Medium genutzt habt.
Ihr könnt auch dazuschreiben, was ihr gesehen oder gelesen habt. In einer weiteren Spalte
könnt ihr eure Meinung oder Gedanken dazu aufschreiben oder Bilder einfügen.

| Datum | Medium | Was genau? | Uhrzeit | Medienzeit gesamt |
|---|---|---|---|---|
| Montag, 17.10. | Schulbücher | Mathe, Englisch | 15:00–16:15 | |
| | Fernsehen | Karambolage | 20:00–20:30 | |
| | Jugendbuch | Winn-Dixie | 19:15–20:30 | 2 Stunden 35 Minuten |
| Dienstag, 18.10. | Computer | E-Mails | 13:50–14:15 | |
| | ... | ... | ... | ... |

b Überlegt, ob ihr noch weitere Punkte festhalten wollt, z. B. an welchem Ort ihr die Medien nutzt
oder ob ihr sie allein oder zusammen mit Freunden oder Familienmitgliedern verwendet.

c Stellt Vergleiche innerhalb der Klasse an:
– Gibt es einen „Trend" zu einem bestimmten Medium?
– Gibt es Unterschiede in der Medienauswahl zwischen Mädchen und Jungen?
– Welche Unterschiede im Medienkonsum könnt ihr an den Tageszeiten erkennen?

**2** Wertet eure Arbeitsblätter aus.

a Errechnet, wie viel Zeit jeder von euch insgesamt mit den einzelnen Medien verbracht hat.

b Teilt die einzelnen Medien unter Gruppen auf. Rechnet aus, wie lange ihr als Klasse durch-
schnittlich die einzelnen Medien nutzt, z. B.:

> **Wie viel Zeit haben die Schülerinnen und Schüler der 5a in einer Woche ferngesehen?**
> – Die Klasse 5a hat 30 Schülerinnen und Schüler. Die Minuten, die die einzelnen Schüler
> insgesamt ferngesehen haben, werden addiert, z. B.:
> 223 + 300 + 60 + ... = 12 600 Minuten
> – Dann wird das Gesamtergebnis durch die Anzahl der Schüler (30) geteilt, z. B.:
> 12 600 Minuten : 30 = 420 Minuten
> – Die 5a hat also durchschnittlich 420 Minuten vor dem Fernseher verbracht.

c Stellt das Ergebnis vor. Prüft, ob ihr mit euren eigenen Zeiten jeweils über oder unter dem
Durchschnitt liegt.

**3** Veranschaulicht eure Untersuchungsergebnisse, indem ihr sie in Form eines Balkendiagramms darstellt.

**4** Diskutiert, ob ihr euch vorstellen könnt, eine ganze Woche lang auf Medien zu verzichten.
Wie würdet ihr die Zeit stattdessen nutzen? Was würde euch am meisten fehlen?

# Eine Umfrage durchführen

**1** Um das Projekt noch auszuweiten, könnt ihr eine Umfrage zur Mediennutzung in der ganzen Schule oder in einer höheren Jahrgangsstufe starten, vielleicht sogar mit einem selbst erstellten Fragebogen.

a Überlegt euch Fragen, die sich für eine Umfrage eignen, z. B.:
  – Welche Medien sind euch besonderes wichtig?
  – Wozu nutzt ihr Medien?
  – Wozu nutzt ihr das Internet?
  – Welche Medien nutzt ihr nur zusammen mit Freunden?
  – Zu welchen Uhrzeiten nutzt ihr bestimmte Medien?

b Bildet Kleingruppen und führt die Umfrage durch. Ihr könnt dazu die große Pause nutzen oder ausgewählte Schülergruppen zu euch einladen.

**2** Erstellt Schaubilder, in denen ihr die Ergebnisse auswertet.
a Überlegt, welche Aussagen eurer Umfrage sich in einem Diagramm zusammenfassen lassen.
b Nicht alle eingeholten Aussagen zu einem Sachverhalt können in einer Tabelle oder einem Diagramm dargestellt werden.
Stellt diese Ergebnisse auf einer Wandzeitung dar.

**3** Vergleicht: Haben sich die Mediengewohnheiten eurer Klasse durch die Umfrage an eurer Schule bestätigt? In welchen Bereichen gab es Unterschiede?

| Methode | Umfrage |
| --- | --- |

Wenn ihr eine Umfrage durchführt, erhaltet ihr ein Meinungsbild zu einer Fragestellung.

Stellt am besten offene Fragen, um die Befragten nicht zu beeinflussen, z. B.:
*Was ist dein bevorzugtes Medium?*
Formuliert die Fragen immer gleich, dann könnt ihr die Antworten hinterher gut auswerten.

## Wörterliste     ▶ S. 284

| | | | | |
| --- | --- | --- | --- | --- |
| E-Mail | Homepage | Kamera | Nachricht | Podcast |
| Fernseher | Information | Moderator | Handy | Internet |
| Umfrage | Diagramm | Einstellungsgröße | Wissenssendung | Radio |

# 11 Tiere beobachten –
## Mit Sachtexten umgehen

1 Beschreibt das Tier auf dem Foto.
  a Kennt ihr das Tier?
  b Mit welchen anderen, euch
    vielleicht bekannteren Tieren
    kann sein Aussehen verglichen
    werden?
  c Sammelt Begriffe, die sein Äußeres
    beschreiben.

**In diesem Kapitel ...**

– erfahrt ihr viel über Zebramangusten,
  weiße Tiger und Kugelgürteltiere.
– lernt ihr, wie ihr Schritt für Schritt die
  wichtigsten Informationen aus einem
  Sachtext erarbeitet,
– übt ihr das Erstellen von Stichwort-
  zetteln,
– stellt ihr ein Tier für eine Klassenaus-
  stellung vor.

## 11.1 Zebramangusten und weiße Tiger – Sachtexte lesen und verstehen

### Das Thema erfassen und Fragen stellen

**1** Bevor ihr den gesamten Text lest:
a Schaut euch die Überschrift und das Foto an.
b Überlegt gemeinsam, worum es in dem Text gehen könnte und was ihr schon über Zebramangusten wisst.
c Was interessiert euch an Zebramangusten? Notiert eure Fragen.

### Was für eine Bande! Zebramangusten

Der Leopard lugt gespannt über die Grasbüschel. Vor ihm, nur einen kurzen Sprint entfernt, wittert er fette Beute: Eine ganze Gruppe Zebramangusten tobt dort herum – Tiere, die
5 wie eine Kreuzung aus Marder, Ratte und Igel aussehen. Sie springen, klettern, rennen, kugeln übereinander, lausen sich gegenseitig. Die hungrige Wildkatze, so scheint es, haben sie nicht bemerkt. Beinahe lautlos pirscht die sich
10 heran. Da zerreißen plötzlich zwei schrille Pfiffe die Stille der Savanne[1]. Sofort zischen die Zebramangusten davon und verstecken sich zwischen Gräsern und Gebüsch. Der Leopard versucht noch, ihnen nachzustellen, beißt zwei-,
15 dreimal ins Gras. Nichts. Mit gesenktem Kopf zieht er von dannen.
Auf Feinde wie ihn sind die Mangusten vorbereitet. Ein Ausflug ohne Wachposten? Undenkbar! Stets halten einige aus der Gruppe Aus-
20 schau nach gefräßigen Räubern und retten mit ihren Warnrufen den anderen aus ihrer Sippe das Leben!
Diese hier ist im Queen-Elizabeth-Nationalpark in Uganda zu Hause, im Herzen Afrikas. Dort,
25 zwischen hungrigen Raubkatzen, listigen Wildhunden und gierigen Greifvögeln, kämpfen die etwa katzengroßen Tiere jeden Tag aufs Neue ums Überleben und sie gewinnen diesen Kampf nur, weil sie in ihrer Gruppe aus bis zu 40 Tieren
30 fest zusammenhalten.

Am Abend, als die Sonne schon hinter dem Horizont versinkt, gerät die Zebramangusten-Sippe noch einmal in Hektik. Eine schwarz gebänderte Schlange hat es offenbar auf ein Junges abgesehen. Warnrufe. Gewusel. Da geschieht 35 plötzlich Seltsames: Statt auseinanderzulaufen, rottet sich die Sippe zusammen – die Kleinsten und Schwächsten sammeln sich in der Mitte, die Größten und Stärksten am Rand. Wie ein einziges riesiges Tier gehen sie nun auf die 40 Schlange los, stellen sich auf die Hinterbeine, schlagen mit ihren spitzen Krallen, schnappen mit ihren Zähnen. Sekunden nur, dann verzieht sich die Schlange im Gras. Gegen die „Familienbande" hat sie keine Chance! 45

---

1 Savanne: Landschaft, in der sich Grasland und Bäume abwechseln

**2** Lest nun den Text aufmerksam. Bearbeitet dann Aufgabe a, b oder c.

**a** Formuliert in einem Satz, worum es in dem Text geht.

**b** Schreibt in eigenen Worten auf, worum es in dem Text geht.
Nutzt dabei eine der folgenden Formulierungen:

> Der Text berichtet von ... • Der Artikel informiert über ... • Der Text handelt von ...

**c** Wählt die richtige Antwort unten aus und schreibt sie auf. Im Text geht es ...
... um die Verwandtschaft der Zebramangusten mit anderen Säugetieren.
... um die natürlichen Feinde der Zebramangusten.
... um den Zusammenhalt der Zebramangusten als Gruppe.
... darum, den Queen-Elisabeth-Nationalpark in Uganda kennen zu lernen.

**3** Habt ihr den Text gut verstanden? Entscheidet: Welche Aussagen sind richtig, welche falsch?
– Zebramangusten sind Einzelgänger.
– Zebramangusten sind äußerst angriffslustig und stellen sich jeder Gefahr.
– Zebramangusten haben kaum natürliche Feinde und leben sehr geschützt.
– Zebramangusten gewinnen den Kampf gegen ihre Feinde, weil jedes einzelne Tier sehr stark ist und sich zum Kampf auf die Hinterbeine stellt.

**4** Welche eurer Fragen über Zebramangusten beantwortet der Text? Lest den Text hierzu ein zweites Mal.

**a** Übertragt die Fragen in euer Heft und ergänzt sie durch eure eigenen aus Aufgabe 1c.

**b** Beantwortet die Fragen in eurem Heft.

> Wo leben Zebramangusten?
> Wie sehen Zebramangusten aus?
> Wer sind die Feinde der Zebramangusten?

**5** Nicht auf jede eurer Fragen werdet ihr im Text eine Antwort finden.

**a** Recherchiert die Antworten zu den offengebliebenen Fragen.
Schlagt dazu in einem (Tier-)Lexikon nach oder nutzt die Suchmaschine im Internet.

**b** Schreibt die Resultate in Stichwörtern heraus und vergleicht eure Ergebnisse.

> Sucht ihr im Internet Informationen zu einem Thema, gebt ihr das entsprechende Schlagwort oder eine Kombination mehrerer Schlagwörter in die Suchmaske ein. Ihr erhaltet dann Links auf verschiedene Seiten. Je genauer ihr den gesuchten Begriff einkreist, desto zielgerichteter sind eure Treffer.

| Methode | Das Thema benennen und Fragen an den Text stellen |
|---|---|

Wenn nach dem Thema eines Textes gefragt wird, ist immer **der gesamte Text** gemeint. Es geht also um das Textganze, nicht um einzelne Aussagen, die sich im Text finden. Hinweise auf das Thema geben oft die Überschrift und die Abbildungen.
Beachtet: Wenn man **über Texte** schreibt, verwendet man in der Regel das **Präsens.**
Wenn ihr den Text genau erfassen oder bestimmte Informationen finden wollt, könnt ihr die **W-Fragen** an ihn stellen. Oft sind solche Fragen schon vorgegeben.
Lest den Text noch ein zweites Mal genau, um die Fragen zu beantworten.

# Schlüsselwörter erkennen und unbekannte Wörter klären

## Aufzucht der Jungen

In der Regenzeit bringen vor allem die älteren Weibchen einer Gruppe zeitgleich ihre Jungen zur Welt – drei bis fünf kleine Stinker. Ja, Stinker! Denn die Neugeborenen werden von ihren
5 Verwandten mit einem Analsekret, einer stinkenden Drüsenflüssigkeit, „getauft" – der Duftmarke der Sippe. Fast nackt und blind sind die Jungen anfangs, aber schon neugierig und sehr unternehmungslustig. Nur Stunden nach der
10 Geburt krabbeln sie durch ihren Bau, der oft in den Tiefen eines Termitenhügels untergebracht ist.

Zum Glück gibt es für die Kleinen genügend Babysitter: ältere Schwestern und Brüder, Cou-
15 sins und Cousinen, Onkel und Väter. Sie alle sehen zu, dass die Jungen nicht aus dem sicheren Unterschlupf ausbüxen – in der freien Wildbahn der Savanne wären sie verloren. So aber können die Mütter beruhigt auf Futtersu-
20 che gehen. Denn die Weibchen brauchen selbst viel und regelmäßig zu fressen, um den Nachwuchs zu säugen. Und zwar nicht nur den eigenen: Offenbar geben die Zebramangusten-Mütter jedem Jungtier Muttermilch zu trinken, das
25 Hunger hat. Bei anderen Tieren würden die Mütter die Jungen ihrer Artgenossen eher töten, um Konkurrenten aus dem Weg zu schaffen. In einer Zebramangusten-Sippe aber gilt als oberstes Gebot: Jeder sorgt für jeden, damit die
30 Gruppe lange überlebt.
Drei bis vier Wochen nach der Geburt dürfen die Jungen endlich aus dem Bau hinaus ins Freie. Vorsichtig lugen die rötlichen Nasen aus dem Eingangsloch, Paare dunkler Knopfaugen blinzeln in die Nachmittagssonne. Dann tippeln
35 die Mini-Mangusten ins Freie, eine jede begleitet von einem Erwachsenen, der dem Nachwuchs nun drei Monate lang nicht von der Seite weicht. Denn jedes Zebramangusten-Kind hat einen persönlichen Begleiter – was in der Tier-
40 welt absolut einzigartig ist. Dieser Pate zeigt seinem Schützling etwa, wie er nach Käfern sucht oder Vogeleier knackt. Und er pfeift ihm so lange etwas vor, bis auch das Jungtier die schrillen Warnsignale beherrscht. Nicht zuletzt lehrt er
45 seinen Schüler, was dieser tun kann, um erst gar nicht in eine – Entschuldigung – Kacksituation zu gelangen: nämlich Kot erschnüffeln. Daran können die Tiere rasch erkennen, ob ein Feind in der Nähe ist und, wenn ja, welcher:
50 Leopard oder Schlange?

**1** Oft enthalten Texte Wörter, die schwer zu verstehen oder euch unbekannt sind.
a Nennt Möglichkeiten, die Bedeutung von unbekannten Wörtern im Text zu klären.
b Klärt gemeinsam, was die folgenden Wörter in dem Text bedeuten. Lest dazu noch einmal die Textpassagen, in denen sie stehen.

> Analsekret (Z. 5) • säugen (Z. 22) • Sippe (Z. 28) • Pate (Z. 41) • Kacksituation (Z. 47–48)

**2** Erläutert den Begriff *Wildbahn* nach der im Kasten angegebenen Methode des Zerlegens.

---

**Methode**    **Bedeutungen erschließen**

Oft könnt ihr Bedeutungen von Wörtern aus dem Zusammenhang erschließen.
- Sucht nach **Hinweisen im Text:**
  *Stinker* (Z. 3): Der Begriff ist nicht nur lustig gemeint. Im nächsten Satz heißt es: „die Neugeborenen werden von ihren Verwandten mit einem Analsekret, einer stinkenden Drüsenflüssigkeit, ,getauft'". Also hat der Geruch eine lebensnotwendige Bedeutung.
- **Zerlegt** das unbekannte Wort in seine Bausteine:
  *Unterschlupf* (Z. 17): -schlupf kommt von dem Verb *schlüpfen* und bedeutet *kriechen, sich klein machen. Unterschlupf* bedeutet also *in einen Ort hineinkriechen, sich verstecken.*

---

**3** Untersucht die Schlüsselwörter im Text auf Seite 184. Bearbeitet dazu Aufgabe a, b oder c.

●●● a Lest den Text ein zweites Mal. Formuliert W-Fragen, die euch zu den Schlüsselwörtern führen.

●●○ b Schreibt mit Hilfe der W-Fragen die wichtigsten Schlüsselwörter heraus. Lest dazu den Text ein zweites Mal: *– Wer passt auf die Jungen auf? – Wohin könnten die Mütter gehen?*

●○○ c Im ersten Textabschnitt sind Schlüsselwörter bereits markiert. Untersucht diese Schlüsselwörter und notiert, auf welche Fragen sie eine Antwort geben, z. B.: *Wer ...?*
**Tipp:** Wenn ihr mit einer Kopie des Textes arbeitet, könnt ihr die Schlüsselwörter auch markieren.

**4** Im folgenden Textabsatz sind schon einige Schlüsselwörter markiert. Wählt a, b oder c.

●●● a Prüft, welche Markierungen überflüssig sind und welche man ergänzen könnte.

●●○ b Untersucht die Markierungen danach, ob sie wirklich Schlüsselwörter sind. Stellt dazu jedes Mal die entsprechende W-Frage.

●○○ c Einige der Markierungen sind nicht unbedingt sinnvoll. Findet sie heraus, indem ihr die W-Fragen stellt: *– Wer darf endlich aus dem Bau heraus? → Die Jungen ...: sinnvoll*
*– Was lugt aus dem Eingangsloch? → die rötlichen Nasen: nicht sinnvoll*

Drei bis vier Wochen nach der Geburt dürfen die Jungen endlich aus dem Bau hinaus ins Freie. Vorsichtig lugen die rötlichen Nasen aus dem Eingangsloch, Paare dunkler Knopfaugen blinzeln in die Nachmittagssonne. Dann tip-
5 peln die Mini-Mangusten ins Freie, eine jede begleitet von einem Erwachsenen, der dem Nachwuchs nun drei Monate lang nicht von der Seite weicht. Denn jedes Zebramangus-ten-Kind hat einen persönlichen Begleiter – was in der Tierwelt absolut einzigartig ist. Die- 10 ser Pate zeigt seinem Schützling etwa, wie er nach Käfern sucht oder Vogeleier knackt. Und er pfeift ihm so lange etwas vor, bis auch das Jungtier die schrillen Warnsignale beherrscht. 15

---

**Methode**    **Schlüsselwörter**

**Schlüsselwörter** sind oft Wörter, an denen ihr beim Überfliegen des Textes mit den Augen hängen bleibt. Meist geben die Schlüsselwörter Antworten auf die W-Fragen.
Die Schlüsselwörter helfen euch später dabei, einen Text gut zusammenzufassen.

# Zwischenüberschriften finden, Inhalte zusammenfassen

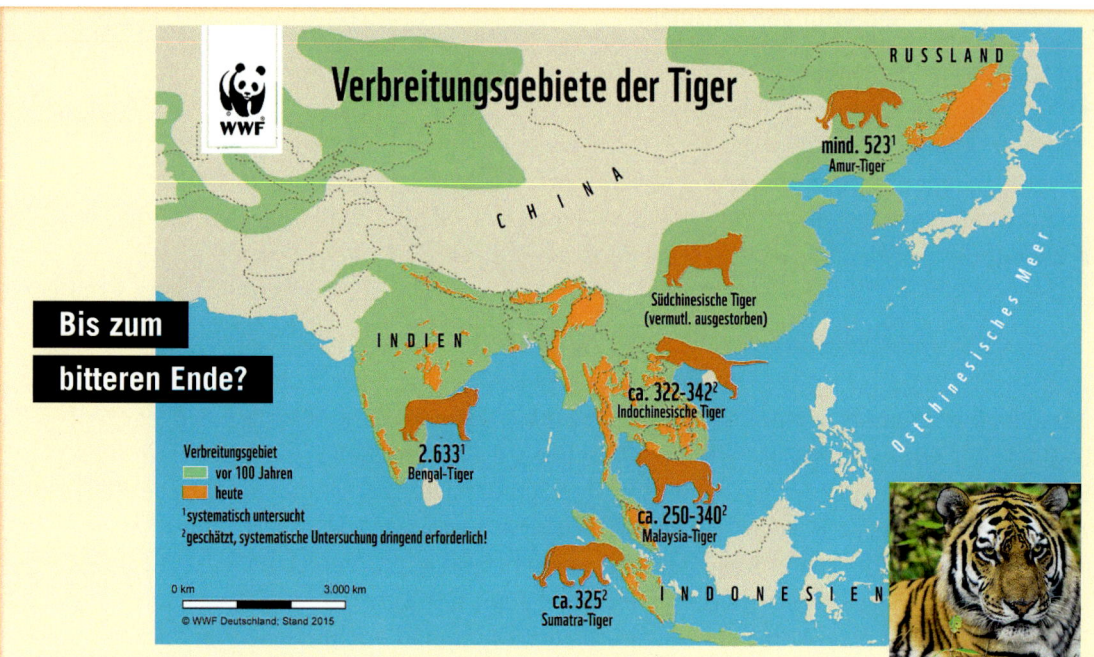

Nur noch 4100 frei lebende Tiger wurden 2015 gezählt! Schuld an der stetig schrumpfenden Zahl sind Jäger und Wilderer, die es besonders auf das gestreifte Fell des Tigers abgesehen haben. Das zweite große Problem der Raubkatze ist der Verlust ihres Lebensraumes durch die Abholzung der asiatischen Wälder. Die Tiere haben nicht nur immer weniger Platz, sie finden auch nicht genügend Nahrung zum Überleben. Fast alle weißen Tiger sind nur zum Teil Albinos. Lediglich das sonst orange Fell ist weiß. Die Tiger haben noch immer dunkle Streifen und statt der roten Augen eines echten Albinos sind ihre eisblau gefärbt. Diesen teilweisen Albinismus nennt man Leukismus. Dieser Gendefekt, bei dem ausschließlich die Farbstoffe im Fell der Tiere fehlen, ist sehr selten. So haben alle weißen Tiger mit blauen Augen einen gemeinsamen Vorfahren, den männlichen Tiger Mohan aus dem Besitz des Maharadschas[1] Shri Martand Singh, der den Tiger 1951 entdeckt hat.
Einige Tiger sind sogar richtig gute Schwimmer. Besonders der Sumatra-Tiger taucht seinen Pelz gerne ins kühle Nass. Um besser schwimmen zu können, hat er Schwimmhäute zwischen seinen Zehen.
Die Streifen dienen dem Tiger zur Tarnung. Wenn die Katzen durch Wiesen und Wälder streifen, sind sie durch den Wechsel von Licht und Schatten mit ihrem gestreiften Fell perfekt getarnt. Doch die Tigerstreifen reichen nicht nur von der Ohr- bis zur Schwanzspitze, auch unter dem Fell verbergen sie sich: Die große Katze hat auch eine gestreifte Haut!
Anfang des 20. Jahrhunderts durchquerten noch drei weitere Unterarten den asiatischen Kontinent. Der Bali-Tiger wurde in den 1940er Jahren das letzte Mal gesehen. Der Kaspische Tiger und der Java-Tiger sind beide in den 1970er Jahren ausgestorben.
Ein Liger ist eine Kreuzung aus einem männlichen Löwen und einem weiblichen Tiger. In freier Wildbahn kommen diese besonders riesigen Mischlingskatzen aber nicht vor. Sie werden ausschließlich vom Menschen gezüchtet.

---

1 Maharadscha: indischer Großfürst

**1** Lest den Text auf Seite 186 aufmerksam. Worum geht es? Formuliert einen Satz.

**2** Erschließt die Bedeutung der Begriffe rechts.
Wählt Aufgabe a, b oder c.

teilweise(r) Albinismus (Z. 14) •
Unterarten (Z. 36) • Mischlingskatzen (Z. 45)

●●● **a** Erklärt die Begriffe aus dem Zusammenhang
(▶ S. 185). Schreibt auch die Fachbegriffe dazu.

●●○ **b** Lest zunächst die angegebenen Textstellen durch und erklärt dann die jeweiligen Fachbegriffe.
Geht vor wie in der Methode auf Seite 185 beschrieben.

●○○ **c** Ergänzt die folgenden Worterklärungen in eurem Heft. Lest davor die angegebenen Textstellen durch.

**Textstelle** Die Formulierung „teilweise(r) Albinismus" bedeutet, dass nur das [?] des Tigers
Zeile 14–21 weiß gefärbt ist und der Tiger im Gegensatz zu echten Albinos [?] Augen hat.

**Textstelle** „Unterarten" sind, wie sich durch die Aufzählung von Bali-Tiger, Kaspischer Tiger
Zeile 37–40 und [?] Tiger ableiten lässt, verschiedene [?] von Tigern.

**Textstelle** Der Ausdruck „Mischlingskatzen" bezieht sich auf den Begriff „Liger". Liger sind
Zeile 43–47 eine nur von [?] Gezüchtete [?] aus einem männlichen Löwen und einem
weiblichen [?].

**3** **a** Stellt die folgenden W-Fragen an den Text, bezieht auch die Karte mit ein. Legt eine Folie auf den
Text und unterstreicht die Schlüsselwörter, die die Antwort geben.

Wo leben weiße Tiger?      Woher stammen weiße Tiger?
Warum geht die Zahl der Tiger zurück?      Was können Tiger besonders gut?
Wie sehen die Tiere aus?      Welche Tigerarten gibt es?

**b** Stellt weitere Fragen an den Text und markiert die Antworten.

**4** Teilt den Text in sinnvolle Abschnitte
und findet geeignete Zwischenüberschriften, die den Inhalt des Abschnitts
zusammenfassen.

*Abschnitt 1: Feinde und Verlust des Lebensraums*
*Abschnitt 2: Nicht alle weißen Tiger sind echte Albinos*
*Abschnitt 3: ...*

**5** Fasst nun den Inhalt des Textes mit Hilfe eurer Zwischenüberschriften und Schlüsselwörter
zusammen. Schreibt dafür zu jedem Abschnitt ein bis zwei Sätze.
Beispiel: *Dass es nur noch wenige frei lebende Tiger gibt, liegt an Jägern und Wilderern und daran, dass
ihr Lebensraum, die asiatischen Wälder, immer mehr abgeholzt wird ...*

---

**Methode**     **Sinnabschnitte und Zwischenüberschriften finden**

Um einen Text genau zu überblicken, könnt ihr ihn in einzelne **Sinnabschnitte** unterteilen.
Meist beginnt ein neuer Sinnabschnitt mit einem neuen Unterthema. In der Regel erkennt ihr
das an den Absätzen. Fasst dann die Abschnitte in einer **Zwischenüberschrift** zusammen.

- Formuliert die Zwischenüberschriften als Satz: *Tiger haben viele Feinde und verlieren ihren
Lebensraum.* oder
- in Stichwörtern: *Feinde und Verlust des Lebensraums.*

# Grafiken und Abbildungen entschlüsseln

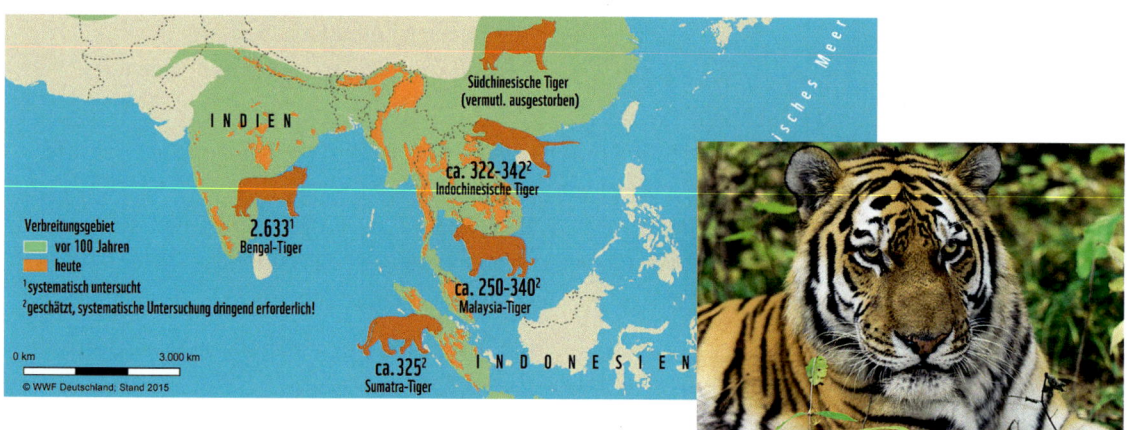

**1** Der Text auf Seite 186–187 enthält auch Abbildungen.

a Beschreibt, was ihr auf den beiden Abbildungen seht. Verwendet dabei die Begriffe „Fotografie" und „Karte".

b Überlegt, welche Textabschnitte durch die Abbildungen jeweils veranschaulicht werden. Nennt die entsprechenden Zeilenangaben.

**2** Untersucht die Aufgabe der Abbildungen auf Seite 186. Wählt a, b oder c.

●●● a Benennt die Funktion, die die Abbildungen haben. Lest dazu den Methodenkasten unten und formuliert je einen Satz zu Grafik und Fotos.

●●○ b Erklärt: Was wird auf der Karte vor allem veranschaulicht: ein Vorgang, eine Lage, ein Größenverhältnis? Verwendet in eurer Erläuterung Verben aus dem Wortspeicher.

> darstellen • zeigen • liegen • beschreiben • verdeutlichen • angeben

●○○ c Entscheidet, welche Aussagen auf die Grafik zutrifft. Die Grafik soll ...

... zeigen, wo Asien und Europa auf der Weltkarte liegen.

... den gesamten Text zusammenfassen.

... Interesse für den Text wecken.

... den Rückgang der Verbreitung von Tigern deutlich machen.

... zum Nachdenken über die Tigerarten anregen.

---

**Methode** **Karten und Grafiken entschlüsseln**

Eine **Grafik** stellt Zahlen (z. B.: Größenverhältnisse, Zeitangaben), Vorgänge (wie etwas funktioniert) oder Orts- bzw. Lageangaben (z. B.: die Lage von Orten, die Verbreitung von Tieren) bildlich dar. Beim Entschlüsseln einer Grafik könnt ihr so vorgehen:

- Stellt fest, worum es in der Grafik geht. Hierbei hilft euch die Überschrift, wenn es eine gibt.
- Untersucht, was in der Grafik dargestellt wird: Erklärt sie einen Vorgang, gibt sie ein Größenverhältnis an oder verdeutlicht sie eine Lage, wie z. B. eine Landkarte?
- Prüft, ob die Grafik Farben, Beschriftungen oder Symbole enthält, die erklärt werden.
- Schreibt auf, worüber die Grafik informiert.

# Einen Stichwortzettel anlegen

Wenn ihr Sachtexte lest und auswertet, geschieht dies oft mit Blick auf einen Kurzvortrag, den ihr – auch in anderen Fächern – in der Schule halten sollt.
In den Aufgaben 3 und 4 auf Seite 187 habt ihr zu dem Text „Bis zum bitteren Ende?" Schlüsselwörter gesucht und Zwischenüberschriften festgehalten. Diese bilden die Grundlage für einen Stichwortzettel.

---

**Bis zum bitteren Ende der Tiger?**
Bedrohungslage der Tiger
- 2015: 4100 frei lebende Tiger
- Gefährdungsgründe:
  - Jäger
  - Verlust des Lebensraums
  - Abholzung
  - Nahrungsmangel
...

---

**Bis zum bitteren Ende?**
Kaum noch Tiger
- 2015 gab es noch 4100 frei lebende Tiger. Schuld daran sind Jäger.
- Ein großes Problem der Raubkatze ist der Verlust ihres Lebensraumes durch die Abholzung der Wälder.
- Eine weitere Folge davon ist: Es gibt nicht mehr genügend Nahrung zum Überleben.

---

**1** Vergleicht die beiden Stichwortzettel, die von Schülern zum ersten Textabsatz erstellt wurden.
a Worin unterscheiden sie sich?
b Welcher Stichwortzettel eignet sich besser als Stütze für einen Vortrag? Begründet.

**2** Ergänzt den Stichwortzettel mit Stichwörtern zu den anderen Absätzen. Greift dabei auf eure Vorarbeiten aus den Aufgaben 3 und 4 auf Seite 187 zurück.

**3** Habt ihr Fragen zu den weißen Tigern, die der Text „Bis zum bitteren Ende?" nicht beantwortet? Recherchiert dazu im Internet. Denkt daran, genaue Suchbegriffe einzugeben. Oft lohnt es sich, zwei Suchwörter zu verbinden.

**4** Haltet einen Kurzvortrag zu weißen Tigern. Berücksichtigt dabei insbesondere ihre bedrohte Lebenssituation, ihre Verbreitung und ihr Aussehen. Nutzt dazu eure Stichwortzettel.

---

**Methode** | **Einen Stichwortzettel anlegen**

Ein Stichwortzettel eignet sich gut als **Grundlage für einen Kurzvortrag,** da er nur die wesentlichen Informationen festhält.

- Beachtet beim Erstellen, dass ihr nur die wichtigsten Schlüsselbegriffe aufschreibt.
- Notiert diese übersichtlich untereinander und schreibt sie ausreichend groß.
- Orientiert euch an den Abschnittsüberschriften, die ihr zuvor in eurem Sachtext unterstrichen habt.
- Denkt daran: Auf einem Stichwortzettel dürfen keine ganzen Sätze stehen.

# Testet euch!

## Sachtexte

**1** Wenn ihr einen Sachtext lest, solltet ihr die Schlüsselwörter markieren.

a In der folgenden Liste ist nur ein Satz richtig. Schreibt diese Aussage in euer Heft.

**Was sind Schlüsselwörter?**

| A | Schlüsselwörter sind immer Wörter, die ein neues Unterthema einleiten. Sie stehen meistens am Anfang eines neuen Textabschnitts. |

| B | Schlüsselwörter sind Wörter, die für die Aussage des Textes besonders wichtig sind. |

| C | Schlüsselwörter sind immer Nomen oder besonders schwierige Wörter, z. B. Fremdwörter. |

b Vergleicht eure Lösungen untereinander.

**2** Wenn ihr einen Text in Sinnabschnitte gliedert, könnt ihr ihn leichter zusammenfassen.

a Prüft, welche der folgenden Aussagen (A, B oder C) richtig ist, und schreibt diese in euer Heft.

**Wo beginnt ein neuer Sinnabschnitt?**

| A | Ein neuer Sinnabschnitt beginnt dort, wo im Text ein neues Unterthema behandelt wird. |

| B | Ein neuer Sinnabschnitt beginnt immer dort, wo im Text ein Bild oder eine Grafik stehen. |

| C | Ein neuer Sinnabschnitt beginnt immer dort, wo es im Text einen neuen Absatz gibt. |

b Vergleicht eure Lösungen untereinander.

**3** a Um welche Art der Abbildung handelt es sich jeweils? Ordnet die Begriffe „Foto" und „Grafik" richtig zu, z. B. *Abbildung 1 = ..., Abbildung 2 = ..., Abbildung 3 = ...*

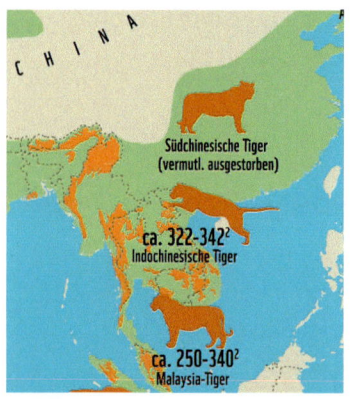
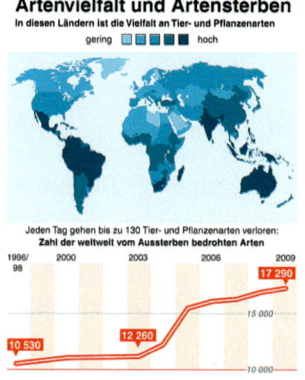

b Notiert knapp, was auf der jeweiligen Abbildung dargestellt wird.

c Vergleicht eure Ergebnisse aus den Aufgaben 3a und b in Partnerarbeit.

# 11.2 Der kleine Gepanzerte – Ein Tier beschreiben

**1** Auf dem Foto seht ihr ein Kugelgürteltier, dessen spanischer Name Armadillo „kleiner Gepanzerter" bedeutet. Findet ihr, dass der Name zu diesem Tier passt? Begründet eure Antwort.

## Das Armadillo (Kugelgürteltier)

Das Armadillo ist wirklich putzig. Seinem Namen macht es auch alle Ehre, denn „der kleine Gepanzerte" (so lautet die Übersetzung aus dem Spanischen) wird fast vollständig von einem Panzer geschützt. Besonders lustig sieht das Armadillo aus, wenn es sich bei Gefahr zu einer Kugel zusammenrollt. Diese Kugelform bietet ihm aber guten Schutz vor Fressfeinden. Hier einige Informationen über das Dreibinden-Kugelgürteltier.
– Kugelverschluss: Kopfschild und Schwanz, Beine im Kugelinneren
– Panzer aus Horn- und Knochenplatten
– scharfe Krallen zum Abreißen von Baumrinde oder Aufreißen von Termitenbauten
– geht auf Krallenspitzen der Vorderfüße, Hinterfüße flach auf Boden gedrückt
– lange und klebrige Zunge
– Körperlänge: bis ca. 35 cm
– Gewicht: bis ca. 1,6 kg, Männchen schwerer
– ernährt sich von Insekten: Ameisen, Termiten, Käferlarven
– bringt ein Junges nach 120 Tagen Tragezeit zur Welt (zwischen November und Januar)
– meist nachtaktiv und Einzelgänger
– beheimatet in Südamerika
– bevorzugt offenes Grasland, Savannen, Wälder
– bedroht durch die Menschen (schmackhaftes Fleisch)

**2** a Lest die Informationen über das Armadillo (Kugelgürteltier) aufmerksam.
b Beantwortet dann die folgenden Fragen. Die Zeilenangaben helfen euch dabei.
– Wann nimmt das Armadillo seine Kugelgestalt an? (▶ Z. 6)
– Wie bewegt sich das Tier fort? (▶ Z. 15 f.)
– Wie kommt es an die schmackhaften Insekten? (▶ Z. 17)
– Wo ist das Tier beheimatet? (▶ Z. 25 f.)
c Welche Aussagen gehören nicht in eine Tierbeschreibung? Gebt die Zeilenzahl an.

**3** Jetzt seid ihr gefordert: Fertigt für eine Ausstellung über bedrohte Tierarten in eurem Klassenraum eine Beschreibung des Kugelgürteltiers an. Stellt das Tier auf einer Wandzeitung vor.

a Ordnet die Informationen aus dem Text auf Seite 191 in einer Tabelle den folgenden Oberbegriffen zu:

| Name (Rasse) | Lebensraum | Aussehen und Körperbau | Nahrung | Fortpflan-zung | Besonder-heiten |
|---|---|---|---|---|---|
| *Armadillo oder: Kugelgürteltier* | *Südamerika, offenes Grasland, Savannen, Wälder* | ... | ... | ... | ... |

b Nennt Punkte, zu denen ihr weitere Stichwörter sammeln müsst, um das Kugelgürteltier genau zu beschreiben.

**4** Dieser Text beschreibt das Aussehen des Kugelgürteltiers. Er ist aber unvollständig und nicht gelungen. Wählt Aufgabe a, b oder c.

> **VORSICHT FEHLER!**
>
> *Der Kopf des Kugelgürteltiers ist klein. Das Tier hat einen gepanzerten Körper und kann sich zusammenrollen. Es hat Krallen und Ohren. Der Bauch sieht anders aus als die Körperoberseite. Die Nase ist ganz putzig, die Augen sind rund.*

 a Schreibt die Beschreibung verbessert in euer Heft.

 b Notiert zunächst die Mängel der Beschreibung in Stichwörtern. Schreibt dann den verbesserten Text in euer Heft, z. B: *der schmale, spitz zulaufende Kopf des Gürteltiers.*

 c Wählt aus der folgenden Liste Wörter aus, die ihr in einer Beschreibung der Augen, Ohren, Nase und des Körpers des Kugeltiers verwenden könnt. Schreibt dann den Text verbessert und ergänzt in euer Heft.

| Merkmale | Angaben |
|---|---|
| Kopfform | rund, spitz, klein, breit, schmal |
| Schnauze | gepanzert, ledrig, glatt, schwarz, braun |
| Augen | rund, klein, groß, hervorstehend, mandelförmig, eng beieinanderliegend, weit auseinanderliegend, tief liegend |
| Ohren | klein, groß, abstehend, anliegend, spitz, rund, hängend |
| Nase | lang, kurz, dick, spitz, rundlich, platt, schuppig, ledrig, gepanzert, behaart |
| Körperoberseite | kleine Knochenplatten, große Knochenplatten, gepanzert, wirken wie Rückenschilder, in Körpermitte bewegliche und durch Hautfalten verbundene Ringe, gürtelartig |
| Körperunterseite | Pelz, feine dichte Haare, längere borstige Haare, dünn/dicht behaart |

**5** Ergänzt Wörter (z. B. Adjektive) zur Beschreibung der Füße.

**6** Entscheidet, welches der folgenden Verben die Körperhaltung des Kugelgürteltiers am genauesten trifft. Unterscheidet dabei, ob sich das Armadillo ganz entspannt fortbewegt oder sich in einer Gefahrensituation zusammenrollt. Notiert für beides einen Satz in eurem Heft. *Das Armadillo ...*

befindet sich • stützt sich auf • ruht • sitzt • hockt • geht • kugelt sich zusammen • steht • kauert • liegt • thront • springt • läuft • rollt sich ein • klappt sich zusammen • macht sich klein

**7** Schreibt nun euren Beitrag über das Armadillo für eure Ausstellung. Nutzt dazu eure Vorarbeiten und Notizen aus den vorangegangenen Aufgaben.
– Macht zuerst Angaben zu Name (Rasse), Lebensraum und Besonderheiten.
– Beschreibt dann das Aussehen des Gürteltiers: Beginnt mit dem Gesamteindruck (ungefähre Größe und Gewicht, Körperhaltung, vorherrschende Farbe und Beschaffenheit der Haut).
– Beschreibt dann von oben nach unten die einzelnen Teile des Körpers (Ohren, Augen ...). Geht dabei auch auf die Farben ein.

**Farben genau beschreiben:**
Oft könnt ihr einen Farbton genauer beschreiben, wenn ihr zu der Farbe ein Nomen ergänzt, das einen Vergleich ermöglicht, z.B.:
*Rabe + schwarz = rabenschwarz (schwarz wie ein Rabe).*

**8** Gestaltet ein Plakat (▶ S. 289).
a Klebt euren Beitrag auf ein großes Blatt Papier oder Pappkarton.
b Recherchiert Fotos des Armadillos und am besten auch eine Karte Südamerikas. Ihr könnt das Gürteltier auch zeichnen. Beschriftet die besonderen Körperteile. Schreibt ausreichend groß.

**9** Gibt es unter euch Experten, die über ein Tier besonders viel wissen? Macht euch zu Expertinnen und Experten und stellt in der Klasse weitere bedrohte Tierarten vor. Fertigt von diesen ebenfalls ein Plakat an.

| **Methode** | **Ein Tier beschreiben und vorstellen** |
|---|---|

**Sucht** euch ein interessantes **Tier aus,** das ihr beschreiben und vorstellen wollt.
■ Schreibt mit **W-Fragen** auf, was ihr über das Tier herausfinden wollt, z.B.: Wo lebt es? ...
■ **Besorgt euch Informationen** zu eurem Tier, z.B. in einer Bücherei oder im Internet. Sammelt das Material in einer Mappe.
■ **Lest euer Material** und schreibt wichtige Informationen zu euren W-Fragen auf.
■ Überlegt euch eine **sinnvolle Gliederung:** Rasse, Lebensraum, Aussehen ...
■ Schreibt zu jedem Gliederungspunkt **Stichpunkte auf Karteikarten.**
■ **Gestaltet ein Plakat,** das ihr bei eurem Vortrag in der Klasse zeigen könnt. Schreibt das Wichtigste groß und gut lesbar auf das Plakat. Wählt Fotos und Abbildungen aus (▶ S. 289).
■ Ihr könnt auch einen **kleinen Vortrag** über euer Tier halten. Sprecht dabei laut und deutlich und nicht zu schnell. Schaut die Zuhörenden an und redet möglichst frei. Nutzt eure Karteikarten als Gedankenstütze. Zeigt während des Vortrags auf dem Plakat, worüber ihr gerade sprecht.

# Stärken stärken: Ein Tier beschreiben

### Der Große Panda (auch: Pandabär)

- bedroht durch Rodung der Bambuswälder, Verlust des Nahrungsangebots
- Raubtier, gehört zur Familie der Bären
- Länge: bis zu 150 cm
- Gewicht: bis zu 160 kg
- Westen Chinas, subtropisches Bergland, dichte Wälder
- Schwanz: 12 cm lang
- nachtaktiv, tagsüber in Schlafhöhle
- Einzelgänger
- große Mahlzähne
- frisst täglich 20 kg Bambus
- greift Nahrung mit Vorderpfoten
- verbringt 14 Stunden mit Nahrungsaufnahme
- Paarungszeit: März bis Mai
- August/September: Geburt von ein oder zwei Jungen
- Junge bei Geburt weiß, Fellzeichnung nach vier Wochen sichtbar

1 Auch der Große Panda ist in Gefahr. Fertigt für eure Ausstellung über bedrohte Tiere einen Beitrag über den Großen Panda an.

  a Formuliert zunächst einen einleitenden Satz, in dem ihr ausführt, warum das Tier bedroht ist.

  b Macht dann Angaben zur Rasse, zum Lebensraum, zur Fortpflanzung und zu Besonderheiten.

  c Beschreibt das Aussehen des Großen Pandas. Nutzt dazu das Foto und die Informationen oben.

  d Stellt nun den Großen Panda in einem schriftlichen Beitrag vor.

**Hinweis:** Ihr könnt eure Beschreibung durch Fotos und Zeichnungen ergänzen und zu einem Plakat gestalten.

Hier findet ihr Hilfestellungen zu den Teilaufgaben:

 **Hilfe zu Aufgabe 1a:**

Euren Einleitungssatz, in dem ihr ausführt, warum der Große Panda bedroht ist, könnt ihr z. B. so beginnen:

> *Das Tier, das ich euch vorstellen möchte, ist ebenfalls gefährdet. Die Ursache dafür ist die Rodung der Bambuswälder. Da sich Pandabären fast ausschließlich von Bambus ernähren, sind sie gezwungen, neuen Lebensraum mit ausreichend Futter zu suchen.*

**Hilfe zu Aufgabe 1b:**

Für die Angaben zu Rasse, Lebensraum, Fortpflanzung und Besonderheiten lest ihr am besten noch einmal die Informationen neben dem Foto auf Seite 194.

Übertragt dann die Tabelle unten in euer Heft und füllt sie mit den Angaben aus dem Informationskasten unten aus.

| Name (Rasse) | Lebensraum | Fortpflanzung | Besonderheiten |
|---|---|---|---|
| ... | *Westen Chinas, subtropisches Bergland, dichte Wälder* | ... | ... |

**Hilfe zu Aufgabe 1c:**

Geht zur Beschreibung des Großen Pandas systematisch vor: Fangt mit dem Gesamteindruck an und beschreibt dann die einzelnen Körperteile.

Sammelt die Angaben in einer weiteren Tabelle. Im Wortspeicher unten findet ihr Material:

| Merkmale | Angaben |
|---|---|
| *Kopf* | *rund, breit, groß,* |
| *Augen* | ... |
| ... | ... |

pummelig • mächtig • breit • leuchtend weiß • Augenringe • rund • abstehend • dicht • drahtig • auffällige Zeichnung • schwarz gefärbt • knopfartig • dunkle Schatten

**Hilfe zu Aufgabe 1d:**

Schreibt eure Tiervorstellung im Präsens. Achtet auf abwechslungsreiche Verben und Satzanfänge, z. B.:

*... Der Große Panda heißt auch deshalb so, weil er eine Länge bis zu 1,50 m erreichen kann, und sein Gewicht beträgt bis zu 160 kg.*

---

**Information    Ein Tier beschreiben**

**Aufbau:**
- Schreibt einen **Einleitungssatz,** in dem ihr sagt, um was es geht, z. B.: Warum ist das Tier vom Aussterben bedroht?
- **Beschreibt** dann das Tier möglichst genau. Achtet hierbei auf eine Ordnung:
  - Beginnt mit dem **Gesamteindruck** des Tieres (z. B. Tierart, Name, Größe und Gewicht).
  - Beschreibt dann **die besonderen Merkmale** (z. B.: Farbe und Länge des Fells, Kopfform, Form der Ohren, Augenfarbe ...) von oben nach unten, also vom Kopf zu den Beinen.
  - Formuliert einen **Schlusssatz,** z. B. einen Appell, warum das Tier nicht aussterben darf.

**Sprachliche Mittel:**
- Verwendet **passende Adjektive,** mit denen ihr das Tier anschaulich und genau beschreiben könnt, z. B.: *schneeweiß, klein, winzig, kugelrund.*
- Verwendet an Stelle der Wörter „ist", „sind" und „haben" **genau beschreibende Verben,** z. B.: *tragen, besitzen, aufweisen.*
- Formuliert eure Beschreibung im **Präsens.**

# 11.3  Fit in ...? – Die Fünf-Schritt-Lesemethode

Stellt euch vor, ihr bekommt in der nächsten Klassenarbeit folgende Aufgabenstellung:

1 Wähle eine der drei Abbildungen für den Text „Tierische Stars" aus. Notiere die Nummer und begründe deine Entscheidung.
2 Beantworte die folgenden Fragen:
   – Womit verdient die Tiertrainerin Kirstin McMillan ihren Lebensunterhalt?
   – Warum wälzen sich Schweine im Schlamm?
3 Erkläre die im Text hervorgehobenen Begriffe aus dem Textzusammenhang.
4 Fasse den Inhalt des Textes in eigenen Worten zusammen.

1

2

3

## Tierische Stars
### Tiertrainerin Kirstin McMillan verrät ihre Tricks

**1**  Schweine können nicht schwitzen. Wenn es Schweinen zu heiß wird, dann suhlen sie sich im Schlamm. Das kühlt sie ab, macht sie aber leider auch dreckig. Und das kann zu Proble-
5 men führen.
Wenn zum Beispiel ein Werbefilm entsteht, in dem ein Glücksschwein mit Zylinderhut auftau-chen soll, dann wollen die Filmleute ein hüb-sches rosa Schweinchen sehen – und keins,
10 das gerade aus der Schlammgrube kommt. In so einem Fall muss Kirstin McMillan sich etwas einfallen lassen. Für den Werbespot hat sie das Ferkel immer wieder mit Wasser übergossen, damit es gar nicht erst anfängt, sich irgendwo
15 herumzuwälzen.

**2**  Kirstin ist 35 Jahre alt und Tiertrainerin in der Nähe von Hollywood in den USA. Wenn in einem Film ein zahmer Tiger gebraucht wird, eine Babygiraffe, ein Elefant oder ein Tukan
20 (das ist ein Vogel mit großem krummem Schna-bel), dann rufen die Filmstudios bei Kirstin an. Sie hat alle möglichen Tiere im Angebot: Spin-nen, Mäuse, Hunde, Katzen, Pferde, Affen, zwei Elefanten, einen Tiger und ein Nashorn –
25 und wenn es sein muss, dann schafft sie auch ein sauberes Ferkel herbei, das bereit ist, einen Zylinder und ein mit Diamanten besetztes Hals-band zu tragen.
Kirstin McMillan lebt mit ihren Tieren auf einer
30 großen Farm. Auch ihre Eltern waren schon Tiertrainer, bei ihnen kann sich Kirstin Leopar-den und Bären ausborgen. Zur Farm gehören die Ställe und vor allem ein riesiges Freigehege.

**3**  Kirstin sagt, dass man für ihren Beruf vor
35 allem viel Geduld braucht. „Tiere lernen, wenn man sie belohnt, nicht wenn man sie bestraft", sagt sie. Damit ein Leopard zum Beispiel genau dahin läuft, wo man ihn haben will, muss man ihn von klein auf trainieren. Man konditioniert
40 die Wildkatze, indem man einen Napf an einer

langen Stange befestigt, ihn mit rohem Fleisch füllt und ihn ein bis zwei Meter vom Leoparden entfernt auf den Boden stellt. Dann lässt man ein Glöckchen erklingen und zieht gleichzeitig den Napf ein wenig weiter weg. Wenn der kleine Leopard dann hinterherrennt, verbindet er in seinem Kopf das Klingeln mit der Botschaft: „Dort ist Futter."

Beim nächsten Mal steht der Napf schon weiter weg, und irgendwann läuft der Leopard immer direkt dahin, wo er die Klingel hört.

**4** Mittlerweile lässt Kirstin Tiere nicht nur in Filmen und Fernsehserien auftreten. Viele Prominente finden es schick, wenn Kirstin mit einer Babygiraffe zu Besuch kommt oder eine Schlange zur Party mitbringt, die sich jeder mal um den Hals legen darf.

Andere Prominente fragen Kirstin um Rat, wenn sie mit ihren Hunden nicht zurechtkommen. Der Sänger Justin Timberlake zum Beispiel ließ seinen Hund von Kirstin trainieren – er selber hat wenig Zeit, und sein Hund gehorcht nicht sehr gut. „Eigentlich müsste ich den Menschen etwas beibringen und nicht den Tieren", sagt Kirstin.

*Nicole Nagel*

## Den Text lesen und verstehen

**1** a Verschafft euch einen ersten Überblick über den Text. Lest die große Hauptüberschrift und die Unterüberschrift und schaut euch die Fotos an.

b Überlegt, worum es in dem Text geht und was ihr schon zu dem Thema wisst.

**2** Lest den Text ein erstes Mal durch und notiert die W-Fragen, auf die ihr Antworten im Text erhaltet:
*Wer sind die Stars?*
*Was macht eine Tiertrainerin?*

**3** Welche der folgenden Aussagen zum Text sind richtig? Lest dazu den Text ein zweites Mal. Schreibt die zutreffenden Sätze ab und notiert dahinter die Nummer des Textabschnitts, in dem die entsprechenden Informationen stehen.
– Kirstin McMillan ist die erste Tiertrainerin in ihrer Familie.
– Wenn man Tieren etwas beibringen möchte, muss man sie bestrafen.
– Kirsten lässt ihre Tiere nur in Filmen und im Fernsehen auftreten.
– Selbst Wildkatzen können auf bestimmte Abläufe konditioniert werden.
– Schweine suhlen im Schlamm, um sich abzukühlen.

## Die Aufgaben zum Text bearbeiten

**4** Bearbeitet nun nacheinander die Aufgaben 1–4 von Seite 196. Geht Schritt für Schritt vor:
**Aufgabe 1:** Überlegt, welche der drei Abbildungen ihr für den Text auswählen würdet.
Beachtet, dass die Abbildung zu dem gesamten Text passen soll. Begründet eure Entscheidung, z. B.:
*Ich finde das Bild … besonders passend, weil …*
**Aufgabe 2:** Die Fragen, die ihr an den Text gestellt hattet, haben euch zu einer genauen Lektüre geführt. Lest jetzt noch einmal eure Lösungen zu Aufgabe 3 oben im Heft nach, dann habt ihr auch schon die Antworten zu dieser Aufgabe. Schreibt sie in ganzen Sätzen in euer Heft.

**Aufgabe 3:** Klärt die Bedeutung der im Text hervorgehobenen Begriffe. Wählt Aufgabe a, b oder c.

a Geht Hinweisen im Text nach und versucht, die Begriffe aus dem Zusammenhang zu klären.

b Lest noch einmal im Text nach. Manchmal führen Zerlegen und auch der Zusammenhang nicht weiter, dann müsst ihr in einem Wörterbuch nachschlagen.

c Lest noch einmal die folgenden Textabschnitte. Führt dann die Erläuterungen zu Ende.

*Ferkel (Z.13):* *Im ersten Textabschnitt ist die Rede von Schweinen, die für die Aufnahmen sauber gehalten werden müssen. In diesem Zusammenhang steht „Ferkel" und legt daher nahe, dass ...*

*konditioniert (Z.39):* *Im dritten Textabschnitt wird der Vorgang genau beschrieben. Tiere lernen, wenn ...*

**Aufgabe 4:** Fasst nun den Inhalt des Textes in eigenen Worten zusammen. Wählt a, b oder c.

a Geht vor, wie ihr es in diesem Kapitel gelernt habt. Schreibt zunächst die Schlüsselwörter heraus, gliedert den Text in Teilabschnitte und fasst ihn dann in wenigen Sätzen zusammen.

b Schreibt zunächst die Schlüsselwörter heraus. Denkt daran, diese geben oft Antworten auf die W-Fragen und fasst dann die Textabschnitte in Zwischenüberschriften zusammen. Beschränkt euch dabei auf die wichtigsten Informationen, z. B.:
*Erster Textabschnitt: Für Werbefilme müssen Schweine sauber bleiben.*

c Stellt dazu W-Fragen an den Text. So erarbeitet ihr euch die Schlüsselwörter, z. B.:

| Frage | Antwort mit Schlüsselwort |
|---|---|
| *Wer sind die Stars?* | *Ein Glücksschwein mit Zylinderhut, zahmer Tiger, Babygiraffe* |
| *Was macht eine Tiertrainerin?* | *Für Werbefilm (...) Schweinchen mit Wasser übergossen (Z.12–13), ...* |

Bildet dann Zwischenüberschriften, die die Textabschnitte zusammenfassen.
Beschränkt euch dabei auf die wichtigsten Informationen, z. B.:
*Erster Textabschnitt: Für Werbefilme müssen Schweine sauber bleiben.*

## Checkliste

**Einen Sachtext lesen und verstehen (Fünf-Schritt-Lesemethode)**

- Habe ich die **Überschrift** und die ersten drei bis fünf Zeilen des Textes in Bezug zu den **Bildern** gesetzt und mir dabei überlegt, worum es in dem Text gehen könnte?
- Habe ich dann den **gesamten Text sorgfältig gelesen** und mir dabei das Thema und den Inhalt des Textes klargemacht, indem ich **W-Fragen** formuliert habe?
- Habe ich **unbekannte oder schwierige Wörter** aus dem Textzusammenhang oder durch Nachschlagen in einem Wörterbuch geklärt und die wesentlichen **Schlüsselwörter** markiert?
- Habe ich den Text in **Sinnabschnitte** gegliedert und für diese **Überschriften** formuliert?
- Habe ich die wichtigsten **Informationen** des Textes in wenigen Sätzen **zusammengefasst?**

| Wörterliste | | | ▶ S. 284 |
|---|---|---|---|
| beobachten | Grafik | Größenverhältnis | Merkmal |
| beschreiben | Körperhaltung | Aussehen | Lebensraum |
| sachlich | abwechslungsreich | entschlüsseln | erläutern |

**1** Kennt ihr Bilbo Beutlin und die Hobbits? Erzählt darüber.

**2** Die Schatztruhe enthält unterschiedliche Wortarten.
**a** Nennt Wortarten, die ihr bereits kennt.
**b** Ordnet die Wörter aus der Schatztruhe den Wortarten zu.

### In diesem Kapitel ...

– erfahrt ihr mehr über den Hobbit Bilbo Beutlin und über Piraten,
– lernt ihr die wichtigsten Wortarten und ihre Funktionen kennen,
– unterscheidet ihr Nomen und ihre Ersatzwörter (Pronomen) und ihre begleitenden Wörter (Artikel und Adjektive),
– untersucht ihr, welche Aufgaben Verben haben und wann ihr welche Zeitform verwendet.

# 12.1 Bilbos Schatz – Rund ums Nomen

## Aus dem Zauberhut – Das Nomen

Zwerge, Hexe, Angst und Besen
Kugel, Pulver, dunkle Wesen
Bücher, Hut und Zauberturm
Eulen, Raben, Regenwurm
Frösche, Mut und Magierkammer
schwarze Katzen und Gejammer

**1** Dieser Zauberspruch besteht fast nur aus einer Wortart.
**a** Benennt diese Wortart. Welche Wörter vermisst ihr?
**b** Ordnet die Nomen in die Tabelle ein.

| Lebewesen | Gegenstände | Gedanken, Gefühle |
|---|---|---|
| *Hexe* | … | … |
| … | | |

**2** Formuliert weitere, ähnliche Zaubersprüche. Einer könnte so beginnen:
*Lärm, Getöse, Blitz und Rauch …*

**3** Auch das gehört in das Reich der Magier. Ergänzt die Tabelle oben mit den nebenstehenden Nomen.

Umhang • Hut • Macht • Zauberlehrling • Merlin • Furcht • Aberglaube • Bart • Druide • Stab • Stärke • Miraculix

**4** Kennt ihr das Spiel „Nomenkette"? Ihr solltet dazu mindestens zu dritt sein. Es geht so:
– Der Startspieler nennt ein Lebewesen.
– Der nächste Spieler überlegt sich einen Gegenstand, der mit dem letzten Buchstaben des *vorhergehenden* Wortes beginnt.
– Der dritte Spieler benennt ein Gefühl oder einen Gedanken. Wieder soll der letzte Buchstabe des letzten Wortes der *erste* des neuen Wortes sein.
Wie lang wird eure Nomenkette?
Beispiel: *Hund – Dach – Heiterkeit …*

---

**Information**    **Nomen**

Die meisten Wörter unserer Sprache sind **Nomen** (Hauptwörter, Substantive). Sie bezeichnen
- **Lebewesen,** z. B.: *Bilbo, Gandalf, Eule, Zwerg,*
- **Gegenstände,** z. B.: *Schatz, Stadt* und
- **Begriffe** (Gedanken, Gefühle, Zustände …), z. B.: *Idee, Freude, Freundschaft.*
Nomen werden großgeschrieben.

## Hexe und Hexenmädchen – Nomen haben ein Genus (ein grammatisches Geschlecht)

der Zauberer

der Zauberlehrling

die Hexe

das Hexenmädchen

**1** Betrachtet die Bilder und lest die darüberstehenden Artikel (Begleiter). Benennt die Besonderheit, die ihr feststellen könnt.

**2** Lest die Bezeichnungen der Körperteile.
a Nennt die dazugehörigen Artikel.
●●● b Lässt sich das grammatische Geschlecht aus dem Körperteil ableiten? Begründet.

Lippe • Mund • Nase • Bein • Fuß • Ohr • Hand • Gesicht • Finger

**3** Sucht mit Hilfe eines Wörterbuches möglichst viele Nomen aus der Zauberwelt. Stimmen natürliches und grammatisches Geschlecht (▶ Merkkasten) jeweils überein? Schreibt sie in euer Heft.

Lernt die Nomen mit Artikel. Bei manchen stimmen natürliches und grammatisches Geschlecht nicht überein, z.B.: *das Küken, der Mensch.*

**Information**    **Nomen: das Genus** (das grammatische Geschlecht; Plural: die Genera)

**Jedes Nomen hat ein Genus** (ein grammatisches Geschlecht), das man an seinem **Artikel** erkennen kann. Ein Nomen ist entweder
- ein **Maskulinum** (männliches Nomen), z.B.: *der Zwerg, der Schatz,*
- ein **Femininum** (weibliches Nomen), z.B.: *die Hexe, die Unterwelt,*
- ein **Neutrum** (sächliches Nomen), z.B.: *das Ungeheuer, das Hexenhaus.*

## Bilbo und die Zwerge – Nomen haben einen Numerus (eine grammatische Zahl)

### Der kleine Hobbit

Der Hobbit Bilbo Beutlin aus dem Auenland lebt, wie die meisten Leute dort, friedlich und gemütlich in seiner Höhle. Dies ändert sich an dem Tag, als er durch den Zauberer Gandalf
5 und dreizehn Zwerge unter der Führung von Thorin Eichenschild in seiner Ruhe gestört wird. Gandalf und die Zwerge überreden Bilbo aufzubrechen und mit ihnen eine lange verlorene Stadt zu suchen, in der sich ein riesiger
10 Schatz befinden soll, bewacht vom Drachen Smaug. Aus seinen Klauen muss der Schatz befreit werden. Durch Glück und Zufall hatte Gandalf einen Plan mit einem geheimen Zugang zu dieser unterirdischen Stadt erhalten.
15 Doch um dort eindringen zu können, bedarf es eines „Meisterdiebs", klein genug, überall hindurchzukommen, und der zudem die Kunst des Anschleichens beherrscht. Obwohl Bilbo keineswegs ein Dieb, geschweige denn ein

„Meisterdieb" ist, schmeichelt es ihm, dass 20 Gandalf ihn vor den Zwergen als solchen anpreist. Mit etwas Ausdauer gelingt es Gandalf tatsächlich, den widerspenstigen Hobbit für dieses Abenteuer zu gewinnen. Und schneller als es Bilbo lieb ist, zieht er mit den Zwergen in 25 Richtung Osten dem Berg entgegen. Von Anfang an gilt es, große Gefahren zu bestehen und die Bösen zu besiegen.

**1** Ob Bilbo am Ende den Drachen überlisten kann? Stellt Vermutungen an.

**2** Kennzeichnet alle Nomen im Text.
a Ordnet die Nomen in eine Tabelle wie die unten abgebildete ein.
b Ergänzt jeweils die entsprechende Form im Singular oder im Plural.

> Achtung: Bei einem Wort gibt es nur eine Pluralform, bei drei Wörtern gibt es nur eine Singularform.

| Nomen im Singular (Einzahl) | Nomen im Plural (Mehrzahl) |
|---|---|
| *Höhle* | ... |
| ... | *Zwerge* |

**Information**    **Nomen: der Numerus** (die grammatische Zahl; Plural: die Numeri)

Nomen haben einen Numerus, d. h. eine Anzahl. Sie stehen entweder im
- **Singular** (Einzahl), z. B.: *der Wald, die Hexe, das Einhorn,* oder im
- **Plural** (Mehrzahl), z. B.: *die Wälder, die Hexen, die Einhörner.*
Nur bei wenigen Nomen ist entweder nur eine Singularform oder nur eine Pluralform möglich,
z. B.: *der Regen, die Ferien.*

## Nomen kann man in vier Kasus (Fällen) gebrauchen

*Hallo Waleria,*

*du glaubst nicht, welches Missgeschick mir passiert ist! Während meiner täglichen Übungen stand im Garten meines Meisters plötzlich* ? *. Obwohl es sehr heiß war, schmolz* ? *nicht. Die Spitze* ? *überragte sogar die hohen Bäume des Gartens. Man konnte* ? *schon von Weitem sehen.* ? *leuchtete in strahlendem Weiß. Und auf* ? *saß ein kleiner Pinguin. Kannst du mir bitte einen hilfreichen Spruch sagen?*

*Liebe Grüße*
*Haselbasel*

**1** Der Zauberlehrling Haselbasel berichtet seiner Freundin Waleria in einem Brief von seinem Missgeschick. Ratet, was er wohl versehentlich gezaubert hat.

**2** Schreibt den Brief ab und ersetzt ? durch das gesuchte Wort.
Ermittelt anhand des Merkkastens auf S. 204, in welchem Kasus (Fall) das gesuchte Nomen im Text jeweils stehen muss. Macht dazu die Fragenprobe, z. B.:

> **Frage:** *Während meiner täglichen Übungen stand im Garten meines Meisters plötzlich* <u>*wer oder was?*</u>
> **Antwort:** *Während meiner täglichen Übungen stand im Garten meines Meisters plötzlich* <u>*ein Eisberg.*</u>
> → *1. Fall, Nominativ*

**3** Legt eine Tabelle mit vier Spalten an, in die ihr jeweils den Nominativ, den Genitiv, den Dativ und den Akkusativ (▶ Merkkasten, S. 204) der rechts stehenden Nomen eintragt.

> Fee • Kelch • Zauberschloss • Drache

Wenn der Zauberer Kotzmotz tobt und wütet, halten alle Tiere im Wald ? an und verstecken sich. Selbst ? zittern vor Angst. Nur ein kleiner, unbekümmerter, zerzauster Hase lässt sich nicht beirren und landet un-
⁵
versehens direkt vor dem Haus ? . Kotzmotz ist über ? des Hasen so überrascht, dass er ihn eintreten lässt. Nun entdeckt ? auch ? für die wütenden Worte von Kotzmotz. Und er beschließt, ? zu helfen.
¹⁰

**4** **a** Schreibt den Text ab und setzt die nebenstehenden Nomen ein.
**b** Bestimmt mit Hilfe des Merkkastens den Kasus, in dem das eingesetzte Wort steht.

> den Atem • des Zauberers • die Bäume • den Mut • den Grund • dem Zauberer • der Hase

Viele Menschen sind fasziniert von (die Zauberei). Doch (das Zaubern) zu lernen, ist gar nicht so leicht. Zunächst muss man (das Geheimnis) der unzähligen Tricks kennen.
⁵ Aber (der Magier) ist hier nicht zu trauen! Er verrät (der Trick) nur sehr ungern. Für Anfänger eignet sich ein Zauberkasten aus (der Spielwarenhandel). (Der Zauberkasten) muss man gründlich durcharbeiten, um die
¹⁰ nötige Übung zu erhalten. Beim (das Üben) ist höchste Konzentration erforderlich. (Der Anfänger) kann auch in einer Zauberschule geholfen werden. Ein Meister unterstützt (der Schüler) beim Training seiner
¹⁵ verblüffenden Kunststücke. Und durch die

Erfahrung (der Meister) lassen sich viele Fehler vermeiden. Vielleicht klappt es ja mit der Zauberei auf (die Bühnen) dieser Welt.

**5** **a** Schreibt den Text ab und setzt dabei die Wörter in Klammern richtig ein.
    **b** Bestimmt auch hier den jeweiligen Kasus.

---

**Information**    **Nomen: der Kasus** (der Fall; Plural: die Kasus, mit langem *u* gesprochen)

In Sätzen erscheinen Nomen immer in einem bestimmten Kasus, d. h. in einem grammatischen Fall. **Im Deutschen gibt es vier Kasus.** Nach dem Kasus richten sich die Form des Artikels (▶ S. 206) und die Endung des Nomens. Man kann den **Kasus** eines Nomens **durch Fragen ermitteln.**

| Kasus | Kasusfrage | Beispiele |
|---|---|---|
| 1. Fall: **Nominativ** | Wer oder was …? | *Der Zauberer* liest ein Buch.<br>*Die Hexe* reitet auf dem Besen.<br>*Das Einhorn* spielt mit einem Reh. |
| 2. Fall: **Genitiv** | Wessen …? | *Das Buch des Zauberers* ist spannend.<br>*Der Besen der Hexe* ist schnell.<br>*Der Spielgefährte des Einhorns* ist scheu. |
| 3. Fall: **Dativ** | Wem …? | *Der Knabe schaut dem Zauberer zu.*<br>*Der Rabe gehorcht der Hexe.*<br>*Das Reh leistet dem Einhorn Gesellschaft.* |
| 4. Fall: **Akkusativ** | Wen oder was …? | *Die Kinder beobachten den Zauberer.*<br>*Die Mäuse lieben die Hexe.*<br>*Die Tiere des Waldes ehren das Einhorn.* |

Meist ist der Kasus am veränderten Artikel des Nomens erkennbar, manchmal auch an der Endung des Nomens, z. B.: *des Mannes, des Mädchens, den Kindern.*
Wenn man ein Nomen in einen Kasus setzt, nennt man das **deklinieren** (beugen).

# Stärken stärken: Das Nomen

**○○ 1** Schreibt die folgenden Nomen untereinander in euer Heft.
- Notiert hinter den Nomen ihr grammatisches Geschlecht.
- Welche Nomen kommen nur im Singular vor, welche nur im Plural?
- Welche der Nomen drücken Gefühle oder Gedanken aus?

Ferien • Ereignis • Schlaf • Teile • Lichter • Datum • Getränk • Freude • Stunde •
Liegestuhl • Obst • Durst • Nacht • August • Himmel • Traum • Leute

**●○ 2** Entdeckt ihr in dieser Wörterschlange die Nomen? Schreibt sie deutlich getrennt in euer Heft.
Wie viele Nomen habt ihr gefunden?

**●○ 3** Im folgenden Text sind alle Wörter klein- und zusammengeschrieben.
Übertragt ihn in der richtigen Groß- und Kleinschreibung in euer Heft.

gutentag,herrsailer!
herzlichendankfürihrinteresseanunsererzaubershow.gernewürdenwirbeidemgeburtstagihres
sohneseinekleineaufführungpräsentieren.leideristeineunsererassistentinnenerkrankt,sodass
wirdenvereinbartenterminabsagenmüssen.alsvertretungkönntenwirunserekollegenvonder
zauberschule"simsalabim"empfehlen.wirhoffenaufihrverständnis.herzlichegrüßemagictom

**●●● 4** Gebt an, in welchem Kasus die unterstrichenen Nomen in den folgenden Sätzen stehen.
Macht dazu die Fragenprobe:
*Satz: Des schlechten Wetters wegen machen Bilbo und die Zwerge einen Umweg.*
*Fragenprobe: Weswegen machen Bilbo und die Zwerge einen Umweg? → 2. Fall, Genitiv*

- Des schlechten Wetters wegen machen Bilbo und die Zwerge einen Umweg.
- „Bitte verwenden Sie den Zauberstab mit Vorsicht!"
- Ohne einen Zauberkasten kann man nur schwer üben.
- Trotz des Regens folgen sie dem Pfad.
- Bilbo findet die Zwerge lustig.
- Der Hobbit nimmt Gollum den Ring ab.
- Die Gemeinschaft ist sich ihres Sieges über den Drachen sicher.

# Der Artikel

An einem Sommermorgen saß ein Schneiderlein auf seinem Tisch am Fenster, war guter Dinge und nähte aus Leibeskräften. Da kam eine Bauersfrau die Straße herab und rief: „Gut Mus feil! Gut Mus feil!" Das klang dem Schneiderlein lieblich in den Ohren, er streckte sein zartes Haupt aus dem Fenster hinaus und ...

Auf einem Dorf lebten ein Mann und eine Frau und die Frau war so faul, dass sie immer nichts arbeiten wollte, und was ihr der Mann zu spinnen gab, das spann sie nicht fertig ...

**1** Kennt ihr diese Märchen?
**a** Lest die Märchentitel.
**b** Ordnet den Märchenauszügen den richtigen Titel zu.

> Die faule Spinnerin • Die zwei Brüder •
> Das tapfere Schneiderlein •
> Die kluge Bauerstochter

**2** Schreibt die unterstrichenen Sätze aus den Märchenauszügen mit den Titeln in euer Heft.
**a** Unterstreicht jeweils die Nomen und ihre Artikel (▶ Merkkasten).
**b** Vergleicht eure Unterstreichungen in den Titeln und in den Märchensätzen. Erklärt, worin sie sich unterscheiden.
**c** Setzt statt der unbestimmten Artikel *ein, eine, ein* die bestimmten Artikel (▶ Merkkasten unten) in die markierten Sätze. Beschreibt, was sich durch den Austausch der Artikel verändert.

**3** ●●● Prüft, von welchem Artikel die Nomen in den weiteren Märchensätzen begleitet werden. Versucht dafür eine Erklärung zu finden.

**4** **a** Erklärt, weshalb in den Märchentiteln die bestimmten Artikel stehen.
**b** Verwendet in den Märchentiteln die unbestimmten Artikel. Beschreibt den Unterschied.

| Information | Der Artikel (Plural: die Artikel) |
| --- | --- |

Das Nomen tritt selten allein auf, sondern wird häufig von einem Artikel begleitet.
Man unterscheidet zwischen dem bestimmten Artikel *(der, die, das)* und dem unbestimmten Artikel *(ein, eine, ein)*, z. B.:

| | bestimmter Artikel | unbestimmter Artikel |
| --- | --- | --- |
| **männlich** | *der Schneider* | *ein Schneider* |
| **weiblich** | *die Bauerstochter* | *eine Bauerstochter* |
| **sächlich** | *das Dorf* | *ein Dorf* |

Der unbestimmte Artikel wird meist verwendet, wenn etwas unbekannt ist oder zum ersten Mal genannt wird; der bestimmte Artikel, wenn etwas bereits bekannt ist.

# Die Pronomen

## Freibeuter der Meere – Das Personalpronomen

Piraten üben ein uraltes Geschäft aus. Seit es die Seefahrt gibt, gibt es Piraten, also schon seit über 3400 Jahren. Piraten sind nichts anderes als Räuber, die vorwiegend vom Schiff aus ein anderes Schiff angreifen. In Filmen, Literatur und Spielen werden Piraten oft als Helden beschrieben. In Wirklichkeit sind Piraten brutale Angreifer und kapern Frachtschiffe. Bis vor wenigen Jahren wurden Schiffe meist beraubt und die Ware wurde zu Geld gemacht.

Heute stellen moderne Piraten oft Lösegeldforderungen: „Wenn <u>ihr</u> wollt, dass eure Besatzung freikommt, übergebt <u>uns</u> eure Handelsware, sonst sind <u>wir</u> gezwungen, Gewalt gegen <u>euch</u> anzuwenden."

5

10

15

**1**
a Im ersten Abschnitt des Textes taucht ein Nomen immer wieder auf. Benennt dieses.
b Beschreibt, wie sich der Text durch die Wiederholung anhört.
c Erläutert, wer mit den unterstrichenen Wörtern im zweiten Absatz jeweils gemeint ist.
d Erklärt, welche Aufgabe die Wörter wie *ich, er, wir, ihr, sie* haben.
e Verändert den ersten Absatz so, dass ihr die Wiederholungen vermeidet.

**2**
a Lest den Merkkasten unten.
b Wie könnte man die Nomen rechts ersetzen? Schreibt sie mit ihren Artikeln im Nominativ und im Akkusativ auf und notiert jeweils das passende Personalpronomen, z. B.:
*Nominativ: der Räuber – er   Akkusativ: den Räuber – ihn*

Räuber • Seefahrt • Ware • Schiff • Helden • Besatzung

---

| **Information** | **Das Personalpronomen** (das persönliche Fürwort; Pl.: die Personalpronomen) |
|---|---|

Es gibt verschiedene Arten von Pronomen. Mit den **Personalpronomen** *(ich, du, er, sie, es, wir, ihr, sie)* kann man **Nomen ersetzen,** z. B.:

*Die Piraten* planen den Überfall. *Sie* bereiten sich vor. Sofort wehrt das Frachtschiff *sie* ab.

*Störtebeker* hat keine Angst. *Er* ist mutig und weiß, dass keiner *ihn* fängt.

Personalpronomen werden wie die Nomen **dekliniert** (gebeugt). Die wichtigsten Formen sind:

| Kasus | Singular | | | Plural | | |
|---|---|---|---|---|---|---|
| | 1. Pers. | 2. Pers. | 3. Pers. | 1. Pers. | 2. Pers. | 3. Pers. |
| **Nominativ** | *ich* | *du* | *er/sie/es* | *wir* | *ihr* | *sie* |
| **Dativ** | *mir* | *dir* | *ihm/ihr/ihm* | *uns* | *euch* | *ihnen* |
| **Akkusativ** | *mich* | *dich* | *ihn/sie/es* | *uns* | *euch* | *sie* |

## Alles hört auf mein Kommando! – Das Possessivpronomen

1  **a** Beschreibt, welche Aufgabe die markierten Wörter in den Sprechblasen haben. Lest dazu auch den Merkkasten unten auf der Seite.

**b** Schreibt alle Possessivpronomen mit dem zugehörigen Nomen aus den Sprechblasen heraus, z. B.: *euer Kapitän.*

**c** Bestimmt jeweils den Kasus, in dem die Possessivpronomen (und dazugehörigen Nomen) im Text verwendet werden.

2  Schreibt die folgenden Sätze ab und ergänzt dabei die fehlenden Possessivpronomen. Achtet darauf, in welchem Kasus (Fall) das Possessivpronomen stehen muss.

> – Fragst du deinen Nebenmann, ob er  **?**  Säbel mitgenommen hat?
> – Ich werde dafür sorgen, dass  **?**  Schild mich an der richtigen Stelle schützt.
> – Habt ihr daran gedacht,  **?**  Helme aufzusetzen? Wir müssen mit allem rechnen!
> – Bei  **?**  letzten Überfall haben wir vergessen,  **?**  Beute mitzunehmen.

| **Information** | **Das Possessivpronomen** (das besitzanzeigende Fürwort) |
|---|---|

**Possessivpronomen** *(mein/meine – dein/deine – sein/seine, ihr/ihre – unser/unsere – euer/eure – ihr/ihre)* **geben an, zu wem etwas gehört,** z. B.:
*meine Flagge, deine Tasche, unser Schiff.*
Possessivpronomen begleiten meist Nomen und stehen dann in dem gleichen Kasus (Fall) wie das dazugehörige Nomen, z. B.:
*Ich gebe meiner Mannschaft das Kommando!* (Wem ...? → Dativ)

# Stärken stärken: Die Pronomen

**1** Schreibt die Sätze in euer Heft und setzt dabei die passenden Personalpronomen ein.

- Ich rufe ? , wenn es so weit ist. (dich, mich, uns)
- Dein Geschenk hat ? sehr gefreut. (mich, mir, dir)
- Beeilt euch, sonst verpassen ? den Bus. (wir, ihnen, ihr)
- ? ist das rätselhaft. (mir, mich, dich)
- Wir haben ? um drei verabredet. (uns, euch, Ihnen)
- „Pass auf ? auf!" (mir, dir, dich)

Kapitän Joe trifft sich heute mit seinem alten Steuermann. Kapitän Joe hat seinen alten Steuermann schon lange nicht mehr gesehen, deshalb hat er seinem alten Steuermann als Geschenk eine Flasche Grog mitgebracht. „Es ist schön, meinen alten Steuermann zu sehen", wird sein alter Steuermann von Kapitän Joe begrüßt. Danach besuchen Kapitän Joe und sein alter Steuermann ihre früheren Kameraden. Damit machen sie ihren früheren Kameraden eine große Freude. „Wir haben Kapitän Joe und seinen alten Steuermann schon lange nicht mehr gesehen", tadeln seine früheren Kameraden Kapitän Joe und seinen alten Steuermann, als diese das Schiff betreten, und freuen sich aber dennoch.

**2** Im Text oben finden sich zahlreiche Wiederholungen.
a Unterstreicht die Namen und Nomen, die sich wiederholen, jeweils mit unterschiedlichen Farben.
b Schreibt den Text in euer Heft und ersetzt dabei die unterstrichenen Nomen durch passende Personalpronomen.
c Markiert in eurem Text die Possessivpronomen und die dazugehörigen Nomen.

Die Klasse 5b führt ein Theaterstück mit dem Titel „Kapitän Schwarzbart, Freibeuter der Meere" auf. Kurz vor der Aufführung ruft Corina erschrocken: „Mein Säbel ist weg!" Auch Tom, ihr Dialogpartner, ist nicht zu finden. Alle Schülerinnen und Schüler sind aufgeregt. „Wo wurde er denn das letzte Mal gesehen?", fragt sie Herr Dinter. „Er befand sich hinter der Tür, als wir uns geschminkt haben." „Dann kann er ja nicht weit weg sein!", tröstet Herr Dinter. „Jetzt heißt es suchen, vielleicht entdecken wir ihn ja!", ruft er laut. „Vielleicht hat Corina ihren Säbel ja zu Hause vergessen", meint Emre an die Klasse gewandt. Sie ist ganz schön durcheinander. Wenig später sind alle erleichtert: „Nein, hier ist er!" Tom hält den Säbel in der Hand und übt seine Rolle.

**3** Im obigen Text ist bei einigen Pronomen unklar, auf welches Nomen sie sich beziehen. Überarbeitet die Sätze so, dass sie eindeutig sind. Geht so vor:
a Schreibt den Text ab und unterstreicht dabei alle Personal- und Possessivpronomen.
b Verbindet die Personal- und Possessivpronomen mit den Nomen, auf die sie sich beziehen, z. B. durch einen Pfeil. Wo bezieht sich ein Pronomen auf mehrere Nomen, sodass Unklarheiten entstehen?
c Überarbeitet die Sätze, in denen sich ein Pronomen auf mehrere Nomen bezieht.

# Das Adjektiv

Jana ist bei einem Spaziergang an einem seltsamen Haus vorbeigekommen. Sie erzählt ihrer Freundin Lisa davon:

> *Also das Haus sah ganz anders aus als unseres! Die Fassade ist alt und wirkt sehr finster. Der Garten ist trocken und karg. Das Dach aus Holz ist morsch, beinahe brüchig. Ein düsterer Himmel lag über dem Haus. Dies machte die ganze Umgebung grau und unheimlich. Auf der Terrasse standen schmutzige Möbel, sie wirkt daher unfreundlich und ungemütlich. Da möchte ich nachts nicht sein!*

**1** Worin unterscheidet sich das seltsame Haus von dem Janas? Ergänzt die Tabelle im Heft.

|  | seltsames Haus | Janas Haus |
|---|---|---|
| Fassade: | *alt* | *neu, modern* |
| Garten: | … | … |

Eines Nachts drangen aus dem **?** Haus am See **?** Geräusche. Sie klangen wie das **?** Rufen einer **?** Frau. An einem **?** Sommerabend entschied sich eine **?** Gruppe von Pfadfindern, das **?** Geheimnis des **?** Hauses zu erkunden. Sie schlichen durch den **?** Garten, hin zu der **?** Eichentür. Durch die **?** Tür gelangten sie in einen **?** Flur. Mit **?** Schritten schlichen sie voran. Nach **?** Minuten sahen sie eine **?** Gestalt.

**2** Lisa hat sich durch Janas Beschreibung zum Schreiben einer Geschichte anregen lassen.
**a** Wie findet ihr ihre Geschichte?
**b** Überarbeitet Lisas Geschichte, indem ihr für die Lücken geeignete Adjektive auswählt. Ihr könnt die folgenden Adjektive verwenden oder selbst passende suchen.

> uralt • endlos • düster • seltsam • laut • schrill • hilflos • schwach • alt • lau • schön • warm • klein • mutig • wild • ungelöst • ungepflegt • groß • schwer • dick • breit • weit • dunkel • leise • eilig • tapfer • endlos • hager • wuchtig

| **Information** | **Das Adjektiv** (das Eigenschaftswort; Plural: die Adjektive) |
|---|---|

Adjektive drücken aus, **wie** etwas ist. Mit Adjektiven können wir die **Eigenschaften** von Lebewesen, Dingen, Vorgängen, Gefühlen und Vorstellungen **genauer beschreiben,** z. B.: *der dunkle Himmel, der helle Himmel, der stockdunkle Himmel.*
Adjektive werden **kleingeschrieben.** Adjektive, die vor einem Nomen stehen, haben den gleichen Kasus wie das Nomen: *der kalte See, die kalten Seen, des kalten Sees.*

## Mit Adjektiven vergleichen

**So hoch ist:**

| | |
|---|---|
| das seltsame Haus: | 8 Meter |
| Janas Haus: | 10 Meter |
| der Fernsehturm: | 100 Meter |

**So lang ist die Terrasse von:**

| | |
|---|---|
| dem seltsamen Haus: | 6 Meter |
| Janas Haus: | 9 Meter |
| dem Schlossgarten: | 30 Meter |

**So alt ist die Fassade von:**

| | |
|---|---|
| dem seltsamen Haus: | 70 Jahre |
| Janas Haus: | 10 Jahre |
| dem historischen Haus: | 150 Jahre |

**1**

**a** Schaut euch die Abbildungen oben an. Vergleicht die Merkmale der Häuser miteinander. Verwendet in euren Sätzen treffende Adjektive und unterstreicht diese, z. B.:

> *Janas Haus ist höher als das seltsame Haus.*
> *Der Fernsehturm ist am höchsten.*

**b** Ordnet die Adjektive rechts in eine Tabelle wie die folgende ein:

| Grundform | Komparativ | Superlativ |
|---|---|---|
| *klein* | ... | ... |

klein • ruhig •
am morschesten •
neu • stärker •
am schwächsten •
dicker • weit

**c** Ergänzt die fehlenden Steigerungsstufen (▶ Informationskasten unten).

**2**
●●●
Es gibt Adjektive, bei denen der Komparativ und der Superlativ anders gebildet werden als üblich. Überlegt, wie ihr die Adjektive *gut* und *viel* steigern würdet.

| **Information** | **Steigerung der Adjektive** |
|---|---|

Die meisten Adjektive kann man steigern (z. B.: *schön – schöner – am schönsten*). So kann man z. B. Dinge und Lebewesen miteinander vergleichen.
Es gibt drei Steigerungsstufen:

| Positiv (Grundform) | Komparativ (Höherstufe) | Superlativ (Höchststufe) |
|---|---|---|
| *Jan ist groß.* | *Leonhard ist größer.* | *Christian ist am größten.* |

Manche Adjektive wie *tot* oder *rund* lassen sich nicht sinnvoll steigern.

# Stärken stärken: Das Adjektiv

WARTEN • LIEBEN • GEFÄHRLICH • HOFFNUNG • SCHWACH • WISSEN • HAARE •
LANGWEILIG • SELTSAM • PFLEGEN • STEINE • RUHIG • KÜMMERN • ZEUGNIS • FRECH •
SCHMELZEN • TRÄUME • WINKEN • FROH • STREITEN • NAH • UND • GUT • SEHEN • ARM

●○○ **1** Die Wörter oben sind alle großgeschrieben. Sucht die Adjektive heraus und schreibt sie in euer Heft.

●●○ **2** a Lest die nebenstehenden Adjektive und
versucht, sie sinnvoll zu steigern.

schwach • bunt • blind • dreieckig •
glatt • tot • außergewöhnlich • schief •
leer • täglich • schwach

   b Übertragt die Tabelle in euer Heft und sortiert
die Adjektive nach steigerbaren und nicht
steigerbaren Adjektiven.
   c Erklärt, warum man die Adjektive in der zweiten Gruppe nicht steigern kann.

| steigerbare Adjektive | nicht steigerbare Adjektive |
| --- | --- |
| *schwach* | ... |
| ... | ... |

●●● **3** Betrachtet das Bild.
   a Welche Adjektive fallen euch ein? Sammelt möglichst viele Adjektive.
   b Bildet Sätze mit den gesammelten Adjektiven, die das Bild beschreiben.

# Wir gehören zusammen – Die Wortfamilie

### Gefährliche Gewitter

Du kennst das <u>sicherlich</u>: Ein heißer, schwüler Sommertag, dunkle Wolken ziehen auf, der Wind nimmt zu, Blitze zucken vom Himmel und der Donner wird stärker. Ein schweres Ge-
5 witter droht. Jetzt kann es gefährlich werden. Früher dachten die Menschen, bedrohliche Blitze und unheimlicher Donner seien Drohungen und Angriffe von Göttern. Heute weiß man, dass Blitze komplizierte Naturerscheinungen
10 sind. Gefahr droht dennoch! Vor Blitzen kann man fast nirgends <u>sicher</u> sein. Überrascht einen ein Gewitter, sollte man sich nicht unnötig gefährden und einige Verhaltensregeln beachten:
– Suche keinen Schutz unter Bäumen, in
15 Hütten oder in Scheunen.
– In einem Gebäude aus Stein, Beton oder Stahl bist du besser geschützt.

– Seid ihr mit einer Gruppe unterwegs, müsst ihr zur <u>Sicherheit</u> drei bis fünf Meter Abstand voneinander halten, um euch zu 20 schützen.
– Auch im Wasser ist es <u>unsicher</u> und nicht ungefährlich. Verlasse es sofort!
– Ein Gebäude mit Blitzableiter beschützt euch am besten! 25

**1** Wart ihr auch schon mal einem Gewitter ausgesetzt? Erzählt, wie ihr euch verhalten habt.

**2** In dem Gewitter-Text sind einige Wörter hervorgehoben.
  **a** Findet heraus, was die hervorgehobenen Wörter gemeinsam haben.
  **b** Sucht im Text oben weitere Wörter, die zusammengehören. Schreibt sie in euer Heft.

**3** Lest unten die Information zur „Wortfamilie".
  **a** Ordnet die Wörter rechts in drei Wortfamilien.
  **b** Unterstreicht jeweils den Wortstamm.
  **c** Beschreibt, was euch auffällt.
  **d** Sammelt weitere Beispiele dafür, wie sich ein Wortstamm in einer Wortfamilie ändern kann.

Helferin • helfen • singen • backen • geholfen • gebacken • Bäcker • Gesang • sie half • Gehilfe • gesungen • Sänger • hilfsbereit

| Information | Wortfamilie |
| --- | --- |

In verschiedenen Wörtern kommen oft gleiche Wortbausteine vor. Der Grundbaustein eines Wortes heißt **Wortstamm.** Wörter mit dem gleichen Wortstamm bilden eine Wortfamilie.

| Vorsilbe | Wortstamm | Endungen |
| --- | --- | --- |
| | *geb* | *en* |
| *er* | *geb* | *nis* |
| *ver* | *geb* | *en* |

# Testet euch!

## Nomen, Pronomen, Artikel, Adjektive

**Fürsorgliche Katzen**

In den ersten Wochen verlässt **?** ihre Kinder nur, wenn sie schlafen. Bei der Aufzucht **?** will sie von der Familie, bei der sie lebt, nicht gestört werden. Wird sie dann von **?**, der unbedingt die Kätzchen sehen will, nicht in Ruhe gelassen, nimmt sie **?** mit dem Nackenbiss und versteckt sie an einer anderen Stelle. Eines Tages sucht die Katze dann wieder die Nähe **?** und zeigt **?** die Katzenkinder. Von diesem Zeitpunkt an dürfen **?** die Kätzchen streicheln und mit ihnen spielen.

**1 a** Schreibt den Text ab. Setzt die Nomen rechts mit ihren Begleitern ein.
**b** Ordnet die eingesetzten Nomen aus Aufgabe a in eine solche Tabelle ein:

der Familie •
einem Menschen •
ihrer Jungen •
die Kleinen •
die Katzenmutter •
die Menschen •
den Menschen

| Nominativ | Genitiv | Dativ | Akkusativ |
|---|---|---|---|
| *die Katzenmutter* | ... | ... | ... |
| ... | ... | ... | ... |

**c** Unterstreicht die Pronomen im Text: die Personalpronomen <u>blau</u>, Possessivpronomen <u>grün</u>.

**Tierfreunde**

Vor Ostern und im Sommer mit Beginn (die Urlaubszeit) werden besonders viele Tiere, vor allem Hunde, gefunden. Gerade (das Tierheim) in der Nähe (die Autobahn), die in (das Urlaubsland) führen, sind dann überfüllt. Denn viele Menschen setzen (der Hund) auf dem Weg in den Urlaub aus. (Der Tierschutzverein) kontrollieren mit ihren Tierhilfewagen (die Urlaubsstrecke). Denn (das Tier) sollte so schnell wie möglich geholfen werden.
Einen Ausweg bietet die Aktion „Nimmst du mein Tier, nehm ich dein Tier". Hier betreuen Tierfreunde (das Tier) gegenseitig. Bei der Vermittlung von Urlaubsplätzen für (das Haustier) helfen (der Tierschutzverein).

**2 a** Schreibt den Text ab und setzt die in Klammern stehenden Nomen und Artikel im richtigen Numerus und Kasus ein.
**b** Bestimmt den Kasus der eingesetzten Nomen und Artikel, z. B.: *der Urlaubszeit – Genitiv.*

**3** Bildet aus den Silben im Kasten rechts die folgenden Wörter:
– Superlativ von *traurig, viel* – Komparativ von *klug, gut*
– anderes Wort für *behutsam* – Gegenteil von *behaglich* (Positiv)
(Komparativ)

ten • bes • ti • ge •
ger • trau • sten •
müt • ger • ser • am •
meis • vor • lich • klü •
sich • un • am • rig

# 12.2  Rund ums Verb

## Infinitiv und Personalform

Sie läuft dann zum Haus und springt die Verandatreppe hinauf. Schnell [?] sie eine Leiter hoch, [?] auf das Dach der Villa Kunterbunt, [?] den Dachfirst entlang, [?] auf den Schornstein, [?] sich mit dem Kopf voran in einen Baum an der Giebelwand, [?] auf die Erde hinunter, [?] in den Holzschuppen, [?] durch einen schmalen Spalt in den Garten hinaus, [?] auf den Zaun, [?] fünfzig Meter darauf entlang, [?] in eine Eiche und [?] in ihren höchsten Wipfel.

5

10

**1**  a  Habt ihr erkannt, von wem hier die Rede ist? Äußert eure Vermutungen.

 b  Schreibt den Text ab und füllt die Lücken. Wählt dazu die Verben aus dem folgenden Kasten aus und setzt sie in der richtigen Form ein.

> springen • rennen • laufen • steigen • klettern • balancieren • stürzen • gleiten • hüpfen • kriechen

 c  Die oben genannten Verben verändern sich beim Einsetzen. Erklärt, wie und warum.

---

**Information**    **Das Verb** (das Tätigkeitswort; Plural: die Verben)

Mit Verben gibt man an, **was jemand tut** (z. B.: *laufen, reden, lachen*), **was geschieht** (z. B.: *regnen, brennen*) oder **was ist** (z. B.: *haben, sein, bleiben*).

■ Der **Infinitiv** (die Grundform) eines Verbs endet auf *-en* oder *-n*, z. B.: *rennen, sagen, antworten, rudern, lächeln.*

■ Wenn man ein Verb in einem Satz verwendet, bildet man **die Personalform des Verbs.** Das nennt man **konjugieren (beugen),** z. B.: *such-en (Infinitiv) → Ich such-e den Schlüssel* (1. Person Singular). In welcher Person und in welchem Numerus ein Verb verwendet wird, bestimmt das Subjekt, z. B.: *Das Kind renn-t* (3. Person Singular). *Die Kinder renn-en* (3. Person Plural).

215

# Tempus (Zeitform) des Verbs

## Präsens und Futur

Heute besucht Svenja ihren Freund Linus Findig. Er ist ein Bastler und Tüftler. Svenja mag seine unordentliche Werkstatt, in der er an seiner neuen Zeitmaschine bastelt.
5 Linus erklärt seiner Freundin, wie die Maschine funktioniert: „Zuerst setzt man den Steuercomputer in Gang. Er überprüft dann alle Systeme, damit sie auch funktionieren. Anschließend lädt er mein neues Zeitreise-Programm Chronos 2020. Nun identifiziert 10 man sich mit einem Fingerabdruck und wählt die Zeit, in die man reist."

 **1** a Schreibt alle Verben aus dem Text heraus und bestimmt ihre Zeitform.
    b Erklärt für jeden Satz des Textes, warum diese Zeitform verwendet wird.

Svenja will morgen mit Linus die Zeitmaschine ausprobieren. Ihr gehen viele Fragen durch den Kopf: „Was wird da auf mich zukommen? Werde ich mich in der anderen Zeit zurechtfinden? Sehe ich meine Familie schon morgen Abend wieder? Was ist, wenn Linus morgen eine falsche Zeit eingibt?"

 **2** a Vergangenheit – Gegenwart – Zukunft? Nennt den Zeitraum, auf den sich Svenjas Fragen beziehen.
    b Erklärt am Beispiel von Svenjas Fragen zwei verschiedene Möglichkeiten, ein Geschehen in der Zukunft auszudrücken.

---

**Information**     **Die Zeitformen Präsens und Futur**

Verben kann man in verschiedenen Zeitformen (Tempora; Singular: das Tempus) verwenden, z. B. im Präsens oder im Futur. Die Zeitformen der Verben sagen uns, wann etwas passiert, z. B. in der Gegenwart, in der Vergangenheit oder in der Zukunft.

**Das Präsens (die Gegenwartsform)**
**1** Das Präsens wird verwendet, wenn etwas in der **Gegenwart** (in diesem Augenblick) geschieht, z. B.: *Er startet gerade den Computer.*
**2** Im Präsens stehen auch **Aussagen, die immer gelten,** z. B.: *Die Zukunft ist nicht vorhersehbar.*
**3** Man kann das Präsens auch einsetzen, um etwas **Zukünftiges** auszudrücken. Meist verwendet man dann eine Zeitangabe, die auf die Zukunft verweist, z. B.: *Morgen besuche ich Linus.*

**Das Futur (die Zukunftsform)**
Das Futur wird verwendet, um ein zukünftiges Geschehen auszudrücken, z. B.:
*Ich werde Linus in seiner Werkstatt besuchen.*
Das Futur wird gebildet durch: Personalform von *werden* im Präsens + Infinitiv des Verbs, z. B.:
*ich werde gehen, du wirst gehen* ...

## Präteritum und Perfekt

Linus programmiert die Zeitmaschine auf das Jahr 3000. Svenja und Linus staunen nicht schlecht:

### Zeitreise ins Jahr 3000 (Erzählung 1)

Wir trauten unseren Augen nicht. Vor uns schwebten elegante Fahrzeuge in der Luft, die wie Flugzeuge ohne Flügel auf unsichtbaren Luftstraßen flogen. Die Gebäude waren meist hohe Türme mit Einflugschneisen für die Flugautos, die in allen möglichen Farben in der Sonne glitzerten.

### Zeitreise ins Jahr 3000 (Erzählung 2)

Wir haben unseren Augen nicht getraut. Vor uns sind elegante Fahrzeuge in der Luft geschwebt, die wie Flugzeuge ohne Flügel auf unsichtbaren Luftstraßen geflogen sind. Die Gebäude sind meist hohe Türme mit Einflugschneisen für die Flugautos gewesen, die in allen möglichen Farben in der Sonne geglitzert haben.

**1** a Welche der beiden Erzählweisen (Erzählung 1 oder Erzählung 2) würdet ihr für eine mündliche Darstellung der Erlebnisse wählen, welche für eine schriftliche?

   b Schreibt aus beiden Texten die Verben heraus und stellt sie in einer Tabelle wie der rechts abgebildeten einander gegenüber. Beschreibt, was euch bei der Bildung der Zeitformen auffällt.

   *trauten*          *haben getraut*

   *schwebten*          *...*

**2** a Lest den Informationskasten auf Seite 218 zu den Zeitformen Präteritum und Perfekt.

   b Übertragt die Tabelle unten in euer Heft. Bildet von den Verben im Kasten jeweils die 3. Person Singular Präteritum und die 3. Person Singular Perfekt und tragt sie in die Tabelle ein.

   c Unterstreicht die regelmäßigen (schwachen) Verben blau und die unregelmäßigen (starken) Verben rot.

   basteln • staunen • sehen • glauben • kommen • erzählen • rennen

| Infinitiv | Präteritum | Perfekt |
|---|---|---|
| *basteln* | *er bastelte* | *er hat gebastelt* |

Linus erzählt Svenja von einer anderen Zeitreise, die er unternommen hat:

Ich **?** ins Jahr 1356 **?** (reisen). Es war der 17. Oktober, als ich in einem Wald **?** **?** (aufwachen), wo mich sofort ein Reitertrupp gefangen **?** **?** (nehmen). Die
5 Reiter **?** mich **?** (verdächtigen), ein feindlicher Spion zu sein. Als ich im Kerker **?** **?** (liegen), **?** mir eine Idee **?** (kommen):
Ich habe mich an das große Erdbeben vom
10 18. Oktober 1356 erinnert. (Ich lese gerade ein Buch, das davon handelt.) Falls sie mich

nicht sofort freilassen würden, so habe ich ihnen gedroht, würde ich morgen die Erde beben lassen, denn ich sei ein großer Zauberer. Als am 18. dann wirklich die Erde 15 bebte, hat man mich tatsächlich sofort freigelassen, denn die Menschen hatten Angst, dass ich sonst weiteres Unheil anrichte. Ich habe mich mit der Zeitmaschine so schnell wie möglich wieder in unsere Gegenwart 20 zurückversetzt.

 **3** **a** Schreibt den ersten Absatz des Textes ab. Füllt dabei die Lücken, indem ihr die in Klammern im Infinitiv angegebenen Verben in der passenden Perfektform einsetzt:
*Ich bin ins Jahr 1356 gereist …*
**b** Schreibt aus dem zweiten Absatz des Textes (ab Z. 9) alle Perfektformen heraus, z. B.:
*habe erinnert, …*
**c** Übertragt alle Perfektformen aus dem Text ins Präteritum: *Ich reiste, …*
**d** Lest den Text vor und setzt dabei die Präteritumformen aus Aufgabe c ein.

---

**Information**　**Die Zeitformen Präteritum und Perfekt**

**Das Präteritum**
Das Präteritum ist eine **einfache Zeitform der Vergangenheit.** Diese Zeitform wird vor allem in schriftlichen Erzählungen (z. B. in Märchen oder in Geschichten) verwendet, z. B.:
*Wir gingen in ein Restaurant und lasen die Speisekarte.*
Man unterscheidet:
- **regelmäßige** (schwache) **Verben:** Bei den regelmäßigen Verben ändert sich der Vokal
  *(a, e, i, o, u)* im Verbstamm nicht, wenn das Verb ins Präteritum gesetzt wird, z. B.:
  *ich reise* (Präsens) → *ich reiste* (Präteritum).
- **unregelmäßige** (starke) **Verben:** Bei den unregelmäßigen Verben ändert sich im Präteritum
  der Vokal *(a, e, i, o, u)* im Verbstamm, z. B.:
  *ich fahre* (Präsens) → *ich fuhr* (Präteritum); *ich laufe* (Präsens) → *ich lief* (Präteritum)

**Das Perfekt**
Wenn man mündlich von etwas Vergangenem erzählt oder berichtet, verwendet man häufig
das Perfekt, z. B.: *Ich habe heute schlecht geträumt.*
Das Perfekt ist eine **zusammengesetzte Vergangenheitsform,** weil es mit einer Form von
**haben** oder **sein** im Präsens (z. B.: *hast, sind*) und dem **Partizip II des Verbs** (z. B.: *geträumt, gefahren*) gebildet wird.
Das Partizip II beginnt meist mit *ge-,* z. B.:
*gehen → gegangen; reisen → gereist*

## Plusquamperfekt

Hier ein Ausschnitt aus Linus' Aufzeichnungen zu seiner Zeitreise ins Jahr 1356:

Nachdem die Männer mich gefangen genommen hatten, bekam ich große Angst. Ich hatte ihren Gesprächen entnommen, dass sie mich für einen Spion hielten. Weil die Männer bei meiner Festnahme ständig

Beschwörungsformeln gemurmelt hatten, hielt ich sie für ziemlich abergläubisch. Tatsächlich hatten sie dann riesige Angst vor mir, nachdem meine Vorhersage eingetroffen war.

5 ... 10

**1** **a** Schreibt die vier Sätze in euer Heft. Lasst nach einer beschriebenen Zeile immer eine Zeile frei.
   **b** Unterstreicht in den Sätzen jeweils den Teil rot, der die vorausgegangene Handlung erzählt, den anderen grün. Bestimmt die jeweilige Zeitform der unterstrichenen Stelle (▶ Merkkasten).
   Beispiel: <u>Nachdem die Männer mich gefangen genommen hatten</u>, <u>bekam ich große Angst</u>.
   *(Plusquamperfekt)* *(Präteritum)*

**2** Schreibt die folgenden Sätze in euer Heft und setzt dabei die eingeklammerten Verben passend ins Präteritum oder ins Plusquamperfekt. Überlegt, in welcher Reihenfolge die Handlung geschieht.

Nachdem ich das Zeitreiseprogramm **?** (starten), **?** (wählen) ich eine Reise in das Jahr 3000.

Als wir uns an das merkwürdige „Deutsch 3000" **?** (gewöhnen), **?** (fallen) uns die Verständigung leicht.

Weil wir unsere altmodische Kleidung noch nicht durch neue **?** (ersetzen), **?** (betrachten) uns die Menschen auf der Straße neugierig.

Wir **?** (besuchen) alle Städte, die uns der „Zeitreiseführer Chronos 2020" **?** (empfehlen).

Nachdem ich das Leben im Jahr 3000 **?** (kennen lernen), **?** (sehnen) ich mich in meine eigene Gegenwart zurück.

---

**Information** **Die Zeitform Plusquamperfekt**

Wenn etwas vor dem passiert, wovon im Präteritum erzählt wird, verwendet man das Plusquamperfekt. Das Plusquamperfekt wird deshalb auch **Vorvergangenheit** genannt, z. B.:
*Nachdem sie den Computer <u>gestartet hatten</u>, wählten sie das Zeitreiseprogramm.*
Das Plusquamperfekt ist wie das Perfekt (▶ S. 218) eine **zusammengesetzte Vergangenheitsform,** weil es mit einer Form von **haben** oder **sein** im Präteritum (z. B.: *hatte, war*) und dem **Partizip II des Verbs** (z. B.: *gelesen, aufgebrochen*) gebildet wird, z. B.:
*Nachdem sie <u>gefrühstückt hatte</u>, fuhr Svenja zu Linus.*
*Nachdem sie von ihrer Reise <u>zurückgekehrt waren</u>, verabschiedeten sich Linus und Svenja.*
**Hinweis:** Die Konjunktion *nachdem* leitet oft einen Satz im Plusquamperfekt ein.

# Stärken stärken: Das Verb

## Sicherheitsgebot fürs Drachenfliegen

Einen Drachen lässt man am besten über einem offenen Gelände fliegen, weil jedes Hindernis zu einer Verwirbelung der Luftströmung führen kann. Niemals in die Nähe von Hochspannungsmasten gehen. Bis zum nächsten Flugplatz muss es mindestens eine Entfernung von 5 km sein. Einen Drachen niemals während eines Gewitters benutzen, weil er als Blitzableiter wirken kann. Bei stärkeren Winden Schutzhandschuhe tragen, da man sonst Verbrennungen an den Händen bekommt. Auf Menschen und Tiere besonders achten!

●○○ **1** Lest den Text.
- **a** Sucht die Infinitive heraus und schreibt sie untereinander in euer Heft.
- **b** Bildet anschließend die Personalformen in der 3. Person Singular. Schreibt sie neben die Infinitive.
  Beispiel: *fliegen: er/sie/es fliegt*

●●○ **2** Untersucht nun die Personalformen der Verben im Text.
Notiert, in welcher Person und in welchem Numerus sie stehen.
Beispiel: *singe → 1. Person Singular*

●●● **3** **a** Bildet zu den folgenden Präsensformen die Formen im Präteritum und Perfekt und schreibt sie auf.

> ich steige • er pfeift • wir gießen • sie erzählen • ich gehe • wir streichen

**b** Formuliert mit jedem Verb einen Satz im Präteritum und einen im Perfekt.
Beispiel:

> *Am Bahnhof stieg ich in den Zug.*
> *Am Bahnhof bin ich in den Zug gestiegen.*

# Testet euch!

### Zeitformen des Verbs

Jeff Kinney

## Gregs Tagebuch (Auszug)

Dank meines großen Bruders Rodrick <u>haben</u> meine Sommerferien diesmal nicht so toll <u>an-gefangen</u>. Am dritten Tag der Ferien <u>hat</u> Rodrick mich nämlich mitten in der Nacht <u>geweckt</u> und
5 mir erzählt, ich hätte die ganzen Ferien ver-schlafen. Doch zum Glück sei ich pünktlich zum ersten Schultag wieder aufgewacht.
Nun <u>haltet</u> ihr mich vielleicht für ziemlich be-scheuert, dass ich auf so einen dämlichen Trick
10 <u>reingefallen bin</u>. Aber Rodrick <u>hat</u> sich seine Schulsachen <u>angezogen</u> und meinen Wecker vorgestellt, damit es <u>aussieht</u> wie sieben Uhr morgens. Und er <u>hatte</u> meine Vorhänge <u>zuge-zogen</u>, damit ich nicht sehen <u>konnte</u>, dass es
15 draußen noch total dunkel <u>war</u>.

Nachdem Rodrick mich <u>geweckt hatte</u>, <u>habe</u> ich mich also <u>angezogen</u> und bin zum Früh-stück runtergegangen – wie an jedem anderen Schultag auch.
Allerdings <u>habe</u> ich wohl einen ziemlichen 20 Lärm <u>gemacht</u>. Denn ehe ich mich versah, <u>stand</u> mein Vater in der Küche und hat mich zur Schnecke gemacht, warum ich denn ausge-rechnet um 3 Uhr in der Früh Cornflakes essen müsse. 25
Ich habe erst nach einer Minute kapiert, was los war. Dann <u>habe</u> ich Vater <u>erklärt</u>, dass Rodrick mir einen Streich gespielt hat und dass er doch bitte *ihn* anbrüllen soll.

**1**　**a** Gregs Tagebucheintrag wirkt wie eine mündliche Erzählung. Beschreibt, woran das liegt.
　　**b** In einigen Sätzen des Textes sind Verben markiert. Schreibt die Verben in euer Heft und bestimmt jeweils Person, Numerus und Tempus, z. B.: *haben angefangen – 3. Person Plural Perfekt*.

**2**　Setzt die folgenden Verben in die Formen, die in der Tabelle unten angegeben sind. Unterstreicht die regelmäßigen (schwachen) Verben blau, die unregelmäßigen (starken) Verben rot.

tragen • essen • fassen • schreiben • machen

| Infinitiv | 1. Person Singular Präteritum | 2. Person Plural Perfekt | 3. Person Plural Plusquamperfekt |
|---|---|---|---|
| *tragen* | *ich trug* | ... | ... |

**3**　Die folgenden Sätze enthalten Vermutungen über die Zukunft. Übertragt sie in die Zeitform Futur.

Im Jahr 3000 fahren vielleicht keine Autos mit Benzinmotor mehr. Zur Energieversor-gung gibt es viel mehr Windräder und So-laranlagen als heute. Flüge sind sehr teuer, weil der Treibstoff knapp ist. Im Jahr 3000 isoliert man die Häuser viel besser gegen Kälte. Man verfügt wahrscheinlich über neue Techniken zur Energiegewinnung.

# 12.3  Fit in ...? – Wörter und Wortarten

In diesem Kapitel könnt ihr mit verschiedenen Arten von Aufgaben für die Grammatik-Klassenarbeit üben.

**1** Sucht zu den deutschen Begriffen im linken Kasten aus den Wörtern im rechten Kasten jeweils den passenden lateinischen Fachbegriff. Schreibt die Wörter in der richtigen Zuordnung in euer Heft, z. B.: *Hauptwort – Nomen*.

| |
|---|
| Hauptwort • Begleiter • Tätigkeitswort • persönliches Fürwort • Eigenschaftswort • besitzanzeigendes Fürwort |

| |
|---|
| Personalpronomen • Nomen • Adjektiv • Artikel • Verb • Possessivpronomen |

### Bluejeans

Angefangen hat alles 1848, als der 18-jährige Levi Strauss von Deutschland nach Amerika auswanderte. Amerika war damals im Gold-rausch und auch Levi zog es nach Westen in
5 die Goldgräbercamps. Auf der Suche nach ei-ner neuen Geschäftsidee entdeckte Levi, dass die Goldsucher strapazierfähige Hosen brauchten. Aus Segeltuch, das Levi eigentlich als Zelt- oder Wagenplane verkaufen wollte, ließ er von einem Schneider Hosen nähen. „Levi's Hosen" 10 wurden ein voller Erfolg.
Etwa 20 Jahre später brachte der Schneider Jacob Davis an Nähten und Taschen der Hosen Nieten zur Verstärkung an. Er ging mit seiner Idee zu Levi Strauss. 15
Am 20. Mai 1873 meldete Levi die stabilen Nietenhosen zum Patent an. Dieser Tag gilt als Geburtsstunde der Jeans.

**2** Ordnet die hervorgehobenen Wörter den in Aufgabe 1 genannten lateinischen Fachbegriffen zu.

**3** Bestimmt den Kasus der folgenden Nomen. Sie sind dem Text oben entnommen.

| |
|---|
| die Goldsucher (Z.7) • einem Schneider (Z.10) • der Schneider (Z.12) • der Hosen (Z.13) • Nieten (Z.14) • die Nietenhosen (Z.17) • der Jeans (Z.18) |

**4** Übernehmt die Tabelle in euer Heft. Tragt dann die Adjektive rechts in allen Formen ein.

| |
|---|
| neu • strapazierfähig • voll • spät • stabil |

| Positiv | Komparativ (Höherstufe) | Superlativ (Höchststufe) |
|---|---|---|
| neu | ... | ... |

**Achtung:** Überlegt genau, ob ihr jedes der Adjektive steigern könnt.

## Der Reißverschluss

Leonard Judson war es leid, sich immer umständlich mit Schnürsenkeln die Schuhe zuzuschließen. Deshalb entwickelte Judson am 29. August 1893 einen „Klemmöffner und
5 Klemmschließer für Schuhe". Das waren Metallketten mit Schiebeverschluss. Aber diese Verschlüsse, die dann auch an Kleidern angebracht wurden, sorgten für ziemlich unangenehme Situationen:
10 Frauen brauchten schon mal eine Zange, um sich aus ihrem Rock zu befreien, oder Männer standen mit rutschenden Hosen auf der Straße.
Dann kam der Schwede Gideon Sundback in
15 die USA. Er heiratete Judsons Tochter und rätselte ein Jahr lang, wie er die Erfindung seines Schwiegervaters verbessern könnte.
Das Ergebnis: Er erfand den Reißverschluss, den wir heute noch benutzen.

**5** a Schreibt den zweiten Satz des Textes ab und ersetzt dabei ein Nomen durch ein Personalpronomen. Der Text muss dabei verständlich bleiben.

b Schreibt das Possessivpronomen aus dem zweiten Absatz heraus und bestimmt seinen Kasus.

c Im Text findet ihr einige Wörter zu einer Wortfamilie. Auch die Überschrift gehört dazu. Schreibt sie in euer Heft.

**6** Zeichnet den „Zug der Zeit" in euer Heft und beschriftet die einzelnen Waggons mit neuen Beispielen, indem ihr die Sätze *„Er geht."* und *„Sie singt."* in die entsprechenden Zeitformen setzt.

**Plusquamperfekt**
*Er war gekommen.*
*Sie hatte gelernt.*

**Präteritum**
(schriftlich)
*Er kam.*
*Sie lernte.*

**Perfekt**
(mündlich)
*Er ist gekommen.*
*Sie hat gelernt.*

**Präsens**
*Er kommt.*
*Sie lernt.*

**Futur I**
*Er wird kommen.*
*Sie wird lernen.*

**Präsens**
(+ Zeitangabe)
*Er kommt*
*(morgen).*
*Sie lernt*
*(morgen).*

**Vorvergangenheit**  **Vergangenheit**  **Gegenwart**  **Zukunft**

## Der Einkaufswagen

Weltweit rollen sie millionenfach durch die Supermärkte: Einkaufswagen in vielen Formen und Farben. Den Einkaufswagen hat vor über 70 Jahren Sylvan Goldman erfunden, der Besit-
5 zer einer amerikanischen Supermarktkette. Ihm war aufgefallen, dass seine Kunden immer dann zur Kasse gingen, wenn nichts mehr in ihren Einkaufskorb passte.

„Wir brauchen einen größeren Einkaufskorb",
10 dachte sich der clevere Geschäftsmann und erfand 1937 den doppelten Einkaufskorb auf Rädern mit zwei übereinandergestapelten Drahtkörben.

Aus den sperrigen Urmodellen haben sich in den letzten Jahrzehnten moderne Gitterwagen 15 entwickelt, die sich platzsparend ineinanderschieben lassen.

Wie wohl der Einkaufswagen der Zukunft aussehen wird? „Warenkörbe" im Internet gibt es ja heute schon. Vielleicht surfen wir dann 20 mit elektronischen „Einkaufswagen" durch Onlinesupermärkte und ziehen uns die Waren per Mausklick hinein. Anschließend zahlen wir elektronisch im Internet und lassen uns die Waren nach Hause schicken. 25

**7** **a** In welcher Form wird das Verb im ersten Satz des Textes verwendet?
   – im Infinitiv
   – in der 1. Person Plural Präsens
   – in der 3. Person Plural Präsens
   – in der 3. Person Plural Präteritum

**b** In welcher Zeitform wird das Verb im zweiten Satz des Textes verwendet?
   – Präsens
   – Präteritum
   – Perfekt
   – Plusquamperfekt

**c** Schreibt aus dem dritten Satz des Textes das Personalpronomen und die zugehörige Plusquamperfekt-Form heraus.

**d** Schreibt die drei Verben aus dem zweiten Absatz heraus und setzt sie jeweils in die drei in der Tabelle angegebenen Zeitformen. Verwendet die 3. Person Singular.

| | Tempus | *Infinitiv: brauchen* | *Infinitiv: ...* | *Infinitiv: ...* |
|---|---|---|---|---|
| | Präsens | *braucht* | ... | ... |
| 3. Person Singular | Präteritum | ... | ... | ... |
| | Plusquamperfekt | ... | ... | ... |

**e** Welche der folgenden Aussagen ist richtig?

> **1** Im letzten Absatz wird die Zeitform Präsens falsch verwendet.
> **2** Im letzten Absatz wird vorwiegend die Zeitform Futur verwendet.
> **3** Im letzten Absatz wird die Zeitform Präsens ausschließlich dazu verwendet, um zukünftiges Geschehen auszudrücken.
> **4** Im letzten Absatz wird die Zeitform Präsens vorwiegend dazu verwendet, um zukünftiges Geschehen auszudrücken.

**1** **a** Welche geheimnisvolle Geschichte verbirgt sich wohl hinter diesem Bild?

**b** Formuliert mit den folgenden Fragewörtern
Fragen, die sich euch stellen, z. B.:
*Wer ist der geheimnisvolle Mann?*

| | | |
|---|---|---|
| Wer? | Wo? | Wann? |
| Wem? | Wen? | Warum? |

**In diesem Kapitel ...**

– geht ihr mit Inspektor Marlybone von
   Scotland Yard auf Verbrecherjagd,
– lernt ihr verschiedene Satzglieder und
   ihr Funktionen kennen,
– überarbeitet ihr Texte mit Hilfe der
   Umstell- und Weglassprobe,
– nutzt ihr Satzarten, um unterschiedliche Absichten auszudrücken.

**2** Kennt ihr andere Detektivgeschichten?
Berichtet davon in eurer Klasse.

# 13.1 Ein Fall für Inspektor Marlybone – Satzglieder bestimmen

## Sätze und Satzglieder – Feldermodell und Umstellprobe

**Inspektor Marlybone gibt sich die Ehre** (1)

*London, 1895:* **1** John Marlybone arbeitet bei Scotland Yard. **2** Der Inspektor fällt durch seinen Scharfsinn auf. **3** Er hat unzählige Verbrechen aufgeklärt in 25 Dienstjahren. **4** Er verhaftete den Eisenbahnräuber „Smokey Jim". **5** Er bekam dafür den Hosenbandorden verliehen.

**1** Was erfahrt ihr über Inspektor Marlybone? Berichtet.

**2** a Lest die Information zum Feldermodell unten auf dieser Seite.
b Gliedert die fünf Sätze aus Aufgabe 1. Übertragt dafür die Tabelle in euer Heft und ergänzt sie.

| Vorfeld | linke Satz-klammer | Mittelfeld | rechte Satz-klammer | Nachfeld |
|---------|--------------------|------------|--------------------|----------|
| *John Marlybone* | *arbeitet* | *bei Scotland Yard.* | – | – |
| *Der Inspektor* | ... | ... | *auf.* | – |
| ... | ... | ... | ... | *in 25 Dienstjahren.* |
| ... | ... | ... | – | – |
| ... | ... | *dafür + ...* | ... | – |

---

**Information**  **Der Aufbau eines Satzes – Das Feldermodell**

Der Aufbau eines Satzes wird im Deutschen durch das Prädikat bestimmt. Das Prädikat (▶ S. 228) ist oft zweiteilig und bildet eine **Satzklammer.**

| *Der Inspektor* | *jagte* | *dem Dieb* | *nach.* | – |
|-----------------|---------|------------|---------|---|
| **Vorfeld** | **linke Satzklammer** (= 1. Teil des Prädikats) | **Mittelfeld** | **rechte Satzklammer** (= 2. Teil des Prädikats) | **Nachfeld** |

**Satzglieder** nennt man die Wörter oder Wortgruppen, die beim Umstellen eines Satzes immer zusammenbleiben (▶ Umstellprobe). Durch die Satzklammer ergeben sich drei Felder:
- Im **Vorfeld** steht im Aussagesatz nur ein Satzglied. Häufig ist es das Subjekt (▶ S. 230).
- Im **Mittelfeld** (nach dem gebeugten Verb) können mehrere Satzglieder stehen.
- Im **Nachfeld** steht wiederum nur ein Satzglied.

**3** **a** Liest man die Sätze aus Aufgabe 1 nacheinander, klingt der Text etwas eintönig.
Besprecht, woran das liegen könnte.

**b** Stellt die Satzglieder der Sätze 3 und 5 so um, dass der Text etwas abwechslungsreicher klingt.

## Die „Schattenhand" hält ganz London in Atem  (2)

*London, 1895:* Seit Jahren halten die unglaublichen Verbrechen der „Schattenhand" ganz London in Atem. Im Jahre 1892 hatte diese Verbrechensserie begonnen. Damals meldeten
5 wohlhabende Bewohner Londons Diebstähle von wertvollen Kunstgegenständen. Seitdem geht in London die Angst vor diesem Meisterdieb um. Der geniale Verbrecher hinterlässt keine Spuren. Ihn nennen daher die Bewohner Londons ehrfurchtsvoll die „Schattenhand". 10

**4** **a** Vergleicht die beiden Sätze unten.
Was wird im ersten Satz besonders betont und was im zweiten?

**b** Probiert weitere Umstellungen aus. Denkt daran: Satzanfänge schreibt man groß.

**c** Umrahmt in euren Sätzen die Wörter, die bei allen Umstellungen zusammenbleiben.

**d** Stellt Sätze aus dem Zeitungsbericht oben um. Verändert dabei nicht den Sinn.

| | | | |
|---|---|---|---|
| Den brisanten Fall | übernimmt | Inspektor Marlybone | nun. |
| Inspektor Marlybone | übernimmt | nun | den brisanten Fall. |

**Ein Satz besteht aus verschiedenen Satzgliedern.** Diese Satzglieder können von einem einzelnen Wort oder von mehreren Wörtern (einer Wortgruppe) gebildet werden.
Mit der **Umstellprobe** könnt ihr feststellen, wie viele Satzglieder ein Satz hat.
Wörter und Wortgruppen, die beim Umstellen immer zusammenbleiben und die im Vorfeld des Satzes stehen können, bilden ein Satzglied, z. B.:

| Vorfeld | linke Satz-klammer | Mittelfeld | | rechte Satz-klammer | Nachfeld |
|---|---|---|---|---|---|
| *Der Inspektor* | *jagt* | *in London* | *den Verbrechern* | *nach.* | |
| *In London* | *jagt* | *der Inspektor* | *den Verbrechern* | *nach.* | |
| *Den Verbrechern* | *jagt* | *der Inspektor* | *in London* | *nach.* | |

In einem Text sollten eure Sätze nicht immer mit dem gleichen Satzglied beginnen.
Mit Hilfe der Umstellprobe könnt ihr eure Texte abwechslungsreicher gestalten, z. B.:
*Inspektor Marlybone jagt die Schattenhand. Inspektor Marlybone verfolgt in London eine heiße Spur.*
**Besser:** *Inspektor Marlybone jagt die Schattenhand. In London verfolgt Inspektor Marlybone eine heiße Spur.*

# Das Geheimnis von Darlington Hall – Das Prädikat

### Inspektor Marlybone macht sich ein Bild (3)

Marlybones Assistenten berichten ihm von diesen Verbrechen: Die „Schattenhand" stahl ein Goldamulett von Baron Langley. Eine wertvolle Perlenkette entwendete die „Schattenhand" aus dem Schloss Lady Winterbottoms. Aus dem Britischen Museum raubte dieser hinterlistige Dieb ein smaragdbesetztes Diadem.

 **1**  a  Ermittelt mit Hilfe der Umstellprobe die Satzglieder in den Sätzen oben.
   b  Übertragt die Tabelle in euer Heft und ordnet die ermittelten Satzglieder ein.
   c  Welche Wortart steht immer an der zweiten Satzgliedstelle?

| 1. Stelle | 2. Stelle | 3. Stelle | 4. Stelle |
|---|---|---|---|
| Marlybones Assistenten | berichten | ihm | von diesen Verbrechen: |

### Das Geheimnis von Darlington Hall (4)

*August 1895:* Lord Darlington veranstaltet auf seinem Landsitz Darlington Hall eine Dinnerparty. Nach dem Essen betrachtet er in seinem Arbeitszimmer die „Schwarze Sphinx". Sie ist
5 sein wertvollster Schatz. Er hält diese kleine Statue stets im Tresor verschlossen. Er fürchtet Diebe ebenso wie den Fluch der Sphinx: Unrechtmäßige Besitzer fallen in einen ewigen Schlaf. Butler Holden will um ein Uhr nachts dem Lord
10 seinen Whisky bringen. Die Tür ist jedoch verschlossen. Drinnen ist es totenstill. Holden alarmiert sofort die Polizei: Der Lord liegt bewusstlos am Boden, der Tresor steht offen. Von der „Schwarzen Sphinx" fehlt jede Spur! Der Lord wird in sein Schlafzimmer gebracht. Verwundert 15 bemerken die Polizisten: Auch die Fenster sind von innen verschlossen! Die Gäste fürchten nun den Fluch der Sphinx. Die Polizisten vermuten jedoch ein neues Verbrechen der „Schattenhand". Eines verwundert die Polizisten dabei 20 sehr: Darlington Hall ist hochgesichert. Niemand kann hier unbemerkt eindringen. Der Täter muss noch im Haus sein! Inspektor Marlybone wird nach Darlington Hall gerufen.

**2**  Legt eine Folie über den Text und unterstreicht die Prädikate.
Achtet auf mehrteilige Prädikate (▶ Information).

---

| **Information** | **Satzglieder: das Prädikat; mehrteilige Prädikate** |
|---|---|

Der **Kern des Satzes** ist das Prädikat. Prädikate werden durch Verben gebildet.
In einem Aussagesatz steht die Personalform des Verbs (▶ S. 215) **immer an zweiter Satzgliedstelle,** z. B.: *Der Detektiv jagt den Dieb.*
Prädikate können aus mehreren Teilen bestehen, z. B.:

- bei **mehrteiligen Verben:** *Auf Darlington Hall fiel Seltsames vor. (vorfallen)*
- bei **zusammengesetzten Zeitformen,** z. B. beim Perfekt: *Der Dieb ist plötzlich geflüchtet.*
- Die zwei Teile des Prädikats bilden eine **Satzklammer.** Sie klammern andere Satzglieder ein.

# Stärken stärken: Das Prädikat

**1** **a** Prüft mit der Umstellprobe, aus wie vielen Satzgliedern sich der folgende Satz zusammensetzt.
**Hinweis:** Satzglieder bleiben auch, wenn man den Satz umstellt, immer zusammen.

Lord Darlington liegt ohnmächtig in seinem Arbeitszimmer.

**b** Übertragt die Tabelle in euer Heft und schreibt alle möglichen Satzkombinationen auf.

|  | 1. Stelle | 2. Stelle | 3. Stelle | 4. Stelle |
|---|---|---|---|---|
| **1. Satz** | *Lord Darlington* | *liegt* | *ohnmächtig* | *in seinem Arbeitszimmer* |
| **2. Satz** | *Ohnmächtig* | ... | ... | ... |

**c** Welches Satzglied bleibt immer an der gleichen Stelle?

**2** **a** Übertragt die folgenden Sätze in euer Heft und unterstreicht die Prädikate.

Lord Darlington liegt ohnmächtig in seinem Arbeitszimmer.
Alte Gemälde hängen an den Wänden.
Der wertvolle Kamin ist mit ägyptischen Figuren verziert.

**b** Beschreibt das Bild mit einem weiteren Satz. Verwendet dabei ein zweiteiliges Prädikat.
*Der Tresor wurde ...*

**3** **a** Lord Darlington liegt ohnmächtig in seinem Arbeitszimmer. Beschreibt in vier Sätzen die Gegenstände, die ihr auf dem Bild erkennt. Bildet dabei zweimal eine Satzklammer.
**b** Unterstreicht in euren Sätzen alle Prädikate und Prädikatsteile.

# WER war's? – Das Subjekt

**1** Lest den Text „Das Geheimnis von Darlington Hall"
(▶ S. 228) nochmals aufmerksam.

**a** Vervollständigt dann in eurem Heft die Liste
rechts mit allen Informationen, die ihr über
den Vorgang und die Beteiligten herausfinden könnt.

**b** Tragt eure Ergebnisse an der Tafel zusammen.

> *Lord Darlington lud zu einer Dinnerparty ein.*
> *Butler Holden kam …*
> *Die Schwarze Sphinx war …*
> *Darlington Hall ist …*

**2** Marlybones schusslige Assistenten Theodorus Bumbridge und Philoneous Monk haben ihre gesamten Unterlagen durcheinandergebracht. Helft den beiden, ihre Notizen wieder in Ordnung zu bringen.

**a** Lest zunächst den Merkkasten unten.

**b** Ersetzt alle Subjekte in den Sätzen links durch die Namen in der rechten Spalte. Beispiel:
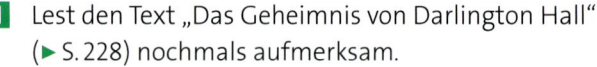
*Über die unangenehme Kälte im Haus* <u>*klagt die Autorin mit dem Notizbuch.*</u>
<u>*Wer*</u> *klagt über die unangenehme Kälte?*
→ <u>*Eudora Fletcher*</u> *klagt über die unangenehme Kälte.*

| | |
|---|---|
| Über die unangenehme Kälte im Haus klagt <u>die Autorin mit dem Notizbuch.</u> | Lord Alfred Darlington |
| Das erste Mal auf Darlington Hall ist der Offizier mit dem Silberdegen. | Lady Beth Sedgewick |
| Die adlige Dame mit weißen Haaren begleitet ihn. | Prof. Basil Ratcliffe |
| Viele Jahre verbrachte dieser Mediziner mit braunem Schnurrbart im indischen Dschungel. | Eudora Fletcher, eine amerik. Schriftstellerin |
| Über die defekten Kamine im Haus informierte diese Hausangestellte die Gäste. Die Handwerker hat sie bereits verständigt. | Oberst Horatio Humblebee |
| Vor vier Jahren raubte der adlige Hobbyarchäologe die „Schwarze Sphinx" aus einem Pharaonengrab in Luxor. | Holden, der Butler |
| Auf jener Expedition begleitete dieser Hausangestellte den Lord. | Miss Edna Pennycake, die Hauswirtschafterin |

**Information**    **Satzglieder: das Subjekt** (Plural: die Subjekte)

- Das Satzglied, das in einem Satz angibt, wer oder was etwas tut, heißt Subjekt, z. B.:
  *Die Schattenhand stiehlt die Kronjuwelen.*
- Das Subjekt könnt ihr mit der Frage **„Wer oder was tut etwas?"** ermitteln, z. B.: *Die Schatten-*
  *hand stiehlt die Kronjuwelen. Wer stiehlt die Kronjuwelen?* Antwort: *Die Schattenhand.*
- Das Subjekt steht immer im Nominativ (1. Fall, ▶ S. 204).
- In Bezug auf den Numerus (Einzahl oder Mehrzahl) richtet sich das Prädikat nach dem Subjekt.
  *Marlybone lauscht. – Die Polizisten lauschen.*

# Wer verdächtigt WEN? – Die Objekte

## Marlybones Ermittlungen (5)

Der Fall wird immer verzwickter. Lord Darlington liegt seit 24 Stunden in einem geheimnisvollen Schlaf. Die „Schwarze Sphinx" scheint
wie vom Erdboden verschluckt. Da das Haus
bewacht wird, muss sich der Täter noch im
Haus befinden – und mit ihm seine Beute. Rätsel über Rätsel auf Darlington Hall! Für Marlybone sieht alles nach einem neuen Meister-
stück der gefürchteten „Schattenhand" aus.
Oder ist hier doch der Fluch der „Schwarzen
Sphinx" am Werk? Möglicherweise bringen die
Aussagen aller Beteiligten Licht ins Dunkel.
Der Inspektor beauftragt seine Assistenten
Bumbridge und Monk mit der Befragung ...

> Miss Pennycake? Wie lange arbeitet sie schon für Lord Darlington? Woher kommt sie?

**Lady Sedgewick**

> Hat Lady Sedgewick nicht Geldprobleme? Ich glaube auch, sie um Mitternacht vor Lord Darlingtons Arbeits- zimmer gesehen zu haben.

**Holden, der Butler**

**Miss Pennycake**

> Wer hinter dem geheimnisvollen Schlaf des Lords steckt? Fragen Sie mal den Professor – Männer, die ihr Ge- sicht hinter einem Bart verstecken, ha- ben doch immer etwas zu verbergen!

**Eudora Fletcher**

**Prof. Ratcliffe**

**Oberst Humblebee**

> Der Täter kann doch nur durch das Fenster ins Zim- mer gekommen sein. Der Oberst scheint mir sportlich genug dafür zu sein ...

> Die Sache mit den verschlos- senen Türen und Fenstern lässt nur einen Schluss zu: Das ist der Fluch der Sphinx!

> Diese seltsame Mrs. Fletcher lebte ja früher einmal in Ägypten – da kennt man sich mit Giftkräutern gut aus ...

**1**
a **Wer misstraut wem?** Bumbrigde notiert: *Lady Sedgewick misstraut* ❓ */ Miss* ❓ *misstraut* ❓ */...*
Ergänzt seine Notizen für alle Personen, die in den Sprechblasen ihr Misstrauen äußern.

b **Wer verdächtigt wen?** Monk notiert: *Lady Sedgewick verdächtigt* ❓ */...* Ergänzt auch seine Notizen.

**2**
a Lest zunächst den Informationskasten unten.

b Mit welchem Objekt werden die Fragen der Assistenten in Aufgabe 1 beantwortet? Ergänzt:
*Die Frage „Wer misstraut hier wem?" wird mit einem* ❓ *beantwortet.*
*Die Frage „Wer verdächtigt wen?" wird mit einem* ❓ *beantwortet.*

---

**Information**  **Satzglieder: die Objekte** (Singular: das Objekt)

Manche Sätze bestehen nur aus Subjekt und Prädikat, z. B.: *Inspektor Marlybone ermittelt.*
Die meisten Sätze brauchen aber weitere Satzglieder, damit sie vollständig sind:
*Butler Holden misstraut <u>Oberst Humblebee</u>. Wem misstraut er?*
Satzglieder, die man mit **Wem oder was?** erfragt, sind **Dativobjekte.**
*Oberst Humblebee verdächtigt <u>Eudora Fletcher</u>. Wen verdächtigt er?*
Satzglieder, die man mit **Wen oder was?** erfragt, sind **Akkusativobjekte.**
Der Kasus der Objekte hängt also vom Verb ab: Manche Verben verlangen ein Akkusativobjekt
(z. B.: *Peter liebt <u>Krimis</u>*), andere ein Dativobjekt (z. B.: *Die neue Spur hilft <u>der Polizei</u>*).

# Das Geheimnis wird gelüftet – Satzglieder benennen

### Eine wichtige Entdeckung (6)

**1** *Konzentriert schreitet Marlybone das Arbeitszimmer ab.* **2** *Im Nebenraum hört der Inspektor seine Assistenten miteinander reden.* Marlybone fröstelt, da der Kamin noch immer defekt ist. **3** *Zum Schutz vor der Kälte schließt er die Fenster.* Miss Pennycake gab ihm bereits eine Wolldecke für seine Füße. **4** *Zur besseren Konzentration verriegelt er die Arbeitszimmertür.*

**5** *Gedankenversunken schreitet er das Zimmer ab.* Der geheimnisvolle Schlaf kommt allen Anwesenden seltsam vor. **6** *Keiner hatte eine solche Krankheit jemals gesehen.* **7** *Prof. Ratcliffe weiß auch keinen Rat.* **8** *Über den Verbleib der Sphinx wissen Bumbridge, Monk und er noch nichts.* Oder doch?

**1** Inspektor Marlybone hat auf einmal begriffen. Ihr auch?

**a** Schreibt die hervorgehobenen Sätze 1 bis 8 ab und benennt die Subjekte, Prädikate und Objekte. Geht so vor:
  – Wendet die Umstellprobe an, um herauszufinden, aus wie vielen Satzgliedern die Sätze bestehen.
  – Unterstreicht die Prädikate. Achtet auch auf mehrteilige Prädikate.
  – Ermittelt ausgehend vom Prädikat zuerst das Subjekt und dann das Objekt.

**b** Jetzt erhaltet ihr Gewissheit. Ergänzt den Notizzettel unten mit Hilfe von Aufgabe 1a.

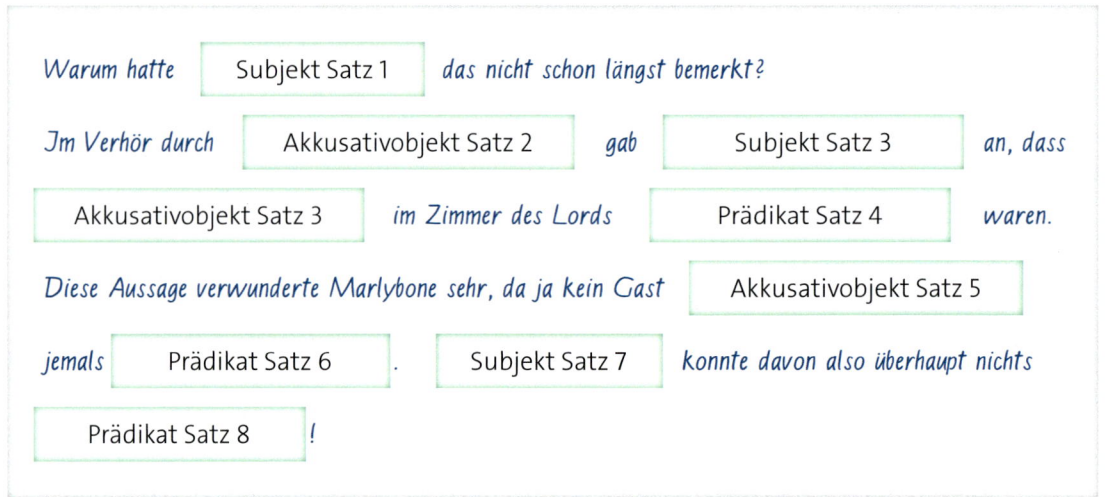

*Warum hatte* [ Subjekt Satz 1 ] *das nicht schon längst bemerkt?*

*Im Verhör durch* [ Akkusativobjekt Satz 2 ] *gab* [ Subjekt Satz 3 ] *an, dass*

[ Akkusativobjekt Satz 3 ] *im Zimmer des Lords* [ Prädikat Satz 4 ] *waren.*

*Diese Aussage verwunderte Marlybone sehr, da ja kein Gast* [ Akkusativobjekt Satz 5 ]

*jemals* [ Prädikat Satz 6 ] . [ Subjekt Satz 7 ] *konnte davon also überhaupt nichts*

[ Prädikat Satz 8 ] *!*

### Die große Enthüllung (7)

Den Täter hat Marlybone nun, aber als letzten Beweis braucht er die „Schwarze Sphinx". Auch da hat er schon eine Idee. Er geht auf die Knie und sieht sich das Zimmer des Lords genauer an. „Hah!", entfährt es ihm, „nun ist alles klar!" Er stürmt aus dem Arbeitszimmer und beauftragt Bumbridge und Monk, alle Verdächtigen dorthin zu bringen.

**2** Habt ihr schon einen Verdacht, was mit der Sphinx geschehen ist und wie der Kriminalfall ausgeht? Denkt euch einen passenden Schluss aus.

# WO ist die „Schwarze Sphinx"? – Die adverbialen Bestimmungen

Ihre Aussage, Prof. Ratcliffe, hat Sie überführt. Sie sind die „Schattenhand"! Die Frage nach der Sphinx ist nun einfach. Das Haus war <u>am Tatabend</u> so gut bewacht, dass keiner hinauskommen konnte. <u>Im Haus</u> aber fanden wir nichts. Wo also ist die Sphinx? Ganz einfach: Sie wurde <u>am Tatort</u> versteckt! Niemand kam doch auf die Idee, dass sie überhaupt nicht

5 gestohlen wurde, sondern <u>hier im Zimmer des Lords</u> versteckt ist. Es heißt, die Kamine funktionierten <u>seit zwei Tagen</u> nicht. Aber wer sagt das? MISS PENNYCAKE! Und warum? Nun, <u>damit sie in dieser Zeit niemand entzündete</u>. Sehr schlau!
Miss Pennycake, Sie stecken mit Professor Ratcliffe unter einer Decke! Betrachten wir gemeinsam den Kamin. <u>Ganz unverdächtig</u> liegt unter dem Schürhaken als Halterung die

10 Schwarze Sphinx. Die Diebe wussten, dass jeder Gast <u>beim Verlassen des Hauses</u> durchsucht wird. Nur spätere, unverdächtige „Gäste" würden nicht durchsucht werden. Und diese „Gäste" hat die liebe Miss Pennycake bereits <u>vor der Tat</u> <u>ganz offiziell</u> angemeldet!!!

**1** **a** Formuliert Fragen, auf die die unterstrichenen Angaben Antworten geben.
*Wann war das Haus so gut bewacht, dass keiner hinauskommen konnte?*
*Wo fanden sie nichts?*

**b** Lest den Informationskasten. Überlegt dann in Partnerarbeit, um welche Art der adverbialen Bestimmung es sich bei den unterstrichenen Textstellen handelt.
**Hinweis:** Eure Fragen aus Aufgabe 1a helfen euch.

---

**Information**   **Satzglieder: die adverbialen Bestimmungen**

Um ein Geschehen genau wiederzugeben, müssen die Umstände näher beschrieben werden. Dies geschieht mit **den adverbialen Bestimmungen.** Adverbiale Bestimmungen informieren z. B. über **Ort** und **Zeit**, **Art und Weise** und **Grund** eines Geschehens.
Die adverbiale Bestimmung (die Umstandsbestimmung) ist ein **Satzglied** und kann aus einem Wort oder aus mehreren Wörtern bestehen. Man unterscheidet:

- die **lokale adverbiale Bestimmung** (die Umstandsbestimmung des Ortes):
  *Im Haus wurde nichts gefunden. Alle Gäste waren in ihren Zimmern.*
  Frageprobe: **Wo …? Wohin …? Woher …?**
- die **temporale adverbiale Bestimmung** (die Umstandsbestimmung der Zeit):
  *Am Tatabend war das Haus bewacht. Seit Stunden wurde niemand gesehen.*
  Frageprobe: **Wann …? Wie lange …? Seit wann …?**
- die **kausale adverbiale Bestimmung** (die Umstandsbestimmung des Grundes):
  *Wegen seiner Falschaussage kam man dem Dieb auf die Schliche.*
  Frageprobe: **Warum …? Weshalb …?**
- die **modale adverbiale Bestimmung** (die Umstandsbestimmung der Art und Weise):
  *Heimlich schlich seine Komplizin ins Arbeitszimmer. Durch ihre Hilfe glückte der Raub.*
  Frageprobe: **Wie …? Auf welche Art und Weise …? Womit …?**

| **Warum** war der Kamin der sicherste Ort zur Aufbewahrung der gestohlenen Sphinx? | ? | wegen der Feuerfestigkeit der Sphinx (NI) |
| | | aufgrund seines „Defekts" (RET) |
| | | aufgrund seiner reichen Verzierungen (SE) |

| **Wie** sollte die Sphinx aus Darlington Hall fortgeschafft werden? | ? | versteckt im Koffer eines Gastes (GH) |
| | | durch die bereits bestellten Handwerker (WH) |
| | | durch Theodorus Bumbridge (DNU) |

| **Wann** sollte die Sphinx aus Darlington Hall fortgeschafft werden? | ? | nie (EL) |
| | | am Tag der Kaminreparatur (CS) |
| | | während der Polizeiermittlungen (ERF) |

**2** Versucht nun, die letzten Rätsel selbst zu lösen.

**a** Wählt dazu jeweils die richtige Antwort oben aus. **Achtung:** Es können auch zwei richtig sein.

**b** Bestimmt bei den richtigen Antworten die Art der adverbialen Bestimmung.

**c** Lest die Buchstaben hinter eurer Lösung rückwärts und von unten nach oben. Ihr erhaltet so einen Hinweis, warum Miss Pennycake der „Schattenhand" half. Sie war nämlich seine ....

---

*Abschlussprotokoll*

*Miss Pennycake verabreichte dem Lord* ? *Samen des roten Schlafmohns.*

*Diese geheimnisvollen Samen brachte Prof. Ratcliffe* ? *mit.*

*Der Lord fiel* ? *in einen mysteriösen Tiefschlaf.*

*Professor Ratcliffe, der Bruder von Miss Pennycake, ging* ? *in das Zimmer des bewusstlosen Lords.*

*Er versteckte die Schwarze Sphinx geschickt* ? *.*

*Miss Pennycake verschloss* ? *die Fenster und die Tür* ? *.*

*Das Verbrechen schien* ? *.*

*Niemand vermutete nämlich das Diebesgut noch* ? *.*

*Die bestellten „Handwerker" waren Komplizen der „Schattenhand".*

*Lord Darlington konnte* ? *aus seinem Tiefschlaf befreit werden.*

---

**3** Assistent Bumbridge erhält von Marlybone empört sein Abschlussprotokoll zurück.

**a** Ersetzt Marlybones Fragezeichen durch die passenden Angaben.

im Krankenhaus • aus Indien • wegen dieses Betäubungsmittels • heimlich • am Kamin • während des Festessens • perfekt • im Haus • in der Tatnacht • mit Spezialschlüsseln

**b** Schreibt die adverbialen Bestimmungen in eine Tabelle wie die folgende:

| adv. Best. der Zeit | des Ortes | der Art und Weise | des Grundes |
|---|---|---|---|
| *während des Festessens* | ... | ... | ... |

# Stärken stärken:
# Texte mit Umstell- und Ersatzprobe überarbeiten

### Das Ende der Schattenhand?

Inspektor Marlybone hat in den letzten Jahren viele Kriminalfälle gelöst. Inspektor Marlybone enthüllte mit seinen Assistenten auch das Geheimnis von Darlington Hall. Inspektor Marlybone hat die Identität
5 der „Schattenhand" gelüftet. Inspektor Marlybone hat die Schattenhand auf frischer Tat ertappt. Die Schattenhand wird keine Verbrechen mehr verüben können. Die Schattenhand wird nun für eine sehr lange Zeit hinter Gitter wandern. Inspektor Marly-
10 bone weiß jetzt, dass Prof. Ratcliffe hinter der Maske der Schattenhand steckt.

**1** **a** Bestimmt mit Hilfe der Umstellprobe (▶ S. 227) die Satzglieder. Ihr könnt dazu eine Folie über den Text legen und die Satzglieder unterstreichen.
**b** Überarbeitet die ersten fünf Sätze. Wendet die Umstellprobe und die Ersatzprobe an. Geht so vor:
– Lest den Merkkasten auf Seite 236 unten.
– Markiert in den ersten fünf Sätzen die Prädikate.
  **Achtung:** Es gibt häufig mehrteilige Prädikate, die eine Satzklammer bilden.
  *Inspektor Marlybone hat in den letzten Jahren viele Kriminalfälle gelöst.*
– Ergänzt die folgende Tabelle in eurem Heft. Probiert aus, welche Teile der Sätze 2 bis 5 ihr ins Vorfeld verschieben könnt.

| Vorfeld | linke Satz-klammer | Mittelfeld | rechte Satz-klammer | Nachfeld |
|---------|--------------------|------------|---------------------|----------|
| *Inspektor Marlybone* | *hat* | *in den letzten Jahren + viele Kriminalfälle* | *gelöst.* | *–* |
| *In den letzten Jahren* | *hat* | *Inspektor Marlybone + viele Kriminalfälle* | *gelöst.* | *–* |
| *Viele Kriminalfälle* | *hat* | *Inspektor Marlybone + in den letzten Jahren* | *gelöst.* | *–* |
| ... | ... | ... | ... | ... |

– Wählt von jedem der fünf Sätze eine Satzstellung aus und wendet – wo es euch nötig erscheint – die Ersatzprobe an, z.B.:
  *In den letzten Jahren hat Inspektor Marlybone viele Kriminalfälle gelöst.*
  → *Er* (statt: Inspektor Marlybone) *hat ...*

Die Schattenhand hat Inspektor Marlybone dieses Mal besiegt. Inspektor Marlybone, Bumbridge und Monk werden meine Verbrecherkollegen zur Strecke bringen. Inspektor Marlybone, Bumbridge und Monk verfolgen meine Handlanger ab sofort für immer. Inspektor Marlybone, Bumbridge und Monk werden meine Verbrecherkollegen austricksen. Marlybone wird die Königin in Schimpf und Schande entlassen. Marlybone wird die Schattenhand besiegen. Das Spiel beginnt!

●●○ **2**　**a** Vor seiner Verhaftung hinterlässt Ratcliffe noch eine sehr missverständliche Botschaft. Unterstützt Philoneous Monk bei ihrer Entschlüsselung.

Geht so vor:
- Wendet die Umstellprobe an.
  Legt eine Folie über den Text und unterstreicht alle Satzglieder.
- Übertragt die Satzglieder in eine Tabelle:

| Vorfeld | linke Satz-klammer | Mittelfeld | rechte Satz-klammer | Nachfeld |
|---|---|---|---|---|
| *Die Schattenhand* | *hat* | *Inspektor Marlybone + dieses Mal* | *besiegt.* | *–* |
| ... | ... | ... | ... | ... |

- Schreibt den Text nun so auf, dass er den Tatsachen entspricht.
  Wendet dabei zusätzlich die Ersatzprobe (▶ Merkkasten unten) an.
  *Inspektor Marlybone hat die Schattenhand dieses Mal besiegt. Meine ... werden <u>ihn</u> und <u>seine Assistenten</u> ...*

●●● **3** Überarbeitet den Text aus Aufgabe 1 mit Hilfe der Umstell- und der Ersatzprobe (▶ Merkkasten).
Geht so vor:
- Bestimmt die Satzglieder mit der Umstellprobe und probiert verschiedene Satzvarianten aus.
- Wählt die Formulierungen aus, die euch gefallen, und führt dann die Ersatzprobe durch.
- Schreibt den überarbeiteten Text in euer Heft.

---

**Information**　　**Texte überarbeiten: Umstellprobe und Ersatzprobe**

**1 Umstellprobe: Satzanfänge abwechslungsreicher gestalten**
Mit Hilfe der Umstellprobe könnt ihr bei den Satzanfängen für Abwechslung sorgen:
*Prof. Ratcliffe wurde verhaftet. Prof. Ratcliffe wird nun ins Gefängnis von Highgrove überführt.*
**Besser:** *Prof. Ratcliffe wurde verhaftet. Nun wird Prof. Ratcliffe ins Gefängnis von Highgrove überführt.*

**2 Ersatzprobe: Wortwiederholungen vermeiden**
Mit der Ersatzprobe könnt ihr Satzglieder, die sich in euren Texten häufig wiederholen, durch andere Wörter ersetzen:
*Prof. Ratcliffe wurde verhaftet. Prof. Ratcliffe wird nun ins Gefängnis von Highgrove überführt.*
**Besser:** *Prof. Ratcliffe wurde verhaftet. Nun wird <u>er</u> ins Gefängnis von Highgrove überführt.*

# Stärken stärken: Die Satzglieder

### Meisterdetektiv Sherlock Holmes

Der britische Arzt Arthur Conan Doyle erfand Sherlock Holmes im Jahre 1887. Sherlock Holmes lebte mit seinem Freund Dr. Watson in der Baker Street 221 b in London. Er musste sehr oft seinen Erzfeind Prof. Moriarty jagen. Das
5 Verfassen der Detektivromane beanspruchte viel Zeit. Conan Doyle ließ deswegen seinen Meisterdetektiv 1893 während eines Kampfes mit Prof. Moriarty sterben. Beide stürzten einen Wasserfall in der Schweiz hinunter. Die verwitterte Gebirgslandschaft machte das Auffinden der beiden Verun-
10 glückten unmöglich.

●○○ **1** Im Jahr 1893 ließ Arthur Conan Doyle seinen Romanhelden Sherlock Holmes auf dramatische Weise sterben.
   **a** Stellt fest, aus wie vielen Satzgliedern die ersten beiden Sätze des Textes oben bestehen. Führt dazu die Umstellprobe durch.
   **b** Schreibt die Sätze in euer Heft, trennt dabei die einzelnen Satzglieder mit Trennstrichen voneinander ab.
   **c** Bestimmt die Satzglieder in diesen Sätzen.
   **d** In zwei der folgenden Sätze ist die Unterteilung nach Satzgliedern falsch. Schreibt diese Sätze mit der richtigen Unterteilung in euer Heft. Wendet die Umstellprobe an.

> Der französische Detektiv Auguste Dupin/gilt/als erster Detektiv der Literaturgeschichte. Dieser wurde/vom amerikanischen Schriftsteller/Edgar Allan Poe/im Jahre 1841 erfunden. In drei Kriminalgeschichten Poes/spielt/Auguste Dupin die Hauptrolle. Vierzig Jahre später/erfand/der Arzt Arthur Conan Doyle/Sherlock Holmes. Mit Holmes/schuf/Conan Doyle/den wohl berühmtesten Detektiv der Welt.

●●○ **2**  **a** Der Satzbau des Textes „Meisterdetektiv Sherlock Holmes" ist noch sehr eintönig. Warum?
   **b** Wendet die Umstellprobe an und schreibt eine verbesserte Fassung in euer Heft.

●●● **3** Bevor der Text „Meisterdetektiv Sherlock Holmes" geschrieben werden konnte, musste ein Interview mit Conan Doyle geführt werden.
   **a** Formuliert W-Fragen, die an ihn gestellt worden sein könnten.
   **b** Führt nun dieses Interview. Schreibt dazu die passenden Antworten wortgetreu aus dem Text zu euren Fragen. Bestimmt im Anschluss, um welches Satzglied es sich bei eurer Antwort jeweils handelt. Geht so vor:

> *Frage: Wann erfanden Sie Ihren Romanhelden?*
> *Antwort: Im Jahr 1887*
> *→ adverbiale Bestimmung der Zeit*

# Testet euch!

## Satzglieder bestimmen

**1** Detektivgeschichten (sein) schon immer sehr beliebt. **2** Weltweit (verschlingen) Leser die unglaublichen Abenteuer des Londoner Meisterdetektivs Sherlock Holmes. **3** Dabei ⁵ (geben) es noch andere berühmte Kriminalisten in der Literatur. **4** Die Britin Agatha Christie (zählen zu) den fleißigsten und beliebtesten Kriminalautorinnen der Welt. **5** Sie (erfinden) die schrullige alte Dame Miss Marple. **6** Mit großmütterlichem Witz (aufdecken) die Hobbydetektivin jedes Verbrechen. **7** Nicht selten (aufgeben) die Täter freiwillig, um ihrer Verfolgung zu entkommen. **8** Viele Krimiautoren (vergessen) aber auch ihre jüngeren Leser nicht. **9** Anfang der 1960er Jahre (erobern) ¹⁵ drei Jugenddetektive die Kinderzimmer der Welt. **10** Justus Jonas, Peter Shaw und Bob Andrews in „Die drei ???" kennen alle. Oder?

**1** **a** Schreibt den Text ab. Setzt dabei die Verben in Klammern so ein, dass sie zum Subjekt passen.
– Verwendet die Zeitform des Präteritums (▸ S. 218) und
– achtet auf die Mehrteiligkeit der Prädikate (▸ S. 226).

**b** Unterstreicht die Subjekte rot, die Prädikate grün und alle Objekte blau.

**c** Welche der Aussagen zum Text oben sind richtig? Schreibt die entsprechenden Buchstaben in euer Heft.

> **A** Der zweite Satz des Textes besteht aus fünf Satzgliedern.
> **B** Der dritte Satz enthält ein Akkusativobjekt.
> **C** Im fünften Satz steht das Subjekt an dritter Satzgliedstelle.
> **D** Der sechste Satz enthält eine adverbiale Bestimmung der Art und Weise.
> **E** Im achten Satz steht das Subjekt an dritter, das Akkusativobjekt an erster Stelle.
> **F** Der gesamte Text enthält zwei Prädikatsklammern.

> (Adverbiale Bestimmung der Zeit) erhielt Arthur Conan Doyle (Akkusativobjekt) von empörten Lesern. Aufgrund (adverbiale Bestimmung des Grundes) ließ er Holmes wiederauferstehen. (Subjekt) entkam Moriartys Griff (adverbiale Bestimmung der Zeit). (Subjekt) stürzte also allein in (adverbiale Bestimmung des Ortes). (Subjekt) glaubte aufgrund Holmes spurlosen Verschwindens an dessen Tod. (Adverbiale Bestimmung der Art und Weise) konnte Holmes (Dativobjekt) das Handwerk legen. Die letzte Holmes-Geschichte erschien (adverbiale Bestimmung der Zeit).

**2** Ergänzt die Sätze oben sinnvoll. Greift dazu auf die Satzglieder im Wortspeicher zurück.
**Achtung:** Ihr müsst die Satzglieder an den richtigen Kasus (▸ S. 204) anpassen.

> im Jahr 1901 • viele Briefe • der Protest seiner Leser • im Jahr 1927 • Holmes • jeder • die letzte Sekunde • Moriarty • der Wasserfall • so getarnt • Moriartys Verbrecherkollegen

# 13.2 Die Rückkehr der „Schattenhand" – Sätze untersuchen

## Auf den Punkt gebracht – Satzarten

Wann treffen wir uns denn

Und wer macht alles bei dieser Sache mit

Messer-Joe und Big Jim, sie warten am Turm des Highgrove-Gefängnisses

Und wann startet die „Aktion"

Aber wird man uns nicht erkennen

Am kommenden Samstag um Mitternacht

Gute Idee

Die Bombe geht um Punkt drei Uhr nachts hoch

Dann gehen wir rein und in wenigen Sekunden haben wir den Boss befreit

Nicht, wenn ihr eure Gesichter schwärzt

**1** Inspektor Marlybones Assistent Monk hatte in der Nacht zwei Verbrecher an der Themse belauscht.
a Lest die Sätze. Was planen die Verbrecher?
b Schreibt die Sätze in den Sprechblasen so ab, dass sie ein Gespräch ergeben. Setzt dabei die passenden Satzschlusszeichen.
c Vergleicht eure Ergebnisse. Sind bei manchen Sätzen mehrere Lösungen möglich?
d Spielt das Gespräch mit verteilten Rollen. Achtet dabei auf die richtige Stimmführung.

**Satzarten:**
Aussagesatz: **.**
Fragesatz: **?**
Ausrufesatz/Aufforderungssatz: **!**

**2** Bei Aussagesätzen steht die Personalform des Verbs an zweiter Stelle.
Man nennt diese Sätze deshalb „Verbzweitsätze" (▶ Merkkasten):
- Bei den Verbrechern <u>handelt</u> es sich um Smitty und Snake.
- Smitty <u>arbeitet</u> als Sprengstoffexperte.
- Snake <u>gilt</u> als geschicktester Einbrecher Englands.
- Die Kumpane <u>wollen</u> ihren Boss, Prof. Ratcliffe, aus der Haft befreien.

**a** Stellt das Verb in den Beispielsätzen an die erste Satzgliedstelle. Welche Satzarten entstehen?
**b** Notiert weitere Beispielsätze für Verberst- und Verbzweitsätze. Achtet auf die Satzschlusszeichen.

---

**Information**     **Satzarten: Aussagesatz, Fragesatz, Aufforderungssatz**

Je nachdem, ob wir etwas aussagen, fragen oder jemanden auffordern wollen, verwenden wir unterschiedliche Satzarten: Aussagesatz, Fragesatz oder Aufforderungssatz.
In der gesprochenen Sprache erkennen wir die verschiedenen Satzarten oft an der Stimmführung, in der geschriebenen Sprache an den unterschiedlichen Satzschlusszeichen.

**1** Nach einem **Aussagesatz** steht ein **Punkt,** z. B.: *Scotland Yard ist die Londoner Polizei.*
In einem Aussagesatz wird etwas mitgeteilt oder festgestellt. Wenn man den Satz spricht, senkt sich die Stimme.

**2** Nach einem **Fragesatz** steht ein **Fragezeichen,** z. B.: *Wo hat Scotland Yard seinen Sitz?*
In einem Fragesatz wird nach etwas gefragt. Die Stimme hebt sich zum Ende des Satzes.

**3** Nach einem **Ausrufe-** oder **Aufforderungssatz** steht meist ein **Ausrufezeichen,** z. B:
*Haltet den Dieb!* In einem Aufforderungssatz wird eine Bitte, ein Wunsch oder eine Anweisung ausgedrückt, z. B.: *Lasst ihn nicht entkommen!* In einem Ausrufesatz wird etwas gefühlsbetont und kurz geäußert. Dabei wird die Stimme oft lauter, z. B.: *Ich habe ihn erwischt!*

Einen Hinweis auf die Satzart gibt außerdem die Position des Verbs im Satz:
- Bei **Aussagesätzen** und **Ergänzungsfragen** (W-Fragen) steht die Personalform des Verbs (▶ S. 215) nach dem Vorfeld an zweiter Satzgliedstelle. Man spricht daher von **Verbzweitsätzen.** Beispiele:

| Vorfeld | linke Satzklammer | Mittelfeld | rechte Satzklammer | Nachfeld |
|---------|-------------------|------------|--------------------|----------|
| *Marlybone* | *hat* | *die Schattenhand* | *verhaftet.* | |
| *Wer* | *hat* | *die Schattenhand* | *verhaftet?* | |

- Bei **Entscheidungsfragen** (Ja-/Nein-Fragen) und **Aufforderungssätzen** steht die Personalform des Verbs an erster Stelle, weil das Vorfeld leer bleibt. Man spricht daher von **Verberstsätzen.** Beispiele:

| Vorfeld | linke Satzklammer | Mittelfeld | rechte Satzklammer | Nachfeld |
|---------|-------------------|------------|--------------------|----------|
| | *Wurde* | *Ratcliffe* | *verhaftet?* | |
| | *Nimm* | *ihn* | *fest!* | |

Die Satzart muss nicht immer mit der Absicht des Sprechers oder der Sprecherin übereinstimmen.
Aufforderungen können z. B. auch mit einem Fragesatz ausgedrückt werden.

| Beispiel | Satzart | Absicht/Bedeutung |
|----------|---------|-------------------|
| *Muss ich betonen, dass das Gesetz gilt?* | Fragesatz | Aufforderung: Haltet euch an die Gesetze! |

# Die Puzzleteile fügen sich zusammen – Die Satzreihe

## Bericht von Constabler Philoneous Monk

Gestern Nacht lief ich Streife am Ufer der Themse. Ich bemerkte zufällig zwei stadtbekannte Ganoven. Erst war nichts auffällig. Dann wirkte ihr Verhalten sehr verdächtig. Ich
5 schlich mich in ihre Nähe. Ich verstand nur Bruchstücke ihres Gesprächs. Ich erkannte aber sofort ihre verbrecherische Absicht. Sie planen für nächsten Samstag einen Bombenanschlag auf ein Londoner Gefängnis. Sie wollen ihren „Boss" befreien. Dieser sitze nämlich 10 dort in Haft. Sie planen den Anschlag auf drei Uhr in der Nacht. Sie sagten, dass dann die meisten schlafen würden. Der eine Verbrecher hieß Snake. Der andere Verbrecher hieß Smitty. Mehr konnte ich nicht erfahren. Sie 15 verschwanden plötzlich in der Nacht.

**1** Monk, der das Gespräch an der Themse belauscht hat, schreibt einen Bericht an Marlybone.

**a** Wie wirkt der Satzbau in Monks Bericht auf euch? Begründet eure Einschätzung.

**b** Überarbeitet den Text, indem ihr einige der Hauptsätze (▶ Merkkasten unten) sinnvoll miteinander verknüpft. Verwendet dazu passende Konjunktionen (Bindewörter) aus dem oben stehenden Tippkasten. Achtet auf die Kommasetzung.

*Gestern Nacht lief ich Streife am Ufer der Themse, da bemerkte ich ...*

> **Nebenordnende Konjunktionen**
> zur Verbindung von Hauptsätzen:
>
> | | | |
> |---|---|---|
> | ... und ... | ..., aber ... | ..., denn ... |
> | ... oder ... | ..., doch | |

**2** Vergleicht eure überarbeiteten Texte mit dem vorliegenden Text oben.
Beschreibt, was sich durch die Verknüpfung der Hauptsätze verändert hat.

**3** In Scotland Yard ist bekannt, dass die Einbrecher Snake und Smitty Malone zur Bande der „Schattenhand" gehören. Werden sie ihren Boss aus dem Gefängnis befreien können? Hat Marlybone bereits einen Plan? Schreibt eine Geschichte dazu.

---

**Information**    **Die Satzreihe: Hauptsatz + Hauptsatz**

- Ein **Hauptsatz** ist ein selbstständiger Satz. Er enthält mindestens zwei Satzglieder, nämlich Subjekt und Prädikat, z. B.: *Der Dieb flieht.*
  Die Personalform des Verbs (das gebeugte Verb, ▶ S. 215) steht im Hauptsatz in der Regel an zweiter Satzgliedstelle, z. B.: *Der Dieb flieht vor der Polizei.*

- Ein **Satz,** der aus **zwei oder mehr Hauptsätzen** besteht, wird **Satzreihe** genannt.
  Die einzelnen Hauptsätze einer Satzreihe werden **durch ein Komma voneinander getrennt,** z. B.: *Der Dieb flieht vor der Polizei, der Kommissar ermittelt.*

- Häufig werden die Hauptsätze durch nebenordnende **Konjunktionen** (Bindewörter) wie *und, oder, aber, denn, doch* verbunden, z. B.:
  *Der Dieb flieht vor der Polizei, denn er hat gestohlen.*
  Nur vor den Konjunktionen *und* bzw. *oder* darf das Komma wegfallen, z. B.:
  *Der Dieb flieht vor der Polizei und der Kommissar ermittelt.*

# Ein Plan geht auf – Das Satzgefüge

| | |
|---|---|
| **A** Nach seiner Verhaftung wurde Ratcliffe offiziell ins Highgrove-Gefängnis überführt. | **1** Er und seine Komplizen glaubten dies. |

*damit* →

| | |
|---|---|
| | **2** Die Ganoven begaben sich sozusagen „freiwillig" in das Gefängnis. |
| **B** Monk brachte den Verbrecher aber heimlich ins Dartmoor-Gefängnis. | |

*bevor* →

| | |
|---|---|
| | **3** Jemand bekam etwas davon mit. |
| **C** Marlybone ahnte es. | |

*?* →

| | |
|---|---|
| | **4** Ein Ausbruchsversuch sollte stattfinden. |
| **D** Im Dartmoor-Gefängnis war der Verbrecherkönig nun absolut sicher. | |
| | **5** Seine Verbrecherkollegen vermuteten ihn dort nicht. |
| **E** Dieser Plan war besonders clever. | |

**1** Um zu erfahren, was Marlybone geplant hat, müsst ihr die Hauptsätze links mit den Sätzen auf der rechten Seite verbinden.

> **Unterordnende Konjunktionen**
> zur Verbindung von Haupt- und Nebensätzen:
> ..., weil          ..., da          ..., dass
> ..., damit          ..., wenn          ..., bevor

**a** Verknüpft nun die zusammengehörigen Sätze mit Hilfe passender Konjunktionen aus dem Tippkasten. Aber Vorsicht: Die Sätze rechts werden dabei zu Nebensätzen, wodurch das Verb an die letzte Stelle rutscht. Beispiel: *Nach seiner Verhaftung wurde Ratcliffe offiziell ins Highgrove-Gefängnis überführt, damit er und seine Komplizen dies glaubten.*

**b** Umkreist in jedem Nebensatz die unterordnende Konjunktion und unterstreicht die Personalform des Verbs.

**●●●** **c** Es gibt Verberst- und Verbzweitsätze (▶ S. 240). Wie würdet ihr dann einen Nebensatz bezeichnen? Lest den Informationskasten.

---

| **Information** | **Satzgefüge: Hauptsatz + Nebensatz** |
|---|---|

Einen Satz, der aus mindestens einem **Hauptsatz** und einem **Nebensatz** besteht, nennt man **Satzgefüge.** Zwischen Hauptsatz und Nebensatz muss **ein Komma** stehen.

| Vorfeld | linke Satzklammer | Mittelfeld | rechte Satzklammer | Nachfeld |
|---|---|---|---|---|
| *Keiner* | *hat* | *den Plan* | *bemerkt* | *, weil ein Doppelgänger im Gefängnis saß.* |
| Hauptsatz | | | | Komma und Nebensatz |

- Der Nebensatz ist **dem Hauptsatz untergeordnet** und wird oft durch eine unterordnende Konjunktion (Bindewort) eingeleitet, z. B.: *weil, da, obwohl, damit, dass, nachdem, während.*
- Die **Personalform des Verbs** (das gebeugte Verb) steht im Nebensatz immer an letzter Satzgliedstelle. Man bezeichnet den Nebensatz daher auch als **Verbletztsatz.**
- Der Nebensatz kann im **Vorfeld, Mittelfeld** oder **Nachfeld** eines Satzes stehen.

# Stärken stärken: Sätze und Satzarten

Haltet den Dieb • Hilfe • Gab es Verletzte • Die Bank wurde ausgeraubt • Ich glaube nicht •
Da ist sie doch schon • Was ist denn passiert • Ob die Polizei den Dieb fasst

**1** In den Sätzen oben fehlen die Satzschlusszeichen.
  **a** Ordnet die Sätze sinnvoll, sodass ein zusammenhängendes Gespräch entsteht.
  **b** Entscheidet jeweils, um welche Satzart es sich handelt, und setzt die richtigen Satzschlusszeichen. Schreibt in euer Heft.

---

**1** „Scotland Yard" bezeichnet die Londoner Kriminalpolizei, es ist auch ein Brettspiel.
**2** Seit 1984 begeben sich Hobbydetektive auf diese berühmte Gangsterjagd.
**3** Das Spiel „Scotland Yard" ist beendet, wenn der geheimnisvolle Mr. X enttarnt wurde.
**4** Seitdem es das Spiel gibt, begeben sich weltweit Hobbydetektive auf Gangsterjagd.

---

**A** Der erste Satz ist eine Satzreihe.
**B** Satz 2 beginnt mit einem Nebensatz.
**C** Satz 3 enthält eine nebenordnende Konjunktion und besteht aus zwei Hauptsätzen.
**D** Der vierte Satz ist eine Satzreihe.

**2** **a** Lest zunächst die Sätze oben, die das Spiel „Scotland Yard" vorstellen.
  **b** Prüft, ob die Aussagen A–D richtig oder falsch sind. Begründet in eurem Heft.
  Beispiel für eine mögliche Begründung: *Aussage A ist richtig, denn Satz 1 besteht aus zwei*
  *Hauptsätzen, die durch die nebenordnende Konjunktion „und" verbunden sind.*

| Hauptsatz | Konjunktion | Hauptsatz |
|---|---|---|
| **1** Basil Ratcliffe wuchs bei seinem Onkel Randolph Twinkle auf. | denn | Er wollte seinem Neffen Basil eine Polizeikarriere ermöglichen. |
| **2** Der Onkel fälschte Geld in seinem Keller. | nachdem | Seine Eltern starben kurz nach seiner Geburt. |
| **3** 1870 wurde sein Onkel von Scotland Yard verhaftet. | weil | Er wollte das Schicksal seines Onkels auf ewig rächen. |
| **4** Sein Onkel kam lebenslang ins Gefängnis. | sodass | Ein Lehrling seines Onkels verriet ihn an die Polizei. |
| **5** Basil erklärte die Polizei nun zu seinem Erzfeind. | damit | Basil und seine Schwester Edna waren nun völlig allein und mittellos. |

**3** Verbindet je zwei Hauptsätze und ihr erfahrt Wissenswertes über Ratcliffes Vergangenheit. Bildet
Satzgefüge oder Satzreihen. Wählt die passenden unter- oder nebenordnenden Konjunktionen aus.

# Testet euch!

## Sätze und Satzarten

**1** Unterschiedliche Absichten werden durch verschiedene Satzarten ausgedrückt.
Übernehmt die Tabelle in euer Heft und ordnet die unten stehenden Absichten ein.

| Aussagesatz | Fragesatz | Ausruf/Aufforderung |
|---|---|---|
| ... | *etwas wissen wollen* | ... |

etwas wissen wollen • etwas befehlen • Freude ausdrücken • eine Mitteilung machen •
Ärger ausdrücken • etwas behaupten • einen Wunsch formulieren • etwas erzählen •
etwas erfragen • Überraschung ausdrücken

**2** Damit Ratcliffe dieses Mal ganz sicher im Gefängnis bleibt, beabsichtigt Marlybone, einen Brief an
den Gefängnisdirektor zu schreiben. Hier ist sein Entwurf:

> *An den Direktor des Gefängnisses von Newgate*
> – *bisheriges Verhalten des Gefangenen im*
>   *Gefängnis*
> – *alle Sicherheitsmaßnahmen bedacht*
> – *wöchentliche Berichte an Scotland Yard*
>   *schreiben*
>
> – *Personal auf Verschwiegenheit überprüft*
> – *keine Komplizen Ratcliffes unter dem Personal*
> – *kein Kontakt zur Außenwelt durch den*
>   *Gefangenen*
> – *sofortige Meldung bei Auffälligkeiten*

**a** Untersucht Marlybones Notizen. Entsprechen die aufgeführten Punkte einer Aussage, einer Frage
oder einer Aufforderung? Ordnet entsprechend zu.
**b** Schreibt den Brief an den Direktor. Formuliert auf Grundlage der Notizen ganze Sätze und setzt
die entsprechenden Satzzeichen. Vergleicht eure Ergebnisse.

## Bericht Dr. Horace Pringles über den Häftling Basil Ratcliffe

Der Häftling sitzt jeden Tag in seiner Zelle und schreibt in seinen Tagebüchern. Die Mahlzeiten nimmt der Professor in seiner Zelle ein, damit er mit anderen Häftlingen nicht in Kontakt kommt. Seine Wärter lassen ihn keine Minute aus den Augen, da Ratcliffe jederzeit einen Ausbruchsversuch starten könnte. In seinen Notizen fand sich folgender Hinweis: „Ich werde nicht ewig im Gefängnis sitzen, meine Zeit ist noch nicht vorbei, meine Rache an Marlybone wird kommen!"

**3** **a** Im ersten Wochenbericht des Gefängnisdirektors kommen Satzreihen und Satzgefüge vor.
Legt eine Folie über den Text. Unterstreicht die Prädikate. Achtet auf ihre Stellung im Satz.
**b** Unterstreicht die Hauptsätze rot, die Nebensätze grün und umkringelt die Konjunktionen.

# 13.3  Fit in …? Satzglieder und Sätze

## Satzglieder bestimmen

In diesem Kapitel könnt ihr mit verschiedenen Arten von Aufgabenstellungen für die Klassenarbeit üben und ihr erfahrt noch mehr über Detektive und ihre Geschichten.

| Subjekt | Prädikat | Akkusativobjekt | Adv. Bestimmung |
|---|---|---|---|
| Den englischen Königen<br>Der Innenminister<br>Den Bewohnern Londons | gründete | Scotland Yard<br>der Kriminalpolizei<br>den Polizisten | dem Jahr 1829<br>Scotland Yard<br>im Jahre 1829 |
| Die meisten Engländer<br>Dem Premierminister<br>Der Königin | verwenden | die berühmtesten Verbrecher<br>die Abkürzung „The Yard"<br>dem Chef von Scotland Yard | |
| Den Hauptsitz<br>Scotland Yard<br>In der Nähe von Big Ben | hat | Scotland Yard<br>der Hauptsitz<br>seinen Hauptsitz | seinen Hauptsitz<br>Scotland Yard<br>in der Nähe Big Bens |

**1** Wenn ihr die richtigen Satzglieder findet, verrät euch der Satzglied-Automat einiges über Scotland Yard. Geht so vor:
- Geht vom Prädikat aus und stellt zuerst die Frage nach dem Subjekt des Satzes:
  *Wer oder was gründete …?* Wählt die Antwort aus, die genau passt.
- Geht wiederum vom Prädikat aus und stellt die Frage nach dem genau passenden Akkusativobjekt:
  *Der Innenminister gründete wen oder was?*
- Ergänzt – wo vorhanden – die passende adverbiale Bestimmung.

**2** **a** Ordnet euren Sätzen aus Aufgabe 1 die folgenden Begriffe aus dem Feldermodell zu:

> Nachfeld • Vorfeld •
> linke Satzklammer • Mittelfeld

**b** Ergänzt euren dritten Satz aus Aufgabe 1 so, dass auch die rechte Satzklammer besetzt ist.

**3** **a** In diesem Suchrätsel sind senkrecht, waagerecht und rückwärts gelesen 12 Begriffe aus den Grammatikkapiteln versteckt. Findet diese heraus!

●●● **b** Schreibt zu fünf Begriffen eine kurze Erklärung.

| A | K | N | X | U | Z | D | A | D | V | E | R | B | I | A | L | E |
|---|---|---|---|---|---|---|---|---|---|---|---|---|---|---|---|---|
| O | P | F | S | A | T | Z | G | L | I | E | D | N | N | F | S | V |
| D | K | J | H | T | K | G | Y | T | K | E | J | B | U | S | G | O |
| O | P | Q | A | B | C | Z | X | Y | D | B | E | G | R | C | T | R |
| D | U | T | N | O | I | T | K | N | U | J | N | O | K | Z | K | F |
| X | E | T | E | B | O | R | P | Z | T | A | S | R | E | N | H | E |
| R | E | M | M | A | L | K | Z | T | A | S | I | D | X | R | P | L |
| F | T | A | R | X | G | U | P | A | M | H | R | P | H | Q | G | D |
| U | M | S | T | E | L | L | P | R | O | B | E | Ü | T | F | R | U |
| Ö | L | R | D | A | O | H | W | Y | D | J | F | E | K | P | S | N |
| A | Y | R | H | V | K | G | Q | K | A | R | C | H | P | I | M | G |
| S | B | A | F | D | A | U | S | C | L | D | U | O | M | A | T | S |
| N | J | D | K | R | L | D | A | T | I | V | O | B | J | E | K | T |
| Ö | P | T | K | E | J | B | O | V | I | T | A | S | U | K | K | A |
| Q | R | T | U | A | F | E | G | H | I | J | O | P | M | N | I | H |

## Satzgefüge formulieren

Archie Brumble, ein Reporter der London Times, befragt Chefinspektor Marlybone zu den Anfängen seiner Karriere.
Während des Interviews macht er sich folgende Notizen:

- **✱** In seinem Heimatort Summerhill ereigneten sich mehrere Diebstähle.
- **✱** Der Dorfpolizist war mit dem Fall völlig überfordert.
- **✱** 1870 – Er beginnt eine Buchdrucker-lehre bei „Twinkle & Twinkle" in London.
- **✱** Der junge Marlybone überführte den Buchdrucker als Geldfälscher.
- **✱** Er scheint Verbrechen wie ein Magnet anzuziehen.
- **✱** Nach seiner Entlassung war der Weg zu Scotland Yard schnell gefunden.

**1** Ergänzt das folgende Interview mit Hilfe der oben abgedruckten Notizen. Wandelt dafür die Hauptsätze aus den Notizen in passende Nebensätze um. Dabei rückt das Verb an die letzte Satzgliedstelle. Beispiel:

> Marlybone enthüllt hier eine interessante Verbindung zwischen ihm und Prof. Ratcliffe. Erinnert ihr euch? Wenn nicht, lest noch einmal in Aufgabe 3 auf Seite 243 nach.

In seinem Heimatort Summerhill <u>ereigneten</u> sich mehrere Diebstähle. → Nein, dieser Wunsch kam erst in mir auf, **als** sich in meinem Heimatort Summerhill mehrere Diebstähle <u>ereigneten</u>.

| | |
|---|---|
| Brumble: | Inspektor Marlybone, war es schon immer Ihr Wunsch, Polizist zu werden? |
| Marlybone: | Nein, dieser Wunsch kam erst in mir auf, **als** … |
| Brumble: | Nun, aber deswegen wird man ja nicht sofort Polizist. |
| Marlybone: | Ich war regelrecht gezwungen, eigene Nachforschungen anzustellen, **weil** … |
| Brumble: | Und gelang es Ihnen, den Dieb zu fassen? |
| Marlybone: | Ja, ich konnte den Täter überführen. Da war ich zwölf Jahre alt. |
| Brumble: | Und wie kamen Sie dann zu Scotland Yard? |
| Marlybone: | Nun, ich ging im Jahr 1870 eigentlich nach London, **um** … Aber ich verlor bald meine Stelle, **weil** … |
| Brumble: | Man könnte ja fast meinen, **dass** … |
| Marlybone: | Das glaube ich nicht. Ich war einfach schon immer zu neugierig, was die Geheimnisse der Welt betraf. Da war der Weg zu Scotland Yard nicht allzu weit, **nachdem** … |

# 14 Rechtschreibtraining –
## Strategien erarbeiten

**1** Betrachtet das Bild und besprecht, was euch auffällt.

**2** Mit welcher Absicht hat jemand dieses Wort in den Sand geschrieben? Sammelt eure Vermutungen.

**3** Trefft eine Einschätzung und begründet diese.
  **a** Ist Rechtschreibung wichtig, wenn man nur für sich alleine und zum eigenen Vergnügen schreibt?
  **b** Bei welchen Gelegenheiten ist es besonders wichtig, die Rechtschreibregeln einzuhalten?

**4** Kennt ihr Tricks, die euch helfen, Fehler zu vermeiden? Sprecht über eure Erfahrungen.

**In diesem Kapitel ...**

– lernt ihr wichtige Rechtschreibstrategien und ihre Symbole,
– findet ihr mit Hilfe der Strategien Regeln zur Rechtschreibung,
– nutzt ihr die Strategien, um die Schreibweisen von Wörtern zu erklären,
– wendet ihr die Strategien an, um Fehler zu vermeiden.

# 14.1 Silben schwingen und verlängern – Rechtschreibstrategien

## Strategie Schwingen – Wörter in Silben sprechen

### Lange Wörter richtig lesen und schreiben

Winterwolkenhimmel • Sommersonnenhitze • Regenbogenforelle •
Körnerkissenfüllung • Osterferienreise • Piratenaugenklappe •
Lederhosengürtel • Lesesesselkissen • Wanderfalkenflüge

**1** Schreibt die Wörter richtig in euer Heft.

**2** Nennt die Schwierigkeiten, die ihr vielleicht hattet, als ihr die Wörter abgeschrieben habt, z. B.: Buchstaben verwechselt, Buchstaben vergessen, zu viele Buchstaben geschrieben ...

### Durch Schwingen besser schreiben

Ameisenhaufen   Zettelkastendurcheinander   Sonnenblumenkerne   Hundeschlittenrennen
Regenwassertonnendeckel   Unwetterwarnung   Wörterkarteikasten   Unterwasserabenteuer
Krötenwanderwege   Wunderkerzenfunken   Bananenschalengröße   Kamelkarawane

**1** Bereitet die zwölf Wörter für ein Partnerdiktat vor. Nutzt das Schwingen (▶ Methode unten):
  a Sprecht die Wörter deutlich in Silben. Gleichzeitig zieht ihr mit eurer Schreibhand einen Bogen durch die Luft. Dabei geht ihr einen Schritt nach rechts, z. B.: Win ter wol ken him mel
  b Diktiert euch in Partnerarbeit die Wörter. Prüft gegenseitig eure Schreibungen.

**2** Arbeitet mit einem Partner oder einer Gruppe.
  a Sucht fünf lange Wörter aus und diktiert sie den anderen. Nutzt die Wörter auf dieser Seite.
  b Wechselt anschließend die Rollen im Uhrzeigersinn.
  c Tauscht eure Hefte und kontrolliert, ob alle Wörter richtig geschrieben sind.
  d Begründet, warum ihr gerade diese fünf Wörter ausgewählt habt.

| Methode | Wörter schwingen |  |
| --- | --- | --- |

- **Vor** dem Schreiben: Sprecht die Wörter deutlich in Silben. Zeichnet Silbenbögen in die Luft.
- **Beim** Schreiben: Sprecht die Silben leise mit. Sprecht nicht schneller, als ihr schreibt.
- **Nach** dem Schreiben: Prüft, ob ihr richtig geschrieben habt. Zeichnet dazu Silbenbögen unter jede Silbe und sprecht dabei leise mit.

## Lauten Buchstaben zuordnen, aus Silben Wörter zaubern

```
A     E     I      O      U
  B C D   F G H   J K L M N   P Q R S T   V W X Y Z
```

**1** a Lest die Buchstaben deutlich vor.

b Nennt Gemeinsamkeiten und Unterschiede. Wie klingen die Buchstaben in Reihe eins und zwei?

c Haltet euer Ergebnis als Regel fest. Schreibt folgende Sätze in euer Heft und ergänzt sie richtig durch die Begriffe: *Selbstlaute* und *Mitlaute*.

*A, E, J, O, U sind Vokale oder ... Die anderen Buchstaben heißen Konsonanten oder ...*

**2** Hilfe! Die Vokale sind verschwunden!

a Schreibt die Wörter vollständig in euer Heft. **Hinweis:** Zu den Vokalen zählen auch: *ä, ö, ü*.

> die K **?** n **?** nch **?** nst **?** ll **?** • die B **?** t **?** lr **?** tt **?**
> der H **?** mst **?** rk **?** f **?** g • der **?** l **?** f **?** nt **?** nr **?** ss **?** l

b Vergleicht eure Ergebnisse. Um welches Thema drehen sich die Wörter?

**3** Hier müssen die Vokale *a, e* oder *o* jeweils doppelt verwendet werden, also: *aa, ee, oo*.

a Bildet sinnvolle Wörter und schreibt sie in euer Heft.

b Verfasst mit all diesen Wörtern einen lustigen Text, z. B.:

*Jm Meer blüht der Kl..., wenn ...*

> das M **?** r • der Z **?**
> der Schn **?** • die W **?** ge
> der Kl **?** • das B **?** t
> der T **?** r • das M **?** r

**4** Bringt Ordnung in dieses Silbendurcheinander.

a Schreibt die Wörter mit Silbenbögen ins Heft.

> sa Sil ben lat • frö sche ter Wet • ten de Schlit hun sit be zer •
> gen bo rel gen fo le Re • sen A mei bein mes ser durch •
> sa er Feu la der man • brot do But ter se

b Gibt es Wörter, die ihr nicht versteht? Wer kann sie erklären?

c Die Wörter haben unterschiedlich viele Silben. Ordnet sie im Heft in eine Tabelle wie folgt:

| Wörter mit 4 Silben | Wörter mit 5 Silben | Wörter mit 6 Silben | Wörter mit 7 Silben |
|---|---|---|---|
| ... | ... | ... | ... |

---

**Information**   **Der Zusammenhang von Lauten, Silben und Wörtern**

■ Es gibt **Vokale:** *a/ä, e, i, o/ö, u/ü* und Doppelvokale: *au, äu, ei, eu*.

■ Alle anderen Buchstaben sind **Konsonanten,** z. B.: *b, c, d, f, g ...*

■ Aus Lauten bilden wir **Silben,** aus Silben bilden wir **Wörter.**

## Offene und geschlossene Silben unterscheiden

> die Silbenbögen • die Konsonanten • die Vokale • die Schlangenwörter •
> die Schokolade • der Gummireifen • die Zuckerwatte • die Kürbiskerne

**1** **a** Schreibt die Wörter ins Heft und zeichnet die Silbenbögen: die Sil ben bö gen.

**b** Enden Silben mit einem Vokal, so nennt man sie **offen.** Markiert diese Silben rot.
Enden Silben mit einem Konsonanten, so nennt man sie **geschlossen.** Markiert sie grün.

> der Ofen • offen • die Bude • die Betten • die Schweine • der Kessel • die Schule • die Feder •
> die Mappe • mitten • der Marder • die Eulen • die Ratten • die Vögel • die Natter • die Berge •
> die Welten • die Wellen • die Bücher • die Räder • der Magen • das Muster • der Himmel

**2** Wie wird der Vokal in der ersten Silbe dieser Wörter gesprochen: kurz oder lang?

**3** Entscheidet, welche Aussage richtig ist, und schreibt das Ergebnis ins Heft.
**A** Ist die erste Silbe offen, spricht man den Vokal kurz.
**B** Ist die erste Silbe offen, spricht man den Vokal lang.

**4** **a** Legt im Heft eine Tabelle an und ordnet die Wörter aus Aufgabe 2 richtig ein.

| erste Silbe offen | erste Silbe geschlossen |
|---|---|
| *der Ofen*, … | *offen*, … |

**b** In dem Wortgitter sind 12 Verben: 7 mal ist die erste Silbe offen, 5 mal ist sie geschlossen.
Findet die waagerecht versteckten Verben. Tragt sie in eine Tabelle wie in Aufgabe 4a ein.

| J | Ä | R | G | R | E | N | N | E | N | W | L |
|---|---|---|---|---|---|---|---|---|---|---|---|
| K | A | U | F | E | N | I | A | E | Ä | Y | J |
| Y | V | C | P | W | Z | E | I | G | E | N | O |
| N | C | Ö | F | I | N | D | E | N | B | M | K |
| Q | E | W | E | I | N | E | N | Ö | Ä | Ö | X |
| B | A | U | E | N | D | Z | E | L | T | E | N |
| Y | V | M | U | Ö | L | A | U | F | E | N | O |
| P | Ä | H | M | E | I | N | E | N | K | M | J |
| R | X | H | K | T | U | R | N | E | N | C | A |
| D | E | N | K | E | N | X | L | E | B | E | N |

---

**Information** **Offene und geschlossene Silben unterscheiden**

- Enden Silben mit einem **Vokal,** nennt man sie **offen,** z. B.: Blu se.
- Enden Silben mit einem **Konsonanten,** nennt man sie **geschlossen,** z. B.: Klas sen.

## Richtig abschreiben

Hans Adolf Halbey

### Pampelmusensalat

Bei der Picknickpause in Pappelhusen
aß Papa mit Paul zwei Pampelmusen,
doch bei dem Pampelmusengebabbel
purzelte plötzlich Paul von der Pappel
5  mit dem Popo in Papas Picknickplatte,
wo Papa die Pampelmusen hatte.

„O Paul", schrie Papa, „du bist ein Trampel!
Plumpst mitten in meine Musepampel –
Ich wollte sagen: in die Mampelpuse –
10  Nein: Pumpelmase – nein: Pampelmuse!!"

Das gab vielleicht ein Hallo!
Die Pappeln, der Papa, der Paul und sein Po,
das Picknick, die Platte (um die war es schad) –
das war ein Pampelmusensalat.

**1** a Erläutert, was in dem Gedicht passiert. Wer fällt da eigentlich wohin?
    b Lest das Gedicht möglichst ausdrucksvoll vor (▶ S.124, 150).

**2** Schreibt das Gedicht richtig ab. Beachtet die Methode unten zum richtigen Abschreiben.

**3** Kontrolliert, ob ihr den Text richtig abgeschrieben habt:
    a Lest den Text in Silben. Zeichnet die Silbenbögen unter jede Silbe.
    b Prüft jede Silbe: Lest das, was im Silbenbogen steht.
    c Streicht falsch geschriebene Wörter durch. Schreibt sie richtig über das Fehlerwort, z. B.:
       ~~Papelhusen~~ → Pappelhusen

**4** Lest den Text noch einmal. Prüft, welche Stellen unklar bleiben, auch wenn man sie deutlich in
Silben spricht. Markiert diese unklaren Stellen.

| Methode | Richtig abschreiben |
| --- | --- |

- **Lest** den Text **mehrmals,** bevor ihr ihn abschreibt. Ihr solltet seinen Inhalt gut kennen.
- **Schwingt:** Sprecht schwierige Wörter in Silben (laut oder in Gedanken).
- Merkt euch **jeweils eine Zeile** und schreibt sie auf. Schreibt nur in jede zweite Zeile.
- **Sprecht leise mit,** während ihr schreibt. Sprecht nicht schneller, als ihr schreibt.
- Kontrolliert am Ende jedes Satzes die **Satzschlusszeichen.**
- **Schreibt sauber** und lesbar.

# Strategie Verlängern – Einsilber

der Tag • der Rand • der Wind • der Stab • der Weg • der Steg • die Welt •
der Mond • der Pfiff • der Biss • das Schiff • der Wall • das Bett •
der Schwamm • der Ball • das Reh • der Zeh • weht • der Schuh • die Kuh •
steht • geht • krumm • schnell • dünn • nett • glatt • dumm • satt • matt • rot •
fett • schwimmt • rennt • nennt • webt • klebt • nagt • sagt • klagt • sorgt

**1** Sprecht die Wörter deutlich.
  **a** Benennt die Stelle, an der man Fehler macht, wenn man so schreibt, wie man spricht.
  **b** Erklärt euch gegenseitig, welches Problem genau auftreten kann.
  **c** Prüft, ob ihr mit der Strategie der Verlängerung (▸ Methode unten) das Rechtschreibproblem
    lösen könnt.

**2** Schreibt die Wörter oben auf der Seite in euer Heft.
  **a** Sprecht deutlich mit und markiert die unklare Stelle im Wort mit dem Strategiezeichen .
  **b** Beweist die Schreibweise durch ein Verlängerungswort.
  **c** Wer fertig ist, steht auf und vergleicht seine Ergebnisse mit dem Nächsten, der aufsteht.

**3** **a** Legt im Heft Spalten wie folgt an.
  **b** Ordnet den Spalten die Wörter aus Aufgabe 1 zu.

| b/g/d | doppelte Konsonanten | Wörter mit h |
|---|---|---|
| der Tag – die Ta ge | der Pfiff – die Pfif fe | das Reh – die Re he |

**4** **a** Sucht euch fünf Wörter aus Aufgabe 1 aus.
    Diktiert sie euch gegenseitig und begründet die Schreibweise, indem ihr verlängert.
  **b** Findet fünf eigene Einsilber und schreibt sie auf Zettel.
    Zieht sie abwechselnd und begründet die Schreibweise durch ein Verlängerungswort.

**5** **a** Bereitet einen Kurzvortrag zum Thema vor:
    „Welche Probleme können bei Einsilbern auftreten und wie kann man sie lösen?"
  **b** Haltet den Kurzvortrag vor eurer Klasse.

---

**Methode**      **Verlängern und schwingen**

– Bei Einsilbern kann man Buchstaben verwechseln oder nicht immer sicher zuordnen.
– Beim Schwingen jedoch kann man jeden Buchstaben deutlich hören, z. B.: *der Mor gen*.
– Damit man einen Einsilber schwingen kann, muss man eine Silbe anfügen: Man **verlängert**
  sie.

Beispiele für **Einsilber:**    *der Berg*     *still*     *rennt*
**Verlängerte Einsilber:**    *die Ber ge*    *stil ler als*    *wir ren nen*

# Strategie Verlängern – Zweisilber

der Anpfiff • belebt • erlaubt • verklebt • beliebt • der Abend •
der Verband • die Gegend • der Erfolg • der Betrug • lustig • wichtig •
ständig • der Gewinn • das Gebrumm • das Gestell • das Versteck •
der Beschluss • kaputt • der Bussard • der Anzug • der Leopard •
der Anfang • fleißig • gesund • traurig

**1** Lest die Wörter deutlich in Silben.
**a** Benennt die Stelle, an der man Fehler macht, wenn man schreibt, wie man spricht.
**b** Erklärt euch gegenseitig, welches Problem genau auftreten kann.

**2** Prüft, ob auch bei Zweisilbern am Wortende das Verlängern hilft.
Schreibt die Wörter oben auf der Seite ins Heft und ordnet sie in zwei Spalten.
**a** Markiert die unklare Stelle mit dem Strategiezeichen.
**b** Schreibt das Verlängerungswort als Beweiswort dazu.

| **Wörter mit b/g/d** | **Wörter mit doppelten Konsonanten** |
|---|---|
| belebt – beleben | der Anpfiff – die Anpfiffe |

**3** In dem Wortgitter sind waagerecht und senkrecht 22 Wörter versteckt.
10 Wörter schreibt man, wie man sie spricht.
12 Wörter muss man zusätzlich verlängern.
Legt eine Tabelle wie folgt an und tragt die gefundenen Wörter so ein:
**a** Markiert bei den Wörtern, die man verlängern muss, die unklare Stelle.
**b** Schreibt das Verlängerungswort als Beweis dazu.

| S | Z | G | E | S | P | A | N | N | N | R | M | V | D |
|---|---|---|---|---|---|---|---|---|---|---|---|---|---|
| S | U | Z | C | A | U | G | E | N | B | L | I | C | K |
| H | G | V | N | I | X | B | B | Z | Z | R | T | S | A |
| V | R | E | F | G | Ä | E | R | K | G | E | T | T | B |
| W | I | N | T | E | R | S | E | K | F | G | A | U | E |
| Ä | Y | K | T | W | V | C | M | J | Q | E | G | N | N |
| E | A | F | Y | I | E | H | S | Ö | Ä | N | O | D | D |
| M | K | A | E | T | Y | E | E | S | O | M | M | E | R |
| B | L | D | W | T | K | I | Ü | B | R | I | G | V | N |
| N | V | Ö | A | E | B | D | H | Z | J | Y | E | V | E |
| O | Y | Y | G | R | T | A | U | S | E | N | D | Y | B |
| W | B | J | T | E | P | P | I | C | H | X | S | P | E |
| F | F | R | E | S | S | E | N | W | O | C | H | E | L |
| Z | I | M | M | E | R | U | R | L | A | U | B | G | Y |

| **Wörter, die man nur schwingen muss**  | **Wörter, die man verlängern muss**  |
|---|---|
| der Teppich | <br>der Bescheid – die Bescheide |

# Strategie Zerlegen – Zusammengesetzte Wörter

die Elefantentanten • die Bergwanderung • die Ananastorte •
das Hundefell • die Melonensuppe • der Kugelschreiber •
das Zufallsprodukt • die Drosselstimme • der Wandschrank

**1** a Lest die Wörter. Prüft, ob man jeden Laut/Buchstaben hört.
   b Benennt die unklaren Stellen.

**2** a Ordnet die Wörter aus Aufgabe 1 wie unten in eurem Heft.
   b Wer fertig ist, steht auf und vergleicht seine Ergebnisse mit dem Nächsten, der aufsteht.

| Wörter, die man nur schwingen muss ⍵ | Wörter, die man zerlegen und dann verlängern muss ⍵ ➜ |
|---|---|
| *die Elefantentanten* | *die Berg wanderung – die Berge* |

**3** a Ergänzt die fehlenden Buchstaben. Schreibt die Wörter mit ihrem Beweiswort auf einzelne Zettel.

| *d* oder *t?* | *g* oder *k?* | *b* oder *p?* |
|---|---|---|
| die Ra **?** kappe | der Freita **?** | das Pie **?** signal |
| das Ro **?** käppchen | das Wer **?** zeu **?** | der Hu **?** schrauber |
| der Aben **?** himmel | die Schran **?** wand | der Die **?** stahl |

   b Deckt die Zettel abwechselnd auf.
   Fragt den Lernpartner nach der Schreibweise und lasst sie euch begründen.

**4** Bei diesen Wörtern muss man Wortbausteine abtrennen,
um verlängern zu können.
Schreibt die Wörter nach dem folgenden Beispiel in euer Heft:   *das Lämm chen – die Lämmer*

| *d* oder *t?* | *b* oder *p?* | *l* oder *ll?* | *p* oder *pp?* |
|---|---|---|---|
| das Kin **?** chen | das Täu **?** chen | das Bä **?** chen | das Kä **?** chen |
| das Hän **?** chen | das Bü **?** chen | das Mäu **?** chen | das Pü **?** chen |
| das Hef **?** chen | das Wei **?** chen | das Schä **?** chen | das Grü **?** chen |

| **Methode** | **Zusammengesetzte Wörter zerlegen und verlängern** ⍵ |
|---|---|

- In zusammengesetzten Wörtern können sich Verlängerungsstellen verstecken.
- Die unklaren Auslaute und Einsilber findet man,
  indem man die Wörter zerlegt und dann verlängert, z. B.: 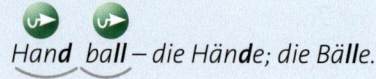 *Hand ball – die Hände; die Bälle.*

# Strategie Ableiten – Wörter mit *ä* und *äu*

die Bäume • die Zäune • die Plätze • die Länder • die Mäuse • die Läuse •
ängstlich • gefährlich • äußerlich • schädlich • säuerlich •
häuten • wärmen • schwärmen • zähmen • schälen • säubern

**1** a Lest die Wörter. Benennt die Stelle, an der man Fehler machen könnte, wenn man schreibt, wie man spricht.

b Schreibt die Wörter ins Heft. Markiert die unklare Stelle mit dem Strategiezeichen .

c Begründet die Schreibweise durch ein Beweiswort, z. B.:

*die Bäume, denn es heißt: der Baum*

**2** Schreibt die folgenden Wörter ab und setzt ein: *e* oder *ä, eu* oder *äu*.
Begründet die richtige Schreibweise durch ein Beweiswort.

die R **??** me • f **?** rben • die H **??** ser • die Kr **??** ter • das F **?** rkel •
die R **?** der • der Tr **?** ger • die F **?** lder • erh **?** ltlich • erb **?** rmlich •
die N **?** he • erfr **??** lich • gr **??** lich • die Schn **?** cke • uns **?** glich •
l **?** cherlich • die Fl **?** che • der Schl **?** fer • l **??** chten • die M **??** se

**3** a Lest diese Wörter von hinten nach vorn. Schreibt sie ins Heft.

| | | | |
|---|---|---|---|
| HCILHÄMLLA | MRÄL | HCILNHÄ | DNERHÄW |
| GNUREMMÄD | NENHÄG | ESÄK | HCILMÄN |
| RETÄPS | GIFÄK | URUGNÄK | |

b Zu diesen Wörtern gibt es kein Wort, das man ableiten kann. Lernt sie als Merkwörter.

**4** Legt eine Liste mit Wörtern an, die man ableiten muss.
Durchsucht dazu das Buch nach Wörtern mit *ä* und *äu* und findet Beweiswörter.

---

| **Methode** | **Ableitungsprobe: Wörter mit *ä* und *äu* ableiten** | |

- Die Vokale *e* und *eu* sind leicht mit *ä* und *äu* zu verwechseln. Man spricht sie ähnlich aus.
- **Normalerweise** schreibt man **e oder eu.**
- Wenn es aber **verwandte Wörter mit *a* oder *au*** gibt, dann schreibt man ***ä* oder *äu*,** z. B.:

*die W**e**lt – aber: er h**ä**lt, denn es heißt: h**a**lten*     *die L**eu**te – aber: er l**äu**tet, denn es heißt: l**au**t*

# Stärken stärken: Die Strategien anwenden

## Übungen zum Schwingen

> das Auto – die Türen – die Griffe     die Bananen – die Schale – die Farbe
> der Griffel – der Kasten – der Inhalt     die Kirschen – die Kerne – die Größe
> das Öl – die Sardine – die Dose     der Füller – der Halter – die Feder

●○○ **1**    Setzt die Wörter sinnvoll zusammen und schreibt sie richtig auf, z. B.: *die Autotürengriffe*.

●●○ **2**    Findet lange Wörter zum Krokodil: Setzt die folgenden Wörter sinnvoll zusammen, z. B.:
      *das Krokodil → der Krokodilrachen*.

> der Rachen • das Leder • die Tasche • die Arten • der Lebensraum • die Fütterung •
> der Angriff • die Haut • der Kreislauf • die Fortbewegung

●●● **3**    Schlagt eine beliebige Seite im Wörterbuch auf.
      Findet zehn Wörter, die man durch Schwingen richtig schreiben kann.

## Übungen zum Verlängern

●○○ **1**    Notiert folgende Einsilber und beweist ihre Schreibweise durch ein
      Verlängerungswort.

      Beispiel: *sie gibt – wir geben*

> lebt • siebt • lobt • siegt • biegt • tobt • sorgt • bellt • nennt • rennt •
> kommt • weckt • lockt

●●○ **2**    Findet Verlängerungswörter, indem ihr die folgenden Wörter reimt und dann verlängert, z. B.:
      *der Dieb – das Sieb – er blieb → die Diebe – die Siebe – sie blieben*

> der Gang • das Band • zog • wagt

●●● **3**    Sucht aus den Texten auf Seite 276 Verlängerungswörter für
      **a** Wörter mit *b* am Ende,
      **b** Wörter mit *d* am Ende,
      **c** Wörter mit *g* am Ende,
      **d** Wörter mit doppelten Konsonanten am Wortende.

## Übungen zum Zerlegen

die Landratte • der Strandurlauber • der Bergwanderer • das Ballgefühl •
der Kammmolch • das Erdferkel • die Waldohreule • die Flugzeuge

**1** **a** Schreibt diese Wörter ab und markiert
die Stelle, die ihr verlängern könnt, um
die richtige Schreibweise zu beweisen, z. B.:

*der Waldmensch*

**b** Zerlegt das Wort an der Verlängerungsstelle
und notiert das Beweiswort, z. B.:

*der Wald | mensch – die Wälder*

**2** Sucht auf Seite 276 in den Texten fünf zusammengesetzte Wörter, in denen sich Verlängerungsstellen finden lassen. Zerlegt diese Wörter sinnvoll.

**3** **a** Bildet lustige zusammengesetzte Wörter, z. B.: *der Knallstrand, die Siebwand ...*
Verwendet folgende Wörter.

der Strand • der Korb • der Dieb • das Sieb • die Wand • der Schwamm • der Kamm •
das Lamm • der Wall • der Knall

**b** Bildet Unsinnssätze, in denen eure Wörter vorkommen.

## Übungen zum Ableiten

die Zäune • die Bänke • rätseln • die Gesänge • die Räume • glänzen • schälen •
die Häuser • die Kräuter • die Tränke • das Gemäuer • klären • die Kälte •
die Hände • die Schwäche • schädlich • hässlich • die Träume • die Bäume

**1** Bildet Unsinnssätze, in denen mindestens drei Ableitungswörter vorkommen.

**2** **a** Ordnet die Wörter alphabetisch auf zwei Heftseiten ein: *Wörter mit ä – Wörter mit äu*
**b** Schreibt die Ableitungswörter mit dem Beweiswort und einer Wortzusammensetzung auf, z. B.:

*Zäune – der Zaun → umzäunen, der Zaunpfahl*

**3** Erstellt selbst Material zum Üben und stellt es euren Lernpartnern für Strategien zur Verfügung.
Hier einige Ideen:
– eine Wortschlange mit zusammengesetzten Wörtern bilden
– Wörter bilden, in denen sich Verlängerungsstellen befinden
– Ableitungswörter in einem Wortgitter unterbringen
– zu Merkwörtern mit *ä* Bilder zeichnen und die Wörter raten lassen, z. B. für: *Bär, hängen ...*

# Nomen erkennen

Dieser Text informiert über das Buch „Gespensterjäger auf eisiger Spur" von Cornelia Funke:

In dem ? lernt ? ein kleines ? kennen. Nicht, dass er begeistert davon ist. Aber dieser kleine ? hat sein ganzes ? . Es ist nämlich so: Es gibt zwei ? von ? , die MUG und die
5 UEG. Während die MUGs zwar ekelig, aber dennoch liebenswerte ? sind, sind die anderen (UEGs) echte ? .
Nun findet ? das kleine ? bei sich. Es erzählt ihm, dass es aus seiner bisherigen ? vertrieben worden ist. Dort sitzt jetzt ein klei-
10 nes ? , nämlich ein UEG. ? beschließt, seinem ? zu helfen, damit es wieder nach ? kann. Er plant die ? . Dazu muss er die ? und ? der MUGs in einem ? studieren. Er bekommt ? durch eine ? mit
15 Namen ? , die sich mit den ? der unterschiedlichen ? gut auskennt. Sie weiß, dass die ? mit den UEGs ? bedeutet.

Stellt Vermutungen darüber an, worum es in dem Buch gehen könnte.

 **2** a Was passiert, wenn ein Text keine Nomen (▶ S. 200) hat? Tauscht euch aus.
  b So wird eine Geschichte daraus, die man richtig versteht:
   Schreibt den Text ab und ergänzt seine Lücken sinnvoll durch die folgenden Nomen.

> Buch • Tom • Kerl • Mitgefühl • Arten • Gespenstern • Lebewesen • Ekelpakete •
> Tom • Gespenst • Unterkunft • Miststück • Tom • Gespensterfreund • Hause •
> Vertreibung • Eigenarten • Vorlieben • Buch • Hilfe • Frau • Kümmelsaft •
> Besonderheiten • Gespensterarten • Beschäftigung • Lebensgefahr • Gespenst

**3** Nomen können in Texten verschiedene Begleiter haben.
Nutzt die Methode unten, um zu beweisen, dass ihr den Text durch Nomen ergänzt habt.
 a Führt zu zehn Nomen die Artikelprobe durch. Notiert in euer Heft, z. B.: *das Buch.*
 b Führt zu zehn Nomen die Adjektivprobe durch. Notiert in euer Heft, z. B.: *das gute Buch.*
 c Führt zu zehn Nomen die Zählprobe durch. Notiert ins Heft, z. B.: *zwei Bücher, viele Bücher.*
 d Führt zu einem Nomen die Pronomenprobe durch. Notiert ins Heft, z. B.: *ihr Buch.*
 e Findet im Text die zwei Beispiele für Nomen mit der Endung *-ung.*

**4** Diese Wörter passen zu den MUGs: *gemein, gefährlich, düster, dunkel, frech.*
Bildet Nomen, indem ihr an diese Wörter eine Endung anhängt, z. B.: *gemein → die Gemeinheit.*

| Methode | Nomen durch Proben erkennen |  |
|---|---|---|

- **Artikelprobe:** Vor Nomen kann man einen Artikel setzen, z. B.: *das Haus.*
- **Adjektivprobe:** Nomen kann man durch Adjektive genauer beschreiben, z. B.: *das hohe Haus.*
- **Pronomenprobe:** Nomen können Pronomen vorausgehen, z. B. *unser Haus, dieses Haus.*
- **Zählprobe:** Nomen kann man zählen, z. B.: *drei Häuser, viele Häuser.*
- **Endungsprobe:** Nomen können z. B. enden auf: *-heit, -keit, -ung, -nis, -schaft,* z. B.: *Gesundheit, Heiterkeit, Umgebung, Ereignis, Mannschaft.*

# Nomen werden großgeschrieben

Hier findet ihr wichtige Informationen zu den MUGs und den UEGs.
MUGs und UEGs sind zwei Gespensterarten aus dem Buch „Gespensterjäger auf eisiger Spur" von Cornelia Funke.
Leider sind alle Nomen kleingeschrieben.

### MUG

mittelmäßig unheimliches *gespenst*
geht durch einen halben *meter* dicke *wände*
fliegt so schnell wie eine *krähe*
verursacht *gänsehaut* und *zähneklappern*

verursacht mit *eisfingern* leichtes
*kälteschlottern*
bewirkt *gänsehaut* erzeugende *geräusche*

lässt kleine küchengeräte *(telefone, küchenmaschinen, bügeleisen)* durchdrehen
sondert unangenehmen *modergeruch* ab

sondert schneckigen *klebschleim* ab

### UEG

unglaublich ekelhaftes gespenst
geht durch beliebig dicke wände
nicht nur durch spiegel

rast mit düsenjetgeschwindigkeit auf sein opfer zu
lässt außerdem die haare zu berge stehen
verursacht ein zittern am ganzen körper
friert durch eisatem menschen ein

erzeugt zähneklapper-gliederschlotter-herzschlagstopp-geräusche
schaltet gern radios und fernseher ab und
lässt größere maschinen, wie baufahrzeuge, kräne, eisenbahnen und karussells, durchdrehen

verströmt entsetzlichen geruch, der zu hautausschlag führt
hinterlässt eine glitzerspur, die besser klebt als der beste spezialklebstoff

**1**  a Prüft mit Hilfe der Nomenproben (▶ S. 258), ob alle markierten Wörter im Text A Nomen sind.
  b Schreibt Text A ab. Markiert die Nomen mit dem Strategiezeichen ⊗.
  c Vergleicht eure Ergebnisse mit einem Lernpartner.

**2**  a Findet mit Hilfe der Nomenproben heraus, welche Wörter im Text B Nomen sind.
  b Schreibt den Text ab. Markiert die Nomen mit dem Strategiezeichen ⊗.

**3**  Schreibt über eines der Gespenster eine Geschichte.
  Eure Mitschüler müssen herausfinden, ob euer Text von einem MUG oder UEG handelt.

# Stärken stärken: Nomen erkennen

●○○ **1** Entscheidet bei den folgenden Wörtern, ob sie groß- oder kleingeschrieben werden.
Schreibt sie richtig in euer Heft und ergänzt bei den Nomen den Artikel.
**Hinweis:** Achtet auf die Endungen.

> Erzählung/erzählung • Freundschaft/freundschaft • Mündlich/mündlich •
> Schädlich/schädlich • Furchtbar/furchtbar • Traurigkeit/traurigkeit

●●○ **2** Prüft, welche Wörter in den Schlagzeilen
Nomen sind, indem ihr Begleitwörter, z. B.
Artikel vor den Nomen, ergänzt, z. B.:
*(der) Dieb wurde ...*
Schreibt die Schlagzeilen in der richtigen Groß-
und Kleinschreibung in euer Heft.

> DIEB WURDE AUF FLUCHT GEFASST
> BLITZEIS VERURSACHTE STAU AUF AUTOBAHN
> VULKAN SPUCKTE ASCHEWOLKE AUS
> MANNSCHAFT GEWANN GOLDPOKAL

### Pflanzen in der Wüste?

Die Pflanzen nehmen über ihre Wurzeln lebensnotwendiges Wasser auf. Doch was ist, wenn der Boden diese Flüssigkeit gar nicht oder kaum bietet? Auch in den Wüsten dieser
5 Erde, wo es wenig regnet, gedeihen grüne Pflanzen. Einige verfügen über ein vielschichtiges Wurzelnetz, das sich direkt unter der Bodenoberfläche ausbreitet. Auf diese Weise können die Pflanzen den wenigen Regen,
10 der auf den Boden fällt, sofort aufnehmen. Es gibt auch zahlreiche Pflanzen, die sich in die Tiefe orientieren. Sie können mit ihren Pfahlwurzeln so tief in den Boden eindringen, dass sie das Grundwasser in dem Wüs-
15 tenboden erreichen.

Daneben leben in der Wüste auch genügsame Pflanzenarten, die über ihre Blätter die Feuchtigkeit aus dem Nebel aufnehmen können oder mit ihren Dornen oder ihren Härchen die Tautropfen auffangen. 20

●●● **3** Ermittelt im Text „Pflanzen in der Wüste?" alle Nomen.
**a** Führt dazu die euch bekannten Nomenproben durch.
**b** Übertragt die Tabelle in euer Heft.
**c** Tragt die Nomen mit ihren Begleitwörtern ein. Unterscheidet die jeweiligen Begleiter.

Nomenprobe

| Artikel | Adjektiv | Pronomen | Zahlenangabe | Endung |
|---|---|---|---|---|
| *die Pflanzen* | ... | *ihre Wurzeln* | ... | ... |

# Im Wörterbuch nachschlagen

Wörter, die man nicht kennt und deren Schreibweise man mit den Strategien nicht knacken kann, sollte man im Wörterbuch nachschlagen.

## Das Alphabet trainieren

**1** Erstellt einen Vornamenbaum:
  **a** Schreibt die Buchstaben A bis Z auf Kärtchen.
  **b** Legt die Kärtchen in alphabetischer Ordnung auf den Boden. Das ist der Baumstamm.
  **c** Schreibt auf andere Kärtchen eure Vornamen.
  **d** Stellt euch um den Baumstamm aus Buchstaben und ordnet ihnen eure Vornamen nach den Anfangsbuchstaben zu. Legt sie so aneinander, dass der Baum Äste bekommt.
  **e** Zählt, zu welchem Buchstaben es in der Klasse die meisten Namen gibt.
  **f** Gibt es Buchstaben ohne Vornamenkärtchen? Findet Namen mit diesen Buchstaben.

*A    B    C    D    ...*

**2** Schreibt die Liste der Schülerinnen und Schüler dieser Klasse alphabetisch geordnet auf.

Hanna • Jonas • Maximilian • Lukas • David • Aylin • Taha • Kaya • Carlotta • Joel • Linda • Franziska • Ronja • Abud • Anouk • Linus • Malte • Jasper • Melin • Jakob • Madita • Aliyar • Gabriela • Melinda • Norba • Abnorba

**3** In dieser Liste beginnen alle Namen mit *L*. Um sie in eine alphabetische Reihenfolge zu bringen, müsst ihr auf den 2., 3., 4., ... Buchstaben achten. Sortiert die Namen im Heft. Markiert den Buchstaben, der die Reihenfolge bestimmt.

Leon • Lukas • Luca • Linus • Lennart • Lennard • Lena • Leonie • Lara • Laura • Liam • Lucia • Lorena • Leona • Leticia • Lorenz • Lenja • Lotte • Levin • Lisa

**4** Spielt: Schreibt möglichst viele Vornamen auf Karten und legt sie gemischt in die Mitte.
  – Jede/-r zieht eine Karte. Gemeinsam ordnet ihr sie möglichst schnell nach dem ABC.
  – Jede/-r zieht verdeckt fünf Karten. Auf Kommando werden sie sortiert. Wer ist zuerst fertig?

**5** Arbeitet zu zweit mit einem Wörterbuch. Der/die Schnellste gewinnt.
  **a** Wie heißt das erste Wort mit *d, p, qu* ...? Legt weitere Buchstaben fest.
  **b** Welches Wort steht vor und nach: *Abenteuer, Schule, Marmor?* Legt weitere Wörter fest.

| Methode | Im Wörterbuch nachschlagen |
| --- | --- |

Die Wörter im Wörterbuch sind **alphabetisch** nach Anfangsbuchstaben **geordnet.**
Wörter mit demselben Anfangsbuchstaben werden nach dem zweiten Buchstaben geordnet.
Sind die ersten beiden Buchstaben gleich, wird nach dem dritten geordnet usw., z. B.:
*die Ka̲sse, die Kla̲sse, die Kle̲mme, die Kle̲tte* ...

### Einzelne Verben, Adjektive und Nomen im Wörterbuch finden

> Ich habe die Verbform „gibt" im Wörterbuch gesucht, kann das Verb aber so nicht finden.

> Ich habe nach „am nettesten" gesucht. Wo steht das Adjektiv bloß im Wörterbuch?

**1** a Wie können der Schüler und die Schülerin die gesuchten Wörter finden?
Entscheidet euch für die richtige Antwort:

    **A** Sie müssen ein anderes Wörterbuch nehmen. Da steht es bestimmt drin.

    **B** Sie müssen nach der Grundform suchen, also: *gibt → geben; am nettesten → nett.*

  b Bildet die Grundform für folgende Verben und Adjektive. Schreibt ins Heft:

    *er nutzt; sie sitzt; es passt    lästiger; am klügsten; bequemer*

**2** Im Wörterbuch erhaltet ihr für jedes Nomen Informationen über die Schreibung, die Silbentrennung, den Artikel und die Bedeutung des Nomens.
Schlagt nach: Welche Artikel haben die Wörter rechts? Welche Bedeutung haben sie?

> Ka | ker | lak, *der:* Küchenschabe

> Patentante • Fragebogen •
> Jägerschnitzel • Apfelsinenschale •
> Pantoffelblume • Paukenfell

**3** a Wortzusammensetzungen müsst ihr zerlegen, wenn ihr sie nachschlagt, z. B.:
*Mississippi | alligator → Mississipi auf Seite …*
*Alligator auf Seite …*
*Bearbeitet die nebenstehenden Wörter nach dem Beispiel.*

> Mississippialligator • Nilkrokodil •
> Waschbärrevier • Gespenstheuschrecke •
> Klapperschlangengeräusch •
> Kammmuschelschale • Wasserschildkröte

  b Prüft, auf welcher Seite eures Wörterbuchs man diese Wortzusammensetzungen findet.
Schreibt die Wörter mit der Seitenzahl ins Heft. Notiert auch die Artikel.
**Achtung:** Je nach Ausgabe des Wörterbuchs können die Seitenzahlen unterschiedlich sein.

**4** Wettspiel: Schlagt im Wörterbuch nach. Die oder der Schnellste in der Gruppe gewinnt.

  a Aus welcher Sprache stammen die Wörter: *Brimborium, Piazza, Portemonnaie?*

  b Wie kann man diese Wörter auch schreiben: *Spaghetti, Delfin, Joghurt, Ketchup?*

---

| Methode | Wörter im Wörterbuch finden |
| --- | --- |

- Bei **Verbformen** sucht ihr den **Infinitiv** (die Grundform), z. B.: *geht → gehen.*
- Bei **Adjektiven** sucht ihr den **Positiv** (die Grundform), z. B.: *netter → nett.*
- Bei **Nomen** sucht ihr den **Singular** (die Einzahl), z. B.: *die Wände → die Wand.*
- **Zusammengesetzte Wörter** solltet ihr zerlegen und **getrennt nachschlagen.**

# Texte überarbeiten – Die Strategien anwenden

**VORSICHT FEHLER!**

Viele *Kindr/Kinder* wünschen sich als Haustier ein *Kanninchen/Kaninchen,* denn es ist ein *friedlicher/Friedlicher* und gemütlicher Mitbewohner.

Hauskaninchen *stamen/stammen* von den Wildkaninchen ab, die sich ziemlich in der Natur ausgebreitet haben und *überal/überall* vorkommen, sogar in *Gerten/Gärten.*

Viele Menschen *könen/können* in der Natur *Hasen/hasen* und Kaninchen nicht unterscheiden. Das ist auch nicht *verwunnderlich/verwunderlich,* denn auf den ersten *Blik/Blick* haben sie wirklich große Ähnlichkeiten: Beide haben ein braunes *Fel/Fell,* beide haben lange Ohren und beide sind *Pflazenfresser/Pflanzenfresser.*

Aber wer ein Hauskaninchen hat oder *kent/kennt,* dem *falen/fallen* die Unterschiede auf, und er *kann/kan* die beiden Tiere gut auseinanderhalten.

**1** Findet für den Text eine passende Überschrift. Worum geht es in dem Text?

**2**
a Wendet die Strategien an. Entscheidet, welche Schreibweise die richtige ist.
b Schreibt den Text ins Heft. Lasst zwischen den Zeilen eine Zeile frei.
c Setzt über die von euch ausgewählte Schreibweise das Zeichen für die Strategie, die ihr ausgewählt habt, z. B.: *Kinder.*

**Schwingen:** Sprecht deutlich in Silben, dann findet ihr Buchstabenfehler (▶ S. 248–251).

**Verlängern:** Prüft Einsilber und unklare Wortenden; verlängert sie (▶ S. 252–253).

**Ableiten:** Prüft, ob es ein verwandtes Wort mit *a* oder *au* gibt (▶ S. 255).

**VORSICHT FEHLER!**

Hasen sind in der Regel *deudlich* größer als Kaninchen. Auch sind die Ohren des Hasen viel *lenger* als die der Kaninchen. Diese Ohren werden *Löfel genant* und haben schwarze Spitzen. Die *kan* zwar nur ein geübter *beobachter* aus der *Entfenung erkenen,* aber man sieht leicht, dass die Löffel mindestens so lang sind wie der Kopf des Tieres. So *auffällik* lang sind die Ohren des Kaninchens nicht.

Ebenso *aufellig* ist, dass die Hinterbeine des Hasen viel länger sind als die Vorderbeine. Dadurch kann sich das Tier *kraftvol* abstoßen. Außerdem *schlegt* der Hase so seine berühmten *haken,* wenn es *gefehrlich wirt.* Auch leben die Hasen in *Fäldern* und kommen nicht in die Gärten.

**3** Formuliert mit eigenen Worten: Woran kann man Hasen und Kaninchen unterscheiden?

**4**
a Findet die Fehler in den markierten Wörtern.
b Schreibt die korrigierten Wörter ins Heft.
c Markiert die verbesserte Stelle mit dem Zeichen für die Strategie, die ihr angewendet habt, z. B.:

*größer.*

## Testet euch!

### Rechtschreibstrategien anwenden

> die Bananenschale • die Abenteuerromane • die Lesesesselkissen •
> der Ameisenhaufen • die Mofareparatur • die Sonnenfinsternis

**1**
a Merkt euch die Wörter, schlagt das Buch zu und schreibt sie richtig in euer Heft.
b Vergleicht, ob ihr die Wörter richtig geschrieben habt.
   **Hinweis:** Wendet die Strategie des Schwingens an (▶S. 248).

**2**
a In diesen Wörtern gibt es Fehler. Findet sie, indem ihr die Silben deutlich sprecht.
b Schreibt die Wörter richtig ins Heft.

> das Kaugumi • der Lederkoffr •
> die Hunteflöhe • die Klettrerosensorten •
> die Tintenfüllerpatronne • das Düngemittle

**3**
a Lest die Wörter deutlich in Silben.
b Schreibt die Wörter ins Heft, die ihr verlängern müsst.
c Markiert die unklare Stelle mit dem Strategie-zeichen und notiert ein Beweiswort.
   **Hinweis:** Strategie des Verlängerns, S. 254.

> die Schule • die Schuld • die Ferne •
> der Zug • die Weite • das Blatt •
> der Strand • das Band • das Lob •
> der Kamm • der Schüler • die Puppe •
> das Lamm • der Verband

**4**
Diese Wörter muss man zerlegen, um die Fehler zu finden. Korrigiert sie und schreibt sie mit dem Beweiswort in euer Heft.
**Hinweis:** Strategie des Zerlegens, S. 254.

> die Brantschutzmauer •
> die Montfinsternis • das Berkwerg •
> das Schwimbad • die Wekgabelung •

> kr **?** chzen • der B **?** sen • die Z **?** hne • die L **?** ber • die H **?** schen •
> die Kr **??** ter • die M **??** te • l **??** ten • bed **??** ten • s **??** bern

**5**
Setzt ein: *e* oder *ä, eu* oder *äu?* Schreibt die Wörter mit Beweiswort in euer Heft.
**Hinweis:** Strategie des Ableitens, S. 255.

> Weshalb erscheinen gegenstände unter wasser größer?
> Hast du dir schon mal einen strohhalm angesehen, der in einem glas wasser steckt? Er sieht an der stelle, an der er ins wasser taucht, wie durchgebrochen aus. Das liegt daran, dass das licht an der grenze zum wasser zur luft gebrochen wird. Die lichtgeschwindigkeit in den verschiedenen stoffen ist nämlich unterschiedlich groß: In der luft bewegt sich licht schneller als im wasser.

**6**
a Schreibt den Text richtig in euer Heft. Markiert die Wörter, die großgeschrieben werden.
   **Hinweis:** Hinweise, wie ihr Nomen erkennt, findet ihr auf Seite 258.
 b Vergleicht eure Ergebnisse mit einem Lernpartner.

# 14.2 Rechtschreibung erforschen – Regeln finden

## Wann schreibt man doppelte Konsonanten?

**1**
a Übertragt die Tabelle mit den Wörtern in eure Hefte. Nutzt eine ganze Seite und lasst zwischen jedem Wort eine Zeile frei.
b Sprecht die Wörter deutlich in Silben und zeichnet die Silbenbögen dazu, z. B.: die *Da me*.
c Markiert den letzten Buchstaben der ersten Silbe.
d Vervollständigt die beiden Sätze, die unter den Wörtern in der Tabelle stehen (▶ S. 250). Ergänzt die Sätze durch die Begriffe: *lang, kurz, Vokal, Konsonant*.

| erste Silbe offen | erste Silbe geschlossen |
|---|---|
| *die Dame* | *die Dämme* |
| *beten* | *die Betten* |
| *die Schale* | *schallen* |
| *die Robe* | *die Robbe* |
| *die Hüte* | *die Hütte* |
| *raten* | *die Ratte* |
| *Die erste Silbe endet mit einem ...* | *Die erste Silbe endet mit einem ...* |
| *Den Vokal spricht man ...* | *Den Vokal spricht man ...* |

die Rose • die Oma • der Vogel • der Vater •
die Risse • die Klasse • die Klappe • die Hose •
die Butter • die Schafe • die Mutter •
die Schiffe • die Kleider • der Keller

e Untersucht die Wörter oben links wie in Aufgabe 1 b und c. Ordnet sie in die Tabelle in eurem Heft ein.
f Wann schreibt man doppelte Konsonanten? Prüft eure Tabelle und schreibt die folgende Regel richtig in euer Heft:
*Regel: Doppelte Konsonanten schreibt man nur, wenn die erste Silbe offen/geschlossen ist.*

**2**
Wenn ihr die Regel bei Einsilbern anwenden wollt, müsst ihr die Wörter verlängern (▶ S. 252). Tragt die Verlängerungswörter zu den nebenstehenden Wörtern in eure Tabelle aus Aufgabe 1 ein, z. B.: *brummt → brummen*.

es brummt • es knallt •
es tobt • er hofft • er lobt •
er weint • sie rennt • sie meint •
er kommt • satt • still • er lebt •
schön • das Grün • das Rot • er bellt

| *l* oder *ll*? | *n* oder *nn*? | *m* oder *mm*? | *t* oder *tt*? |
|---|---|---|---|
| die Ba ? spiele | der Bre ? ofen | der Bru ? kreisel | der Ra ? geber |
| die Wa ? gesänge | der Re ? begi ? | die U ? wege | das Gla ? eis |
| der Schutzwa ? | der Blödsi ? | das Su ? geräusch | die Bla ? laus |
| der Notfa ? | der Pi ? sel | das Schwi ? bad | das Gänsefe ? |

**3**
a Zerlegt die zusammengesetzten Wörter, bevor ihr sie verlängert (▶ S. 254), z. B.: *die Ba ? | spiele: der Ball, weil: die Bälle.*
b Setzt die Buchstaben richtig ein. Schreibt in euer Heft.

## Doppelte Konsonanten: zwei gleiche und zwei verschiedene

| erste Silbe geschlossen | |
| --- | --- |
| **zwei verschiedene Konsonanten** <br> zwischen der ersten und zweiten Silbe | **zwei gleiche Konsonanten** <br> zwischen der ersten und zweiten Silbe |
| *die Schwär me* | *die Schwäm me* |

**1**  a Übertragt die Tabelle in euer Heft. Nutzt eine ganze Seite.
    b Ordnet die folgenden Wörter in die Tabelle ein.
      Zeichnet die Silbenbögen und markiert die beiden Konsonanten zwischen den Silben.

> die Birne • die Butter • der Apfel • die Motte • die Kirsche • die Welle • die Murmel •
> der Dumme • der Sattel • trinken • essen • tanzen • trennen • die Pferde

Rudyard Kipling

### Der Wal und der Seemann

Der Wal riss das Maul so weit auf, dass das Maul fast seine Schwanzflosse berührte, und schluckte den schiffbrüchigen Matrosen und das Floß, auf dem er saß.

5 Doch sobald der einfallsreiche und kluge Matrose feststellte, dass er in der warmen, dunklen, inneren Speisekammer des Wals war, da fing er an zu hüpfen und zu springen, zu stampfen und zu singen, zu steigen und zu fal-
10 len, zu kratzen und zu krallen, zu jammern und zu beten, zu zerren und zu reißen, zu zetern und zu keifen, zu brummen und zu pfeifen. Und dann tanzte er einen Seemannstanz, bis der Wal sich ganz unwohl fühlte.

**2**  a Wie könnte die Geschichte weitergehen? Stellt Vermutungen darüber an.
    b Schreibt die Geschichte ab. Ergänzt einen Schlusssatz.
    c Markiert alle Wörter mit doppelten Konsonanten zwischen den ersten beiden Silben.
    d Ordnet die Wörter, die ihr markiert habt, in eure Tabelle aus Aufgabe 1 ein.
    e Sucht euch Lernpartner und vergleicht eure Ergebnisse.

**3**  Wann verdoppelt man den Konsonanten nicht, obwohl die erste Silbe geschlossen ist?
Prüft eure Tabelle und ergänzt eure Regel für doppelte Konsonanten in eurem Heft:
*Regel: Doppelte Konsonanten schreibt man nur, wenn die erste Silbe geschlossen ist.*
*Wenn an der Silbengrenze zwei verschiedene Konsonanten stehen, verdoppelt man nicht.*
*Um die Regel anzuwenden, muss man Einsilber verlängern und zusammengesetzte Wörter zerlegen.*

# Stärken stärken: Rechtschreibregeln anwenden

## Doppelte Konsonanten oder nicht?

| *r* oder *rr*? | *n* oder *nn*? | *l* oder *ll*? | *m* oder *mm*? |
|---|---|---|---|
| klä ? en | die Si ? e | die Ke ? e | die Schwä ? e |
| schwi ? en | die Ki ? der | der Ke ? er | schwi ? en |
| die Wi ? te | ke ? en | die Kä ? te | die He ? den |
| der Ka ? en | ne ? en | fä ? en | ko ? en |
| die Ka ? ten | die Ri ? e | die He ? den | der So ? er |

○○ **1** Sprecht die Wörter deutlich in Silben und schreibt die Wörter richtig ins Heft.

●○ **2** a Schreibt die folgenden Wörter richtig auf Kärtchen.

> still • blass • dumm • schnell • der Schnellimbiss • die Vollglatze •
> kaputt • die Auster • dünn • matt • der Fettgehalt • wetten •
> kommt • backen • toll • der Schlapphut • der Irrtum • der Schwimmreifen •
> das Wolltuch • die Vollmilch

b Markiert die unklaren Stellen und setzt, wo nötig, die Strategiezeichen  und  .
**Hinweis:** Nur drei Wörter brauchen kein Strategiezeichen.

●● **3** Arbeitet mit einem Lernpartner.
a Legt die Kärtchen aus Aufgabe 2 verdeckt auf und spielt zu zweit Memory.
b Wer ein Pärchen Wortkarten hat, begründet die Schreibweise des Wortes.

# Wann schreibt man *i* oder *ie*?

**Wortbaukasten für *i***

| | |
|---|---|
| w ? ckeln | bl ? cken |
| w ? ssen | sch ? mpfen |
| f ? nden | h ? ndern |
| b ? lden | f ? lmen |
| b ? nden | d ? chten |

**Wortbaukasten für *ie***

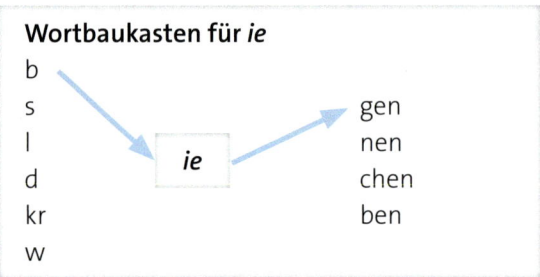

b
s
l
d
kr
w

*ie*

gen
nen
chen
ben

**1** Um herauszufinden, wann man Wörter mit *ie* schreibt, vergleicht ihr sie am besten mit Wörtern, die man nur mit *i* schreibt. Geht so vor:

a Übertragt die folgende Tabelle ins Heft.

b Bildet mit Hilfe der beiden Wortbaukästen Wörter mit *i* und *ie*. Ordnet sie in die Tabelle ein.

c Sprecht die Wörter deutlich in Silben und zeichnet die Silbenbögen.

| Wörter mit *i* | Wörter mit *ie* |
|---|---|
| wic keln | bie gen |

d Achtet bei jedem Wort auf den letzten Buchstaben der ersten Silbe. Markiert ihn.

e Formuliert den Unterschied: In welcher Spalte enden sie (nicht) mit einem Vokal?

**2** Haltet das Ergebnis aus Aufgabe 1 als Regel in eurem Heft fest.
Ergänzt die Regel durch die Begriffe: *Vokal, Konsonant, offen, geschlossen.*
Regel: *Wenn die erste Silbe ? ist und mit einem ? endet, dann schreibt man ie.*
*Wenn die erste Silbe ? ist und mit einem ? endet, dann schreibt man i.*

**3** a *i* oder *ie*? Legt zwei Spalten in eurem Heft an:

Wörter mit *i*     Wörter mit *ie*

b Begründet die richtige Schreibweise,
verlängert die Einsilber. Schreibt ins Heft, z. B.:

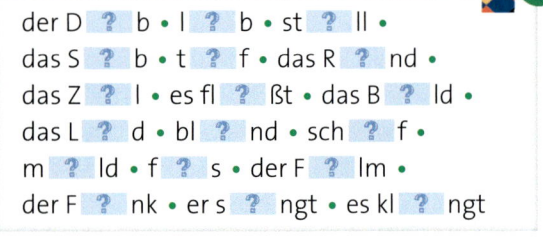

er spielt – wir spie len   der Film – die Fil me

der D ? b • l ? b • st ? ll •
das S ? b • t ? f • das R ? nd •
das Z ? l • es fl ? ßt • das B ? ld •
das L ? d • bl ? nd • sch ? f •
m ? ld • f ? s • der F ? lm •
der F ? nk • er s ? ngt • es kl ? ngt

**4** Die Personalpronomen ***ihr, ihnen, ihm, ihn, ihre*** sind wichtige Merkwörter.

a Warum muss man sie sich merken?

b Merkt sie euch: Schreibt sie auf einen Zettel und hängt ihn über euren Schreibtisch.

---

**Information**   **Wörter mit *ie***

Man schreibt Wörter in der Regel nur dann mit *ie*, wenn die **erste Silbe offen ist** und der **Vokal lang** gesprochen wird. **Achtung:** Diese **Regel** gilt **nur für zweisilbige Wörter.**

## *i* oder *ie* in zusammengesetzten Wörtern

der G ? ftzahn • die Br ? fmarke • das Sch ? ßeisen • die G ? ßkanne •
das H ? tzefrei • der Bl ? ckkontakt • die Kr ? chspur • der D ? bstahl •
das Schl ? ßfach • das Bl ? tzl ? cht

**5** *i* oder *ie* in zusammengesetzten Wörtern?

**a** Zerlegt und verlängert die zusammengesetzten Wörter, um die richtige Schreibung mit *i* oder *ie* zu begründen, z. B.:

*die Gieß | kanne – Begründung: gie ßen*

**b** Schreibt die Wörter mit dem Beweiswort in euer Heft.

**c** Erfindet eine Geschichte, in der die Wörter alle vorkommen.

●●● **d** Notiert eigene Wortzusammensetzungen mit *ie* und begründet die Schreibung.

**6** **a** Diese Verben werden häufig falsch geschrieben. Schreibt sie in euer Heft.

**b** Bildet Sätze, in denen diese Verben vorkommen, z. B.: *Wir blieben lange im Bad.*

> bleiben – er blieb – wir blieben ...
> schreiben – er schrieb – wir ...
> fallen – er fiel – wir ...
> schlafen – er schlief – wir ...

## Fit in der *ie*-Schreibung

**7** **a** Sucht fünf Wörter mit *ie* aus.

**b** Bildet Dreiergruppen und diktiert euch gegenseitig die fünf Wörter. Lasst euch die Schreibweise durch das Beweiswort begründen.

●●● **c** Bereitet einen Vortrag vor, in dem ihr die Regel für die *ie*-Schreibung erklärt.

Sonnenl ? cht fl ? tzte über Millionen von Blättern und tr ? b w ? nzige Schatten über die Gehsteige. Es w ? mmelte geradezu von Leuten, v ? le saßen draußen vor den Kneipen
5 und Restaurants, und aus den geöffneten Fenstern in den Häusern plumpste Musik runter auf die Gehsteige. Ich war sehr froh in d ? sem Moment. Ich fühlte mich s ? cher.
In der langen Dieffe gibt es alles, was man
10 braucht. Den Edeka und einen Spätkauf, zwei Gemüsehändler, einen Getränkemarkt, Bäcker, Metzger und so weiter. Man muss n ? abb ? gen, und genau aus dem Grund hat Mama sich für mich eine so lange, gerade Straße ausgesucht: weil ich mir lange Wege nicht 15 gut behalten kann, schon gar keine mit Ecken dr ? n. Ich hab ein Orient ? rungsvermögen wie eine besoffene Br ? ftaube in einem Schneesturm bei W ? ndstärke 12.

**8** Rico aus dem Buch „Rico, Oskar und die Tieferschatten" habt ihr im Jugendbuchkapitel vielleicht schon kennen gelernt. Im Textauszug oben fehlen viele *i* oder *ie*. Wendet die Regel zur *ie*-Schreibung für zweisilbige Wörter an.

**a** Setzt *i* oder *ie* ein und schreibt den Text richtig in euer Heft.

**b** Tauscht die Hefte mit einem Partner / einer Partnerin und kontrolliert eure Ergebnisse.

# Stärken stärken: Rechtschreibregeln anwenden

### *i* oder *ie?*

●○○ **1** Auf dem Bild haben sich vier Lebewesen und sechs Dinge versteckt, die mit **ie** geschrieben werden. Findet sie und schreibt sie mit ihren Artikeln auf (▶ Hilfen im Buch, S. 206, 268).

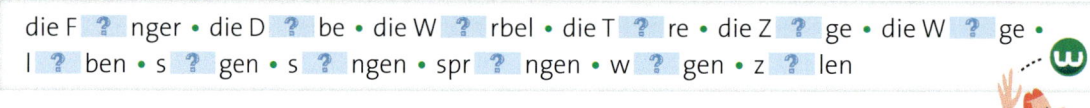

die F ? nger • die D ? be • die W ? rbel • die T ? re • die Z ? ge • die W ? ge • l ? ben • s ? gen • s ? ngen • spr ? ngen • w ? gen • z ? len

●●○ **2** **a** Sprecht die Wörter deutlich in Silben.

**b** Ordnet die Wörter in eine Tabelle wie die unten stehende ein. Schreibt in euer Heft.

| Wörter mit *i* | Wörter mit *ie* |
|---|---|
| die Finger | ... |

**c** Diktiert euch die Wörter und begründet die Schreibweise.

●●● **3** **a** Lest diese 13 Wörter von hinten nach vorne. Ihr findet Tierbezeichnungen, die alle ein offenes, langes *i* haben.

**b** Schreibt die Wörter richtig herum ins Heft.

**c** Wiederholt, für welche Wörter die *ie*-Regel gilt (▶ S. 268).

ELIDOKORK • NEROTAGILLA • NEPOLITNA •
ENIFLED • NEFFARIG • SUBIRAK •
ENAKILEP • ENIUGNIP • NETAMIRP •
ENOIPROKS • ERIPAT • NETIMRET • NEILITPER

**d** Formuliert eine Begründung, warum diese Wörter nicht mit *ie* geschrieben werden.
*Diese Wörter schreibt man nicht mit ie, weil ...*

**4** Für Spezialisten: Verwendet die Wörter in Beispielsätzen und erklärt ihre Bedeutung.

das Lied – das Lid • die Miene – die Mine •
der Stiel – der Stil • wieder – wider

**Merkwörter** mit einfachem **i**: *die Bibel, der Biber, die Brise, der Igel, das Klima, das Kino, die Krise, der Tiger*

# Wann schreibt man ß und wann ss?

die Flöße • die Flosse • die Soße • die Blässe • die Klöße • die Rasse • äußern • passen •
die Maße • die Kasse • die Größe • außer • die Klasse • beißen • die Bisse • küssen •
grüßen • wissen • stoßen • lassen • ließen • die Flüsse • fließen

**1**
a Lest die Wörter deutlich in Silben.
b Legt im Heft eine Tabelle wie folgt an. Nutzt eine ganze Seite.
c Ordnet die Wörter richtig ein.
d Zieht die Silbenbögen. Markiert den letzten Buchstaben der ersten Silbe, z. B.:

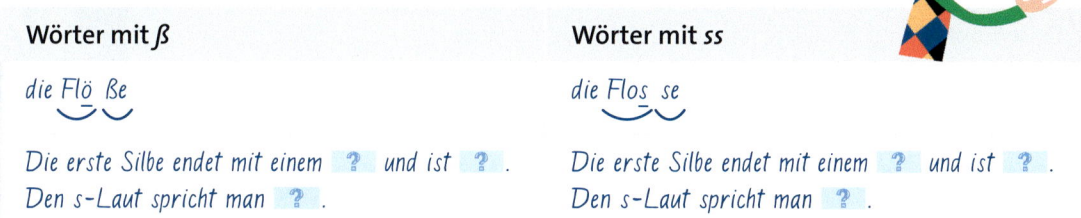

| Wörter mit ß | Wörter mit ss |
|---|---|
| die Flö ße | die Flos se |
| Die erste Silbe endet mit einem  ?  und ist  ? . | Die erste Silbe endet mit einem  ?  und ist  ? . |
| Den s-Laut spricht man  ? . | Den s-Laut spricht man  ? . |

**2**
Vervollständigt in eurem Heft die beiden Sätze, die unter den Wörtern in der Tabelle stehen.
Ergänzt die Sätze durch die folgenden Begriffe:
*offen, geschlossen, Vokal, Konsonant, stimmhaft (summend), stimmlos (zischend).*

ihr wisst • sie küsst • er misst • er reißt • der Fluss • er stößt • es fließt • er gießt •
der Riss • sie heißt • er fasst • das Schloss • der Schoß • er schließt • das Maß • der Guss

**3**
a Lest die Einsilber und prüft, welche Aussage zutrifft:
   A Die s-Laute klingen völlig gleich.
   B Die s-Laute kann man deutlich unterscheiden.
b Verlängert die Wörter, um ihre Schreibweise zu beweisen, z. B.: *wisst – wis sen.*
   Prüft, ob die Regel aus dem Merkkasten zutrifft.
   **Hinweise,** wie ihr Wörter richtig verlängert, findet ihr auf Seite 252.

**4**
a Ordnet in eure Tabelle aus Aufgabe 1 die zweisilbigen Wörter aus Aufgabe 3 ein.
b Lest den Text auf Seite 269. Findet Wörter mit ß oder ss und tragt sie in die Tabelle ein.

**5**
Prüft, ob die folgende Information auf die Wörter eurer Tabelle zutrifft:

| Information | Wörter mit ß oder ss |
|---|---|

Der Buchstabe **ß** steht für einen **zischend** gesprochenen s-Laut.
- Man schreibt **ß,** wenn die **erste Silbe offen** ist.
- Ist die **erste Silbe geschlossen**, schreibt man **ss.**

## ß und ss in zusammengesetzten Wörtern

> die Flie ? geschwindigkeit das Flu ? krokodil die Bi ? wunde
> die Gie ? kanne der Regengu ? der Fa ? deckel
> der Rei ? verschlu ? die Abri ? birne der Hei ? luftballon
> die Bei ? zähne das Hundegebi ? die Sto ? zähne

**1** Schreibt die Wörter richtig auf kleine Zettel. Schreibt das Verlängerungswort als Beweiswort dazu. Ihr findet das Beweiswort, indem ihr das Ursprungswort vorher zerlegt, z. B.:

*der Zecken | biss – denn es heißt: die Bis se*

**2**
**a** **Dosendiktat:** Legt die Zettel aus Aufgabe 1 in eine Dose.
**b** Zieht die Zettel einzeln wieder aus der Dose heraus und diktiert euch die Wörter. Kontrolliert gegenseitig, ob ihr die Wörter richtig geschrieben habt.

**3** Notiert als Merkhilfe in euer Heft, was ihr über Wörter mit *ß* und *ss* herausgefunden habt.

Georg Bydlinski

## Ausreden in der Schule

**Anna:**
Frau Lehrerin, ich kann nichts dafür.
Es war verflixt – glauben Sie mir:
Mein Wecker hat verschlafen!
5   Ich werde ihn bestrafen.

**Paul:**
Beim Warten auf die Stra ? enbahn
bi ? mich ein wilder Löwenzahn.
Das hat vielleicht weh getan!
10   De ? halb bin ich später dran.

**Ida:**
An der Haltestelle vom Bus
trat mir ein Hydrant auf den Fu ? .
Der Knöchel ist gleich angeschwollen.
15   Wie hätt' ich schneller gehen sollen?

**Peter:**
Im Stadtpark flog mir ein Geier ins Ohr
und ri ? mich zwanzig Meter empor,
sodass ich beide Schuhe verlor.
20   Ich verspreche, es kommt nicht mehr vor.

**Lehrerin:**
Liebe Kinder, ich glaub euch zwar nicht,
aber nun zum Sachunterricht.
Wer kann mir sagen: Wie gro ? und wie schwer
25   ist ein aufgebundener Bär?

**4** Erklärt, was die Lehrerin meint. Was heißt „jemandem einen Bären aufbinden?"

**5**
**a** In dem Gedicht fehlen die Buchstaben *ß* oder *ss*. Notiert diese Wörter ins Heft.
**b** Markiert die Wörter, die man verlängern muss, mit dem Strategiezeichen.
**c** Notiert die Beweiswörter für die richtige *s*-Schreibung. Vergleicht zu zweit eure Ergebnisse.

# Stärken stärken: Rechtschreibregeln anwenden

## ß oder ss?

| | | | | |
|---|---|---|---|---|
| fließen | außen | die Straße | heißen | die Soße |
| g ? | dr ? | die M ? | b ? | der Gr ? |
| küssen | hassen | essen | wissen | |
| m ? | l ? | m ? | verm ? | |
| | f ? | fr ? | das K ? | |

○○ **1** Findet zu den Wörtern oben Reimwörter mit ß und ss. Schreibt sie richtig ins Heft.

●○ **2** Im Wortgitter sind waagerecht zwölf Wörter mit ss versteckt.
  a Findet sie und schreibt sie in euer Heft.
  b Begründet die Schreibweise der Wörter.
  **Hinweis:** Achtet darauf, wie die erste Silbe endet (▶ S. 250).

| X | X | J | R | F | A | S | S | E | N | S |
|---|---|---|---|---|---|---|---|---|---|---|
| K | A | S | S | E | F | Ä | S | S | E | R |
| Ä | O | G | F | F | K | Ü | S | S | E | N |
| Z | X | X | W | I | S | S | E | N | S | X |
| Ö | W | O | D | N | K | L | A | S | S | E |
| Z | C | M | P | P | A | G | A | S | S | E |
| D | W | R | K | I | S | S | E | N | Y | H |
| D | B | Z | M | A | S | S | E | W | Q | N |
| Y | A | C | T | A | S | S | E | A | F | Ä |
| R | E | J | H | M | Ü | S | S | E | N | J |
| N | P | K | V | M | I | S | S | E | N | I |

●●● **3** a Bildet mit Hilfe der Buchstabenkästen einsilbige Verben mit ss oder ß, z. B.: *passt ...*
  Schreibt sie geordnet in euer Heft:
  *Wörter mit ß   Wörter mit ss*
  b Prüft, ob ihr die Wörter richtig geschrieben und zugeordnet habt.
  Bildet die Verlängerungswörter und schreibt sie als Beweiswörter dazu, z. B.:
  *es passt – wir passen*
  **Hinweis:** Verben könnt ihr mit den Personalformen „wir" oder „sie" verlängern.

| pa |
|---|
| hei |
| bei |
| fa |
| kü |
| nä |
| rei |
| gie |
| flie |
| mi |

ß
ss

→

t

# Testet euch!

## Doppelkonsonanten, *ie*, *ß*

**1** Schreibt die nebenstehenden Wörter richtig in euer Heft.
  ▶ Hilfen zur Schreibung findet ihr auf S. 265–266.

**2** Schätzt euch ein: Was trifft auf euch zu?
  A  Ich setze die Buchstaben nach Gefühl.
  B  Ich kann die fehlenden Konsonanten richtig einsetzen.
  C  Ich kenne die Regeln, wende sie an und kann sie anderen erklären.

| *n* oder *nn*? | *p* oder *pp*? | *l* oder *ll*? |
|---|---|---|
| | hu **?** en | |
| ne **?** en | die Pu **?** en | be **?** en |
| wei **?** en | ho **?** eln | die We **?** ten |
| re **?** en | die Pa **?** eln | die We **?** en |
| mei **?** en | die Su **?** e | gesta **?** ten |
| ke **?** en | wi **?** en | ste **?** en |
| die Wa **?** e | | steh **?** en |

**3** Schreibt die nebenstehenden Wörter richtig in euer Heft. ▶ Hilfen, S. 268

**ie oder i?**
s **?** ngen • s **?** ben • l **?** ben •
der Z **?** gel • die G **?** ßkanne •
der L **?** bling • der K **?** ndergeburtstag

**4** Schätzt euch ein: Was trifft auf euch zu?
  A  Ich setze die Buchstaben nach Gefühl.
  B  Ich kann *i* oder *ie* richtig einsetzen.
  C  Ich kenne die Regeln, wende sie an und kann sie anderen erklären.

**5** Schreibt die nebenstehenden Wörter richtig in euer Heft. ▶ Hilfen, S. 271

**ß oder ss?**
drau **?** en • au **?** en • die Ma **?** e •
die Kla **?** e • er mi **?** t • sie kü **?** t •
sie hei **?** t • er bei **?** t

**6** Schätzt euch ein: Was trifft auf euch zu?
  A  Ich setze die Buchstaben nach Gefühl.
  B  Ich kann *ß* oder *ss* richtig einsetzen.
  C  Ich kenne die Regeln, wende sie an und kann sie anderen erklären.

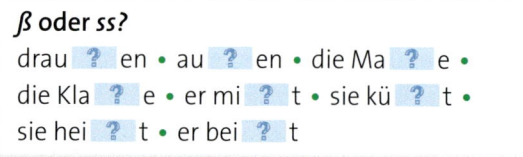

**7** Schreibt nur die richtigen Aussagen als Merkhilfen in euer Heft:

  – Doppelte Konsonanten schreibt man, wenn die erste Silbe offen ist.
  – Doppelte Konsonanten schreibt man, wenn die erste Silbe geschlossen ist.
  – Man schreibt *ie*, wenn in einem zweisilbigen Wort die erste Silbe offen ist.
  – Man schreibt *ie*, wenn in einem zweisilbigen Wort die erste Silbe geschlossen ist.
  – Man schreibt *ß*, wenn die erste Silbe offen ist.
  – Man schreibt *ß*, wenn die erste Silbe geschlossen ist.

**8** Vergleicht eure Ergebnisse zur Testet-euch-Seite mit einem Lernpartner.

# 14.3 Fit in …? – Rechtschreiben

## An persönlichen Fehlerschwerpunkten arbeiten

*Heidenheim, den 16.10.2015*

*Lieber Herr Käge,*

*jetzt habe ich Sie schon drei monate nicht mehr gesehen.*
*Hofentlich geht es Jhnen gut!*
*Jch bin jetzt in der 5a. Meine neue Klassenlehrerin heist Frau Nolte.*
*Sie scheint sehr net zu sein. Wir haben bei ihr Deutsch, Englisch und*
*Ertkunde.*
*Mit meinen neuen Mitschülern gibt es viel Spas*
*und mein neuer Freund Moritz ist echt cool.*
*Er macht die Tollsten Sprüche.*
*Sind Sie mit Jhren neuen Schülern auch*
*zufriden?*
*Bite schreiben Sie mir balt!*

*Vile Grüse*
*Ole*

**VORSICHT FEHLER!**

Oles früherer Lehrer hat sich über den Gruß gefreut – aber nicht über die zwölf Rechtschreibfehler!

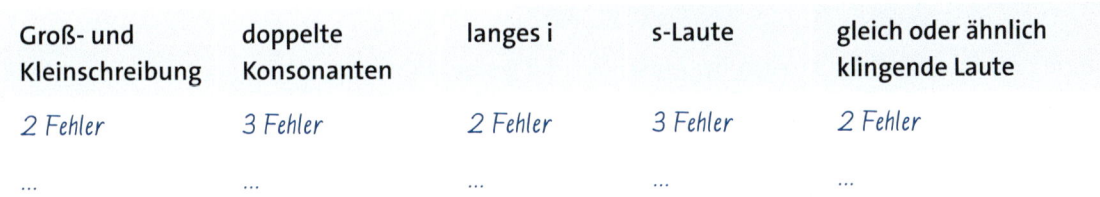

| Groß- und Kleinschreibung | doppelte Konsonanten | langes i | s-Laute | gleich oder ähnlich klingende Laute |
|---|---|---|---|---|
| *2 Fehler* | *3 Fehler* | *2 Fehler* | *3 Fehler* | *2 Fehler* |
| … | … | … | … | … |

**1** **a** Übertragt die Tabelle in euer Heft und schreibt Oles Fehlerwörter berichtigt in die entsprechenden Spalten.

**b** Erklärt, welche Strategie oder welche Regel euch geholfen hat, die richtige Schreibung zu finden.

**2** Erstellt eine ähnliche Tabelle mit euren eigenen Fehlerwörtern. Es können auch weitere Spalten nötig sein, z. B. „*b* oder *p* am Wortende" oder „Wörter mit *ä* oder *äu*". Tragt eure Wörter berichtigt ein.
– Fehlerwörter findet ihr z. B. in eurem letzten korrigierten Aufsatz, in kurzen Texten, die ihr euch diktieren lasst, in euren Hausaufgaben …
– Wiederholt die Strategien und Regeln aus Kapitel 14, die euch bei der Korrektur eurer Fehlerwörter helfen.

# Diktate vorbereiten und schreiben

### Muscheln

Muscheln gehören zu den Weichtieren, die in einem Gehäuse leben. Es besteht aus zwei kalkhaltigen Schalen. Muscheln ernähren sich von kleinsten Teilchen, dem Plankton, das sie
5 mit ihren Kiemen aus dem Wasser filtern.
Der Mensch interessiert sich aus verschiedenen Gründen für die Muscheln. Die Schalen werden gerne für die Herstellung von Schmuck genommen.
10 Früher hat man aus den Schalen auch Kalk für den Häuserbau gebrannt.

Auch Strandgänger freuen sich, wenn sie besonders schöne Muschelschalen finden. Man kann sie sammeln und mit ihnen wunderschöne Strandgemälde machen. 15

### Perlen

Besonders wertvoll sind Perlen, die sich in manchen Muscheln bilden. Ausgangspunkt für die Perlenbildung ist meistens ein Fremdkörper, der in die Muschel gelangt ist. Dann
5 will das Tier sich schützen und umhüllt den Fremdkörper mit mehreren Lagen aus Perlmutt. Je nach Dicke der Umhüllung entstehen kleine oder große Naturperlen.

Es war früher eine mühsame Angelegenheit, Perlen zu finden. Dazu musste man viele Muscheln 10 sammeln und durchsuchen. Es lohnte sich aber, denn sie waren als Schmuck sehr beliebt. Die wenigen gefundenen Perlen waren sehr kostbar und teuer. Sie waren so einzigartig, dass man ihnen sogar Namen gab, mit denen 15 sie berühmt wurden.

**1** Notiert: Was wusstet ihr bereits über Muscheln und Perlen? Was ist euch neu?

 **2** Entscheidet euch in einer Vierergruppe für Möglichkeit A oder B:

**Diktate in der Gruppe vorbereiten – Möglichkeit A**
a Schreibt aus dem Text „Muscheln" Folgendes richtig heraus:
  – fünf Wörter, die man durch Schwingen richtig schreiben kann
  – fünf Wörter, die man ableiten muss; schreibt auch das Beweiswort hinzu
  – zwei Wörter, die man zerlegen muss, um die Schreibweise zu erklären
b Schreibt den Text als Gruppendiktat. Vergleicht und korrigiert ihn.

**Diktate in der Gruppe vorbereiten – Möglichkeit B**
a Jeder schreibt aus dem Text „Perlen" zwei Sätze auf einen Zettel.
  Einigt euch, wer welche Sätze schreibt. Unterlegt die Sätze mit Silbenbögen.
b Markiert die Stellen, an denen man anders schreibt, als man spricht. Fügt das Zeichen für die Strategie hinzu, mit der ihr die richtige Schreibung beweisen könnt.
c Legt die Zettel verdeckt in die Mitte. Zieht sie nacheinander. Diktiert und vergleicht sie.

# Texte überarbeiten – Strategien und Regeln anwenden

**?**

In allen Ländern der Erde gibt es Menschen, die leidenschaftlich gerne Muscheln *esen/essen*. Zu den *belibten/beliebten* Speisemuscheln gehören die Miesmuscheln, die Venusmuscheln, die *Messermuscheln/Mesermuscheln* und vor *alem/allem* die Austern.

Muscheln *stelen/stellen* aber auch in Küstenorten und auf Inseln eine wichtige Nahrungsquelle dar. Weil sie gerne *gesamelt/gesammelt* werden, sind *vile/viele* Arten schon vom *aussterben/Aussterben* bedroht.

Die *Großen/großen Muscheln/muscheln* sind so *beliept/beliebt,* dass man angefangen hat, sie auf *Austernbänken/Austernbenken* zu züchten. Austern brauchen einen festen *Untergrunt/Untergrund,* an dem sie sich festhalten können. Sind die Austern ausgewachsen, *kan/kann* man sie einfach aus dem Wasser ziehen und abernten.

**1** Gebt dem Text eine Überschrift. Worüber berichtet er?

**2** **a** Beachtet die im Text markierten Wörter. Entscheidet, welche Schreibweise richtig ist.
**b** Schreibt den Text richtig ab.
**c** Kennzeichnet alle korrigierten Wörter, die man verlängern muss, mit dem Zeichen 🔽.
**d** Vergleicht in Partnerarbeit eure Lösungen.

### Perlenzucht

Perlen zur *Herstelung* für Schmuck waren immer schon sehr *belibt*. Weil man aber in der Natur nur wenige Perlen findet, *kamm* man im 19. Jahrhundert auf die Idee, Perlen zu züchten. Heute passiert das in großen *Betriben* in China und Japan.

Ihr *frakt* euch, wie das gehen *kan?*

Ganz einfach: Man züchtet die Muscheln auf großen *Muschelbenken,* wie man das auch mit den *esbaren* Muscheln macht. Aber bevor die Muscheln in das *wasser* gesetzt werden, ritzt man sie an und setzt *inen* einen *Fremtkörper* ein. Dann wehren sich die Muscheln dagegen, indem sie ihn mit Perlmutt umgeben. So entsteht die Perle. Das *gute* daran ist, dass die Ernte einfach ist, und man *kan* manche Muscheln an mehreren Stellen mit Fremdkörpern versehen. Dann entstehen bis zu 50 Perlen in einer Muschel. Das Problem: Nicht alle Perlen werden schön *runt* und *glat.*

**3** Stellt euch vor, ein Freund / eine Freundin möchte von euch wissen, wie man Perlen züchtet. Lest den Text und antwortet ihm/ihr.

**4** **a** Findet die Fehler in den markierten Wörtern.
**b** Schreibt den Text richtig ab.
**c** Markiert die korrigierten Wörter, die man verlängern 🔽, zerlegen 🔽, ableiten ⚡ oder großschreiben ✕✕ muss, mit dem passenden Strategiezeichen.
**d** Vergleicht zu zweit eure Lösungen.

### Schnecken und Muscheln

Was haben Muscheln und *Schneken*  gemeinsam? Sie alle haben einen *wabeligen*, weichen Körper und gehören zu den Mollusken. *Lant-* und Seeschnecken gehören zu
5 den Gastropoden. Das bedeutet *Bauchfüssler*, weil *dise* Mollusken auf dem Bauch zu gleiten scheinen.

Das sieht aber nur so aus. In Wirklichkeit handelt es sich um einen muskulösen *Fuss*,
10 dessen Muskeln sich *welenartig* vor- und zurückbewegen.

Dabei sondern sie eine *Schleimspurr* ab und *komen* dadurch leichter vorwärts. *Gertner* *kenen* vor allem die Garten-

schnecke. Nach einem schweren Regenschau-
er tauchen die Schnecken wie aus dem Nichts 15
in der feuchten Umgebung auf und bahnen
sich ihren *Wek* durch die Pflanzen im Garten und *fresen* sie kahl.

**5** Notiert: Was wusstet ihr bereits über Muscheln und Schnecken? Was ist euch neu?

**6** Nutzt die Strategiezeichen und korrigiert die Fehler. Schreibt den Text richtig ins Heft.
●●○

## Wissenswertes über Schnecken

### Schnecken bauen und öffnen Türen

Schnecken *komen* in allen Teilen der Meere und
in fast *alen* Lebens*reumen* des Festlandes vor.
Sie brauchen *vil* Feuchtigkeit, um überleben zu
5 *könen*. Wenn das Wetter im Sommer zu trocken
ist, dichten die Schnecken ihr Haus mit Schleim
ab, der sich zu einer Tür *verhertet*.
Bei feuchterem Wetter brechen sie die Tür
*wider* auf. Auf *dise* Weise kommen *vile*
10 Schnecken auch durch den Winter. Sie überwintern und übersommern also.

### Nacktschnecken sind Schleimer

Nacktschnecken sehen aus, als hätten sie ihr
schützendes Haus verloren. Sie erzeugen *gros-
se* Mengen eines sehr klebrigen Schleims. Der 15
Schleim *helt* viele *Tire* ab, sie zu verspeisen. Der
Schleim schützt die Schnecken auch vor dem
Austrocknen.
*Einiegen* Vögeln macht der Schleim aber nichts
aus, sie *freßen* trotzdem *libend* gerne *grosse* 20
Mengen *diser* Schnecken.
Drosseln knacken auch Schnecken mit *Ge-
heuse.* Sie schlagen sie gegen einen harten
*Gegenstant,* bis die Schale zerbricht. Dann *futern*
sie die schutzlosen Schnecken mit *Genuß* auf. 25

**7** Erklärt den Satz: Die Schnecken „überwintern und übersommern also" (▶ Z.10 f.).

**8** Schreibt den Text richtig ins Heft. Lasst jeweils eine Zeile frei und setzt über die korrigierten Wörter
●●● das Zeichen für die Strategie, die ihr angewendet habt.

**1**   Betrachtet das Foto:
- Was fällt euch auf?
- Beschreibt die Lernumgebung.

**2**   Gebt der Klasse einen Tipp und erstellt gemeinsam eine Liste:
Wo und wie kann man am besten lernen?

## In diesem Kapitel ...

- erfahrt ihr, wie ihr euren Arbeitsplatz gut einrichten könnt,
- bekommt ihr Tipps für eure Heftführung,
- erhaltet ihr wichtige Hinweise, um euer Lernen zu verbessern,
- lernt ihr Texte schneller und leichter zu verstehen,
- übt ihr, mit dem Schreibprogramm des Computers umzugehen.

# 15.1 Alles im Griff? – Ordnen, planen, organisieren

## Den Arbeitsplatz ordnen

**1 a** Beschreibt, was ihr auf diesem Arbeitsplatz entdecken könnt.
**b** Beurteilt, ob man an diesem Schreibtisch gut arbeiten kann. Begründet eure Meinung.
**c** Mal Hand aufs Herz: Was stand oder lag heute Morgen auf eurem Schreibtisch? Beschreibt.

**2 a** Sammelt Ideen, wie euer Arbeitsplatz aussehen sollte.
**b** Tauscht euch über eure Ideen aus. Vergleicht anschließend mit der Checkliste unten, ob ihr alles berücksichtigt habt.

**3 a** Prüft nun euren Arbeitsplatz mit Hilfe der Checkliste und ändert gegebenenfalls etwas an ihm.
**b** Fertigt eine Skizze eures nun optimal eingerichteten Arbeitsplatzes und bringt diese mit in den Unterricht. Ihr könnt auch ein Digitalfoto davon machen und es ausgedruckt mitbringen.

## Checkliste

**Ein guter Arbeitsplatz**
- Könnt ihr an eurem Arbeitsplatz ungestört arbeiten?
- Befindet sich euer Arbeitsplatz an einem hellen Ort?
- Ist euer Schreibtisch gut beleuchtet?
- Gibt es ein Regal, in dem ihr Bücher und Arbeitsmaterial aufbewahren könnt?
- Befinden sich Gegenstände auf dem Tisch, die ihr nicht zum Lernen benötigt?
- Gibt es weitere Störquellen? Versucht, diese zu vermeiden.

# Arbeitsmaterialien und Mäppchen sichten

Einen gut eingerichteten Arbeitsplatz zeichnet aus, dass ihr dort die benötigten Arbeitsmaterialien schnell greifbar habt.

**1** Überlegt, was an eurem Arbeitsplatz immer in eurer Nähe sein sollte.
**a** Fertigt hierzu eine Checkliste wie die unten begonnene an und ergänzt sie in eurem Heft.
**b** Schreibt hinter jeden Begriff das Wort in der Sprache auf, die ihr kennt.

> Wenn ihr die Wörter aus anderen Sprachen auf Klebezettel schreibt und an die jeweiligen Gegenstände heftet, könnt ihr euch die Vokabeln gut einprägen. Probiert es aus!

*Checkliste: Arbeitsmaterialien*
– *Schulbuch        school book, livre de classe*
– *Wörterbuch       ...*
– *...*

**2** In allen Unterrichtsstunden benötigt ihr ein richtig ausgestattetes Mäppchen.
**a** Legt in eurem Heft die Checkliste „Mein Mäppchen" an.
**b** Prüft mit der Checkliste den Inhalt eures Mäppchens und entscheidet, was zu tun ist.
**c** Kontrolliert zu zweit einmal im Monat eure Mäppchen.

*Checkliste: Mein Mäppchen*

| *Inhalt* | *fehlt* | *vorhanden* | *Zustand* | *Was tun?* |
|---|---|---|---|---|
| *Bleistift* | | *X* | *ungespitzt* | *spitzen* |
| *Lineal* | | | | |
| *Radiergummi* | | | | |
| *Buntstifte* | | | | |
| *Spitzer* | | | | |
| *Füller* | | | | |
| *Ersatzpatrone* | | | | |
| *Schere* | | | | |
| *Klebestift* | | | | |
| *...* | | | | |

# Das Heft ordentlich führen

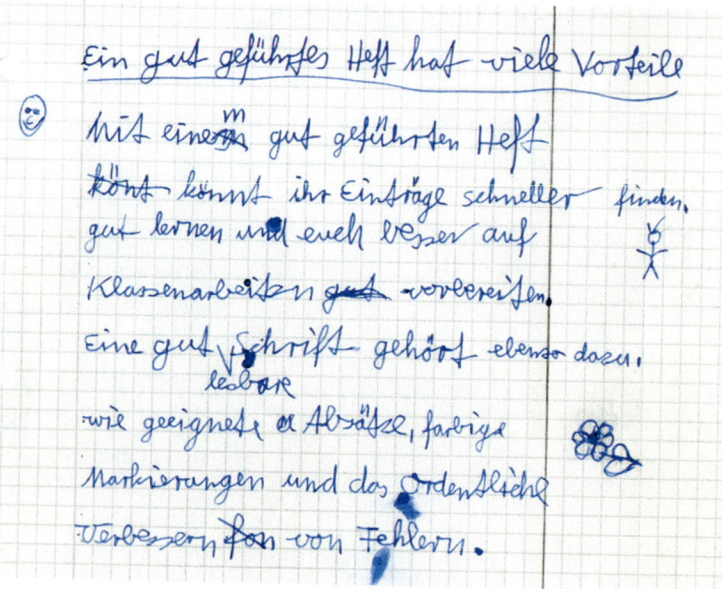

Ein gut geführtes Heft hat viele Vorteile

Mit einem gut geführten Heft könnt ihr Einträge schneller finden, gut lernen und euch besser auf Klassenarbeiten vorbereiten. Eine gut leserliche Schrift gehört ebenso dazu wie geeignete Absätze, farbige Markierungen und das ordentliche Verbessern von Fehlern.

**1**    a   Seht euch den Hefteintrag eines Schülers genau an. Listet auf, was euch dabei auffällt.
        b   Sprecht darüber, was ihr bei diesem Hefteintrag verbessern könnt.
        c   Schreibt den Text in euer Heft und ergänzt ihn.

**2**    Wie sehen eure eigenen Hefte aus?
        a   Prüft mit Hilfe der Checkliste unten eure Hefteinträge.
        b   Haltet fest, was ihr schon jetzt berücksichtigt und was ihr noch verbessern könnt.
        c   Lasst eine Lernpartnerin oder einen Lernpartner die Checkliste ausfüllen.
           Vergleicht ihre oder seine Bewertung mit eurer eigenen.

**3**    Berücksichtigt bei euren nächsten Hefteinträgen die einzelnen Punkte in der Checkliste.

## Checkliste

### Die Heftführung prüfen

- Das Heft sieht von außen sauber aus und ist auf dem Umschlag beschriftet.
- Die Seiten sind übersichtlich gestaltet.
- Die Einträge haben alle ein Datum.
- Jeder Hefteintrag hat eine Überschrift und ist in Absätze gegliedert.
- Die Überschriften sind mit Lineal unterstrichen.
- Es wurde leserlich geschrieben und Fehler wurden ordentlich durchgestrichen und verbessert.
- Über den Heftrand wurde nicht hinausgeschrieben.
- Wichtiges ist farblich hervorgehoben.
- Arbeitsblätter sind an der richtigen Stelle einsortiert.

# Hausaufgaben mit Verstand erledigen

*Wenn ich aus der Schule komme, muss ich mich erst mal eine Zeit lang ausruhen.*

*Ich setze mich immer gleich nach dem Essen an die Hausaufgaben.*

*Nach dem Essen will ich erst mal zum Spielen rausgehen. Deshalb mache ich die Hausaufgaben erst später am Abend.*

**1** Jasper, Mia und Till unterhalten sich über ihre Hausaufgaben.
a Lest ihre Aussagen. Wem würdet ihr am ehesten zustimmen?
b Erzählt von euren Erfahrungen beim Hausaufgabenmachen. Wie geht ihr vor?
c Tauscht euch auch über mögliche Schwierigkeiten aus.

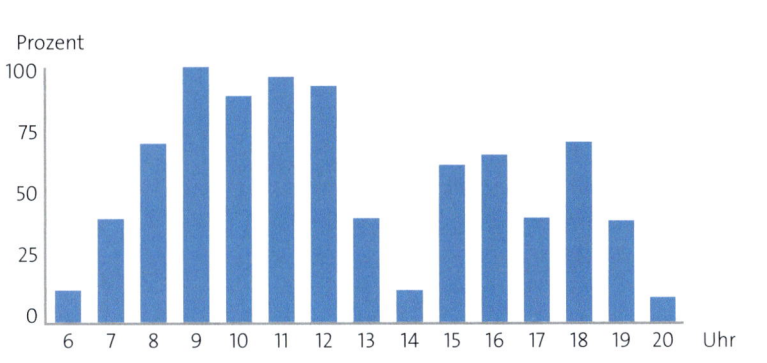

**Leistungsfähigkeit**

**2** Wertet das Schaubild aus.
a Wann solltet ihr am besten eure Hausaufgaben erledigen?
b Entsprechen die Angaben in dem Schaubild euren Gewohnheiten? Begründet.

---

**Methode** | **Tipps zum Erledigen der Hausaufgaben**

- Notiert am Ende jeder Unterrichtsstunde die Hausaufgaben.
- Arbeitet immer am gleichen Platz, denn dort habt ihr eure Arbeitsmaterialien.
- Erledigt zuerst das, was für den nächsten Tag fertig sein muss, danach die Aufgaben für die folgenden Tage.
- Ihr könnt Aufgaben nach der Schwierigkeit sortieren: Macht zuerst das, was euch schwerfällt, dann die leichten Aufgaben oder umgekehrt.
- Wechselt zwischen mündlichen und schriftlichen Aufgaben ab, damit das Lernen nicht eintönig wird.
- Legt eine kleine Pause ein, wenn ihr die Hausaufgaben für ein Fach beendet habt.
- Hakt im Hausaufgabenheft die erledigten Aufgaben ab, so seht ihr, was ihr schon alles geschafft habt.
- Packt zum Schluss die Schultasche für den nächsten Tag.

# Mit den Wörterlisten üben

Im „Deutschbuch" findet ihr am Ende der meisten Kapitel Wörterlisten.
Die Schreibung dieser Wörter könnt ihr insbesondere mit Hilfe der
Strategien einüben.

| Methode | Rechtschreibung mit einem Faltblatt üben |
| --- | --- |

- Faltet ein Blatt der Länge nach zweimal,
  sodass vier Spalten entstehen.
- Schreibt die Wörter, die ihr üben möchtet,
  untereinander in die 1. Spalte.
- Prägt euch drei Wörter ein, klappt die
  1. Spalte um und schreibt die Wörter in die
  3. Spalte.
- Deckt auf und vergleicht die Wörter.
- Richtig geschriebene Wörter könnt ihr
  abhaken. Falsch geschriebene Wörter
  müsst ihr durchstreichen und richtig in
  die 2. Spalte schreiben.
- Übt, die Wörter aus Spalte 2 richtig zu
  schreiben. Tragt sie in die Spalte 4 ein.
  Wendet die Strategien an (▶ Aufgabe 1–4).

*Patenonkel*
*Patentante*
*Paukenschlag*
*Pass*
*Pastellfarbe*
*Packesel*
*platt*
*prächtig*
*Päckchen*
*Pappplakat*
*Pappelblätter*
*Plattfisch*
*Papageien*
*purpur*
*Paukenschläger*
*Pampelmuse*

**1** Lest die Wörter eurer Liste laut in Silben.
Achtet darauf, wo man anders schreibt, als man spricht.

**2** Legt in eurem Heft vier Spalten mit den vier Strategiezeichen an: ω ↪ Ψ ⚡.
Tragt euer Problemwort in die Spalte ein, mit der man die Schreibung beweisen kann.
**Hinweis:** Manche Wörter muss man in mehrere Spalten einordnen.

**3** Ordnet die Wörter in der 4. Spalte eures Faltblatts entweder nach dem Alphabet
*oder* ordnet die Wörter nach der Zahl ihrer Silben.

**4** Bei falsch geschriebenen Wörtern könnt ihr die richtige Schreibweise auch wie folgt üben:
– bildet die Mehrzahl,
– bildet Wortfamilien, z. B.: *Plattfisch, platt, Platten, Plattdeutsch, plätten …*
– findet Reimwörter, z. B.: *die Paten – der Spaten – der Braten – …*
– bildet mit den Wörtern vollständige Sätze,
– diktiert euch eure Problemwörter im Partnerdiktat und kontrolliert euch gegenseitig.

# Testet euch!

**Bin ich ein Ordnungsgenie? – Ein Fragebogen**

   ☺   ☺   ☹

**1** Ich habe zur Unterrichtsstunde nur die Sachen auf dem Tisch, die ich für dieses Fach brauche.

**2** Ich schalte den Fernseher und das Radio aus, wenn ich für die Schule arbeite.

**3** Ich sorge regelmäßig für Ordnung in meinem Mäppchen.

**4** Ich habe immer Ersatzpatronen in meinem Mäppchen.

**5** Ich befolge die Regeln zur Heftführung.

**6** Ich führe mein Hausaufgabenheft regelmäßig.

**7** Ich erledige Wichtiges vor Unwichtigem.

**8** Ich achte stets auf einen aufgeräumten und übersichtlichen Arbeitsplatz.

**9** Ich mache regelmäßig Pausen, wenn ich mich an meine Hausaufgaben setze.

**10** Ich plane genau, wann ich meinen Hobbys nachgehe und wann ich für die Schule arbeite.

**1** **a** Übertragt den Fragebogen auf ein DIN-A4-Blatt. Oder legt eine Folie über den Fragebogen.
**b** Füllt den Fragebogen aus.

**2** **a** Wertet euren Fragebogen mit Hilfe der folgenden Checkliste aus. Für jedes Kreuzchen in der ersten Spalte erhaltet ihr einen Punkt. Zählt beim Auswerten die Punkte zusammen.
**b** Vergleicht eure Ergebnisse mit einem Lernpartner.

## Checkliste

**Den Fragebogen auswerten**

8–10   ☺: Glückwunsch! Du bist ein Ordnungsgenie!
    Chaos und Unordnung sind Fremdwörter für dich.

5–8   ☺: Schon ganz gut – du kannst dich aber noch verbessern!
    Obwohl du genau weißt, dass dir die Unordnung deine Arbeit erschwert,
    handelst du nicht immer danach.
    Lass dich nicht entmutigen und kontrolliere dich selbst strenger.

0–5   ☹: Oh je! Du bist noch sehr unordentlich und chaotisch!
    Die Tipps des Fragebogens solltest du strenger befolgen.
    Lies auf den Seiten 280–283 noch einmal nach.

# 15.2 Themen erschließen und Texte auswerten

## Einen Cluster anlegen

Ein Cluster (engl.= Haufen, Menge) ist eine geordnete Menge von Stichwörtern zu einem Thema.

**1**
a Schreibt in die Mitte eines Blattes z. B. das Wort „Film" und kreist es ein.
b Was fällt euch zum Begriff „Film" ein? Schreibt alle Stichwörter, die euch dazu einfallen, in lockerem Abstand um den Mittelpunkt herum auf und kreist sie ebenfalls ein.
c Verdeutlicht die Beziehungen der ergänzten Begriffe durch Verbindungslinien.
  – Wie hängen sie mit dem Ausgangswort „Film" zusammen?
  – Welche der Begriffe stehen untereinander in Zusammenhang, sind z. B. ein Beispiel?

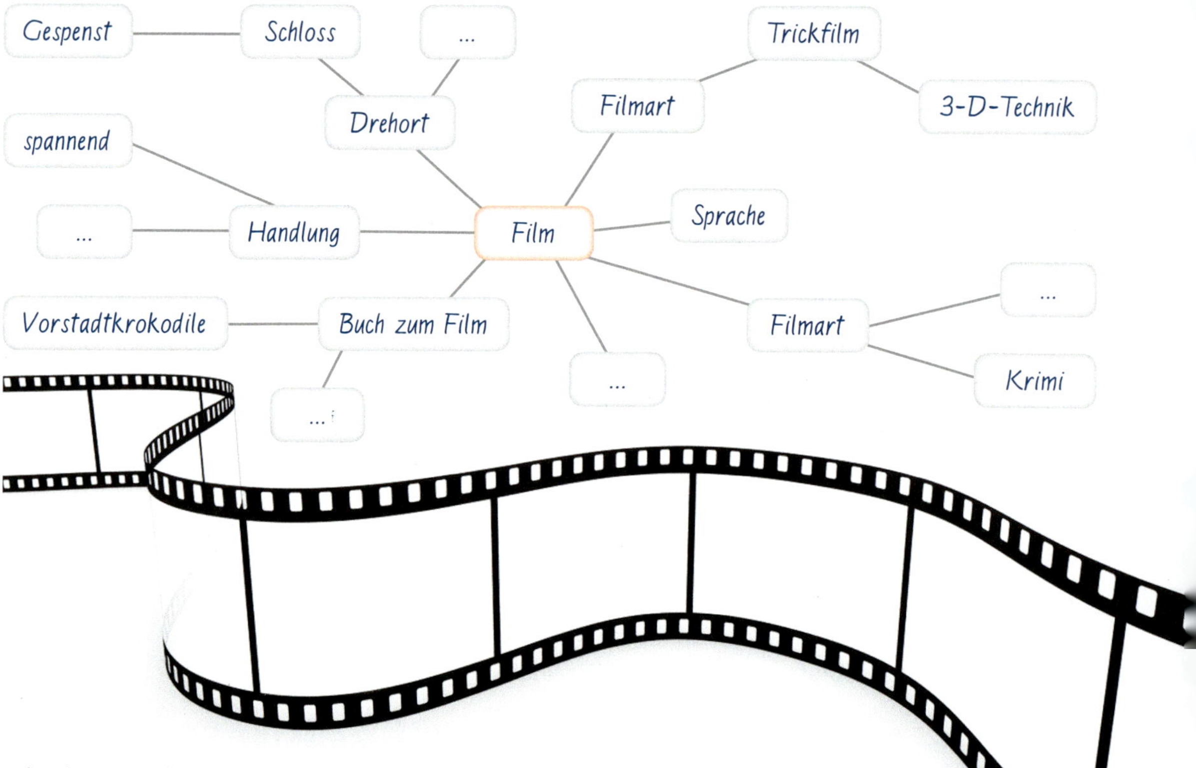

Gespenst — Schloss    ...    Trickfilm

Drehort    Filmart    3-D-Technik

spannend

...    Handlung    Film    Sprache

...

Vorstadtkrokodile — Buch zum Film    Filmart

...    Krimi

...

**2** Vergleicht eure Cluster.
– Welche Stichwörter haben mehrere von euch gefunden?
– Inwiefern unterscheiden sich die Verbindungslinien? Ergänzt fehlende Gedanken.

| Methode | Einen Cluster anlegen |
| --- | --- |

Die Cluster-Technik könnt ihr anwenden,
- wenn ihr Ideen zu einem Thema sammelt, z. B. für einen Aufsatz oder ein Projekt,
- wenn ihr erste Eindrücke aus einem Text herausschreibt,
- wenn ihr euch auf Klassenarbeiten oder Tests vorbereitet.

# Die Fünf-Schritt-Lesemethode

## 3-D-Kino – Wie funktioniert das?

Für 3-D-Filme muss man eine Spezialbrille aufsetzen und hat dann das Gefühl, man sitzt mitten im Geschehen: Häuser, Autos und die Schauspieler scheinen zum Greifen nahe. 3-D

5 ist die Abkürzung für dreidimensional und bedeutet „räumlich". Ein 3-D-Film wird – anders als normale Filme – mit zwei Kameras gleichzeitig aufgenommen. Die Kameras stehen beim Dreh nebeneinander, ähnlich wie dein rechtes

10 und dein linkes Auge. Das ist nämlich das Geheimnis: 3-D-Filme versuchen, das räumliche Sehen des Menschen nachzuahmen.
Das linke Auge befindet sich weiter links am Kopf als das rechte. Deshalb sieht es alles aus

15 einem anderen Blickwinkel als das rechte. Das könnt ihr ganz einfach nachprüfen: Streckt euren rechten Arm aus, macht den Daumen hoch und fixiert mit dem Daumen einen Gegenstand im Raum. Jetzt kneift ihr das rechte Auge

20 zu und schaut nur mit dem linken Auge auf den Daumen. Wenn ihr jetzt das linke Auge zukneift und mit dem rechten auf den Daumen schaut, dann seht ihr den angepeilten Gegenstand mal links neben dem Daumen und

25 mal rechts.
Da ihr ja meistens mit beiden Augen gleichzeitig schaut, seht ihr eigentlich immer zwei verschiedene Bilder zur gleichen Zeit. Das Sehzentrum im Gehirn wandelt die beiden Bilder

30 zu einem einzigen um, und das ist dreidimensional und somit räumlich. Räumlich Sehen heißt, du erkennst, was weiter hinten und was weiter vorne ist.

Eine Filmszene wird mit zwei Kameras aus un-
35 terschiedlichen Positionen aufgenommen und bearbeitet. Im Kino werden dann beide Filme von zwei Projektoren auf die Leinwand projiziert. Projizieren bedeutet, ein spezieller Apparat (der „Projektor") wirft die Bilder mit Hilfe

40 von Licht auf die Leinwand. Auf der Leinwand erscheinen die beiden Filme nun leicht versetzt nebeneinander. Wenn man mit bloßem Auge auf die Leinwand schaut, sieht der Film einfach nur unscharf aus. Um den 3-D-Effekt

45 zu erzielen, muss man einen Trick anwenden. Und dafür braucht man eine Spezialbrille.
Im 3-D-Kino bekommt jeder Zuschauer mit der Eintrittskarte so eine Spezialbrille. Diese Brille hat ganz spezielle Gläser, die dafür sor-

50 gen, dass man mit dem linken Auge auch nur den Film sieht, der mit dem linken Projektor gezeigt wird. Und mit dem rechten Auge sieht man den Film, der mit dem rechten Projektor gezeigt wird. Unser Gehirn setzt die Bilder im

55 Kopf dann wieder zu einem Bild zusammen. So entsteht ein Raum, der wirkt, als würde das Auto aus der Leinwand herausfahren und im Kinosaal schweben.

**1** Informiert andere über die Technik des 3-D-Films. Erschließt dafür den Text mit der Fünf-Schritt-Lesemethode. Wählt Aufgabe a, b oder c.

●●● **a** Lest den Methodenkasten auf Seite 288. Wendet jeden Schritt einzeln an.

●●○ **b** Geht so vor, wie in der Methode auf Seite 288 beschrieben. Stellt Fragen an den Text, wenn ihr schon einen ersten Überblick gewonnen habt, z. B.:
– Was braucht man? – Wofür steht die Abkürzung?

● ○ ○   **c** Arbeitet Schritt für Schritt nach der unten beschriebenen Methode.
Zwei Schlüsselwörter sind im Text schon markiert.
Sie geben Antworten auf zwei W-Fragen. Formuliert diese Fragen.

**2** Fasst den Text mündlich zusammen. Nutzt dazu euren Stichwortzettel oder euer Cluster aus der Fünf-Schritt-Lesemethode.

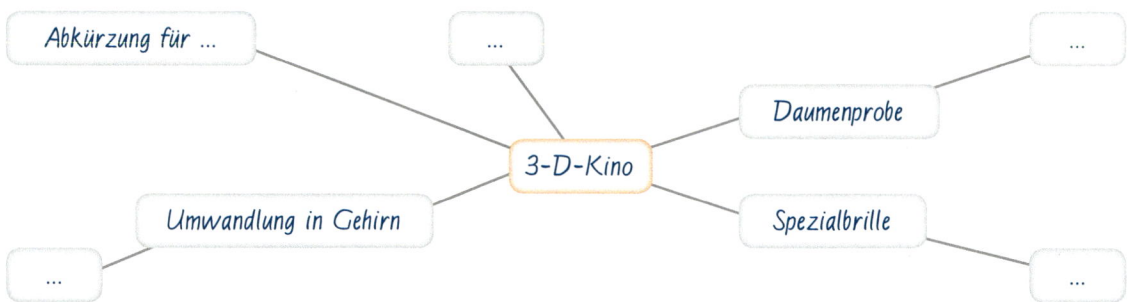

| Methode | **Die Fünf-Schritt-Lesemethode** |
|---------|-----------------------------------|

**1. Schritt: Einen ersten Überblick verschaffen**
- Lest die Überschrift.
- Achtet auch auf Hervorhebungen, einzelne Abschnitte, Satzanfänge.
- Bezieht Bilder, Diagramme und Skizzen ein.
- Verschafft euch so einen ersten Eindruck von Inhalt und Aufbau des Textes.

**2. Schritt: Fragen stellen**
- Was wisst ihr schon über das Thema?
- Was möchtet ihr noch wissen?
- Stellt die W-Fragen an den Text. (Wer? Wo? Wann? Was?)
- Lest dann den ganzen Text.

**3. Schritt: Schlüsselwörter unterstreichen und Unklarheiten klären**
- Lest nun den Text ein zweites Mal und versucht, Antworten auf eure Fragen zu bekommen.
- Klärt unbekannte oder schwierige Wörter aus dem Textzusammenhang, durch Nachdenken oder durch das Nachschlagen in einem Wörterbuch.
- Markiert sparsam die wichtigsten Schlüsselwörter im Text. Das sind meist Wörter, an denen ihr beim Überfliegen mit euren Augen hängen bleibt. Meist geben die Schlüsselwörter die Antworten auf die W-Fragen.

**4. Schritt: Wichtiges zusammenfassen**
- Findet Überschriften in eigenen Worten für die einzelnen Abschnitte, die den Inhalt knapp zusammenfassen.
- Verwendet dazu die unterstrichenen Schlüsselwörter.

**5. Schritt: Stichwortzettel anlegen**
- Wiederholt den Inhalt noch einmal mit Hilfe eurer Notizen. Denkt dabei auch an eure Fragen aus Schritt 2.
- Erstellt einen Stichwortzettel aus den Zwischenüberschriften und den von euch markierten Schlüsselwörtern.
- Ihr könnt euren Stichwortzettel auch in Form eines Clusters anlegen. (▶ S. 286)

# Ein Plakat gestalten

Mit einem gut gestalteten Plakat könnt ihr eure Arbeitsergebnisse anschaulich darstellen und damit auch euren Vortrag unterstützen.

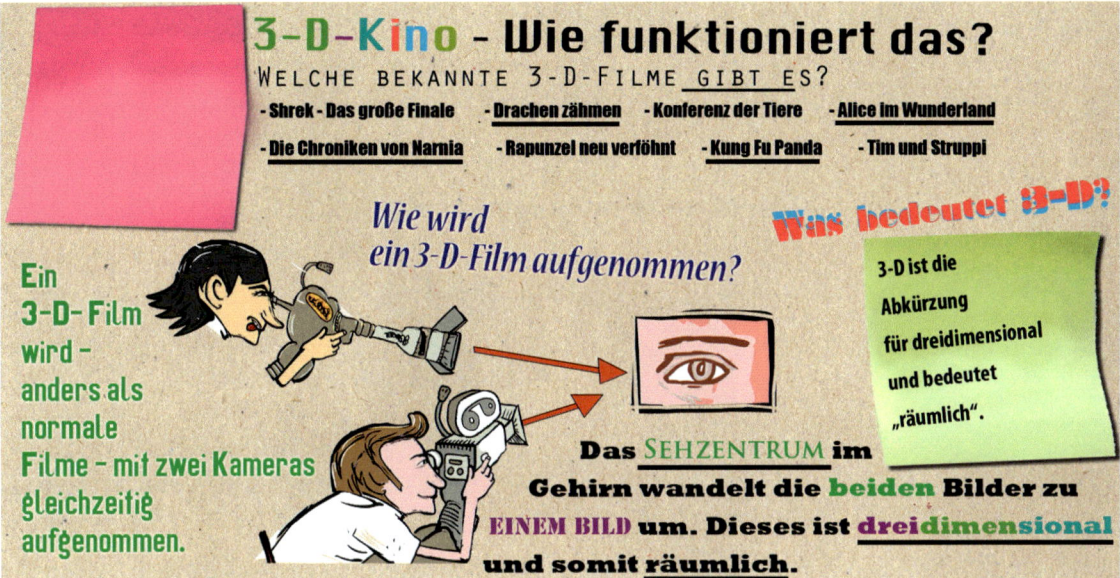

**1** Betrachtet das Plakat.
**a** Was ist gelungen? Begründet.
**b** Wo habt ihr Verbesserungsvorschläge? Nennt diese.

**2** Lest den Methodenkasten unten auf der Seite und seht euch daraufhin noch einmal das Plakat genau an. Sind alle wichtigen Punkte umgesetzt?

**3** Gestaltet ein eigenes Plakat zum Thema eures nächsten Vortrags, z. B.: *mein Lieblingsfilm*.

| Methode | Ein Plakat gestalten |
|---|---|

Ein Plakat ist gut geeignet, um Fotos, Tabellen und gut gegliederte Texte zu zeigen.

- Gestaltet das Plakat übersichtlich.
- Nutzt die unterschiedlichen Wirkungen von Farben.
- Schreibt sauber und so groß, dass man den Text aus zehn Meter Entfernung lesen kann.
- Notiert Stichwörter oder kurze Sätze.
- Greift auf geeignete Bilder, Diagramme und Skizzen zurück.
- Verseht die Schaubilder mit einem Titel.
- Texte, Schaubilder usw. könnt ihr auch selbst am PC erstellen.
- Plakate könnt ihr auch so gestalten, dass ihr sie erst während des Vortrags fertig stellt, indem ihr z. B. im Zuge des Erklärens Bilder aufklebt, Pfeile einzeichnet oder einen Teil des Plakats aufklappt.

# Einen Kurzvortrag halten

Die wichtigste Voraussetzung für einen guten Vortrag ist die Recherche. Sammelt daher geeignete Informationen zu dem von euch gewählten Thema. Hierfür könnt ihr Experten befragen, in Büchern und Zeitschriften nachlesen oder im Internet recherchieren.

**1** Gina hat in der Wissenschaftssendung Galileo einen Beitrag über 3-D-Filme gesehen und sich dabei Notizen gemacht, über die sie die Klasse in einem Kurzvortrag informieren möchte.
Bringt ihre Notizen zu dem von ihr ausgewählten Film in eine sinnvolle Reihenfolge.

*Daten zum Film*
- *Titel*
- *Filmtitel*
- *Produktionsjahr*

*Informationen zu den Darstellern*
- *Hauptrollen*
- *Nebenrollen*
- *Sprecher/-innen*

*Themen/Motive*
- *zentrale Handlung*
- *Hintergrundgeschehen*

*Persönliche Einschätzung*
- *gut gelungene technische Umsetzung*
- *Story etwas künstlich, unwirklich*

*Entstehungsgeschichte des Films*
- *Vorlage*
- *Drehbuch*

**2** Bereitet einen Kurzvortrag zu eurem Lieblingsfilm vor. Geht in der Vorbereitung so vor:
**a** Wendet bei der Auswertung der Informationstexte die Fünf-Schritt-Lesemethode an.
**b** Haltet die wichtigsten Informationen in einem Cluster fest.
**c** Wählt geeignete Schaubilder und Fotos und gestaltet mit ihnen ein Plakat.

| **Information** | **Einen Kurzvortrag halten** |
| --- | --- |

- Notiert Stichwörter und die wichtigsten Punkte auf Karteikärtchen.
- Geht erst nach vorne und redet nicht schon während des Gehens.
- Stellt euch gerade hin und schaut euer Publikum an.
- Zur Sicherheit könnt ihr immer wieder auf eure Karteikärtchen schauen.
- Bezieht euer Plakat in den Vortrag ein, indem ihr an gegebener Stelle darauf zeigt.
- Sprecht laut, deutlich und nicht zu schnell.

# 15.3 Den Computer nutzen

## Die Rechtschreibprüfung am Computer nutzen

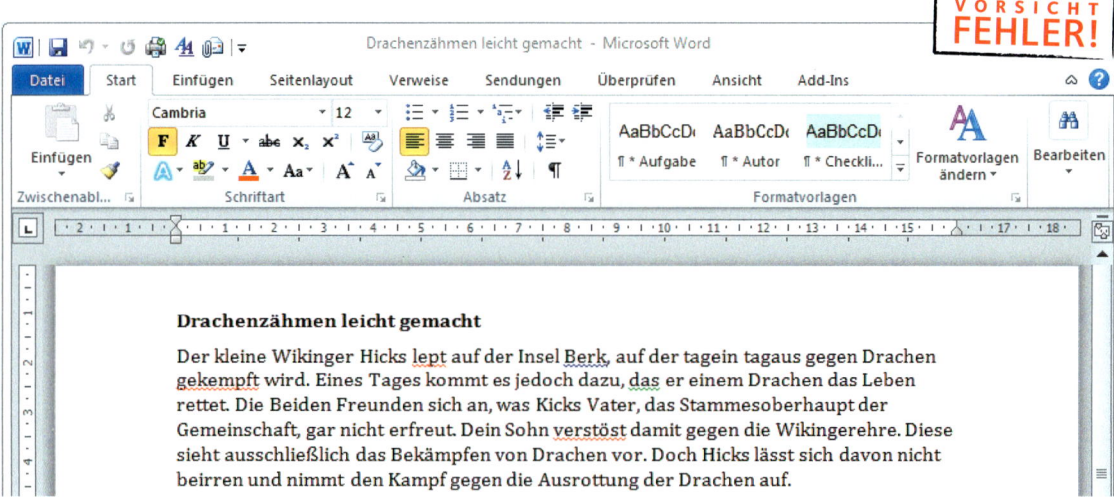

Die Rechtschreibprüfung am Computer hilft euch, bei einem Text falsch geschriebene Wörter zu finden und zu korrigieren. Aber: Das Programm ist nicht immer zuverlässig.

**1**
a Prüft bei jedem rot unterschlängelten Wort, ob es sich wirklich um einen Fehler handelt.
b Das Programm findet nicht alle Fehler. Welche Wörter sind falsch geschrieben und wurden nicht als Fehlerwörter angezeigt?

**2**
a Tippt einen eigenen Text am Computer, z. B. die Inhaltsangabe eures Lieblingsfilms.
b Probiert die automatische Rechtschreibprüfung des Computers aus. Die Methode unten hilft euch dabei:

> Auf Seite 154 findet ihr Hinweise, wie ihr euren Text am Computer gestalten könnt, z. B. durch Schriftgrößen, Schriftarten und Fettdruck.

### Methode — Die Rechtschreibprüfung am Computer nutzen

- Aktiviert das Rechtschreibprogramm des Computers. Wählt hierzu im Menü *Extras* das Werkzeug *Rechtschreibung und Grammatik* aus. Das Programm markiert nun mögliche Rechtschreibfehler rot und mögliche Grammatikfehler grün.
- Prüft bei den rot und grün markierten Wörtern, ob diese tatsächlich falsch geschrieben wurden. Wählt dann aus dem Fenster *Vorschläge* das richtige Wort aus und klickt auf *Ändern*. Das Wort wird korrigiert und das Programm springt automatisch zum nächsten falsch geschriebenen Wort.

**Beachtet:** Das Programm kann nicht alle Fehler finden und ist nicht immer zuverlässig. Zeichensetzungsfehler sind z. B. mit dem Programm nicht aufzuspüren. Schlagt in Zweifelsfällen in einem Wörterbuch nach.

# Tabellen mit dem Computer anlegen

In einer Tabelle könnt ihr Informationen knapp und übersichtlich darstellen. So habt ihr alles Wichtige im Blick.

**Der Aufbau einer Tabelle:**
Eine Spalte verläuft von oben nach unten.
Eine Zeile verläuft von links nach rechts.

|  | Spalte ↓ |
|---|---|
| Zeile → |  |

**1** Legt am Computer eine Tabelle an (▶ Methodenkasten unten). Ihr könnt aus den folgenden Vorschlägen auswählen.

**A Ein Steckbrief zu einer Filmfigur**
Film: „Drachenzähmen leicht gemacht"

| | |
|---|---|
| **Name** | Hicks |
| **Herkunft** | Wikinger |
| **Aussehen** | braune Haare, mittelgroß |
| **Besonderheiten** | tollpatschig, freundlich |
| **Freunde** | ... |

**B Ein Steckbrief über mich**

| | |
|---|---|
| **Vorname** | Tobias |
| **Name** | Lehmann |
| **Aussehen** | Sommersprossen |
| **geboren am** | ... |
| ... | ... |

**C Mein Stundenplan**

| Stunde | Montag | Dienstag | Mittwoch | ... |
|---|---|---|---|---|
| 1 | Englisch | Musik | Deutsch | ... |
| 2 | Englisch | Musik | Deutsch | ... |
| 3 | Kunst | ... | ... | |

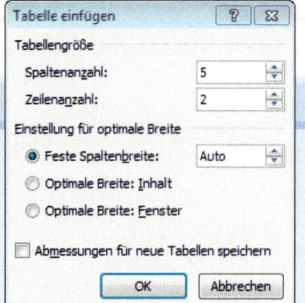

| **Methode** | **Tabellen mit dem Computer anlegen** |
|---|---|

- Klickt mit der Maustaste an die Stelle in eurem Textdokument, an der die Tabelle stehen soll.
- Klickt dann in der Menüleiste auf *Tabelle*, danach auf *Einfügen*, zuletzt auf *Tabelle*. Wählt jetzt aus, wie viele Spalten und Zeilen eure Tabelle haben soll.
- Nachträglich eine Spalte oder eine Zeile hinzufügen: Klickt in eurer Tabelle an die Stelle, an der ihr eine Spalte oder eine Zeile einfügen wollt. Klickt dann in der Menüleiste auf *Tabelle*, danach auf *Einfügen*. Wählt nun aus, was ihr einfügen wollt, z. B. *Spalte nach links, Spalte nach rechts, Zeile oberhalb, Zeile unterhalb*.

**Hinweis:** Ihr könnt jede Aktion wieder rückgängig machen, indem ihr auf diesen Pfeil ↶ klickt.

# Orientierungswissen

## Schreiben, sprechen und zuhören

### Gesprächsregeln
▶ S. 28 f.

Gespräche, in denen verschiedene Meinungen oder Wortbeiträge ausgetauscht werden, sollten nach bestimmten Regeln ablaufen, damit die Verständigung erleichtert wird.
Die wichtigsten Gesprächsregeln sind:

- Jede/Jeder äußert sich nur zu dem Thema, um das es geht.
- Wir melden uns zu Wort und reden nicht einfach los.
- Wir hören den anderen Gesprächsteilnehmern aufmerksam zu.
- Wir fallen den anderen Gesprächsteilnehmern nicht ins Wort.
- Niemand wird wegen seiner Äußerungen beleidigt, verspottet oder ausgelacht.
- Wir befolgen die Hinweise des Gesprächsleiters oder der Gesprächsleiterin.

### Meinungen begründen
▶ S. 31 f.

Gut ist es, wenn man seine Meinung klar und sachlich äußert: *Ich finde das richtig!*
Besser ist es aber, seine **Meinung auch zu begründen:** *Ich bin dagegen, weil ...*
**Sprachlich** drückt man diese Begründung oft in einem Nebensatz (▶ S. 308) aus, der mit einem Verknüpfungswort wie *weil* oder *da* eingeleitet wird.
Wenn man statt *weil* das Verknüpfungswort *denn* verwendet, ist der zweite Teil des Satzes kein Nebensatz, sondern ebenfalls ein Hauptsatz. Deshalb steht die Personalform des Verbs nicht am Ende des Satzes: *Ich finde Gruppentische besser, denn man kann so besser arbeiten.*

### Diskutieren
▶ S. 31–35

In einer Diskussion tauschen sich mehrere Personen zu einer Frage aus. Sie können dabei unterschiedliche Meinungen vertreten.
Diskussionsfrage, z. B.: *Sollen wir eine Klassenkasse anschaffen?*

- **Bildet euch eine Meinung** und drückt sie in einem Satz aus, z. B.: *Ich bin für die Anschaffung einer Klassenkasse.*
- **Begründet eure Meinung** durch Argumente, z. B.: *Ich bin für die Anschaffung einer Klassenkasse, weil wir mit dem Geld etwas gemeinsam unternehmen können.*
- **Geht** in der Diskussion **auf die Meinung der anderen ein,** z. B.: *Was Tobias gesagt hat, finde ich gut, weil ...*

## Persönliche Briefe schreiben

▶ S. 20–24

Einen Brief schreiben wir an eine Person oder an eine Gruppe, der wir etwas mitteilen oder von der wir etwas wissen möchten. Man nennt sie Adressat oder Empfänger.

Inhalt und Wortwahl des Schreibens hängen vom Empfänger ab. Einen Brief an euren Opa könnt ihr anders formulieren als den an eure Lehrerin oder euren Lehrer.

### Briefkopf
Ort und Datum

### Anrede
Nach der Anrede setzt ihr entweder ein Ausrufezeichen und beginnt danach groß oder ihr setzt ein Komma und schreibt klein weiter. Wenn ihr jemanden siezt, schreibt ihr die Anredepronomen groß, z. B.: *Sie, Ihnen, Ihr* usw. Sonst könnt ihr sie kleinschreiben, z. B.: *dir, dein, euch, euer.*

### Brieftext
- Im **Einleitungsteil** sprecht ihr den Empfänger direkt an und nennt den Anlass des Schreibens.
- Der **Hauptteil** ist der eigentliche Kern des Briefes. Hier steht oft ein besonderes Erlebnis im Mittelpunkt.
- Im **Schlussteil** könnt ihr den Empfänger durch Fragen oder Aufforderungen zum Antworten anregen.
- Wenn ihr einen **Brief beantwortet,** ist es wichtig, dass ihr auf Fragen des Briefpartners eingeht.

### Grußformel und Unterschrift
Die Grußformel und die Unterschrift stehen jeweils in einer eigenen Zeile. Am Ende setzt man weder Punkt noch Ausrufezeichen.

---

*Großkuchen, den 1. Oktober 20 XX*

| *Sehr geehrte Frau Aigner,* | *Lieber Rudi!* |
|---|---|
| *sicher wollen* <u>*Sie*</u> *wissen, wie es mir geht.* | *sicher bist* <u>*du*</u> *neugierig, wie es bei mir so läuft.* |

*Vielen Dank für …*
*Zu deinem Geburtstag …*
*Ich habe mich so über … gefreut*

*Die letzten Wochen waren …*
*Mir gefällt …*

*Wie war die erste Woche bei dir?*
*Du wolltest wissen, ob …*
*Deine Frage nach …*
*Ich hoffe, du meldest dich bald.*

| *Herzliche Grüße* | *Liebe Grüße* |
|---|---|
| *Viele Grüße* | *Bis bald* |
| *Ihre Marie* | *dein Manuel* |

# Beschreiben

In einer Beschreibung wird ein Tier, eine Person oder ein Vorgang (z. B. Bastelanleitung, Rezepte, Spielanleitung) so dargestellt, dass jemand, der das Beschriebene nicht kennt, eine genaue Vorstellung davon bekommt. Eine Beschreibung muss **anschaulich, genau** und **frei von persönlichen Wertungen** sein. Beschreibungen stehen im **Präsens.**

## Wege beschreiben                                           ▶ S. 16–17

Wege beschreiben wir für jemanden, der den Weg nicht kennt, ihn aber leicht finden soll.
Beschreibt deshalb den Weg **in der Reihenfolge, in der man ihn geht:**
Beginnt am Ausgangspunkt und listet Schritt für Schritt den weiteren Weg genau auf.
Denkt daran, auf markante, auffällige Stellen hinzuweisen, z. B.: das Treppenhaus oder die Turnhalle der Schule, draußen z. B.: Kreuzungen, besondere Gebäude oder Bäume. Diese markanten Stellen müssen unbeweglich sein, also: *der Parkplatz vor dem Supermarkt,* nicht *der große rote Lieferwagen,* denn der Lieferwagen ist vielleicht schon längst weitergefahren.

## Ein Tier beschreiben                                        ▶ S. 191–195

Das Ziel einer Tierbeschreibung ist, dass sich andere, die das Tier nicht vor Augen haben, das beschriebene Tier genau vorstellen können. Achtet bei eurer Beschreibung auf eine Ordnung:
- Beginnt mit dem **Gesamteindruck** (z. B.: Tierart, Name, ungefähre Größe und Gewicht, evtl. Alter).
- Beschreibt dann die **besonderen Merkmale** (z. B. Farbe und Länge des Fells, Kopfform, Augenfarbe ...) von oben nach unten, also vom Kopf bis zu den Beinen.

**Sprachliche Mittel:**
- Verwendet passende Adjektive, z. B.: *schneeweiß, klein, winzig, kugelrund.*
- Verwendet an Stelle der Wörter „ist", „sind" und „haben" treffende Verben, z. B.: *tragen, besitzen.*
- Formuliert eure Beschreibung im Präsens (Gegenwartsform).

# Erzählen

## Von Erlebnissen spannend erzählen ▶ S. 43–60

Das Erlebnis, von dem ihr erzählt, sollte sich so ereignet haben.
Wenn ihr euch das Erlebnis ausdenkt, muss es wahrscheinlich sein, so als hätte es tatsächlich stattgefunden.

### Aufbau einer Erlebniserzählung ▶ S. 45–46

- Die **Einleitung** führt in das Erlebnis ein und gibt Antwort auf die wichtigsten W-Fragen:
  **Wer** sind die Hauptfiguren? **Wann** hat sich das Erlebnis ereignet? **Wo** spielt es?
  Ein **Köder** macht neugierig auf den Hauptteil.
- Der **Hauptteil** besteht aus mindestens drei oder vier Erzählschritten, die logisch aufeinander aufbauen **(Spannungskurve).**
  Besonders interessant wird eure Erzählung, wenn sie einen anschaulich ausgestalteten **Höhepunkt** hat. Manchmal gibt es auch mehrere Höhepunkte.
- Der **Schluss** rundet die Geschichte ab. Hier kann man noch einmal auf den Anfang der Geschichte zurückkommen oder auch eine Frage offenlassen.

### Anschaulich erzählen ▶ S. 48–49

- Verwendet **abwechslungsreiche Verben:** nicht *sagte,* sondern *jammerte.*
- Sucht **treffende Adjektive.** Oft sind zusammengesetzte Adjektive ausdrucksstark, z. B. nicht *kalt,* sondern *bitterkalt* oder *eiskalt.*
- Achtet auf **unterschiedliche Satzanfänge:** nicht *dann ... dann, als ... als* verwenden.
- Denkt daran, auch **Sinneseindrücke** der Beteiligten wiederzugeben: Was sehen, hören, riechen, schmecken oder fühlen sie?
- Ihr könnt in der **Ich-Form schreiben.** So gelingt es euch leichter, euch in die Geschichte hineinzuversetzen. Bei der **Er- oder Sie-Form** habt ihr die Möglichkeit, die Gefühle mehrerer Personen zu schildern.

### Wörtliche Rede verwenden ▶ S. 68

Wörtliche Rede lässt den Leser die Ereignisse hautnah miterleben. Sie muss aber so eingesetzt sein, dass sie auch für die Handlung von Interesse ist.
Die Regeln zur Zeichensetzung bei wörtlicher Rede findet ihr auf S. 309.

### Die Tempusformen beim schriftlichen Erzählen ▶ S. 47

Beim schriftlichen Erzählen verwendet man in der Regel das **Präteritum** (▶ S. 218):
*Emil und ich machten die Judo-Übungen gemeinsam.*
Wenn man deutlich machen möchte, dass ein Ereignis bereits vor dem erzählten Geschehen stattgefunden hat, verwendet man das **Plusquamperfekt** (▶ S. 219).
*Weil mir Emil ein Bein gestellt hatte, fiel ich unsanft auf die Matte.*

## Zu Bildern erzählen ▶ S. 62–70

Die vorgegebenen Bilder zeigen nur die wichtigsten Momente im Ablauf der Handlung, also einzelne Handlungsschritte. Macht euch klar, was auf den einzelnen Bildern geschieht. Achtet vor allem auf die Mimik (Gesichtsausdruck) und Gestik (Körpersprache) der Figuren. Sie geben Hinweise auf deren Gedanken und Gefühle.

Damit eine Geschichte entsteht, müsst ihr weitere Handlungsschritte oder Überleitungen sinnvoll ergänzen – wie bei einem Puzzle. Überlegt genau, in welchem Bild der Höhepunkt liegt. Entscheidet, ob ihr die Geschichte in der Er- oder Ich-Form verfasst.

Die Regeln für die sprachliche Gestaltung entsprechen der Erlebniserzählung (▶ S. 296).

## Nach Reizwörtern erzählen ▶ S. 71–75

Beim Schreiben einer Reizwortgeschichte müsst ihr Folgendes beachten:

- Alle Reizwörter müssen in eurer Geschichte sinnvoll verwendet werden und für die Handlung eine wichtige Rolle spielen; in der Einleitung müssen sie noch nicht vollständig angeführt sein.
- Die Reihenfolge der Reizwörter darf umgestellt werden.
- Die Überschrift muss die Reizwörter nicht unbedingt enthalten, sie muss jedoch einen echten Bezug zu der erzählten Geschichte haben.
- Der Aufbau und die Regeln für die sprachliche Gestaltung entsprechen der Erlebniserzählung (▶ S. 296).

## Nacherzählen ▶ S. 121–140

Oft erzählen wir einen Film oder eine Geschichte für jemanden, der das Original nicht kennt. Dabei erzählen wir so wie in der Vorlage, z. B. stellen wir eine Detektivgeschichte spannend dar, einen Streich lustig. Beachtet auch die folgenden Punkte:

- Erzählt die einzelnen **Handlungsschritte** in der gleichen **Reihenfolge** wie im Original.
- Wenn es im Original einen **Höhepunkt** gibt, wird dieser auch in der Nacherzählung besonders ausgestaltet.
- Erfindet **nichts Neues** hinzu (z. B. Orte, Figuren).
- Erzählt **mit eigenen Worten.** Nur wichtige Kernstellen dürft ihr wörtlich wiedergeben. Solche Kernstellen sind z. B. lustige Wortspiele oder wörtliche Reden, die missverstanden werden.
- Erzählt in der **Zeitstufe des Originals,** meistens im Präteritum.

# Texte und Medien

## Literarische Texte erschließen ▶ S. 51–56, 80–91, 122–140

### Erzählschritte in einer Geschichte ▶ S. 122–140

Jede Geschichte besteht in der Regel aus mehreren Erzählschritten, die man auch Handlungsschritte nennt. Ein neuer Erzählschritt beginnt häufig dann, wenn z. B.:

- der Ort der Handlung wechselt, z. B.: *Bei Lisa angekommen ...*
- ein Zeitsprung stattfindet, z. B.: *Am nächsten Morgen ...*
- eine neue Figur auftaucht, z. B.: *„Tag!", sagte jemand, als Frieda gerade verschwinden wollte.*
- die Handlung eine Wendung erfährt, z. B.: *Auf einmal ...*

### Die Figuren ▶ S. 84–87

Die Personen, die in einer Geschichte vorkommen bzw. handeln, nennt man Figuren. Sie haben bestimmte Eigenschaften und Absichten. In vielen Geschichten gibt es eine Hauptfigur, über die der Leser besonders viel erfährt. Um eine Geschichte zu verstehen, solltet ihr euch ein klares Bild von den einzelnen Figuren machen.

### Ich-Erzähler oder Er-/Sie-Erzähler

- Ein Ich-Erzähler ist selbst als handelnde Figur in das Geschehen verwickelt und schildert die Ereignisse aus seiner persönlichen Sicht, z. B.: *Meine Schwester hatte ...*
- Der Er-/Sie-Erzähler ist nicht am Geschehen beteiligt. Er/Sie erzählt von allen Figuren in der Er-Form bzw. in der Sie-Form, z. B.: *An diesem Tag geschah etwas, dass David nie für möglich gehalten hätte. Seine Schwester hatte ...*

### Erzählweisen erkennen ▶ S. 124–130

Spannend wird erzählt, wenn z. B.:
- Zeit und/oder Ort unheimlich wirken.
- von einer gefährlichen Situation erzählt wird.
- Rätselhaftes geschieht oder der Ausgang eines Geschehens ungewiss bleibt.
- spannungssteigernde Wörter und Wendungen verwendet werden, z. B.: *schlagartig, unheimlich.*

## Texte ausgestalten und weitererzählen ▶ S. 51–56, 88–90, 97, 113–117

Um **einen Text stimmig fortsetzen** zu können, muss man ihn gut verstanden haben:
- **Wo** spielt die Geschichte und **wann?**
- **Aus der Sicht welcher Figur** wird erzählt? Oder gibt es einen **Er-/Sie-Erzähler?**
- Was erfährt man über die Stimmung oder Eigenschaften der Hauptfigur?
- Gibt es andere **wichtige Figuren?**

Gehört der Text einer bestimmten **Textsorte** an? Ist er z. B. ein Märchen, müssen in eurer Fortsetzung natürlich auch **typische Merkmale** der Textsorte vorkommen (s. oben).

## Texte überarbeiten ▶ S. 57, 71–73

Wenn man gemeinsam an Texten arbeiten will, bietet sich dafür die **Textlupe** an (▶ S. 57).
Es geht aber auch allein, wenn man weiß, worauf man achten muss.

### Umstellen, Weglassen, Ersetzen ▶ S. 71–73

Ein eintöniger Satzbau lässt sich durch **Umstellen** vermeiden. Man kann zum Beispiel die
wichtigste Aussage an den Satzanfang stellen:
*Uns gefiel der Nachmittag bis dahin. Uns durchfuhr jedoch ein großer Schreck ...*
→ *Uns gefiel der Nachmittag bis dahin. Ein großer Schreck durchfuhr uns jedoch ...*
Durch das **Weglassen** unpassender und überflüssiger Wörter kann ein Text verbessert werden:
*~~Also~~, wir mussten ~~tatsächlich~~ die Feuerwehr rufen, ~~und wir~~ mussten aber nur ~~voll~~ kurz auf sie warten.*
Wörter, die sich wiederholen, kann man durch ähnliche Begriffe oder durch Pronomen **ersetzen:**
*Wie aus dem Nichts tauchte ein großer Hund auf. Der Hund wollte sich auf Tiffy stürzen.*
→ *Wie aus dem Nichts tauchte ein großer Hund auf. Er/Das Tier wollte sich auf Tiffy stürzen.*

## Märchen ▶ S. 99–119

Märchen haben immer wiederkehrende Merkmale, an denen man sie gut erkennen kann.
Dabei sind natürlich nicht in jedem Märchen alle diese Merkmale zu finden.

### Ort und Zeit
■ Ort und Zeitpunkt der Handlung sind nicht durch genaue Angaben festgelegt, z. B.: *hinter den sieben Bergen, vor langer Zeit.*

### Figuren
■ Es treten typische Figuren auf, z. B. *König und Königin, Prinz und Prinzessin, Handwerker und Bauern, die böse Stiefmutter,* aber auch fantastische Figuren, z. B. *sprechende Tiere, Feen, Hexen, Riesen, Zwerge, Zauberer, Drachen* usw.
■ Die Figuren sind häufig auf wenige Eigenschaften festgelegt, z. B.: *die gute Fee, die böse Hexe, die schöne Königstochter.*

### Handlung
■ Meist siegt am Ende das Gute und das Böse wird bestraft.
■ Der Held/Die Heldin muss Prüfungen bestehen oder Aufgaben erfüllen (häufig drei).
■ Im Märchen geschehen wunderbare Dinge: Tiere können sprechen, es gibt magische Gegenstände (z. B. *einen Wundertisch, ein Zauberkästchen*) und Zauberei.

### Erzählweise
■ Oft enthalten Märchen feste sprachliche Formeln, z. B.: *Es war einmal, Und wenn sie nicht gestorben sind ...*
■ Die Zahlen Drei, Sieben, Zwölf spielen häufig eine besondere Rolle, z. B. *drei Wünsche, sieben Zwerge, zwölf Gesellen.*
■ Oft gibt es Reime oder Zaubersprüche, z. B.: *Ach wie gut, dass niemand weiß, dass ich Rumpelstilzchen heiß!*

## Gedichte
▶ S. 141–154

- Ein wichtiges Merkmal in vielen Gedichten ist der Reim. Wenn zwei Wörter vom letzten betonten Vokal an gleich klingen, nennt man das Endreim, z. B. in *im Stillen – Widerwillen*. In Gedichten könnt ihr verschiedene Reimformen erkennen.
  - Wenn zwei aufeinanderfolgende Verse sich reimen, spricht man von einem **Paarreim:** *aabb*.
  - Reimen sich der 1. und 3. sowie der 2. und 4. Vers (über Kreuz), so nennt man das **Kreuzreim:** *abab*.
- Eine Gedichtzeile heißt **Vers.**
- Mehrere zusammengehörige Verse bilden eine **Strophe.** Mehrere Strophen werden durch Leerzeilen voneinander getrennt.

## Fernsehen, Radio, Internet
▶ S. 167–180

Bei Fernsehsendungen unterscheidet man Unterhaltungs- und Informationssendungen. Zu den **Unterhaltungssendungen** gehören z. B. Fernsehserien, die entweder täglich oder wöchentlich gesendet werden, Fernsehshows (z. B. *Wer wird Millionär?*) und Fernsehfilme. Zu den **Informationssendungen** zählen z. B. Nachrichtensendungen (wie die *Tagesschau*) und Dokumentationen (z. B. *Expeditionen ins Tierreich*).
**Infotainment:** Es gibt auch eine Vielzahl von Magazinen, die versuchen, auf spielerische Art und Weise Kindern und Jugendlichen Wissen zu vermitteln. Indem Information (engl. *information*) mit Unterhaltung (engl. *entertainment*) kombiniert wird, entsteht mit **Infotainment** (Erlebnisfernsehen) eine neue Sparte in den Medien.
**Nachrichten** sind Neuigkeiten. Sie informieren in den Massenmedien wie Fernsehen, Radio, Zeitungen, Zeitschriften und im Internet über aktuelle Ereignisse.
Die wichtigsten Inhalte sind Antworten auf die journalistischen W-Fragen: **Wer? Wo? Was? Wann? Wie?** Eine Nachrichtenmeldung ist so aufgebaut, dass das Wichtigste gleich zu Anfang gesagt wird.

## Theater
▶ S. 155–166

In einem Theaterstück wird die **Handlung durch** die **Gespräche** (Dialoge) zwischen den Personen auf der Bühne **ausgedrückt**. Im Theater sprechen die Schauspieler aber nicht nur ihren Text, sie gebrauchen auch ihre **Stimme** (Sprechweise und Betonung), ihre **Körpersprache** (Gestik) und ihren **Gesichtsausdruck** (Mimik), um Gefühle und Stimmungen auszudrücken.
Wichtige Theaterbegriffe:
- **Rolle:** Rolle nennt man die **Figur, die eine Schauspielerin oder ein Schauspieler in einem Theaterstück verkörpert,** z. B. die Rolle des Löwen, die Rolle des Ritters usw.
- **Szene:** Eine Szene ist ein kurzer, abgeschlossener Teil eines Theaterstücks. Eine Szene endet, wenn neue Figuren auftreten und/oder Figuren abtreten. Meistens erlischt am Ende einer Szene auch die Bühnenbeleuchtung.
- **Regieanweisungen:** Regieanweisungen geben Hinweise darauf, wie die Figuren reden und sich verhalten sollen. Sie stehen oft in Klammern und/oder sind kursiv (schräg) gedruckt.
- **Requisiten:** Gegenstände, die für die Handlung von Bedeutung sind.
- **Kulisse:** Gestalteter Hintergrund einer Theaterbühne.

## Sachtexte
▶ S. 181–198, 288

Sachtexte finden wir in unterschiedlichen Bereichen. So zählen folgende Beispiele zur Gruppe der Sachtexte: Texte in Sachbüchern, journalistische Sachtexte (z. B. Zeitungsberichte), Lexikonartikel, Kochrezepte, Bastel- und Spielanleitungen, Schaubilder und Diagramme (z. B. Klimadiagramm in Erdkunde).

Sachtexte informieren über bestimmte Themen. Manche Sachtexte wollen auch zu etwas anleiten oder auffordern. Die Sprache im Sachtext ist klar und sachlich. Gefühle oder Gedanken finden sich hier in der Regel nicht. Sachtexte lassen sich mit der Fünf-Schritt-Lesemethode gut erschließen:

**1. Schritt: Einen ersten Überblick verschaffen**

- Lest die Überschrift.
- Achtet auch auf Hervorhebungen, einzelne Abschnitte, Satzanfänge.
- Bezieht Bilder, Diagramme und Skizzen mit ein.
- Verschafft euch so einen ersten Eindruck von Inhalt und Aufbau des Textes.

**2. Schritt: Fragen stellen**

- Was wisst ihr schon über das Thema?
- Was möchtet ihr noch wissen?
- Worum geht es?
- Stellt die W-Fragen an den Text. (Wer? Wo? Wann?)

**3. Schritt: Schlüsselwörter unterstreichen und Unklarheiten klären**

- Lest nun den Text aufmerksam und versucht, Antworten auf eure Fragen zu bekommen.
- Klärt unbekannte oder schwierige Wörter aus dem Textzusammenhang, durch Nachdenken oder durch das Nachschlagen in einem Wörterbuch.
- Markiert sparsam die wichtigsten Schlüsselwörter im Text. Das sind meist Wörter, an denen ihr beim Überfliegen mit euren Augen hängenbleibt. Meist geben die Schlüsselwörter die Antworten auf die W-Fragen.

**4. Schritt: Wichtiges zusammenfassen**

- Findet für die einzelnen Abschnitte Überschriften, die den Inhalt knapp zusammenfassen.
- Verwendet dazu die unterstrichenen Schlüsselwörter.

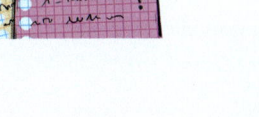

**5. Schritt: Stichwortzettel anlegen**

- Wiederholt den Inhalt noch einmal mit Hilfe eurer Notizen. Denkt dabei auch an eure Fragen aus Schritt 2.
- Erstellt einen Stichwortzettel aus den Zwischenüberschriften und den von euch markierten Schlüsselwörtern.
- Ihr könnt euren Stichwortzettel auch in Form eines Clusters anlegen (▶ S. 286)

## Grafiken entschlüsseln
▶ S. 188

Beim Entschlüsseln einer Grafik könnt ihr so vorgehen:

**1** Stellt fest, worum es in der Grafik geht. Hierbei hilft euch die Überschrift, wenn es eine gibt.

**2** Untersucht, was in der Grafik dargestellt wird: Erklärt sie einen Vorgang, den Aufbau oder die Funktion von etwas oder verdeutlicht sie eine Lage, wie z. B. eine Landkarte?

**3** Prüft, ob die Grafik Farben, Beschriftungen oder Symbole enthält, die erklärt werden.

**4** Schreibt auf, worüber die Grafik informiert.

# Sprachgebrauch und Sprachreflexion

## Wortarten

### Das Nomen (Hauptwort/Substantiv; Plural: die Nomen)
▶ S. 200–205

Die meisten Wörter in unserer Sprache sind Nomen. Sie werden immer **großgeschrieben.**
Nomen bezeichnen:

- **Lebewesen,** z. B.: *Biber, Eule, Zwerg,*
- **Gegenstände,** z. B.: *Schatz, Stadt,*
- **Begriffe** (Gedanken, Gefühle, Zustände ...), z. B.: *Angst, Mut, Freude, Ferien, Freundschaft.*

Sie werden häufig von **Wörtern begleitet,** an denen wir sie erkennen können, z. B. einem **Artikel**
*(der Hase, eine Uhr)* oder einem Adjektiv *(blauer Himmel, fröhliche Menschen).*

### Genus (grammatisches Geschlecht; Plural: die Genera)
▶ S. 201

**Jedes Nomen hat ein Genus** (ein grammatisches Geschlecht), das man **an** seinem **Artikel erkennen**
kann. Ein Nomen ist entweder

- ein **Maskulinum** (männliches Nomen), z. B.: *der Zwerg, der Schatz,*
- ein **Femininum** (weibliches Nomen), z. B.: *die Hexe, die Unterwelt,*
- ein **Neutrum** (sächliches Nomen), z. B.: *das Ungeheuer, das Hexenhaus.*

Das **grammatische Geschlecht** eines Nomens stimmt **nicht immer** mit dem **natürlichen Geschlecht**
überein, z. B.: *das Mädchen, das Kind.*

### Numerus (die grammatische Zahl; Plural: die Numeri)
▶ S. 202

Nomen haben einen Numerus, d. h. eine Anzahl. Sie stehen entweder im

- **Singular** (Einzahl), z. B. *der Wald, die Hexe, das Einhorn,* oder im
- **Plural** (Mehrzahl), z. B. *die Wälder, die Hexen, die Einhörner.*

Nur bei wenigen Wörtern ist entweder nur eine Singularform oder eine Pluralform möglich, z. B.:
*der Regen, die Ferien.*

### Der Kasus (Fall; Plural: die Kasus, mit langem *u* gesprochen)
▶ S. 203 f.

In Sätzen erscheinen Nomen immer in einem bestimmten Kasus, das heißt in einem grammatischen Fall. **Im Deutschen gibt es vier Kasus.** Nach dem Kasus richten sich die Form des Artikels und
die Endung des Nomens. Man kann den **Kasus** eines Nomens **durch Fragen ermitteln.**

| Kasus | Kasusfrage | Beispiele |
|---|---|---|
| 1. Fall: **Nominativ** | *Wer oder was ...?* | *Der Zauberer liest ein Buch.* |
| 2. Fall: **Genitiv** | *Wessen ...?* | *Das Buch des Zauberers ist spannend.* |
| 3. Fall: **Dativ** | *Wem ...?* | *Ein Mädchen schaut dem Zauberer zu.* |
| 4. Fall: **Akkusativ** | *Wen oder was ...?* | *Sie beobachtet den Zauberer genau.* |

Meist ist der Kasus am veränderten Artikel des Nomens erkennbar, manchmal auch an der Endung
des Nomens, z. B: *des Mannes, des Mädchens, den Kindern.*
Wenn man ein Nomen in einen Kasus setzt, nennt man das **deklinieren** (beugen).

## Der Artikel (Begleiter, Geschlechtswort; Plural: die Artikel) ▶ S. 206

Das Nomen tritt selten allein auf, sondern wird häufig von einem Artikel begleitet. Man unterscheidet zwischen dem bestimmten Artikel *(der, die, das)* und dem unbestimmten Artikel *(ein, eine, ein)*, z. B.:

|  | bestimmter Artikel | unbestimmter Artikel |
|---|---|---|
| **männlich** | *der* Schneider | *ein* Schneider |
| **weiblich** | *die* Bauerstochter | *eine* Bauerstochter |
| **sächlich** | *das* Dorf | *ein* Dorf |

## Das Adjektiv (das Eigenschaftswort; Plural: die Adjektive) ▶ S. 210 f.

Adjektive drücken aus, **wie** etwas ist. Mit Adjektiven können wir die **Eigenschaften** von Lebewesen, Dingen, Vorgängen, Gefühlen und Vorstellungen **genauer beschreiben,** z. B.:
*der starke Wind, der schwache Wind, der eiskalte Wind.*
Adjektive werden **kleingeschrieben.** Adjektive, die vor einem Nomen stehen, haben den gleichen Kasus wie das Nomen: *der kalte See, die kalten Seen, des kalten Sees.*

- **Steigerung der Adjektive**

  Die meisten Adjektive kann man steigern (z. B.: *schön – schöner – am schönsten*). So kann man, z. B. Dinge und Lebewesen miteinander vergleichen. Es gibt drei Steigerungsstufen:

| Positiv (Grundform) | Komparativ (Höherstufe) | Superlativ (Höchststufe) |
|---|---|---|
| *Jan ist groß.* | *Leonhard ist größer.* | *Christian ist am größten.* |

## Die Konjunktion (das Bindewort; Plural: die Konjunktionen) ▶ S. 241–243

Konjunktionen verbinden Satzteile oder Teilsätze miteinander, z. B.:
*Es gab Donner und Blitz.*
*Er konnte nicht an der Wanderung teilnehmen, weil er sich den Fuß verstaucht hatte.*
Die häufigsten Konjunktionen sind: *und, oder, weil, da, nachdem.*
Konjunktionen sind nicht veränderbar: Man kann sie nicht beugen (in einen Kasus oder eine Personalform setzen).
Man unterscheidet zwischen nebenordnenden und unterordnenden Konjunktionen.

**nebenordnende Konjunktionen**
*Peter schwimmt im See,    denn    es ist sehr heiß.*
———— Hauptsatz 1 ———— Konjunktion — Hauptsatz 2 —

**unterordnende Konjunktionen**
*Ich sprang heute vom 3-Meter-Brett,    obwohl    ich etwas Angst hatte.*
———————— Hauptsatz 1 ————————
                                Konjunktion ———— Nebensatz ————

## Das Pronomen (Fürwort; Plural: die Pronomen) ▶ S. 207–209

**Das Pronomen ist ein Stellvertreter oder Begleiter; es vertritt oder begleitet ein Nomen.**
Es gibt verschiedene Arten von Pronomen.

- **Das Personalpronomen** (persönliches Fürwort)
  Mit den **Personalpronomen** *(ich, du, er, sie, es, wir, ihr, sie)* kann man **Nomen und Namen ersetzen,** z. B.:

  *Die Piraten planen einen Überfall. Sie bereiten sich vor. Sofort wehrt das Frachtschiff sie ab.*

  *Störtebecker hat keine Angst. Er ist mutig und weiß, dass keiner ihn fängt.*

  Personalpronomen werden wie die Nomen **dekliniert** (gebeugt):

  | Kasus | Singular | | | Plural | | |
  |---|---|---|---|---|---|---|
  | | 1. Pers. | 2. Pers. | 3. Pers. | 1. Pers. | 2. Pers. | 3. Pers. |
  | 1. Fall: **Nominativ** | ich | du | er/sie/es | wir | ihr | sie |
  | 2. Fall: **Genitiv** | meiner | deiner | seiner/ihrer/seiner | unser | euer | ihrer |
  | 3. Fall: **Dativ** | mir | dir | ihm/ihr/ihm | uns | euch | ihnen |
  | 4. Fall: **Akkusativ** | mich | dich | ihn/sie/es | uns | euch | sie |

- **Das Possessivpronomen** (besitzanzeigendes Fürwort)
  **Possessivpronomen** *(mein/meine – dein/deine – sein/seine, ihr/ihre – unser/unsere – euer/eure – ihr/ihre)* **geben an, zu wem etwas gehört,** z. B.: *mein Schiff, deine Tasche, unsere Flagge.*
  Possessivpronomen begleiten meist Nomen und stehen dann in dem gleichen Kasus
  (Fall) wie das dazugehörige Nomen, z. B.:
  *Ich gebe meiner Mannschaft das Kommando. (Wem …? → Dativ)*

## Das Verb (das Tätigkeitswort; Plural: die Verben) ▶ S. 215–224

Mit Verben gibt man an, **was jemand tut** (z. B. *laufen, reden, lachen*), **was geschieht** (z. B. *regnen, brennen*) oder **was ist** (z. B. *haben, sein, bleiben*). Verben werden kleingeschrieben.
- Der **Infinitiv** (die Grundform) eines Verbs endet auf *-en* oder *-n*, z. B.: *rennen, sagen, antworten, rudern, lächeln.*
- Wenn man ein Verb in einem Satz verwendet, bildet man **die Personalform des Verbs.** Das nennt man **konjugieren (beugen),** z. B.: *such-en* (Infinitiv) → *Ich such-e den Schlüssel* (1. Person Singular). Die Personalform des Verbs wird aus dem Infinitiv des Verbs gebildet. An den Stamm des Verbs wird dabei die passende Personalendung gehängt, z. B.: *sprech-en* (Infinitiv) → *Er spricht* (3. Person Singular).

## Die Tempora (Zeitformen) der Verben ► S. 216–224

Verben kann man in verschiedenen Zeitformen (Tempora) verwenden, z. B. im Präsens, im Präteritum, im Futur. Die Zeitformen (Tempora; Sg.: das Tempus) der Verben sagen uns, wann etwas passiert, z. B. in der Gegenwart, in der Vergangenheit oder in der Zukunft.

- **Das Präsens** (die Gegenwartsform)
  1 Das Präsens wird verwendet, wenn etwas in der **Gegenwart** (in diesem Augenblick) geschieht, z. B.: *Er schreibt gerade einen Brief.* (Es geschieht in diesem Augenblick.)
  2 Im Präsens stehen auch **Aussagen, die immer gelten,** z. B.: *Suppe isst man mit dem Löffel.* (Es ist immer gültig.)
  3 Man kann das Präsens auch verwenden, **um etwas Zukünftiges auszudrücken.** Meist verwendet man dann eine Zeitangabe, die auf die Zukunft verweist, z. B.: *Morgen gehe ich ins Kino.*

- **Das Futur** (die Zukunftsform)
  Das Futur wird verwendet, um ein zukünftiges Geschehen auszudrücken, z. B.: *In den Sommerferien werde ich häufig ins Freibad gehen.*
  Das Futur wird gebildet durch: Personalform von *werden* im Präsens + Infinitiv des Verbs, z. B.: *Ich werde anrufen, du wirst anrufen ...*

- **Das Perfekt** (2. Vergangenheit)
  Wenn man mündlich von etwas Vergangenem erzählt oder berichtet, verwendet man häufig das Perfekt, z. B.: *Ich habe gerade etwas gegessen. Er ist nach Hause gekommen.*
  Das Perfekt ist eine **zusammengesetzte Vergangenheitsform,** weil es mit einer Form von **„haben"** oder **„sein"** im Präsens (z. B. *hast, sind*) und dem **Partizip II des Verbs** (z. B.: *gesehen, aufgebrochen*) gebildet wird.
  - Das Partizip II beginnt meist mit *ge-*, z. B.: *lachen → gelacht; gehen → gegangen.*
  - Wenn das Verb schon eine Vorsilbe hat (*ge-, be-* oder *ver-*), bekommt das Partizip II keine mehr, z. B.: *gelingen → gelungen; beschweren → beschwert; verlieren → verloren.*

- **Das Präteritum** (1. Vergangenheit)
  Das Präteritum ist eine **einfache Zeitform der Vergangenheit.** Diese Zeitform wird vor allem in schriftlichen Erzählungen (z. B. in Märchen, in Geschichten) und in Berichten verwendet, z. B.: *Sie lief schnell nach Hause, denn es regnete in Strömen.*
  Man unterscheidet:
  - **regelmäßige** (schwache) **Verben:** Bei den regelmäßigen Verben ändert sich der Vokal *(a, e, i, o, u)* im Verbstamm nicht, wenn das Verb ins Präteritum gesetzt wird, z. B.: *ich lache* (Präsens) *→ ich lachte* (Präteritum),
  - **unregelmäßige** (starke) **Verben:** Bei den unregelmäßigen Verben ändert sich im Präteritum der Vokal *(a, e, i, o, u)* im Verbstamm, z. B.: *ich singe* (Präsens) *→ ich sang* (Präteritum); *ich laufe* (Präsens) *→ ich lief* (Präteritum).

- **Das Plusquamperfekt** (3. Vergangenheit)
  Wenn etwas vor dem passiert, wovon im Präteritum oder im Perfekt erzählt wird, verwendet man das Plusquamperfekt. Das Plusquamperfekt wird deshalb auch **Vorvergangenheit** genannt, z. B.: *Nachdem er den Computer ausgeschaltet hatte, verließ er das Zimmer.*
  Das Plusquamperfekt ist wie das Perfekt (► S. 218) eine **zusammengesetzte Vergangenheitsform,** weil es mit einer Form von **„haben"** oder **„sein"** im Präteritum (z. B. *hatte, war*) und dem **Partizip II des Verbs** (z. B. *gelesen, aufgebrochen*) gebildet wird, z. B.: *Nachdem wir etwas gegessen hatten, gingen wir in den Zoo. Nachdem wir alle pünktlich angekommen waren, ging es los.*
  **Tipp:** Die Konjunktion *nachdem* leitet oft einen Satz im Plusquamperfekt ein.

## Wortfeld ▶ S. 65

**Wörter mit ähnlicher Bedeutung** bilden ein Wortfeld, z. B.: *fliegen, schweben, flattern, gleiten …*
Mit Wörtern aus einem Wortfeld kann man abwechslungsreich und aussagekräftig formulieren.

## Wortfamilie ▶ S. 213

Der Grundbaustein eines Wortes heißt **Wortstamm.** Wörter mit dem gleichen Wortstamm bilden
eine **Wortfamilie,** z. B.: *freuen, die Freude, freudig, erfreuen …*

# Satzglieder

## Wortart und Satzglied

Beachtet den Unterschied zwischen Wortarten und Satzgliedern: Einzelne Wörter kann man nach
ihrer Wortart bestimmen, Satzglieder sind die Bausteine in einem Satz:

| Nomen | Verb | Pronomen | Präposition | Nomen | **Wortarten** |
|---|---|---|---|---|---|
| *Thomas* | *trifft* | *ihn* | *zu* | *Hause.* | |
| Subjekt | Prädikat | Akkusativobjekt | adverbiale Bestimmung des Ortes | | **Satzglieder** |

## Satzglieder erkennen: Die Umstellprobe ▶ S. 226 f., 232, 235 f.

**Ein Satz besteht aus verschiedenen Satzgliedern.** Diese Satzglieder können aus einem einzelnen
Wort oder aus mehreren Wörtern (einer Wortgruppe) bestehen.
Mit der **Umstellprobe** könnt ihr feststellen, wie viele Satzglieder ein Satz hat. Wörter und Wortgrup-
pen, die bei der Umstellprobe immer zusammenbleiben, bilden ein Satzglied, z. B.:
Die Täter stahlen nachts den teuren Schmuck. / Nachts stahlen die Täter den teuren Schmuck.

## Der Aufbau eines Satzes: Das Feldermodell ▶ S. 226 f., 235 f.

Der Aufbau eines Satzes lässt sich mit dem **Feldermodell** darstellen. Dabei bildet ein mehrteiliges
Prädikat (Prädikat, ▶ S. 307) eine **Satzklammer.** Durch die Satzklammer ergeben sich drei Felder, in
denen die einzelnen Satzglieder stehen können:

| *Der Inspektor* | *jagte* | *dem Dieb* | *nach.* | – |
|---|---|---|---|---|
| **Vorfeld** | **linke Satzklammer** (= 1. Teil des Prädikats) | **Mittelfeld** | **rechte Satzklammer** (= 2. Teil des Prädikats) | **Nachfeld** |

- Im **Vorfeld** kann jede Art von Satzglied stehen (Umstellprobe, ▶ S. 306).
- Im **Mittelfeld** (nach dem gebeugten Verb) können mehrere Satzglieder stehen.
- **Nachfeld** und **rechte Satzklammer** können auch frei bleiben.

## Das Prädikat (Plural: die Prädikate) ▶ S. 228 f.

Der **Kern des Satzes** ist das Prädikat (Satzaussage). Prädikate werden durch Verben gebildet.
In einem Aussagesatz steht die Personalform des Verbs (der gebeugte Teil, ▶ S. 304) **immer an
zweiter Satzgliedstelle**, z. B.: *Der Detektiv jagt den Dieb.*
**Prädikate** können **aus mehreren Teilen** bestehen, z. B. aus

- **einem Verb,** das in **zwei Bestandteile** getrennt ist: *Auf Darlington Hall fiel Seltsames vor.*
- **Personalform** und **Partizip:** *Der Dieb ist plötzlich geflüchtet.*
- **zwei Verben:** *Die Polizisten kamen ins Zimmer gestürmt.*

Die zwei Teile des Prädikats bilden eine Satzklammer (Feldermodell, ▶ S. 306).

## Das Subjekt (Satzgegenstand; Plural: die Subjekte) ▶ S. 230

Das Satzglied, das angibt, wer oder was etwas tut, veranlasst, handelt ..., heißt Subjekt.

- Ihr könnt das Subjekt mit der Frage **„Wer oder was ...?"** ermitteln: *Ich schlafe.* → *Wer schläft?*
- Es kann aus mehreren Wörtern bestehen, z. B.: *Tim schläft. – Mein treuer Hund Tim schläft.*

## Die Objekte (Singular: das Objekt) ▶ S. 231

- **Akkusativobjekt:** Das Objekt, das im Akkusativ steht, heißt Akkusativobjekt. Ihr ermittelt es mit
  der Frage: **„Wen ... oder was ...?",** z. B.: *Wen oder was leiht sie mir? Sie leiht mir das schöne Buch.*
- **Dativobjekt:** Das Objekt, das im Dativ steht, heißt Dativobjekt. Ihr ermittelt es mit der Frage:
  **„Wem ...?",** z. B.: *Wem leiht sie das Buch? Sie leiht das Buch mir.*

## Die adverbialen Bestimmungen (auch: Adverbialien) ▶ S. 233 f.

- Adverbiale Bestimmungen (Umstandsbestimmungen) sind Satzglieder, die man z. B. mit den
  Fragen **Wann ...?, Wo ...?, Warum ...?, Wie ...?** ermittelt. Sie liefern zusätzliche **Informationen über
  den Ort** (lokale adverbiale Bestimmung), **über die Zeit** (temporale adverbiale Bestimmung), **über
  den Grund** (kausale adverbiale Bestimmung) und **über die Art und Weise** (modale adverbiale
  Bestimmung) eines Geschehens oder einer Handlung.
- Durch die Frageprobe kann man ermitteln, welche adverbiale Bestimmung vorliegt.

| Frageprobe | Satzglied | Beispiel |
|---|---|---|
| Wo? Wohin? Woher? | **lokale adverbiale Bestimmung** | *Wo liegt der Schatz?*<br>*Der Schatz liegt hinter der Holzhütte.* |
| Wann? Wie lange? Seit wann? | **temporale adverbiale Bestimmung** | *Wann wurde der Schatz versteckt?*<br>*Der Schatz wurde vor 200 Jahren versteckt.* |
| Warum? Weshalb? | **kausale adverbiale Bestimmung** | *Warum brachen sie die Schatzsuche ab?*<br>*Wegen der Dunkelheit brachen sie die Suche ab.* |
| Wie? Auf welche Weise? Womit? | **modale adverbiale Bestimmung** | *Wie werden sie die Schatztruhe öffnen?*<br>*Sie werden die Schatztruhe gewaltsam öffnen.* |

# Sätze

## Satzarten unterscheiden

▶ S. 239–240, 243 f.

Je nachdem, ob wir etwas aussagen, fragen oder jemanden auffordern wollen, verwenden wir unterschiedliche Satzarten: **Aussagesatz, Fragesatz** und **Aufforderungssatz.**

In der gesprochenen Sprache erkennen wir die Satzarten oft an der Stimmführung, in der geschriebenen Sprache an den Satzschlusszeichen: Punkt, Fragezeichen und Ausrufezeichen.

1 Nach einem **Aussagesatz** steht ein **Punkt,** z. B.: *Scotland Yard ist die Londoner Polizei.*

2 Nach einem **Fragesatz** steht ein **Fragezeichen,** z. B.: *Wo hat Scotland Yard seinen Sitz?*

3 Nach einem **Ausrufe- oder Aufforderungssatz** steht oft ein **Ausrufezeichen,** z. B.: *Haltet den Dieb!*

Einen Hinweis auf die Satzart gibt außerdem die Position des Verbs im Satz.

|  |  | Vorfeld | linke Klammer | Mittelfeld | rechte Klammer |
|---|---|---|---|---|---|
| **Verberstsatz** | Bei **Befehlen** und **Entscheidungsfragen** ist das Vorfeld leer. |  | *Haltet* | *den Dieb* | *auf!* |
|  |  |  | *Wurde* | *der Dieb* | *gefasst?* |
| **Verbzweitsatz** | In **Aussagesätzen** und bei **Ergänzungsfragen** (W-Fragen) steht das gebeugte Verb an zweiter Stelle. | *Der Dieb* | *hat* | *keine Spuren* | *hinterlassen.* |
|  |  | *Wer* | *kann* | *Hinweise* | *geben?* |
| **Verbletztsatz** | Bei **Nebensätzen** steht das gebeugte Verb an letzter Stelle. Die einleitende Konjunktion steht im Feldermodell in der linken Klammer. |  | *weil* | *der Dieb keine Spuren* | *hinterlässt.* |

## Die Satzreihe: Hauptsatz + Hauptsatz

▶ S. 241

Hauptsätze haben folgende Kennzeichen:

- Ein **Hauptsatz** ist ein selbstständiger Satz. Er kann alleine stehen.
- Er enthält mindestens zwei Satzglieder, nämlich Subjekt und Prädikat, z. B.: *Der Dieb flieht.*
- Die Personalform des Verbs (das gebeugte Verb, ▶ S. 304) steht im Hauptsatz in der Regel an zweiter Satzgliedstelle, z. B.: *Der Dieb flieht vor der Polizei.*

Ein **Satz,** der **aus zwei oder mehr Hauptsätzen** besteht, wird **Satzreihe** genannt. Die einzelnen Hauptsätze einer Satzreihe werden durch ein **Komma** voneinander getrennt, z. B.:

*Der Dieb flieht vor der Polizei, der Kommissar ermittelt.*

Häufig werden die Hauptsätze durch die nebenordnenden **Konjunktionen** (Bindewörter) *und, oder, aber, denn, doch* verbunden, z. B.: *Der Dieb flieht vor der Polizei, denn er hat gestohlen.*

Nur vor den Konjunktionen *und* bzw. *oder* darf das Komma wegfallen, z. B.: *Der Dieb flieht vor der Polizei und der Kommissar ermittelt.*

## Satzgefüge: Hauptsatz + Nebensatz ▶ S. 242

**Nebensätze haben folgende Kennzeichen:**

- Ein Nebensatz kann **nicht ohne** einen **Hauptsatz** stehen.
- Der Nebensatz **ist dem Hauptsatz untergeordnet** und wird oft durch eine unterordnende **Konjunktion** (Bindewort) **eingeleitet,** z. B. *weil, da, obwohl, damit, dass, sodass, nachdem, während.*
- Die **Personalform des Verbs** (das gebeugte Verb) steht im Nebensatz **an letzter Satzgliedstelle.**

Einen **Satz,** der **aus** mindestens einem **Hauptsatz und** mindestens einem **Nebensatz** besteht, nennt man **Satzgefüge.** Zwischen Hauptsatz und Nebensatz muss **immer ein Komma** stehen, z. B.:

*Der Dieb ist im Gefängnis, weil der Kommissar ihn stellte.*

        Hauptsatz                       Nebensatz

In einem Satzgefüge kann der Nebensatz vor, zwischen oder nach dem Hauptsatz stehen.

# Zeichensetzung

## Satzschlusszeichen ▶ S. 239–240

- Nach einem **Aussagesatz** steht ein **Punkt,** z. B.: *Ich kaufe eine Uhr.*
- Nach einem **Fragesatz** steht ein **Fragezeichen,** z. B.: *Kommst du mit?*
- Nach einem **Ausrufe- oder Aufforderungssatz** steht oft ein **Ausrufezeichen,** z. B.: *Lauft schneller!*

## Zeichensetzung bei der wörtlichen Rede ▶ S. 68

Die **wörtliche Rede** steht in einem Text **in Anführungszeichen.** Man unterscheidet:

- Der **Redebegleitsatz vor** der wörtlichen Rede wird durch einen **Doppelpunkt** von der wörtlichen Rede abgetrennt, z. B.: *Tina rief: „Ich komme gleich zu dir!"*
- Der **Redebegleitsatz nach** der wörtlichen Rede wird durch ein **Komma** von der wörtlichen Rede abgetrennt, z. B.: *„Ich komme gleich zu dir!", rief Tina.*
- Der **Redebegleitsatz zwischen** der wörtlichen Rede wird **durch Kommas** von der wörtlichen Rede abgetrennt, z. B.: *„Ich", rief Tina laut, „komme gleich zu dir!"*

# Rechtschreibstrategien ▶ S. 247–278

## Schwingen  ▶ S. 248, 249

- **Vor** dem Schreiben: Sprecht die Wörter deutlich in Silben. Zeichnet Silbenbögen in die Luft.
- **Beim** Schreiben: Sprecht die Silben leise mit. Sprecht nicht schneller, als ihr schreibt.
- **Nach** dem Schreiben: Prüft, indem ihr Silbenbögen unter jede Silbe zeichnet und leise mitsprecht.

## Offene und geschlossene Silben ▶ S. 250

Wenn ihr Wörter deutlich in Silben sprecht (schwingt), dann hört ihr, ob eine Silbe mit einem **Vokal** (*a/ä, e, i, o/ö, u/ü*) oder **Konsonanten** (z. B.: *b, d, f, g, t, s* ...) endet:

- Enden Silben mit einem **Vokal,** nennt man sie **offen,** z. B.: Blu se.
- Enden Silben mit einem **Konsonanten,** nennt man sie **geschlossen,** z. B.: Klas sen.

## Verlängern  ▶ S. 252–253

- Bei **Einsilbern und Zweisilbern** kann man besonders am Wortende Buchstaben verwechseln oder nicht immer sicher zuordnen, z. B.:
  - Einsilber: *das Bad, der Tag, der Stab, der Biss, das Schiff,*
  - Zweisilber: *der Anpfiff, erlaubt, beliebt, der Abend, traurig, kaputt.*
- Damit man Einsilber und Zweisilber schwingen kann, um auch die schwierigen Buchstaben sicher zu hören, muss man eine Silbe anfügen: Man **verlängert** sie, z. B.:

| | | | |
|---|---|---|---|
| Einsilber: | *der Berg* | *still* | *rennt* |
| Verlängerte Einsilber: | *die Ber ge* | *stil ler als* | *wir ren nen* |
| Zweisilber: | *be lebt* | *der Be scheid* | *der Ge winn* |
| Verlängerte Zweisilber: | *be le ben* | *die Be schei de* | *die Ge win ne* |

## Zerlegen  ▶ S. 254

- In zusammengesetzten Wörtern können sich Verlängerungsstellen verstecken, z. B.: *der Aben**d**himmel, die Schran**k**wand, der Die**b**stahl.*
- Die unklaren Auslaute und Einsilber findet man, indem man die Wörter zerlegt und dann verlängert, z. B.:

*Han**d** ba**ll** – die Hän**d**e und die Bä**ll**e.*

- Manchmal muss man auch Wortbausteine abtrennen, bevor man verlängern kann, z. B.:

*das Käl**b**chen – die Käl**b**er.*

## Ableiten  ▶ S. 255

- Wörter, die z. B. die Vokale *e* und *eu* enthalten, sind leicht mit *ä* und *äu* zu verwechseln. Man spricht sie ähnlich aus.
- **Normalerweise** schreibt man *e* oder *eu*.
- Wenn es verwandte Wörter mit *a* oder *au* gibt, dann schreibt man *ä* oder *äu,* z. B.:

*die W**e**lt – aber: er h**ä**lt, denn es heißt: h**a**lten*    *die L**eu**te – er l**äu**tet, denn es heißt: l**au**ten*

## Nomen erkennen

▶ S. 258–260

Nomen werden großgeschrieben. Prüft mit folgenden Proben, ob es sich um ein Nomen handelt:

- **Artikelprobe:** Vor Nomen kann man einen Artikel setzen, z. B.: *das Haus.*
- **Adjektivprobe:** Nomen kann man durch Adjektive genauer beschreiben, z. B.: *das hohe Haus.*
- **Pronomenprobe:** Pronomen können Nomen vorausgehen, z. B.: *unser Haus, dieses Haus.*
- **Zählprobe:** Viele Nomen kann man zählen, z. B.: *drei Häuser, viele Häuser.*
- **Endungsprobe:** Nomen können z. B. enden auf: *-heit, -keit, -ung, -nis, -schaft, - tum.*
  z. B.: *Gesundheit, Heiterkeit, Umgebung, Ereignis.*

## Im Wörterbuch nachschlagen

▶ S. 261–262

- In einem Wörterbuch sind die Wörter **nach dem Alphabet sortiert.**
- Wenn der erste, zweite … Buchstabe gleich ist, wird die Reihenfolge nach dem zweiten, dritten … Buchstaben entschieden, z. B.: *Flamme, Fleiß, Floß.*
- Bei **Verbformen** sucht ihr die **Grundform** (Infinitiv), z. B.: *geht → gehen.*
- Bei **Adjektiven** sucht ihr die **Grundform,** z. B.: *netter → nett.*
- Bei **Nomen** sucht ihr die **Einzahl** (den Singular), z. B.: *die Wände → die Wand.*
- Zusammengesetzte Wörter **solltet ihr zerlegen** und getrennt nachschlagen.

## Richtig abschreiben

▶ S. 251

- **Lest** den Text **mehrmals,** bevor ihr ihn abschreibt. Ihr solltet seinen Inhalt gut kennen.
- **Schwingt:** Sprecht schwierige Wörter in Silben (laut oder in Gedanken).
- Merkt euch **jeweils eine Zeile** und schreibt sie auf. Schreibt nur in jede zweite Zeile.
- **Sprecht leise mit,** während ihr schreibt. Sprecht nicht schneller, als ihr schreibt.
- Kontrolliert am Ende jeden Satzes das **Satzschlusszeichen** (▶ S. 309).
- **Schreibt sauber** und lesbar.

## Partnerdiktat

▶ S. 276

- Lest zuerst den gesamten Text durch und achtet auf schwierige Wörter.
- Diktiert euch abwechselnd den Text, Abschnitt für Abschnitt.
- Jeder überprüft am Ende seinen eigenen Text auf Rechtschreibfehler und verbessert sie.
- Tauscht dann eure Texte aus und korrigiert sie gegenseitig.
- Verbessert zum Schluss die Fehler in euren Texten.

## Dosendiktat

▶ S. 272

- Legt in eine Dose Zettel mit Wörtern, die ihr üben wollt.
- Zieht nacheinander die Zettel aus der Dose und diktiert sie euch gegenseitig.
- Kontrolliert mit Hilfe der Zettel, ob ihr die Wörter richtig geschrieben habt.

# Rechtschreibregeln

## Wörter mit doppelten Konsonanten ► S. 265–267

- Doppelte Konsonanten schreibt man nur, wenn die erste Silbe geschlossen ist, z. B.:
  *die Schelle, der Blödsinn, die Dämme, die Betten, die Robbe.*
- Wenn zwischen zwei Silben (Silbengrenze) zwei verschiedene Konsonanten stehen, verdoppelt man nicht, z. B.: *die Schwärme, die Murmel, wandern.*
  Um die Regel anzuwenden, muss man Einsilber verlängern und zusammengesetzte Wörter zerlegen.

## Wörter mit *ie* ► S. 268–270

Man schreibt Wörter in der Regel nur dann mit *ie,* wenn die **erste Silbe offen** ist und der **Vokal lang** gesprochen wird.
In zusammengesetzten Wörtern müsst ihr die zweisilbige Form suchen, um die ie-Schreibung zu begründen.
**Achtung:** Diese **Regel** gilt **nur für zweisilbige Wörter!**
Die Personalpronomen *ihr, ihnen, ihm, ihn, ihre* werden mit **ih** geschrieben.

## Wörter mit *ß* oder *ss* ► S. 271–273

Der Buchstabe *ß* steht für einen **zischend** gesprochenen s-Laut.
- Man schreibt *ß,* wenn die **erste Silbe offen** ist, z. B.: *die Soße, die Größe, die Maße, stoßen.*
- Ist die **erste Silbe geschlossen,** schreibt man *ss,* z. B.: *die Klasse, die Bisse, lassen, wissen.*
Zusammengesetzte Wörter müsst ihr zerlegen und dann verlängern, um die Schreibung mit *ß* oder *ss* zu begründen.

## Großschreibung ► S. 200, 258

**Satzanfänge** und **Nomen** (► S. 200) werden **großgeschrieben.**
Wörter, die auf *-heit, -keit, -nis, -schaft, -tum, -ung* enden, sind immer Nomen.

## Kleinschreibung ► S. 217–219, 21

Klein schreibt man
- alle **Verben,** z. B.: *malen, tanzen, gehen,*
- alle **Adjektive,** z. B.: *freundlich, sonderbar, rostig,*
- alle **Personalpronomen** (persönliche Fürwörter), z. B.: *ich, du, er/sie/es, wir, ihr, sie, mich, dich.*
**Tipp:** Eine Sonderregelung gibt es bei den **Anredepronomen in Briefen und E-Mails:**
- Wenn ihr jemanden **siezt,** schreibt ihr die Anredepronomen **groß,** z. B.: *Sie, Ihnen, Ihr.*
- Die vertraute Anrede **du** kann man **klein**schreiben, z. B.: *dir, dein, euch, euer.*

# Arbeitstechniken und Methoden

# Textartenverzeichnis

# Autoren- und Quellenverzeichnis

# Bildquellenverzeichnis

# Sachregister

zu diesem Buch gibt es:
− ein passendes Arbeitsheft (mit Onlineübungen ISBN 978-3-06-067370-4, ohne Onlineübungen ISBN 978-3-06-067368-1)
− einen Klassenarbeitstrainer (ISBN 978-3-06-100018-9)

Teile einiger Kapitel dieses Bandes wurden erarbeitet von Christoph Berghaus, Günther Biermann, Ulrich Campe, Friedrich Dick, Ute Fenske, Franziska Klingelhöfer, Marlene Koppers, Timo Koppitz, Renate Kroiß, Anna Löwen, Sabine Mattäus, Katrin Peschl, Katrin Pfeuffer, Karl Hans Reichl, Katja Reinhardt, Karin Riermeier, Petra Stich, Sonja Wiesiollek

Redaktion: Birgit Wernz, Dirk Held
Bildrecherche: Eireen Junge

Illustrationen:
Maja Bohn, Berlin (S. 141−152)
Jusche. Fret, Leipzig (S. 47−60)
Sabine Lochmann, Frankfurt/M. (S. 29−42)
Nils Fliegner, Hamburg (Vorsätze, S. 199−224, 248−278)
Christiane Grauert, Milwaukee (USA) (S. 63−78, 123−138)
Isabel Große Holtforth, Maisach (S. 81−98, 157−160)
Kai Hofmann und Jutta Melsheimer, Berlin (S. 15−26, 225−246, 287−289)
Constanze v. Kitzing, Köln (S. 99−120)
Friederike Rave, Wuppertal (S. 37)

Gesamtgestaltung und technische Umsetzung: werkstatt für gebrauchsgrafik, Berlin
Coverfoto: Lutz Jochem, Berlin

**www.cornelsen.de**

1. Auflage, 2. Druck 2017

Alle Drucke dieser Auflage sind inhaltlich unverändert und können im Unterricht nebeneinander verwendet werden.

© 2016 Cornelsen Schulverlage GmbH, Berlin
© 2017 Cornelsen Verlag GmbH, Berlin

Druck: Mohn Media Mohndruck, Gütersloh

ISBN 978-3-06-067362-9 (Schülerbuch)
ISBN 978-3-06-067366-7 (E-Book)

# Knifflige Verben im Überblick

| Infinitiv | Präsens | Präteritum | Perfekt |
|---|---|---|---|
| befehlen | du befiehlst | er befahl | er hat befohlen |
| beginnen | du beginnst | sie begann | sie hat begonnen |
| beißen | du beißt | er biss | er hat gebissen |
| bieten | du bietest | er bot | er hat geboten |
| bitten | du bittest | sie bat | sie hat gebeten |
| blasen | du bläst | er blies | er hat geblasen |
| bleiben | du bleibst | sie blieb | sie ist geblieben |
| brechen | du brichst | sie brach | sie hat gebrochen |
| brennen | du brennst | es brannte | es hat gebrannt |
| bringen | du bringst | sie brachte | sie hat gebracht |
| dürfen | du darfst | er durfte | er hat gedurft |
| einladen | du lädst ein | sie lud ein | sie hat eingeladen |
| erschrecken | du erschrickst | er erschrak | er ist erschrocken |
| essen | du isst | er aß | er hat gegessen |
| fahren | du fährst | sie fuhr | sie ist gefahren |
| fallen | du fällst | er fiel | er ist gefallen |
| fangen | du fängst | sie fing | sie hat gefangen |
| fliehen | du fliehst | er floh | er ist geflohen |
| fließen | du fließt | es floss | es ist geflossen |
| frieren | du frierst | er fror | er hat gefroren |
| gelingen | es gelingt | es gelang | es ist gelungen |
| genießen | du genießt | sie genoss | sie hat genossen |
| geschehen | es geschieht | es geschah | es ist geschehen |
| greifen | du greifst | sie griff | sie hat gegriffen |
| halten | du hältst | sie hielt | sie hat gehalten |
| heben | du hebst | er hob | er hat gehoben |
| heißen | du heißt | sie hieß | sie hat geheißen |
| helfen | du hilfst | er half | er hat geholfen |
| kennen | du kennst | sie kannte | sie hat gekannt |
| können | du kannst | er konnte | er hat gekonnt |
| kommen | du kommst | sie kam | sie ist gekommen |
| lassen | du lässt | sie ließ | sie hat gelassen |
| laufen | du läufst | er lief | er ist gelaufen |
| leiden | du leidest | sie litt | sie hat gelitten |
| lesen | du liest | er las | er hat gelesen |